SUPORTE DIÁRIO

PARA PROFISSIONAIS DE *saúde*

The Doctor's Life Support 3
© 2016 by International Christian Medical and Dental Association (ICMDA)
No: 19, Doctors Avenue, Near Sherwood
Thutthipet PO, Vellore — 632 011 Tamil Nadu, India
Ph: +91416 — 2266686 / 2266086
E-mail: office@icmda.net
All rights reserved
Tradução e impressão em português com permissão.
Copyright © 2021 Publicações Pão Diário. Todos os direitos reservados.

EDITORES DA VERSÃO ORIGINAL EM INGLÊS: Dr. Vinod Shah, Dr. John Martin, Dr. Abraham Ninan, Dr. Joyce Ponnaiya (Janeiro a Junho), Mrs. Sarah David (Julho a Dezembro)
EDITORES DA TRADUÇÃO: Ana Berquó Peleja Eller, Bruno de Souza Cardoso, Cibele Mendes Carrera, Haniel Passos Eller, Mireille Caroline Silva de Miranda Gomes
COORDENAÇÃO EDITORIAL: Adolfo A. Hickmann
REVISÃO: Adolfo A. Hickmann, Dalila Mendes, Lozane Winter, Thais Soler
PROJETO GRÁFICO E CAPA: Audrey Novac Ribeiro
DIAGRAMAÇÃO: Denise Duck Makhoul

Dados Internacionais de Catalogação na Publicação (CIP)

International Christian Medical and Dental Association (ICMDA)
Suporte diário para profissionais de saúde; editores da tradução: Ana Berquó Peleja Eller, Bruno de Souza Cardoso, Cibele Mendes Carrera, Haniel Passos Eller, Mireille Caroline Silva de Miranda Gomes – Curitiba/PR, Publicações Pão Diário, 2021.
Título original em inglês: *The Doctor's Life Support 3*
1. Devocional   2. Médicos   3. Encorajamento   4. Bíblia

Exceto quando indicado no texto, os trechos bíblicos mencionados são da edição Nova Versão Internacional (NVI) © 2011 Sociedade Bíblica Internacional.

Proibida a reprodução total ou parcial, em qualquer formato, sem prévia autorização, por escrito, da editora e da ICMDA. Todos os direitos reservados e protegidos pela Lei 9.610 de 19/02/1998. Permissão para reprodução: permissao@paodiario.org

Publicações Pão Diário
Caixa Postal 9740, 82620-981 Curitiba/PR, Brasil
publicacoes@paodiario.org
www.publicacoespaodiario.com.br
Telefone: (41) 3257-4028

1ª edição: 2021 | 2ª impressão: 2025

Código: CZ661 • ISBN: 978-65-87506-55-5 (livro impresso)
Código: EBCZ661 • ISBN: 978-65-87506-56-2 (livro digital)

Impresso na China

AGRADECIMENTOS

Nós, editores, agradecemos a todos aqueles que ajudaram na produção deste devocional. Participaram dele não menos que 110 autores de 26 países.

O *Suporte Diário para Profissionais de Saúde* foi uma iniciativa dos doutores John e Alethea Reader do *International Christian Medical and Dental Association* (ICMDA) e levado adiante por outros líderes, servos de Deus que os sucederam no ICMDA.

Agradecemos a todos os autores que contribuíram com os textos devocionais. Muitos escreveram sobre suas experiências de vida e sua caminhada com o Senhor.

Agradecemos ao Dr. Kevin Vaughan, Presidente do ICMDA, por escrever a introdução.

Agradecemos ao Dr. John Martin, da CMF, Reino Unido, que nos apoiou muito e ajudou a reunir textos do Reino Unido.

SUMÁRIO

Prefácio 7
Prefácio à edição em português 9
Prólogo 11
Introdução 13

JANEIRO
Meditações 15
Aprendizados do mês 46
Dr. David Livingstone — Médico missionário 47
Uma bênção para o equilíbrio 48

FEVEREIRO
Meditações 49
Aprendizados do mês 78
Amy Beatrice Carmichael — Fundadora da
Dohnavur Fellowship, Índia 79
Profetas de um futuro que não é o nosso 80

MARÇO
Meditações 81
Aprendizados do mês 112
Wellesley Bailey — Fundador da Missão Hanseníase 113
Unja as feridas do meu espírito 114

ABRIL
Meditações 115
Aprendizados do mês 145
Os Scudders: uma família comprometida
com a Missão Médica 146
Espírito, espírito de ternura 148

MAIO
Meditações 149
Aprendizados do mês 180
Peter Parker — Primeiro médico
missionário na China 181
Oração do médico 182

JUNHO

Meditações...183
Aprendizados do mês................................213
Horace Allen — Primeiro médico
missionário na Coréia...........................214
Graça..215

JULHO

Meditações...216
Aprendizados do mês................................247
Dr. Paul Brand — "Em reverência
ao Mestre Criador".............................248
Fazendo o bem em silêncio........................250

AGOSTO

Meditações...251
Aprendizados do mês................................282
Elizebeth Blackwell — A primeira mulher médica.............283
Oração de Loyola.....................................284

SETEMBRO

Meditações...285
Aprendizados do mês................................315
Eric Liddell — "Ele também correu rápido".............316
Bebendo do meu pires...............................317

OUTUBRO

Meditações...318
Aprendizados do mês................................349
Florence Nightingale — "A dama
com a lâmpada"..................................350
Um coração aquietado..............................352

NOVEMBRO

Meditações...353
Aprendizados do mês................................383
Dietrich Bonhoeffer — O homem que
permaneceu por Deus..........................384
Desvios...386

DEZEMBRO

Meditações...387
Aprendizados do mês................................418

ICMDA..419
Índex de Autores....................................420
Índex de Tradutores................................422
A Bíblia em um ano................................423

PREFÁCIO

Hoje as palavras são comuns e a quantidade de livros e devocionários escritos é ilimitada. Então por que mais outro? *Suporte Diário para Profissionais de Saúde* tem sido um valioso recurso bíblico para médicos ao longo dos anos. O conteúdo deste devocional é do terceiro volume que publicamos, e muitos atestaram a inspiração que os volumes anteriores trouxeram. *Suporte Diário para Profissionais de Saúde* é o único devocional cujos textos foram escritos inteiramente por médicos. É preciso um médico para entender outro.

Muitos destes textos foram escritos a partir de experiências com pacientes. Alguns são resultado do sofrimento suportado em momentos de grande provação, enquanto outros expressam a alegria em servir a Cristo e à humanidade. Alguns resultam do envolvimento com a Bíblia e como lidam com a experiência pessoal deles com Deus. Todos são baseados na Palavra de Deus, o que propicia conforto por um lado e desafio por outro. Oramos para que aqueles que lerem estas páginas sejam consolados pelo Pastor de nossa alma, transformados em sua caminhada com Deus e fortalecidos no servir a outros.

Coerente com a era digital, as pessoas que trabalharam neste volume são uma equipe virtual. Reconhecemos o Dr. Vinod Shah, que constantemente nos encorajou. Temos grande dívida de gratidão a Sarah David, do escritório do ICMDA, que se dedicou silenciosamente com muito esforço. Obrigada a John Martin por sua assistência editorial e a todos os colaboradores por seu tempo, esforço e habilidade em ajudar a produzir o Suporte diário ao Profissional de Saúde.

Finalmente, damos graças a Deus, que nos deu o privilégio de o servir. Somente a Ele toda a glória.

Abraham Ninan
Saskatoon, Canadá

PREFÁCIO À EDIÇÃO EM PORTUGUÊS

É motivo de grande alegria apresentar o devocional *Suporte Diário para Profissionais de Saúde* aos profissionais de saúde cristãos em Língua Portuguesa. Esse é um recurso inédito dirigido ao referido público.

Originalmente publicado em Língua Inglesa, pelo *International Christian Medical and Dental Association* (ICMDA), este conteúdo tem sido escrito por profissionais cristãos de diversas partes do mundo, tendo como ponto central a reflexão bíblica a partir do compartilhar a prática diária.

A iniciativa de traduzir o devocional para o português nasceu no âmbito do Comitê do ICMDA para países de Língua Portuguesa. Reunidos desde outubro de 2015, o grupo composto por membros do Brasil, Moçambique e Portugal entendeu que a tradução do *The Doctor's Life Support 3* seria uma excelente ferramenta para os profissionais da saúde em seu trabalho diário, visto que traz reflexões e testemunhos extremamente relevantes e oportunos para o dia a dia da área da saúde.

Vocês encontrarão neste volume mensagens inspiradoras, escritas por médicos cristãos de 26 países, incluindo o Brasil e Portugal, que certamente renovarão sua fé e vocação no serviço ao próximo.

Disponibilizar este recurso para os milhares de estudantes e profissionais da saúde de países de Língua Portuguesa representa mais um grande passo rumo ao fortalecimento espiritual e despertamento para missão integral em nosso meio.

Nosso desejo e oração é que a leitura deste devocional, complementada pela leitura e estudo da Palavra de Deus, possa encorajar cada profissional de saúde a ser, em sua vida pessoal, familiar e profissional, cada vez mais semelhante a Jesus Cristo, nosso Senhor e Salvador. De fato, apenas cresceremos espiritualmente e estaremos mais capacitados para servirmos a Deus se conhecermos em profundidade a Sua Palavra, verdadeira lâmpada para os nossos pés e luz para os nossos caminhos (SALMO 119:105).

REPRESENTANTES DO COMITÊ DE PAÍSES DE LÍNGUA PORTUGUESA DO ICMDA:

CELSO BELO — Médico generalista, mestre em saúde ocupacional, membro do Comitê de Países de Língua Portuguesa da ICMDA, membro fundador da Associação de Médicos Unidos em Cristo (AMUC) em Moçambique, formador internacional da *Partnerships in International Medical Education* (PRIME). Reside em Maputo, Moçambique.

JORGE CRUZ — Médico especialista em Angiologia e Cirurgia Vascular, doutor em Bioética, membro do Comitê de Países de Língua Portuguesa da ICMDA, membro honorário da Associação Cristã Evangélica de Profissionais de Saúde (ACEPS-Portugal), membro do Conselho Internacional da PRIME. Reside em Porto, Portugal.

SORAYA CASSIA FERREIRA DIAS — Médica especialista em Pediatria e Homeopatia, membro do Conselho Internacional do ICMDA e do Conselho Administrativo dos Médicos de Cristo, conselheira da Rede Evangélica Nacional de Ação Social (RENAS).Reside em Belo Horizonte, Minas Gerais, Brasil.

Para conhecer mais os projetos dos Médicos de Cristo no Brasil, aponte a câmera do seu celular e acesse a página.

PRÓLOGO

*A tua palavra é lâmpada que ilumina os meus passos
e luz que clareia o meu caminho.*
—SALMO 119:105

Lâmpada para os pés lança luz para os nossos passos; os detalhes da nossa vida. A luz para o caminho nos dá a direção geral da nossa vida. Em outras palavras, a palavra nos ajuda a microgerenciar bem como macrogerenciar a nossa vida.

Ficamos surpresos com o número de pessoas que conhecem o ICMDA por meio do *Suporte Diário para Profissionais de Saúde*. Às vezes, é a única coisa que sabem sobre o ICMDA. Portanto, decidimos que isso satisfazia uma necessidade verdadeira e que eram necessárias outras publicações nessa linha.

Temos refeições e lanches, e precisamos de ambos. Mesmo quando perdemos uma refeição, podemos nos manter por um tempo com lanches. O *Suporte Diário para Profissionais de Saúde* foi elaborado para ser um "lanche". Ele não se destina a substituir a leitura regular e metódica da Bíblia.

Neste volume, esforçamo-nos para tornar este conteúdo mais "específico à saúde". No entanto, como a saúde não pode ser compartimentalizada, este não é um fenômeno restrito.

Nós três éramos responsáveis por editar todos os 12 meses deste devocional. Sarah David ancorou o trabalho e o editou de julho a dezembro com a ajuda da Telma. Janeiro a junho foi majoritariamente editado por Joyce Ponnaiya, mas também recebeu a ajuda da Telma. Vinod Shah realizou função secundária em ambos os esforços. Joel Jashwanth Kumar desempenhou um papel importante na edição e formatação deste. E o Sr. Subramani, o designer, foi o principal responsável por convertê-lo em um formato imprimível.

Temos que agradecer a dois outros colaboradores: John Martin, que ajudou a compilar muitos dos textos do Reino Unido, que são a maioria; e a Abe Ninan, que contribuiu prolificamente. Obviamente, nossos agradecimentos também a todos que contribuíram para toda esta edição do *Suporte Diário para Profissionais de Saúde*.

As inserções entre os meses, são histórias de vida de pessoas que fizeram a diferença em sua época e se destinam a encorajar e inspirar a todos que se comprometem com o seu chamado como médicos e cuidadores. Há também uma página para anotar o que foi aprendido ao longo de cada mês, podendo ser utilizada uma linha por dia.

A nossa oração é para que este seja um lanche revigorador para todos aqueles que estão correndo contra o tempo todos os dias.

Vinod Shah
Joyce Ponnaiya
Sarah David

INTRODUÇÃO

Você deseja se manter conectado a Deus enquanto está na correria do trabalho? A sua vida é tão controlada pelas urgências que você parece ter pouco tempo para o que realmente importa? Quer reorganizar as prioridades? Então, esta edição do *Suporte Diário para Profissionais de Saúde* foi elaborada especificamente para auxiliar você.

Ele foi escrito por profissionais de saúde cristãos do mundo todo, que buscam discernimento em como as Escrituras falam conosco no cenário da área da saúde. São uma meditação para cada dia do ano. Cada leitura se inicia com um versículo bíblico; contém no tema diário a reflexão de cada autor baseada em sua experiência pessoal e traz sugestões para a aplicação das Escrituras na prática cotidiana.

Suporte Diário para Profissionais de Saúde é um bom exemplo do que John Stott chamou de "ouvir duplamente" — ter a Bíblia numa das mãos e um jornal (talvez um blog ou podcast hoje!) em outra, para então cuidadosamente ouvir as Escrituras e o mundo.

Desta forma, o nosso trabalho habitual como médicos pode ser tanto inspirado quanto informado pelas Escrituras. Eu o recomendo entusiasticamente a você.

Kevin Vaughan
ICMDA

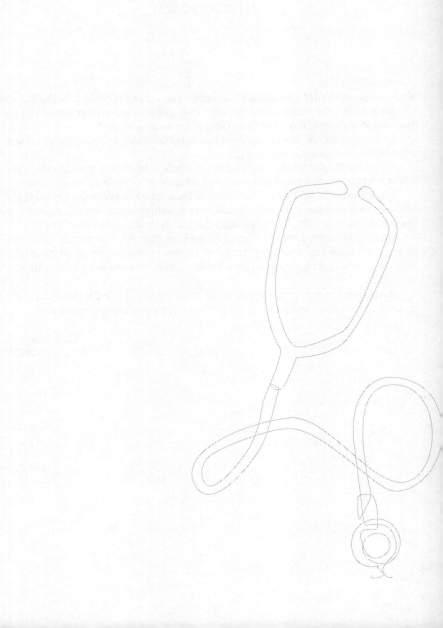

1.º de janeiro

UM *novo* ANO

Aquele que estava assentado no trono disse: "Estou fazendo novas todas as coisas!". E acrescentou: "Escreva isto, pois estas palavras são verdadeiras e dignas de confiança".
—APOCALIPSE 21:5

Cada novo ano em nossa vida é uma oportunidade para se fazer um balanço de quem somos, o que somos e para onde vamos. É um tempo quando podemos acertar os erros do ano que terminou e ajustar o curso de nossa jornada adiante, sob a luz da vontade de Deus para nossa vida. É um novo tempo mudar e renovar. O poema a seguir nos lembra que este é um momento para nos dedicar a deslocar o nosso olhar do passado para o futuro.

Oração: Deus, usa-nos para trazer as mudanças que tu desejas. Amém.

Joyce Ponnaiya

POEMA DE ANO-NOVO
Ring out, wild bells (1850) de Lord Alfred Tennyson (1809–92)

*Ressoem, sinos selvagens,
para o céu ermo,
A nuvem flutuante, a luz gélida:
O ano está se acabando noite adentro;
Ressoem, sinos selvagens,
e deixe-o morrer.*

*Ressoem o velho, celebrem o novo,
Toquem, sinos felizes, além da neve:
O ano está indo, deixo-o ir;
Ressoem o falso, celebrem a verdade.*

*Ressoem a tristeza
que deteriora a mente,
Por aqueles que aqui não vemos mais;
Ressoem a contenda dos ricos e pobres,
Celebrem a reparação de toda
a humanidade.*

*Ressoem por uma causa de morte lenta,
E as antigas formas de luta partidária;
Celebrem métodos
de uma vida mais nobre,
Com doces costumes, leis puras.*

*Ressoem o desejo, o cuidado, o pecado,
A frieza sem fé dos tempos;
Ressoem, toquem alto
minhas lúgubres rimas,
Mas celebrem o poeta incondicional.*

*Ressoem o orgulho falso
na razão e no sangue,
A difamação civil e o despeito;
Celebrem o amor da verdade e do direito,
Celebrem o amor comum do bem.*

*Ressoem velhas formas
da doença da corrupção;
Ressoem a cobiça do ouro;
Ressoam os mil anos de guerras,
Celebrem os mil anos de paz.*

*Celebrem o homem valente e livre,
O coração grande, a mão bondosa;
Ressoem a escuridão da terra,
Celebrem o Cristo como deve ser.*

Fonte: home.att.net/~tennysonpoetry/IMAHH.htm
Traduzido por Eliana Lara Delfino

2 de janeiro

Alegrai-vos no Senhor
— ADORAÇÃO, MARAVILHAMENTO E DELEITE

Alegrem-se sempre no Senhor. Novamente direi: alegrem-se!
—FILIPENSES 4:4

Uma das principais questões em aconselhamento espiritual é: "Que tipo de Deus você adora?". Algumas pessoas veem Deus como um ogro crítico, que deve ser mais temido do que amado. Após ter encontrado o Alcoólicos Anônimos, um paciente disse que para ele o "Poder Superior" era agora "mais amoroso e mais misterioso". Quão grande passo à frente!

Paulo, como Saulo, o fariseu, via Deus como o criador e sustentador do mundo. Ele também conhecia a Deus como o Deus de seus antepassados, Abraão, Isaque e Jacó. O Deus de promessas que se mostrou a Moisés na sarça ardente e no monte Sinai. Esse era o Deus da lei, a qual Paulo cumpria ao pé da letra. Com relação a isso, Paulo olhou para trás e considerou a si mesmo como inocente. Saulo pensou que estava servindo a Deus mais profundamente, aprovando o apedrejamento de Estêvão e perseguindo a Igreja. Quão equivocado ele estava! Foi preciso um confronto com o Cristo ressurreto na estrada para Damasco para reconhecer seu pecado e a distância que ele estava de agradar a Deus. A partir de então, Paulo se viu como o maior dos pecadores, que, sendo tocado pela graça de Deus, recebia a tarefa de proclamar o evangelho de Cristo aos gentios.

Em que tipo de Deus Paulo se deleitava? O Deus que veio na pessoa de Jesus Cristo, que deixou o esplendor do Céu, humilhou-se, em forma de servo, tornando-se obediente até a morte, e morte de cruz. Jesus foi sobremodo exaltado e recebeu um nome acima de todos os nomes. Esse mesmo Jesus virá em glória, e todo joelho se dobrará perante Ele e reconhecerá esse Servo como Rei. Além disso, esse Deus está empenhado em convocar o Seu povo para proclamar a história de Cristo, para que todos possam reconhecê-lo como o Senhor e servi-lo da mesma forma como Ele nos serviu.

A história de Jesus Cristo é incrível e vale a pena ser contada e recontada. É uma história para se regozijar, pois pecadores são transformados pelo evangelho da graça. Paulo, quando viu a transformação na vida dos seus amados irmãos filipenses, se alegrou.

Reflexão: Que tipo de Deus nós adoramos? Precisamos parar e refletir novamente sobre a vida de Cristo como forma de corrigir a nossa compreensão do Pai?

Leitura complementar: Filipenses (todo o livro)

Alan Gijsbers

3 de janeiro

Alegrai-vos em todas
AS CIRCUNSTÂNCIAS

Alegrem-se sempre no Senhor. Novamente direi: alegrem-se!
—FILIPENSES 4:4

A carta de Paulo aos filipenses é um livro que nos traz muita alegria, pois consideramos o fato de que o autor estava preso por causa do evangelho. No entanto, as circunstâncias adversas cooperaram para a propagação das boas-novas de Jesus Cristo, em vez de impedi-la (FP 1:12). Isso valeu qualquer desconforto dele por estar na prisão. Paulo tinha total confiança que Deus não erra e que Ele estava no controle das suas adversidades. Não era a primeira vez que Paulo estava na cadeia. Atos 16:25 descreve Paulo e Silas orando e cantando hinos à meia-noite na prisão. Isso contrasta com os discípulos de Jesus no barco em uma tempestade (MC 4:35-41). Eles se preocuparam com razão, pois a tempestade poderia afundá-los, mas Jesus os repreendeu pela falta de fé. Nessa carta, Paulo expressa plena confiança de que Deus está no comando de sua vida e que as suas circunstâncias estão nas mãos do Senhor. Epístolas posteriores, enviadas da prisão, podem não conter o mesmo otimismo que Paulo demonstrou na de Filipenses, mas vale a pena atender sua exortação a nos alegrar.

Como profissionais de saúde cristãos, deparamo-nos com mais adversidades do que o restante da população. As coisas nem sempre acabam bem para nós ou para nossos pacientes. Isso pode ser inquietante para os cuidadores e até mesmo aos próprios pacientes. Médicos cristãos podem manter a confiança em Deus que Sua presença e Seu conforto, seja qual for a circunstância, manifestarão que Ele está no controle e que tudo vai cooperar para o nosso bem (RM 8:28).

Paulo também se regozija com seus irmãos filipenses. Cada vez que ora por eles, o faz com alegria, pois receberam as boas-novas de Cristo com contentamento e perseveravam em compartilhar o evangelho desde a primeira vez que o ouviram (FP 1:5). Isso era suficiente para trazer a Paulo a convicção de que Aquele que começara a boa obra na vida deles a completaria até o dia de Cristo Jesus.

Reflexão: Há grande alegria em ver a propagação do evangelho por todo o mundo — até mesmo quando isso demanda sacrifícios pessoais.

Leitura complementar: Filipenses (livro todo) — detenha-se especialmente no primeiro capítulo.

Oração: Senhor, usa-me para compartilhar Tuas boas-novas da mesma forma que tu te sacrificaste por mim. Permite-me te louvar em todas as circunstâncias. Em nome de Jesus, amém.

Alan Gijsbers

4 de janeiro

Alegrai-vos NO SENHOR – ÉTICA

Alegrem-se sempre no Senhor. Novamente direi: alegrem-se!
—FILIPENSES 4:4

Estudantes de medicina e odontologia são ensinados sobre a ética consequencialista, baseada no óbvio de que toda ação tem consequências boas ou más. Alguns eticistas preferem os termos "o bom" e "o menos bom" para enfatizar que a ética é muitas vezes uma escolha entre tons de cinza ao invés de preto ou branco. Ainda há preocupação com o que define "o bom". Os cristãos tendem a ser atraídos pela deontologia, a qual nos chama a fazer o que é intrinsecamente certo, visto que é a coisa certa a fazer. O "bem" e o "mal" ou o "bom" e o "menos bom" são considerados óbvios, assim como a Declaração de Independência dos Estados Unidos proclama. Embora para um cristão a lei de Deus o ajude a definir o "bem", essa mesma Lei nunca salvou ninguém. De fato, de acordo com a Lei, todos os seres humanos estão condenados por terem falhado em seu cumprimento.

Os cristãos ainda são os mais atraídos pela dimensão da "virtude ética" — ética que surge do caráter de uma pessoa, ética interior. No entanto, mesmo conscientes de nossas próprias falhas, nós estamos diante de Deus contaminados e envergonhados. O evangelho de Cristo, porém, é uma boa notícia para os pecadores, pois proclama o amor de Deus em Cristo para aqueles conscientes de seus pecados e vergonha. O evangelho declara que Deus em Cristo veio a este mundo em humildade e obediência, sofrendo conosco e por nós. Ele triunfou sobre as forças do mal e nos mostrou uma nova maneira de viver. A ética cristã é uma resposta de amor à riqueza e plenitude do evangelho. A ética cristã nos chama a viver no amor divino e imitar a Cristo, que morreu por nós. Fala ainda do poder do Espírito Santo para nos ajudar a viver para Ele na comunidade de Seu Corpo — a Igreja —, servindo-o no mundo para a glória de Deus.

No livro de Filipenses, Paulo se alegra porque seus ouvintes ouviram e responderam ao evangelho da graça e o estão compartilhando. Paulo está convencido de que o seu Deus, que tocou a vida dos filipenses, completará o que começou e que, um dia, estarão juntos, glorificando o Cristo que veio em forma de servo e virá novamente em glória. É por isso que Paulo se alegra no Senhor.

Reflexão: As riquezas da graça de Deus em Cristo nos motivam a compartilhá-la por palavras e ações.

Leitura complementar: Filipenses (livro todo), refletindo sobre o tipo de vida que somos desafiados a viver.

Alan Gijsbers

5 de janeiro

Alegrai-vos no Senhor
— IMAGINÁRIO SOCIAL

Alegrem-se sempre no Senhor. Novamente direi: alegrem-se!
—FILIPENSES 4:4

Em que tipo de mundo nós, como médicos, habitamos? Fomos profundamente influenciados pela história da humanidade. Para os do ocidente, podemos citar as revoluções científicas que influenciaram profundamente nosso modo de ver o mundo, consequentemente a forma como praticamos nosso ofício médico.

Quando as leis da física estavam sendo desenvolvidas, nossos antepassados ficaram encantados com a ordem que elas estavam estabeleciam em nosso mundo. Poderíamos entender a mente de Deus descobrindo Suas leis. Mecanismo e racionalismo dominavam, mas ainda assim faltava algo que os insatisfazia ao tentar decifrar o mundo como um mecanismo de um gigantesco relógio funcionando por alguma razão desgovernada. Os românticos reagiram, apontando para a maravilha da natureza e como isso lhes falava intuitivamente sobre a beleza do mundo. Com o desenvolvimento da teoria evolutiva, vemos um desdobramento adicional. Baseando a teoria em "sobrevivência do mais forte" e em "mudanças ao acaso", o mundo tornou-se para muitos um lugar assustador de desordem sem sentido e triunfo agressivo dos fortes sobre os fracos. Até mesmo cristãos desenvolveram um imaginário social em que Deus está distante de seu mundo. Nossos pacientes podem ser vistos como um mecanismo que precisa de conserto ou como resultado de um produto sem sentido de forças aleatórias no mundo.

Paulo, na carta aos filipenses, expressa sua total confiança no Deus que tão dramaticamente o encontrou na estrada para Damasco e que interveio na vida dos seus amados filipenses. O Senhor foi trabalhando Seus propósitos na vida de Paulo e de seus leitores. É por isso que mesmo a prisão não o desanimou. Deus estava no controle de sua vida, e o encarceramento de Paulo servia para espalhar o evangelho. Assim, ele pede aos seus leitores que não desanimem. Deus elaborará Seus propósitos inescrutáveis e, portanto, eles podem se alegrar no Senhor. Aconteça o que acontecer, na escassez ou na abundância, Paulo depende do Deus que o fortalece. O imaginário de Paulo é profundamente pessoal, pois Deus é ativo em sua vida, na vida de seus leitores e no mundo, de forma geral, para que Paulo possa se alegrar, e ele exorta seus leitores a fazerem o mesmo.

Reflexão: Vivemos em um mundo pessoal, criado a partir do amor divino que afeta a nossa prática clínica.

Leitura complementar: Leia o livro de Filipenses para entender a cosmovisão pessoal descrita por Paulo.

Alan Gijsbers

6 de janeiro

Primeiro O MAIS IMPORTANTE

Busquem, pois, em primeiro lugar o Reino de Deus e a sua justiça, e todas essas coisas lhes serão acrescentadas.
—MATEUS 6:33

"**First Things First**" é uma expressão usual do inglês que quer dizer "Primeiro o mais importante". Hoje há três coisas que tomam conta da nossa já sobrecarregada vida: celular, e-mails e reuniões. Desde o momento em que acordamos, somos puxados para a "tirania do urgente".

Marcos 1:35 nos informa que Jesus levantava-se de madrugada para ter um tempo a sós com Deus a fim de rever as prioridades do Pai para o Seu dia. Jesus teve um relacionamento pessoal próximo com o Pai e sabia exatamente o que Ele queria. Jesus buscava direção para tudo no Seu dia a dia. Essa consistente prática o equipava, habilitava-o e o fortalecia para cumprir uma tarefa gigantesca, durante os três anos de Seu ministério. Que melhor exemplo precisaríamos para nos guiar?

Sendo assim, precisamos "de propósito" e torná-lo nossa principal prioridade. Dizer "sim" a uma coisa significa automaticamente dizer "não" a outras. Não seja escravizado por dispositivos digitais; eles podem ser viciantes. Peça a Deus que o ajude a desenvolver um anseio para orar e buscar a Sua direção para o dia e as tarefas à frente.

Considere os "Top 10" de Deus, dos quais o primeiro é colocar Deus em primeiro lugar e amá-lo com todo nosso coração, alma e espírito. Outra maneira de exercitar o amor é o tempo. Nós sempre arrumamos tempo para aqueles que amamos, não importa o quão ocupados estejamos. O tempo é a nossa moeda mais valiosa. Investi-lo sabiamente é receber em vida todos os dividendos para você e para todos os seus descendentes. Somos todos presenteados com 24 horas por dia. Escolha e o invista sabiamente!

Se você ainda não se definiu dessa forma, por favor, considere um "reset" das suas prioridades de vida para começar bem. Usufrua do poder, presença, paz e provisão de Deus naquilo que é sua necessidade ao longo do dia. Um novo fôlego de vida aguardará por você a cada dia. O salmista declara: "Se não for o SENHOR o construtor da casa, será inútil trabalhar na construção..." (SL 127:1).

Comece certo e seja dirigido por Deus. Basta pedir e você receberá!

Reflexão: Quais são os obstáculos para você ter regularmente um momento a sós com Deus? Como pode resolver isso?

Leitura complementar: Judas 1:20-21

Mary Mathews

7 de janeiro

Lições DA VIDEIRA

Eu sou a videira; vocês são os ramos. Se alguém permanecer
em mim e eu nele, esse dá muito fruto;
pois sem mim vocês não podem fazer coisa alguma.
—JOÃO 15:5

O capítulo 15 de João contém algumas das últimas palavras de Cristo antes de ser crucificado. Ali, Jesus se compara a uma videira, sendo Seus discípulos os ramos. Assim como os ramos permanecem na videira, devemos permanecer em Cristo para dar frutos. No entanto, há outras lições que podemos tirar do referido capítulo.

A primeira lição diz respeito ao propósito. A videira é um tipo de árvore bastante frágil e despretensiosa. Não é conhecida por belas folhas ou belas flores. Sua beleza e utilidade são direcionadas para o seu fruto. Esta fruta, por sua vez, é a fonte para o vinho que "alegra o coração do homem". Aí se mostra o propósito de Jesus como a videira e nós como Seus ramos, que não é o parecermos belos, mas sim o produzir frutos. Sem frutos, somos inúteis.

A segunda lição nos mostra que as uvas crescem nos ramos, e não no caule. Primariamente, os meios que Deus utiliza para abençoar o mundo se realizam por intermédio de Seus seguidores. Para usar outra metáfora, somos Suas mãos e Seus pés. Os frutos não servem nem para árvore nem para seus ramos. As uvas são destinadas para alimento e produção do vinho. Comer as uvas, beber o vinho — isso nos diz que existimos para beneficiar outros.

Lição final: Jesus como a videira, e nós como Seus ramos — juntos podemos produzir frutos. É um esforço cooperativo, mas a principal fonte de vida dos ramos é a videira. Portanto, se quisermos dar frutos, precisamos permanecer na videira. O ramo não pode dar fruto separado da videira.

Em suma, um discípulo é alguém com o propósito de permanecer em Cristo em total dependência, dando fruto e investindo sua vida em prol de outros.

Reflexão: Como minha vida reflete esse ensino de Cristo?

Leitura complementar: Leia João 15

Oração: Senhor Jesus, permite-me habitar em ti para que eu possa dar muito fruto para o estabelecimento de Teu reino. Em nome de Jesus, amém.

Abe Ninan

8 de janeiro

Estude A PALAVRA

Toda a Escritura é inspirada por Deus e útil para o ensino, para a repreensão, para a correção e para a instrução na justiça, para que o homem de Deus seja apto e plenamente preparado para toda boa obra. —2 TIMÓTEO 3:16-17

Nas cartas do apóstolo Paulo a Timóteo, seu discípulo mais jovem, o apóstolo se mostra ávido por garantir que Timóteo tivesse alcançado maturidade espiritual e que estivesse treinado e equipado para dar continuidade ao seu ministério, quanto à pregação do evangelho, após a morte do apóstolo. Essa era uma prioridade que exigia dedicação: "Nenhum soldado se deixa envolver pelos negócios da vida civil, já que deseja agradar aquele que o alistou" (2TM 2:4). Além disso, Paulo ansiava que Timóteo permitisse que sua juventude fosse uma questão para desenvolvimento de seu ministério: "Ninguém o despreze pelo fato de você ser jovem, mas seja um exemplo para os fiéis na palavra, no procedimento, no amor, na fé e na pureza" (1TM 4:12). Todos os cristãos deveriam procurar ser como Timóteo em sua geração, independentemente se são novos convertidos ou crentes há muitos anos.

Lembro-me de estar em uma reunião do grupo cristão de nossa universidade onde o preletor nos desafiou: "Muitos de vocês estão estudando para níveis superiores de formação, mas estão fazendo estudos bíblicos de nível fundamental". Eu não me lembro muito sobre o que foi dito nas outras reuniões que participei naquele ano, mas tais palavras permaneceram comigo. A Bíblia é clara quando diz que nossa fé não é um processo passivo, em que simplesmente nos sentamos na igreja, ouvimos bons sermões e "recebemos" de Deus; em vez disso, devemos trabalhar para entender e aplicar corretamente a Palavra de Deus em toda e qualquer situação. Se você é estudante de medicina, ou recém-formado, o Senhor concedeu a você uma mente privilegiada e capaz. Nós devemos usar essas habilidades para a glória de Deus, e isso inclui assiduidade no estudo da Bíblia. Conforme as palavras do hino da poetisa Frances R. Havergal (1836–79): "Toma minha mente, Deus / Usa-a como desejar".

Leitura complementar: Salmo 119:105-112

Oração: Senhor, por favor, usa-me para explicar Tua verdade aos outros. Em nome de Jesus, amém.

Catriona Wait

9 de janeiro

Deus primeiro, ACIMA DE TUDO

*Ó Deus, tu és o meu Deus, eu te busco intensamente;
a minha alma tem sede de ti! Todo o meu ser anseia por ti,
numa terra seca, exausta e sem água [...]. O teu amor é
melhor do que a vida! Por isso os meus lábios te exaltarão.
Eu te bendirei enquanto viver, e em teu nome levantarei as
minhas mãos [...]. Quando me deito lembro-me de ti;
penso em ti durante as vigílias da noite. Porque és a minha
ajuda, canto de alegria à sombra das tuas asas.
A minha alma apega-se a ti; a tua mão direita me sustém.*
—SALMO 63:1-8

A vida pode ficar sobrecarregada. Podem existir muitas responsabilidades concorrentes, compromissos, relacionamentos e, às vezes, pressões. Como você reage? Você já se sentiu oprimido como se simplesmente não houvesse horas suficientes em um dia? Você tenta fazer tudo ou faz escolhas acertadas para deixar algumas coisas passarem? Você ignora a realidade esperando que, de alguma forma, as coisas melhorarão? Quando a vida parece muito cheia, pode ser tentador deixar de lado as coisas de Deus. Pode ser fácil esquecer que "...seu Pai, que vê no secreto, o recompensará" (MT 6:6).

Quanto a isso, a resposta do salmista foi muito diferente, pois sua alma ansiava por Deus tão fortemente como alguém que experimenta a sede num deserto (SL 42:1-2). Isso ecoa o "desejo" por "leite espiritual puro" descrito por Pedro (1PE 2:2). Qualquer um que tenha passado algum tempo com um recém-nascido sabe como eles ficam desesperados quando estão com fome. Você tem esse profundo anseio pelas coisas de Deus? Jesus, citando Deuteronômio 8:3, lembra-nos de que "nem só de pão viverá o homem, mas de toda palavra que procede da boca do SENHOR".

Martinho Lutero é lembrado pelo que declarou: "Eu tenho tanto a fazer que passarei as três primeiras horas em oração". Ao invés de ser inspirador, isso pode ser desanimador, pois parece impossível para nós encontrarmos essa quantidade de tempo. Mas este princípio deve nos encorajar: quando a vida parece tão cheia que mal conseguimos pensar claramente, nossa prioridade deve ser entregar tudo a Deus e procurar viver de forma que o honremos em tudo, incluindo como usamos nosso tempo e como reagimos às nossas pressões atuais.

Leitura complementar: Salmo 42:1-2

Oração: Senhor, ajuda-me a colocar-te como prioridade em tudo e a ansiar por nutrição espiritual acima das minhas necessidades físicas. Em nome de Jesus, amém.

Catriona Wait

10 de janeiro

APRENDENDO a confiar EM DEUS

Mesmo não florescendo a figueira, não havendo uvas nas videiras; mesmo falhando a safra de azeitonas, não havendo produção de alimento nas lavouras, nem ovelhas no curral nem bois nos estábulos, ainda assim eu exultarei no SENHOR e me alegrarei no Deus da minha salvação.

—HABACUQUE 3:17-18

Há momentos em que a vida se mostra particularmente difícil, principalmente quando circunstâncias nos assolam de forma esmagadora. Diante disso, podemos nos sentir abandonados, desapontados e até mesmo encurralados. Quando nos esquecemos da soberania de Deus, nossa coragem desaparece. Nessas horas, ninguém parece estar por perto.

A Bíblia nos fornece exemplos onde Deus transformou situações aparentemente perplexas e impossíveis. Um desses exemplos é encontrado nos capítulos 12 a 14 de Êxodo.

Sob a liderança de Moisés, o povo de Deus, que estava sob o severo governo de Faraó por décadas, foi liberto da escravidão no Egito. No entanto, a rota de fuga do Egito não era, humanamente falando, a opção mais fácil. Moisés guiou o povo pelo deserto em direção ao mar Vermelho. Então, no horror de horrores, Faraó e seu enorme exército começou a persegui-los. O povo se viu encurralado: ou seriam presos, ou enfrentariam a morte na certa. Automaticamente, o povo começou a culpar Moisés, seu líder, apesar de terem presenciado todos os milagres que Deus realizou por meio de Moisés, enquanto ainda estavam no Egito.

Imagino que Moisés estava igualmente assustado e perplexo. Por que isso estava acontecendo? Ele acreditava estar seguindo a direção de Deus. Então Moisés conseguiu encontrar as palavras certas para dizer. Deve ter sido necessária muita coragem para dizer o que ele disse.

Em nossa vida, deparamo-nos com situações em que sentimos que estamos sozinhos e indefesos, apesar de estarmos procurando fazer a vontade de Deus. Sentimos que somos injustamente acusados, e que Deus parece indiferente aos nossos clamores por socorro. No entanto, as palavras que Moisés declarou há centenas de anos podem nos acalmar: "O SENHOR lutará por vocês; tão somente acalmem-se" (ÊX 14:14).

Precisamos aprender e experimentar que Deus está no controle.

Leitura complementar: Êxodo 14:13-14

Oração: Senhor, ajuda-me a lembrar que lutarás por mim. Tudo que eu preciso fazer é manter minha confiança em ti. Em nome de Jesus, amém.

Andrew Potter

11 de janeiro

Fé

"Será que Jó não tem razões para temer a Deus?",
respondeu Satanás. "...Mas estende
a tua mão e fere tudo o que ele tem, e com certeza
ele te amaldiçoará na tua face".
—JÓ 1:9-11

O altruísmo é definido no dicionário como "Dedicação desinteressada; ato de amar o próximo sem esperar nada em troca". Quando o apóstolo João, em sua carta, afirma: "Deus é amor" (1JO 4:8), ele está dizendo que Deus não precisa de uma razão para amar. O amor está em Seu DNA. Esse é o amor ágape.

Na história de Jó, a questão que o diabo levanta com Deus é que o relacionamento de Jó com Ele não era altruísta, mas sim baseado no que Deus lhe concedia. Se Deus não estivesse lhe provendo e o protegendo, Jó o abandonaria num instante.

Como profissionais de saúde, vivemos em um ambiente de dor. Alguns até podem dizer que vivemos do sofrimento dos outros. O que aconteceria se não houvesse doenças para tratar? Será que nos tornaríamos dispensáveis e desnecessários? No entanto, como cristãos, devemos crer no Deus cuidadoso e Todo-poderoso que não só se importa somente com nossos pacientes, mas também conosco. Precisamos confiar que Ele continuará nos mantendo ativos e úteis em Seu serviço. Precisamos estar confiantes que Deus vai continuar a nos suprir, não importa o que venha a acontecer.

A qualidade dos cuidados que prestamos é frequentemente baseada na provisão que recebemos. Portanto é preciso ter fé em Deus para continuar a prestar um serviço de qualidade, apesar do sofrimento que possamos enfrentar, seja por meio de salários ou devido às nossas próprias inadequações. Nosso serviço deve ser baseado em nossa fé e no Deus que se importa conosco, em qualquer circunstância, e não na recompensa que possamos receber dele, pois isso é secundário.

Leitura complementar: Hebreus 13:5

Oração: Senhor, mantém nossa vida livre do amor ao dinheiro e nos ajuda a nos contentarmos com o que temos, pois tu prometeste que nunca nos abandonarás nem deixarás de cuidar dos Teus filhos. Em nome de Jesus, amém.

Daniel Ojuka

12 de janeiro

Visão

...Faze que hoje este teu servo seja bem-sucedido...
—NEEMIAS 1:11

O livro de Neemias apresenta a vida de um líder com qualidades extraordinárias. Uma das principais características de Neemias que o levou a empreender um projeto de sucesso foi a sua visão. Todo líder deve começar seu serviço com uma visão. "Sem visão o povo perece."

Quais eram as características da visão desse líder? "O Deus dos céus fará que sejamos bem-sucedidos. Nós, os seus servos, começaremos a reconstrução, mas, no que lhes diz respeito, vocês não têm parte nem direito legal sobre Jerusalém, e em sua história não há nada de memorável que favoreça vocês!" (NE 2:20). Esse versículo nos mostra cinco características de uma visão bem-sucedida.

1. **Uma visão clara e específica:** Neemias tinha uma imagem clara dos muros de Jerusalém, que tinham sido destruídos fazia muito tempo, e de pessoas passando por necessidades sem receberem ajuda. Tal visão inspirou Neemias a contribuir para restaurar os muros derrubados.
2. **Compromisso com a visão:** Ele acreditava que Deus poderia usá-lo; sonhava em ver os muros reerguidos e estava completamente envolvido. "Vamos reconstruir!".
3. **Envolvimento de outros na visão:** Ele compartilhou sua visão e pediu ajuda. Observe acima que o versículo 20 de Neemias 2 está no plural. Muitas pessoas estavam envolvidas na realização da visão. Ele também pediu o apoio do rei, que pediu aos governadores para fornecer materiais (madeira) para o trabalho. Ele não foi sozinho, mas com um exército. Projetos bem-sucedidos envolvem outras pessoas.
4. **Uma avaliação realista das dificuldades envolvidas:** Neemias reconheceu que essa visão teria muitos obstáculos e embates com "gigantes" no caminho. Ele disse claramente a seus opositores: "...mas, no que lhes diz respeito, vocês não têm parte nem direito legal sobre Jerusalém, e em sua história não há nada de memorável que favoreça vocês!".
5. **Confiança em Deus:** Neemias acreditava na visão e naquele Deus que lhes daria a vitória. "O Deus dos céus fará que sejamos bem-sucedidos." Essa visão tinha o apoio de Deus.

Concluindo, a visão foi a força motriz que motivou Neemias a reconstruir os muros derrubados, e nada o impediu. Por isso devemos ter uma visão clara de Deus para realizar os Seus projetos e planos por meio de nossa vida, a fim de que o Senhor seja glorificado em tudo! Amém.

Leitura complementar: Salmo 32:8

Jorge Patpatian

13 de janeiro

Integridade
— PARTE 1

***Portanto, sejam perfeitos como perfeito é
o Pai celestial de vocês.***
—MATEUS 5:48

Em 1986, após 73 segundos de voo, a nave espacial *Challenger* explodiu tirando a vida de sete pessoas e frustrando as aspirações de uma sociedade que colocou suas esperanças em uma realização tecnológica humana. A nave espacial tinha mais de um milhão de peças. Naquela manhã fria de janeiro, uma peça não funcionou como planejado. Um anel de vedação permitiu que gases quentes incendiassem o tanque de combustível resultando num desastre.

Tais são os riscos de qualquer sistema complexo. O fracasso de um componente pode levar à falha de todo o sistema. O anel de vedação, sem as chamas, mostrava que funcionaria e, por diversas vezes antes do lançamento, escondeu o perigo e permitiu que os engenheiros acreditassem na possibilidade de seu perfeito funcionamento no dia do lançamento. Eventualmente, as fraquezas têm o hábito de se revelarem.

Assim também acontece em nossa vida. Temos fraquezas de caráter que normalmente estão debaixo da superfície, escondidas nas rotinas da vida, reforçando a nossa confiança. Quando, de repente, ocorre algo que revela essa fraqueza, nossa fachada se quebra.

Eu me divirto quando leio cartas de referência de candidatos a emprego que os descrevem como "uma pessoa de alta integridade". A integridade não pode ser quantificada. Está presente ou ausente. A Bíblia nos ensina a triste realidade de que a vida de ninguém produz integridade. Considere estes versículos: "O coração é mais enganoso que qualquer outra coisa" (JR 17:9) e "Não há nenhum justo, nem um sequer" (RM 3:10).

No entanto, Jesus nos exorta: "Portanto, sejam perfeitos como perfeito é o Pai Celestial de vocês" (MT 5:48). Aqui está nosso dilema: sabemos que não podemos ser perfeitos, mas é exatamente isso que Jesus requer de nós. A solução está em entender que a perfeição (integridade) não vem de nós; é um dom fornecido por Deus através do trabalho sacrificial do Único que é justo: Jesus. A integridade se torna nossa quando aceitamos esse dom através da fé em Jesus Cristo.

Leitura complementar: Tito 2:6-7

Oração: Senhor, rogo-te por perseverança em minha busca por integridade. Em nome de Jesus, amém.

Gene Rudd

14 de janeiro

Integridade
— PARTE 2

*A integridade dos justos os guia,
mas a falsidade dos infiéis os destrói.*
—PROVÉRBIOS 11:3

Na meditação "Integridade — Parte 1", aprendemos que nenhum de nós pode produzir, por si só, integridade (perfeição) em sua vida. A integridade é um dom fornecido por Deus mediante a fé em Jesus Cristo. Então será que não temos nada a fazer para cumprir os planos de Deus para nós? Certamente que sim! O processo começa com o ato de depositar a nossa fé em Cristo. Esse passo define a nossa integridade aos olhos de Deus para a eternidade. O Senhor passa a nos olhar como estando cobertos com a justiça de Cristo. Depois desse primeiro passo, temos um papel decisivo no desenvolvimento da nossa personalidade, durante a nossa existência.

Gordon MacDonald exprimiu bem esse aspeto quando escreveu: "É fácil agradar a Deus, mas é difícil satisfazê-lo". Pense na satisfação de um pai quando vê o seu filho dar os primeiros passos. Ele sente uma grande alegria com tal feito, mas deseja muito mais que isso para o seu filho. Do mesmo modo, o nosso Pai Celestial deseja que cresçamos à semelhança do Seu Filho. O Cristo encarnado é o nosso exemplo: "Jesus ia crescendo em sabedoria, estatura e graça diante de Deus e dos homens" (LC 2:52).

Como aconteceu com a falha na nave espacial *Challenger*, mencionada anteriormente, basta um pecado para sabotar o processo. 1 João 2:16 descreve os pecados mais comuns: "Pois tudo o que há no mundo — a cobiça da carne, a cobiça dos olhos e a ostentação dos bens — não provém do Pai, mas do mundo". Estas três áreas de tentação — sexo, dinheiro e orgulho — tentarão quebrar a nossa integridade, mas o orgulho é a nossa maior ameaça.

C. S. Lewis descreve o orgulho como:
- O vício do qual nenhum homem está livre.
- Algo que odiamos ver nos outros, mas que raramente vemos em nós próprios.
- Quanto mais o temos, mais o odiamos nos outros.
- Ele é o pior mal, um estado mental "antiDeus".

Leitura complementar: Isaías 2:12-17

Oração: Senhor, guarda-me da arrogância e orgulho enquanto procuro fazer a Tua Vontade. Em nome de Jesus, amém.

Gene Rudd

15 de janeiro

Integridade
— PARTE 3

**Cada um examine os próprios atos, e então poderá
orgulhar-se de si mesmo, sem se comparar com ninguém.**
—GÁLATAS 6:4

N as reflexões "Integridade — Parte 1 e 2" vimos como a nossa integridade é um dom proveniente de Deus. Existe uma manifestação inicial da graça de Deus na salvação e, então, o poder de Deus trabalha para nos conformar à semelhança de Cristo. Porém existe um perigo, um pecado particular com muita probabilidade de sabotar esse processo: o pecado do orgulho.

O orgulho é tão sútil que raramente o reconhecemos em nossa vida. O orgulho leva-nos a concluir que somos suficientemente bons por nós mesmos, sem a necessidade de Deus ou dos outros. O orgulho gera um pecado maior do que o de "quebrar as regras" — o pecado de "fazer as regras".

Para ajudar a identificar e evitar esse pecado, precisamos ter consciência de como a comparação leva ao orgulho. Kierkegaard disse: "A comparação é a pior de todas as seduções... ela é um parasita que retira a vitalidade da árvore... a larva escondida que a consome, em segredo, e que não morre; pelo menos não sem antes ter tirado a vida do amor".

Temos a tendência de comparar a nossa vida de forma seletiva, escolhendo pessoas que parecem menos justas. Assim, a ilusão de "melhor do que" ou "suficientemente bom" começa a construir a nossa autoavaliação. Salomão adverte corretamente: "O orgulho vem antes da destruição; o espírito altivo, antes da queda" (PV 16:18). Lembra-se do desastre da nave espacial *Challenger*? O apóstolo Paulo exorta: "Cada um examine os próprios atos, e então poderá orgulhar-se de si mesmo, sem se comparar com ninguém" (GL 6:4).

Em João 21, podemos ver Jesus restaurando o Seu relacionamento com Pedro, aquele que o negou. Mas nesse episódio, Pedro mostrou preocupação com o que aconteceria com João no futuro. A admoestação de Jesus foi: "O que lhe importa? Siga-me você". Da mesma forma, temos de retirar o nosso olhar do mundo, dos outros, e mantê-lo em Cristo. Pois somente nele é que podemos encontrar a integridade.

Leitura complementar: Tiago 1:16-17

Oração: Senhor, ajuda-me a reconhecer, com gratidão, a contribuição daqueles que partilham do meu ministério e a ter consciência de que tu os valoriza como valorizas a mim. Em nome de Jesus, amém.

Gene Rudd

16 de janeiro

Excelência NA VIDA E NO TRABALHO

...Este [Potifar] percebeu que o SENHOR estava com ele
e que o fazia prosperar em tudo o que realizava.
—GÊNESIS 39:3

A excelência implica uma expectativa extraordinária em relação às nossas palavras e à nossa forma de agir. Atingir a excelência não é tarefa para uma ocasião, mas sim um processo contínuo de redefinição do nosso ser em concordância com a Palavra de Deus. A excelência na vida vai se refletir na forma como trabalhamos e como nos relacionamos com outros. Almejar a excelência por motivos egoístas terá apenas efeitos a curto prazo e não se tornará uma bênção para outros. O nosso objetivo final deverá ser glorificar a Deus através da nossa vida e do nosso trabalho. Conseguir a excelência fora de Cristo pode nos tornar orgulhosos e presunçosos, o que constitui uma barreira para nós e para os outros.

Ser consistente, em todas as situações, é um elemento importante da excelência. A história de José constitui um exemplo de consistência na excelência, tanto na vida como no trabalho, mesmo em condições adversas. Quando trabalhou como escravo no Egito, a sua excelência foi notória para o seu chefe. Mesmo quando foi injustamente lançado na prisão, a sua atitude consistente de excelência foi notada pelo supervisor e pelos outros prisioneiros. Finalmente, quando ele foi promovido para ficar junto do Faraó, o seu zelo pela excelência salvou a vida do povo egípcio, assim como de toda a sua família. O desejo de José de alcançar a excelência foi fruto do temor dele a Deus, a quem conhecia e servia.

Diariamente, milhares de pessoas entram em nossas instituições apresentando diversos tipos de necessidades quanto à saúde delas. Com a ajuda de Deus, os hospitais das missões cristãs são um testemunho da excelência no treinamento médico e no cuidado com os pacientes. Ao longo dos anos, esse testemunho tem sido possível somente pelo compromisso consistente dos fundadores e trabalhadores pioneiros em ser excelentes, para a glória de Deus, tanto na vida como no trabalho. Como as nossas instituições enfrentam novos desafios todos os dias, é muito fácil perder o "padrão ouro" da excelência lançado pelos pioneiros. Que Deus ajude a cada um nós a nos humilharmos e buscarmos a Sua direção através do Seu filho Jesus Cristo. Assim manteremos, para a glória do Senhor, o foco na excelência, na vida e no nosso local de trabalho, enquanto servimos no campo missionário.

Reflexão: Poderemos ser excelentes no trabalho sem ser excelentes na vida? Qual deverá ser o nosso objetivo final ao procurarmos a excelência?

Shibu

17 de janeiro

Ensina-nos A ORAR

***Certo dia Jesus estava orando em determinado lugar.
Tendo terminado, um dos seus discípulos lhe disse: Senhor,
ensina-nos a orar, como João ensinou aos discípulos dele.***
—LUCAS 11:1

A oração é um ato de dialogar com Deus. Ela é uma resposta à fé — a fé que vem por ouvir a Palavra de Deus. Como posso saber se Deus deseja que eu tenha o que estou pedindo? Existem três passos principais na oração. Primeiro, encontrar passagens bíblicas que se apliquem à sua situação. Segundo, orar e receber pela fé. Terceiro, fazer afirmações positivas de que recebemos o que pedimos.

A vontade de Deus está expressa em Sua palavra. Declare a Palavra! Mantenha a fé! Peça: "ensina-nos a orar"!

"Esta é a confiança que temos ao nos aproximarmos de Deus: se pedirmos alguma coisa de acordo com a sua vontade, ele nos ouve" (1JO 5:14). Quando você orar, acredite e receba pela fé. Permita que a Palavra de Deus fundamente a sua vida de oração. Que Deus ouça a sua oração e atenda os seus pedidos.

"Portanto, eu lhes digo: tudo o que vocês pedirem em oração, creiam que já o receberam, e assim lhes sucederá" (MC 11:24).

Fazer afirmações positivas é um elemento chave na oração. A sua boca é um instrumento poderoso. Deus pode fazer para você apenas o que as suas palavras permitem a Ele fazer! Você pode mudar o seu mundo. Declare a Palavra! Mantenha a Fé! Peça: "ensina-nos a orar"!

"O que você decidir se fará, e a luz brilhará em seus caminhos" (JÓ 22:28).

Nós nos levantamos contra o espírito de entorpecimento com fogo e força! Você é um guerreiro de oração! Declare a Palavra! Mantenha a fé! Peça: "ensina--nos a orar"!

"Eu lhes asseguro que se alguém disser a este monte: 'Levante-se e atire-se no mar', e não duvidar em seu coração, mas crer que acontecerá o que diz, assim lhe será feito" (MC 11:23).

Leitura complementar: Tiago 5:13-16

Oração: Senhor, permite que a Tua palavra me ensine a orar e a caminhar em fé. Em nome de Jesus, amém.

Themba Nyirenda

18 de janeiro

Preservando a confiança
EM NOSSA PROFISSÃO MÉDICA

Eles não são do mundo, como eu também não sou.
Santifica-os na verdade; a tua palavra é a verdade.
Assim como me enviaste ao mundo, eu os enviei ao mundo.
—JOÃO 17:16-18

Há alguns anos, dei uma palestra a um grupo de médicos cristãos sobre o título desta meditação. Fiz uma análise dos problemas que os médicos atualmente enfrentam em sua prática. Pensei que tinha sido uma boa análise. Contudo, quando terminei, continuei a pensar no assunto e percebi que não era o suficiente. É preciso pensar honestamente sobre como agir. Esse é o ponto mais importante para evitar os erros do sistema.

É necessário entender a forma como a cultura funciona, especificamente, no contexto profissional em que trabalhamos. Então, necessitamos ir mais além e fazer uma análise profunda, com oração, sobre as Escrituras, o ensino e os mandamentos de Cristo.

Vivemos na cultura em que crescemos, em que fomos educados e fazemos parte dela. Como cristãos, temos de interagir com o mesmo sistema, mas com uma atitude diferente. Esta é a grande tarefa do profissional cristão: "Estar no mundo, mas não pertencer ao mundo". De forma mais precisa e colocando as prioridades corretamente, nós somos primeiro cristãos e depois profissionais de saúde. Primeiro, temos Cristo na nossa vida e essa é a razão pela qual precisamos mudar a nossa maneira de nos aproximarmos do mundo — a sensibilidade em relação ao próximo, o desejo de ajudar os que sofrem, o valor dos bens materiais e o gerenciamento ou gestão do tempo. É necessário seguir o exemplo e o modelo de Cristo.

A nossa profissão é uma ferramenta que obtemos através do estudo: é um chamado ao qual respondemos. Este é o chamado que Deus colocou em nosso coração: servir ao nosso próximo que está em sofrimento. A nossa profissão será um instrumento de serviço para cumprirmos nossas prioridades. Primeiro, é necessário o amor e comprometimento com Deus e com o nosso próximo e então colocamos em prática a forma diferente e correta de fazê-lo.

Leitura complementar: Filipenses 4:4-5

Oração: Querido Senhor, quero ser um profissional que procura a excelência na prática da medicina. Em nome de Jesus, amém.

Ricardo Zandrino

19 de janeiro

A arte de praticar
MEDICINA COMO SACERDÓCIO

Vocês, porém, são geração eleita, sacerdócio real,
nação santa, povo exclusivo de Deus,
para anunciar as grandezas daquele que nos chamou
das trevas para a sua maravilhosa luz.
—1 PEDRO 2:9

Quando eu era estudante de medicina, ouvi de um professor: "A medicina é um sacerdócio". Naquela época, entendi essa afirmação como uma referência à compaixão pelo paciente. E provavelmente foi isso que o professor quis dizer. Porém, hoje, entendo que tal afirmação tem um significado muito mais profundo.

A palavra "sacerdócio" tem suas raízes no termo latino *pontifex*, que originalmente significava "construtor de pontes". Nesse caso, representa uma metáfora das pontes como formas de aproximação do nosso próximo, com sensibilidade e cuidado. Em ordens religiosas, o "sacerdócio" é utilizado com o sentido de compromisso com uma visão integral. Essa é a posição que deve ser assumida pelo médico, com o mesmo interesse, quer o paciente seja rico ou pobre.

No Antigo Testamento, temos um bom exemplo da dupla função do médico. O Kohen, que era o sacerdote da aldeia, era também a pessoa que tinha o conhecimento e a autoridade médica, como descrito em Levítico 13. O Kohen, médico e sacerdote, tinha um olhar duplo: com um olho via impureza, doença e infecção; com o outro, ele precisava ver a pessoa saudável, com os seus recursos saudáveis, a sua força e potencial para crescer e se tornar mais forte.

O rei Carlos IX de França, no século 16, contratou um cirurgião cristão, Ambroise Paré — considerado o pai da cirurgia moderna. Em conversa pessoal, o rei disse: "Suponho que cuidará melhor deste rei do que dos pobres". "É impossível, majestade", disse o médico. "Por que?", perguntou o rei. Paré respondeu: "Porque sempre cuidei dos pobres como se fossem reis". Em seu último livro, um escritor e pensador argentino, escreveu: "A falha central da medicina resulta da falsa base filosófica dos três séculos passados, da ingênua separação entre o corpo e a alma, do ingênuo materialismo que levava a buscar a causa de toda doença no somático. O homem não é um simples objeto físico, desprovido de alma; nem sequer um simples animal: é um animal que não tem apenas alma, mas também espírito".

Como médicos cristãos, podemos ver a nossa profissão como sendo também um tipo de sacerdócio, tomando a responsabilidade de cuidar dos pacientes de uma forma muito especial, misericordiosa e sagrada.

Leitura complementar: Lucas 4.18; Jeremias 33:6

Ricardo Zandrino

20 de janeiro

Criados À SUA IMAGEM

**Criou Deus o homem à sua imagem, à imagem de Deus
o criou; homem e mulher os criou.**
—GÊNESIS 1:27

Considere o seu Criador, Deus. Que significado tem para você ter sido criado à Sua imagem e semelhança. Como médicos, temos o privilégio de cuidar de muitos pacientes. Alguns pacientes serão seguidores de Jesus, outros, porém, terão outras cosmovisões — contudo todos eles terão algo em comum: todos sofrerão de alguma forma e todos foram criados "à imagem de Deus".

Como médicos cristãos, sabemos que o sofrimento é resultado do pecado humano. Quando Deus criou o mundo e tudo o que nele existe, Ele olhou para tudo o que tinha criado e declarou que era tudo "muito bom" (GN 1:31). No entanto, tal como Adão e Eva no jardim do Éden, todos nós pecamos e fomos destituídos da glória de Deus (RM 3:23). As consequências do nosso pecado são o sofrimento e a morte (RM 6:23). E qual é a cura para isso? J. W. C. Wand, em seu livro que discorre sobre os médicos gregos (1950), cita Atanásio, um dos Pais da Igreja: "...se você tiver uma imagem pintada em um painel e se essa imagem foi afetada por manchas, para que ela possa ser restaurada, é necessário que se volte ao modelo original".

Quando cuidamos dos nossos pacientes, precisamos nos lembrar de que a saúde não diz respeito apenas ao corpo e à mente, mas também ao coração e ao espírito. Cuidar de forma holística dos nossos pacientes não significa impor nossa fé a eles. Significa que precisamos cuidar deles de forma que demonstremos o amor de Deus em ações e palavras. Também podemos orar para que cada um de nossos pacientes encontre Aquele à imagem do qual foi criado.

Reflexão: "Pois o Filho do homem veio buscar e salvar o que estava perdido" (Lc 19:10).

Leitura complementar: Salmo 8

Oração: Senhor, restaura a integridade de tudo o que foi quebrado pelo pecado do homem, em nossa vida, em nossa nação, em nosso mundo. Ouve-nos, ó Deus da vida, em nome de Jesus, amém.

Rhona Knight

21 de janeiro

Encorajamento

*José, um levita de Chipre a quem os apóstolos deram
o nome de Barnabé, que significa encorajador.*
—ATOS 4:36

Conhecemos tantas pessoas — pacientes, equipes, colegas e família — que precisam de encorajamento! A definição que encontramos no dicionário para tal ação é: "inspirar o espírito com esperança, incentivar". Essa foi a qualidade excepcional da vida de Barnabé. Ele encorajou os primeiros cristãos através da sua generosa oferta, ao vender um campo fértil em Chipre, uma terra abastada em vinho, trigo, azeite, figos e mel. Depois, lemos sobre as boas-vindas que ele dá a Saulo [Paulo] na igreja de Jerusalém quando esta se mostrava reticente quanto à sua surpreendente conversão. Então, quando os líderes da igreja ouviram sobre os muitos gentios que se voltavam para Cristo em Antioquia, indagaram entre si quem deveriam enviar? Barnabé, é claro!

"Este, ali chegando e vendo a graça de Deus, ficou alegre e os animou a permanecerem fiéis ao Senhor, de todo o coração" (AT 11:23). Ele encontrou Saulo em Tarso e o encorajou a ser efetivo no servir a Deus. Quando ambos responderam ao chamado de Deus para o serviço missionário, partiram para Chipre e Antioquia da Pisídia. Saulo tornou-se Paulo, assumiu a liderança, e Barnabé, "um homem bom, cheio de fé e do Espírito Santo", dispôs-se a ser, humildemente, o seu colaborador. As pessoas apelaram: "Irmãos, se vocês têm uma mensagem de encorajamento para o povo, falem" (AT 13:15). E Paulo pregou as boas-novas: "Portanto, meus irmãos, quero que saibam que mediante Jesus lhes é proclamado o perdão dos pecados" (AT 13:38).

Quando partiram para a missão seguinte, Paulo não queria levar consigo Marcos, que os tinha abandonado anteriormente. Barnabé, contudo, deu ao seu sobrinho uma segunda chance. O seu encorajamento a Marcos oportunizou a esse jovem ser grandemente usado no serviço do Senhor, de tal maneira que até Paulo, mais tarde, referiu-se a ele como sendo "muito útil no ministério" (2TM 4:11).

Lemos que Barnabé era cheio do Espírito Santo, o qual Jesus tinha descrito como o "Consolador", ou "Encorajador", ou "o Ajudador". À medida que dependemos dos recursos divinos, temos o poder de influenciar outros.

Leitura complementar: 1 Tessalonicenses 5:11

Oração: Deus, quando encontramos outros que passam por momentos difíceis e estão deprimidos, preocupados, amedrontados e ansiosos quanto ao futuro, oramos para que sejamos como Barnabé e possamos trazer encorajamento a muitos. Em nome de Jesus, amém.

Alan Vogt

22 de janeiro

OS *quatro lados* DO EVANGELHO

Esta afirmação é fiel e digna de toda aceitação:
Cristo Jesus veio ao mundo para
salvar os pecadores, dos quais eu sou o pior.
—1 TIMÓTEO 1:15

Porque Deus tanto amou o mundo que deu
o seu Filho Unigênito, para que todo o que nele crer
não pereça, mas tenha a vida eterna.
—JOÃO 3:16

David Bebbington, numa tentativa de definir os aspectos centrais do cristianismo, cunhou a expressão "o quadrilátero evangélico". O cristão é aquele que está comprometido com a Bíblia, centra-se na cruz de Cristo, preocupa-se com a conversão e é efetivo em propagar as boas-novas.

O cristão aceita a Bíblia como a revelação definitiva de Deus. Qualquer sistema de crença alternativo, ainda que contenha alguma verdade, é, em última análise, incompleto.

Segundo, a cruz de Cristo, como o mais importante e singular marco de toda a história, é um ícone distintivo do cristianismo. Toda a história passada conduz à cruz e todos os acontecimentos posteriores remetem a ela. A cruz fala aos dilemas da humanidade e providencia a solução. Nada pode salvar, a não ser a morte vicária de Cristo. A cruz testemunha o amor de Deus de forma visível, eloquente e poderosa. Ela assegura a vitória do bem sobre o mal e de Deus sobre Satanás.

A cruz será insignificante se o indivíduo não estabelecer um relacionamento pessoal com Cristo. A conversão — momento marcado pelo arrependimento e fé — alista-nos para o reino de Deus. Como pecadores redimidos, com o testemunho baseado na Bíblia, seguros na centralidade da cruz, estamos prontos para participar ativamente na obra de Deus. Nós promovemos os propósitos de Deus no Universo mediante o louvor, as boas obras e a evangelização — todos planejados para estabelecer o reino de Deus. Isso traz glória a Deus, que é, obviamente, o propósito final de toda a criação.

Reflexão: Os desafios do testemunho cristão são mais exigentes nas profissões na área da saúde?

Leitura complementar: Atos 4:11-12

Oração: Pai, pessoalmente, por meio da cruz, recebemos muito de ti. À medida que andamos no caminho da cruz, ajuda-nos a partilhar as boas-novas com todos e com cada um. Em nome de Jesus, amém.

Abe Ninan

23 de janeiro

JULGAR OU *não julgar?*

Eu também não a condeno...
—JOÃO 8:11

Uma jovem, ansiosa, temerosa e que eu não conhecia, procurou-me como uma paciente extra na consulta do final do dia. Ela relatou que dois anos antes tinha tido uma relação sexual ocasional que resultou em gravidez. Ela sentiu que precisava de um recomeço e, sem contar a nenhum de seus amigos ou familiares, foi para outra cidade e fez um aborto. Naquela ocasião, dois anos mais tarde, ela não conseguia dormir, não conseguia trabalhar e se sentia muito culpada. "O que o senhor pode fazer por mim, doutor?", perguntou ela.

Ela já reconhecia a sua culpa e não precisava ser lembrada de que era responsável pelas consequências de suas más escolhas. Eu apontei para ela, com o dedo indicador, e disse que, se um dedo apontava para ela por ser culpada, três outros apontavam para mim, pois eu estava na mesma condição que ela. Conversamos sobre o ensino de Jesus no Sermão do Monte, de que, quando um homem olha para uma mulher desejando-a, já adulterou com ela em seu coração, e que a palavra irada pode ter a mesma raiz de pecado que o homicídio. Admiti que, conforme esses padrões, tinha o coração de um adúltero e de um assassino e precisava tanto de perdão quanto ela.

Ela começou a relaxar, parou de tremer e se dispôs a continuar a conversa. Deus me deu a oportunidade de explicar a ela que podia abandonar seu passado e ter um novo recomeço em Cristo. Depois de orarmos juntos, havia esperança em seu olhar. Ela saiu do consultório pronta para enfrentar o futuro e decidida a viver uma nova vida com a ajuda de Deus.

Reflexão: Quão pronto estou a julgar os meus pacientes por conta de tantos problemas resultantes das suas más escolhas? O que faria Jesus quanto a isso?

Leitura complementar: João 8:1-11

Oração: Senhor, ensina-me a ver meus pacientes como tu os vês: com compaixão, ansiando por restaurá-los em ti. Em nome de Jesus, amém.

Kevin Vaughan

24 de janeiro

UM coração BEM DISPOSTO

*O coração bem disposto é remédio eficiente,
mas o espírito oprimido resseca os ossos.*
—PROVÉRBIOS 17:22

Recordo-me de um momento, durante o estágio em cirurgia, no último ano do curso de medicina, quando me foi solicitado atender a uma senhora de 38 anos com um nódulo na mama. Nunca me esquecerei do quanto ela estava aterrorizada com a morte, depois de ter perdido a mãe e a irmã para o câncer de mama, num espaço de 5 anos. E, para piorar as coisas, naquele dia ela recebera o resultado da biópsia, realizada algumas semanas antes, que confirmava o diagnóstico de câncer. Naquela ocasião, eu não tinha ideia alguma de como deveria abordar um enfermo com uma doença terminal. Porém, para minha surpresa, o encontro correu bem, a cirurgia foi agendada para a semana seguinte e ela foi internada para realizar exames adicionais.

No dia do procedimento, quando eu entrava no bloco cirúrgico, ela estava deitada na maca no corredor falando com o anestesista. Quando olhei para ela, podia ver o medo em seu semblante. Essa foi uma das poucas ocasiões em que fiquei sem palavras e demorei a trocar de roupa na esperança de que já estivesse anestesiada quando eu retornasse. Sabe o que aconteceu? Ela ainda estava acordada. Eu não sabia como reagir, e tudo o que consegui fazer foi sorrir. A cirurgia decorreu sem complicações. No dia seguinte, ela pediu para eu voltar a vê-la no final do turno. Ela me disse: "Você não faz ideia de como o seu sorriso, antes da cirurgia, acalmou-me, ajudando-me a relaxar e a pensar que eu ficaria bem. Que Deus abençoe o seu trabalho".

Durante a preparação do nosso culto de consagração, quando juramos servir a Deus com a nossa carreira médica, o meu mentor me perguntou: "Ainda será um médico cristão quando lá pelas 3 horas da madrugada, depois de um dia de muito trabalho, você for chamado para atender a um paciente alcoolizado que insulta você?". Eu espero estar à altura desses desafios ao preparar-me para ser um médico cristão.

Oração: Senhor, oro para que nos ajudes a lembrar da nossa identidade em ti, mesmo quando enfrentamos desafios em nosso dia a dia, no trabalho que tu nos chamastes a fazer. Por favor, continua a elevar-nos acima das nossas circunstância e limitações humanas e assistir alegremente aqueles que confiaste ao nosso cuidado. Em nome de Jesus, amém.

Augustin A. Lutakwa

25 de janeiro

O *sucesso* PODE SER PERIGOSO

Os israelitas disseram a Gideão, "Reine sobre nós! você,
seu filho e seu neto, pois você nos libertou das mãos de Midiã"
[...]. "Só lhes faço um pedido: que cada um de vocês me dê
um brinco da sua parte dos despojos" [...]. Teve setenta filhos,
todos gerados por ele, pois tinha muitas mulheres.
Sua concubina, que morava em Siquém, também lhe deu
um filho, a quem ele deu o nome de Abimeleque.
—JUÍZES 8:22-31

Uma tarde Davi levantou-se da cama e foi passear
pelo terraço do palácio. Do terraço viu
uma mulher muito bonita tomando banho...
—2 SAMUEL 11:2

Temos ouvido que os fracassos são as pedras do caminho para o sucesso. Contudo, o inverso também é verdadeiro: o sucesso pode ser ainda mais perigoso e levar à destruição.

Gideão experimentou um período de sucesso fenomenal, vencendo os midianitas numa batalha decisiva com um exército de apenas 300 soldados. Porém, ele se esqueceu de quem lhe dera tal sucesso: Deus. Sentiu que tinha conseguido isso por si próprio e, por isso, merecia presentes dos seus companheiros. Ele pediu e recebeu brincos de ouro e, mais ainda, ele os usou para fazer um manto sacerdotal de ouro. Esse manto tornou-se uma armadilha que conduziu muitos à idolatria. Além das mulheres legítimas, de quem teve 70 filhos, Gideão teve uma concubina proveniente de Siquém. Isso representava um luxo que só as pessoas muito abastadas desfrutavam, e ele o obteve por conta de seu sucesso na guerra. A concubina deu-lhe um filho chamado Abimeleque, que se revelou um monumental desastre, ao assassinar cruelmente 69 dos seus meio irmãos e trazer guerra e destruição a Israel.

Davi era, como sabemos, um homem segundo o coração de Deus. Depois de se tornar rei, ele ganhou inúmeras batalhas e se estabeleceu no trono da nação. Enquanto descansava de suas vitórias e sucesso, ele decidiu baixar a guarda. Ele olhou para Bate-Seba, enquanto ela se banhava. Isso o levou a cometer o duplo pecado: de adultério e de assassinato.

"O orgulho vem antes da destruição" (PV 16:18). Entretanto, o sucesso vem antes do orgulho. É bom lembrar que o problema não está no sucesso em si mesmo, mas na forma como interpretamos o sucesso. Quando pensamos que fizemos algo por nossa própria conta, e não damos créditos a Deus e a outros, tornamo-nos suscetíveis ao orgulho e ao perigo.

Reflexão: "Seja a atitude de vocês a mesma de Cristo Jesus..." (FP 2:5-8).

Vinod Shah

26 de janeiro

Cuidando DAQUELES QUE SÃO "À IMAGEM DE DEUS"

Então disse Deus: "Façamos o homem à nossa imagem, conforme a nossa semelhança".
—GÊNESIS 1:26

"O que é um ser humano?" Essa é umas das questões mais fundamentais que podemos perguntar. Essa questão é importante porque todos nós recebemos a responsabilidade de cuidar de outras pessoas, seja em nossa família, como parte da nossa sociedade, ou na profissão, o que para os médicos tem um sentido peculiar. Então, que resposta a Bíblia apresenta? De acordo com Gênesis, todos nós fomos criados "à imagem de Deus".

Isso significa que, em certo sentido, trazemos um cunho de Deus que nos distingue do restante da criação. Toda a criação reflete o seu Criador e proclama a Sua glória dia após dia, mas os seres humanos carregam em si a Sua imagem. Sendo assim, quando cuidamos dos nossos pacientes, cuidamos daqueles que são "à imagem de Deus".

Você se lembra desse fato em nosso mundo de orçamentos, estresse e negócios? Existe uma clínica cristã em Dakar, Senegal. Um dos comentários dos pacientes que, com frequência, viajam horas através da cidade para chegar lá é que essa clínica demonstra mais cuidado por seus pacientes do que as outras. Isso é muito bom, visto que todos esses pacientes trazem em si a imagem de Deus; eles refletem o seu Criador e foram criados por Ele de uma forma especial.

Que possamos nos lembrar disso em nossa profissão como médicos e optar por demonstrar cuidado em relação àqueles que Deus criou à Sua imagem.

Reflexão: O mandamento de Jesus é que amemos o nosso próximo como a nós mesmos.

Leitura complementar: Gênesis 1:26-28; Salmo 8

Oração: Senhor, ajuda-nos a amar e servir os outros como tu amaste e serviste a todos. Em nome de Jesus, amém.

A & H Curry

27 de janeiro

Ajudando A RESTAURAR O EQUILÍBRIO

O alvo é a igualdade...
—2 CORÍNTIOS 8:14

Recentemente, chegaram à nossa clínica duas famílias da mesma aldeia rural localizada em uma parte remota da Índia. Uma família trouxe seu filho de 5 anos com uma deficiência grave. Ele era o terceiro de quatro. Infelizmente, os dois primeiros tinham um grave atraso de desenvolvimento semelhante e já tinham falecido.

Pai e mãe tinham gastado todo o seu dinheiro com os filhos, mas sem sucesso. A outra família tinha um jovem encantador com paralisia cerebral coreoatetóide severa por conta de uma lesão durante o parto. Aconteceu após a mãe ter dado à luz em casa, uma vez que o centro médico local tinha sido fechado. Essa família também já tinha perdido uma criança anteriormente devido à uma infecção infantil de fácil prevenção.

Ambas as famílias eram pobres e estavam desesperadas com crianças gravemente debilitadas. No entanto, em várias ocasiões da vida delas, marcadas pelo desespero, a esperança poderia ter brilhado. As suas histórias, como muitas à nossa volta, principalmente em locais mais pobres do mundo, podem ser completamente devastadoras. Mas para um cristão, a esperança ainda brilha.

Naquele dia, nós ouvimos, brincamos, oferecemos alguns brinquedos e roupas, oramos por eles e suas famílias e organizamos um acompanhamento gratuito e regular. Isso ajudou a lhes aliviar o fardo financeiro quanto aos cuidados de saúde e trouxe alguma esperança e luz para a vida deles.

Conhecemos um paciente em sua caminhada em algum estágio da doença, quer seja em um hospital no ocidente ou em uma clínica rural em um país em desenvolvimento. Como portadores da luz de Jesus, temos sempre algo a oferecer. O que podemos fazer para trazer luz à escuridão de todas as situações que ouvimos, por mais difíceis que sejam?

Em um mundo com tanta riqueza e liberdade, embora com muita necessidade e opressão, cada vez que pronunciamos uma palavra de encorajamento, ouvimos alguém, oferecemos alguma ajuda material ou medicamento, estamos restabelecendo o equilíbrio quanto à desigualdade. Cada vez que ajudamos alguém, estamos trazendo luz e uma pequena porção do reino de Deus à sua situação.

Reflexão: Como é que Deus pode usá-lo para trazer luz à vida de alguém?

Leitura complementar: Mateus 25:31-46

Oração: Senhor, pedimos que nos uses para trazer luz à vida das pessoas necessitadas e oprimidas. Em nome de Jesus, amém.

Catherine Morris

28 de janeiro

AMOR E perdão

*Portanto, eu lhe digo, os muitos pecados dela
lhe foram perdoados; porque ela amou muito.*
—LUCAS 7:47

Não tinha percebido o quanto o amor e o perdão estão interligados. Como vemos em Lucas 7:47, Jesus os reúne na história de Simão e da mulher. "Você vê essa mulher?". Claro que Simão a tinha visto. Ela entrara em sua casa sem ser convidada. Como Jesus a poderia tornar o centro da conversa? O Mestre era o convidado de honra. Simão pode muito bem ter pensado: "Não estrague a festa que organizei".

No entanto, algumas coisas são importantes e, claro, Simão sabia algo sobre amor e perdão. Ele conhecia bem o mandamento mais importante: "Ama o SENHOR, teu Deus, com todo teu coração e com toda a tua alma e com todas as tuas forças" (DT 6:5). Simão sabia alguma coisa sobre o amor; no entanto, era sobretudo um conhecimento intelectual. É por isso que precisamos de experiências como a de Simão para nos confrontar. Elas nos desafiam a aplicar à vida, na prática, tudo o que conhecemos racionalmente. Mas isso foi apenas o início do aprendizado de Simão.

Ele conhecia o mandamento: "...ame cada um o seu próximo como a si mesmo" (LV 19:18), mas amava a si próprio? Talvez, mas acho que seu amor era principalmente pela imagem que ele tinha de si mesmo. Ele era um fariseu, seguia padrões de conduta a fim de manter a própria reputação. O que os outros pensariam dele naquela situação? Ele tinha de preservar a sua imagem. Talvez ele não estivesse consciente disso até ter sido confrontado por tal ocorrência.

As circunstâncias são usadas por Deus para nos ajudar a nos enxergarmos de forma realista. Essa tem sido a minha experiência pessoal. Orem por graça para mudar.

Reflexão: Pense sobre momentos em que você viu o amor e perdão intimamente ligados.

Leitura complementar: Lucas 7:36-50

Oração: Senhor, continua me ensinando a perdoar aos outros e a amá-los como tu ordenaste, todos os dias da minha vida. Em nome de Jesus, amém.

Frank Garlick

29 de janeiro

Enfrente COMO UM HOMEM

Prepare-se como simples homem que é;
eu lhe farei perguntas, e você me responderá.
—JÓ 40:7

Foi o que Deus disse a Jó: "Prepare-se como um homem". Foi o que Jó ouviu na tormenta que enfrentou. Jó tinha sido maltratado e ferido pelas experiências da vida. Seus amigos deram respostas que qualquer um de nós pode dar hoje. Sua esposa estava preparada para se manter ao lado do marido, mas queria terminar a batalha demasiadamente dolorosa. Até mesmo Deus parecia não entender. Jó sabia que estava certo, e realmente estava, como Deus afirmou mais tarde. No entanto, era uma "justiça" que emergia da autojustificação. Quando ele não obteve a justificação que esperava de Deus, mergulhou em autopiedade. "Ninguém me entende!" Assim pareceu a Jó, e pode nos parecer de igual modo às vezes.

Deus respondeu a Jó com a maior amabilidade e direcionou a atenção de Jó para as maravilhas da natureza, para o milagre da criação, para os conceitos intrínsecos de função e moralidade. Aliás, este é um bom conselho para nós: "Buscarmos continuamente por Deus e Sua mão em toda a criação" (Malcolm Muggeridge).

Então, Deus disse a Jó que se responsabilizasse por si mesmo. Há momentos em que também nós devemos abandonar a autopiedade, mesmo quando parece justificada, mas isso por vezes é muito difícil. Como alguém disse: "Tudo bem molhar a pontinha dos dedos dos pés na autopiedade, mas não se chafurdar nela". Olhe ao redor a maravilha da criação. Pare de olhar apenas para si próprio. Veja o que Deus fez e está fazendo no mundo e ore. Ore por seus amigos e por aqueles com quem você trabalha.

O restante depende de Deus. Nós podemos confiar nele. Ele pode confiar em nós?
A Terra está abarrotada de Céu,
E todos os arbustos comuns se incendeiam com Deus,
Mas apenas aquele que os vê tira os sapatos
Os demais sentam-se ao redor e colhem amoras.
—Elizabeth Barrett Browning

Reflexão: Pense sobre Deus revelando-se a si mesmo na natureza e criação.

Leitura complementar: 2 Pedro 1:3-11

Oração: Senhor, ajuda-me a ser fiel no chamado que tu tens para mim e a estar centrado em ti. Em nome de Jesus, amém.

Frank Garlick

30 de janeiro

Encontrando A PERGUNTA CERTA

Que Ele te conceda o desejo do teu coração.
—SALMO 20:4

Uma mulher mudou-se para o andar superior do edifício em frente à nossa clínica e veio me procurar como paciente. Ela parecia sem esperança quando me descreveu como havia perdido seu trabalho e sua casa. Além disso, as pessoas do apartamento vizinho a estavam incomodando. Durante a consulta, descobri que ela tinha sido abusada por seu pai quando criança. Casou-se cedo para fugir de casa, e seu casamento terminou em divórcio litigioso.

Ela parecia reservada e relutante em se abrir, mas estava claramente deprimida. Por isso lhe receitei antidepressivos e a encaminhei a fim de obter mais ajuda. Ao longo de vários meses, ela não apresentava melhoras, apesar do fato de que o serviço social, a equipe de saúde mental, o serviço policial de apoio à vítima e outras pessoas estarem tentando ajudá-la. Lentamente, enquanto continuava a me visitar, ela parecia menos desconfiada. Um ano mais tarde, em uma de suas visitas de acompanhamento, perguntei-lhe: "O que você realmente gostaria que acontecesse em sua vida?".

Foi um alívio ouvi-la me dizer com lágrimas nos olhos: "Doutor, o que eu realmente gostaria que acontecesse era ver meus filhos novamente". Eu sabia que ela tinha se divorciado e não mantinha contato com seu marido ou família, mas nunca tínhamos tido uma conversa como essa. De repente, ela estava pronta para falar. Pude dizer-lhe quão triste eu estava por ela não ter visto seus filhos durante tanto tempo e que acreditava que Deus realmente se importa com a situação dela. Quando lhe propus orar por ela, ela já não estava desconfiada e recebeu bem aquela oportunidade. Com a ajuda de advogados, ela recuperou o contato com seus filhos e isso foi o primeiro passo rumo à restauração de sua vida.

Reflexão: Será que desisto facilmente quando parece não haver progresso, ou continuo procurando a pergunta-chave que pode desbloquear uma situação que parece não ter saída?

Leitura complementar: Tito 3:3-8

Oração: Jesus, que os desejos do meu coração estejam de acordo com a Tua vontade. Em nome de Jesus, amém.

Kevin Vaughan

31 de janeiro

Obediência — UM PRINCÍPIO IMPORTANTE NA EQUAÇÃO DE DEUS

Os servos de Naamã lhe disseram: "Meu pai,
se o profeta lhe tivesse pedido alguma coisa difícil, o senhor
não faria? Quanto mais, quando
ele apenas lhe diz para que se lave e seja purificado!".
—2 REIS 5:13-14

N aamã era um comandante do exército do rei Aram da Síria, muito bem-sucedido e altamente reconhecido. Ele sofria de lepra, para a qual, naqueles dias, não havia cura.

A lepra era considerada maldição divina. Por isso, as pessoas com essa doença eram obrigadas a refletir sobre como haviam provocado a ira de Deus. Naamã também deve ter refletido, mas é claro que ele não conseguiu identificar nenhum dos seus problemas espirituais. No contexto dessa passagem bíblica, seu orgulho e desobediência são evidentes. Quando o profeta mandou que se lavasse no rio Jordão, ele ficou furioso. Seu orgulho o impediu de seguir uma orientação tão simples e, se não fosse o sábio conselho de seus servos, ele teria continuado leproso.

Naamã, sendo rico, procurou comprar sua cura, mas o servo de Deus recusou o seu dinheiro. Naamã pensou que sua elevada posição lhe seria favorável, mas o profeta se recusou a encontrar-se com ele. Naamã pensou que um grande esforço ou sacrifício o salvaria, mas o servo de Deus, consciente da confiança do general na riqueza e poder, oferece-lhe uma solução simples: lavar-se no rio Jordão.

Tal como as bactérias que causam lepra, o orgulho se alastra ao longo de nossa vida, enfraquecendo a nossa determinação de colocar o interesse pelos outros na frente dos nossos. Ficamos insensíveis à sua dor, cegos aos pobres que nos rodeiam e indiferentes quanto às vidas que perecem por falta de amor. A única maneira de exterminar o orgulho é morrendo para si mesmo. Os simples passos e lições que Naamã recebeu o levaram a perceber que Deus é a fonte de todas as coisas boas — saúde, posição social, poder etc. Humilhe-se e obtenha o que necessita nos termos de Deus.

Na vida, a obediência implícita a Deus produz grandes benefícios. O pecado é como a lepra: faz estragos em nossa mente e corpo, tornando-nos insensíveis e deformados. A receita para o perdão do pecado está na obediência: pedir humildemente perdão. Através de Cristo, recebemos a promessa de uma nova vida — plena e santa — não porque a merecemos, mas pela graça de Deus que a concede.

Leitura complementar: 2 Reis 5:1-14

Oração: Senhor, concede-me um coração obediente à Tua palavra. Em nome de Jesus, amém.

D. J. Christopher

Aprendizado DO MÊS

David LIVINGSTONE (1813-73)

Médico missionário, explorador, ativista de direitos humanos e dos direitos de trabalhadores e escravos.

David Livingstone nasceu em 1813, em Blantyre, Escócia. Foi o segundo filho de Neil e Agnes Livingstone. O pai de David era um cristão devoto que encorajava os seus filhos a estudar a Bíblia e a propagar sua mensagem. O próprio David começou a trabalhar nas fábricas de algodão aos 10 anos, inicialmente como um "*piecer*", juntando as extremidades arrebentadas do fio de algodão nas máquinas giratórias. No seu tempo livre, lia bastante e desenvolveu interesse por explorar a natureza, estudando plantas e animais. Seu pai tentou desencorajá-lo quanto ao seu interesse pela ciência, pois acreditava que isso colocaria em risco a fé do filho. No entanto, David persistiu nas leituras de teologia e ciência. Aos 26 anos, inscreveu-se na faculdade de medicina, com o objetivo de se tornar um missionário-médico na China.

A eclosão da Primeira Guerra do Ópio, em 1839, tornou a China um destino perigoso. Influenciado por Robert Moffat, um missionário e abolicionista da Sociedade Missionária de Londres, David decidiu viajar até o sul da África, trabalhar pela igualdade entre brancos e negros e tentar acabar com o tráfico de escravos. Posteriormente, David casou-se com a filha de Moffat, Mary. Eles tiveram seis filhos.

Durante seus anos na África, acredita-se que o Dr. Livingstone tenha percorrido mais de um terço da sua área geográfica, incluindo uma viagem transcontinental de uma costa à outra. Isso só foi possível porque ele viajava com poucas coisas, sem uma comitiva de empregados e soldados acompanhando-o. Ele se relacionava bem com a população local, a quem tratava como iguais e com respeito. O Dr. Livingstone continuou a pregar sua fé, sem pressionar ninguém a converter-se.

Ele também aproveitava as suas viagens para explorar o continente africano. É reconhecido por ter apresentado ao mundo muitas belezas naturais da África. Ele mudou o nome da grande cascata, *Mosi-oa-Tunya* (o fumo que troveja), para *Victoria Falls* (Cataratas Vitória) em honra à monarca britânica que reinava na época.

Ao longo de seu tempo na África, ele escreveu fervorosamente contra o tráfico de escravos, tentando sensibilizar os seus leitores ocidentais para a situação deplorável dos povos africanos que estavam sendo explorados pelos comerciantes árabes de escravos. Em uma carta ao *New York Times*, ele escreveu que, se o seu trabalho levasse à abolição do tráfico de escravos, seria um feito maior do que todas as suas descobertas geográficas no continente.

Em 1850, Livingstone retirou-se da *London Missionary Society*, aceitando a incumbência da *Royal Geographical Society*. Ele continuou a viajar e a explorar o continente africano e descreveu muitos dos grandes lagos de África. Sofreu doenças graves, incluindo cólera e malária. Certa ocasião, ele foi atacado por um leão, o que provocou a incapacidade permanente do seu braço direito.

Muitas vezes, durante suas viagens, os seus ajudantes o abandonavam e roubavam os seus mantimentos, mas ele perseverou, frequentemente aceitando com relutância a ajuda de comerciantes árabes de escravos para chegar com segurança ao seu destino. Ele morreu aos 59 anos, provavelmente de disenteria. O seu corpo foi encontrado em posição de oração ao lado da cama. Antes do seu corpo ser transladado de barco para o Reino Unido, o seu coração foi removido e enterrado na África.

Atualmente existem inúmeros memoriais e estátuas do Dr. Livingstone espalhados por toda a África, em países como Botswana, África do Sul, Zimbábue, Uganda, Zaire e Congo. Ele é igualmente homenageado em outros países ao redor do mundo.

UMA BÊNÇÃO PARA O EQUILÍBRIO

Como a alegria do mar que regressa à costa,
que a música do riso atravesse tua alma.
Como o vento que quer fazer tudo dançar,
que tua compostura seja iluminada pela graça.
Como a liberdade do sino do mosteiro,
que a limpidez da mente faça teus olhos sorrirem.
Como a água que adquire qualquer forma,
que possas ser livre para te tornares quem és.
Enquanto o silêncio sorri do outro lado do que foi dito,
que uma sensação de ironia te dê perspectiva.
Como o tempo permanece livre de todas as amarras,
que o medo ou a preocupação nunca te acorrentem.
Que tua oração de escuta seja profunda o suficiente
para ouvires à distância o riso de DEUS.

—*John O'Donohue*
Sacerdote, poeta e escritor irlandês

1.º de fevereiro

A CORRIDA *designada a você*

Portanto, também nós, uma vez que estamos
rodeados por tão grande nuvem de testemunhas,
livremo-nos de tudo o que nos atrapalha
e do pecado que nos envolve e corramos com perseverança
a corrida que nos é proposta, tendo
os olhos fitos em Jesus, autor e consumador da nossa fé.
—HEBREUS 12:1-2

Por isso, tenham o cuidado de fazer tudo
como o SENHOR vosso Deus ordenou; não se desviem,
nem para a direita, nem para a esquerda.
—DEUTERONÔMIO 5:32

No Antigo Testamento, os filhos de Israel foram exortados diversas vezes a continuarem andando nos caminhos de Deus, sem olhar para a direita ou para a esquerda. Essa expressão significa sair do que Jesus descreveu como o "caminho estreito" e se distrair com as coisas do mundo. Essas coisas podem, a princípio, parecer inofensivas — prazeres, relacionamentos, uso mais tolerante do tempo ou dinheiro, escolhas sobre decisões importantes. Aquilo que o autor da carta aos Hebreus denomina o "pecado que nos envolve".

Se analisar sua vida e suas escolhas, imagino que você encontrará alguma área que se encaixe na categoria de olhar "para a direita ou para a esquerda". Ser médico oferece inúmeras oportunidades: demonstrar amor e compaixão a pessoas vulneráveis; agir com integridade entre os colegas; compartilhar bens com generosidade; trabalhar em alguma das comunidades mais necessitadas do mundo. No entanto, também está repleta de distrações. O cansaço que experimentamos diminui nossa resistência; pode ser fácil começar a andar com más companhias, utilizar nossos recursos de forma egoísta, evitar a todo custo o que dá trabalho e fadiga ou simplesmente não separar tempo para as coisas de Deus.

O apóstolo Paulo usou muitas vezes a analogia de um atleta, ao descrever a disciplina e compromisso de um filho de Deus. Na carta aos Hebreus, somos lembrados que existe uma corrida assinalada para cada um de nós. Deus não espera que sejamos super-homens ou supermulheres, mas dá-nos tarefas e responsabilidades e os recursos para fazermos o que Ele nos pede que façamos.

Leitura complementar: Josué 24:24

Oração: Senhor Jesus, ajuda-me a lembrar que és o Deus capaz de me abençoar abundantemente, para que, em todas as coisas e em todo o tempo, tendo tudo o que o que é necessário, transborde em toda boa obra. Em nome de Jesus, amém.

Catriona Wait

2 de fevereiro

Contentamento EM TODAS AS CIRCUNSTÂNCIAS

Não estou dizendo isso porque esteja necessitado,
pois aprendi a adaptar-me a toda e qualquer circunstância.
Sei o que é passar necessidade e sei o que
é ter fartura. Aprendi o segredo de viver contente
em toda e qualquer situação...
—FILIPENSES 4:11-12

Tenho sido inspirada pelas histórias contadas por muitos missionários sobre momentos em que eles literalmente não sabiam de onde viria a próxima refeição, e Deus providenciava de forma sobrenatural. Muitas vezes oramos por outros em circunstâncias de grande necessidade. As pessoas muitas vezes testemunham como a sua fé desabrocha em tempos de completa dependência de Deus. No entanto, como médica que trabalha num país desenvolvido, devo confessar que nunca passei por necessidades econômicas. Tenho uma casa agradável, muitas roupas para vestir, comida à vontade todos os dias e não preciso de nenhum bem material básico. Como posso depender de Deus e servi-lo nessa situação?

Quando consideramos o apóstolo Paulo, muitas vezes pensamos em suas dificuldades — naufrágios, perseguições, fome e doença. Mas quando ele escreveu aos filipenses, declarou claramente que ele também sabia "o que é ter fartura". Escrevendo a Timóteo, deu instruções específicas àqueles que são ricos na perspectiva do mundo: devemos ser generosos e procurar usar todas as coisas para a glória de Deus. Nosso tesouro deve estar no céu, mas se você gosta de experimentar bênção financeira e material, não se sinta culpado por isso. Não é errado ter essas coisas. O erro está em amá-las e tornar-se dependente delas. Como médicos, especialmente nos primeiros anos após a graduação, quando começamos a ganhar dinheiro, podemos conhecer diferentes desafios e tentações para aqueles que estão conscientes de sua dependência diária de Deus por seu "pão diário". O encorajamento de hoje é agradecer a Deus por tudo o que você tem, e considerar em oração se você está usando sua bênção material para a glória de Deus.

Leitura complementar: 1 Timóteo 6:17-19

Oração: Pai, agradeço-te porque toda a boa dádiva e o dom perfeito vêm de ti. Graças te dou por tudo o que me concedeste. Oro para que eu nunca me torne dependente dessas coisas. Ajuda-me a usar tudo o que tenho para a Tua glória. Sonda-me e conhece o meu coração. Mostra-me se tenho confiado em posses e segurança financeira, em vez de confiar em ti. Em nome de Jesus, amém.

Catriona Wait

3 de fevereiro

FÉ ORIENTADA *para o futuro*

Pela fé Abraão, quando chamado, obedeceu e
dirigiu-se a um lugar que mais tarde receberia como herança,
embora não soubesse para onde estava indo.
Pela fé peregrinou na terra prometida como se estivesse em
terra estranha [...]. Pois ele esperava a cidade
que tem alicerces, cujo arquiteto e edificador é Deus.
—HEBREUS 11:8-10

Hebreus 11 é uma conhecida lista dos heróis da fé. Começa nos dizendo que "a fé é a certeza daquilo que esperamos e a prova das coisas que não vemos" (v.1). Mas qual é a diferença entre "ter fé em" – que também pode ser expresso como "crer em" – e "ter fé para"? O que esperamos deve ser, por sua própria natureza, algo que acontecerá no futuro, algo "lá fora", até agora intangível. Esse tipo de "fé para" nos empurra para além de uma mera crença teórica em Deus. A fé orientada para o futuro confia em Deus pelo que esperamos e, por meio dessa fé, no Deus vivo das Escrituras, podemos crer com segurança.

Como médicos, temos a tendência de aplicar a lógica, conhecimento prévio e experiência na resolução de problemas, a fim de ajudar as pessoas que sofrem com doenças ou passam por uma crise. Anos de treinamento e exames nos permitem lidar com essas situações, seja para curar, aprimorar o trabalho ou dar conforto.

Certa vez, conversei com uma senhora preocupada com sintomas que pareciam dor ciática. Será que tive fé orientada para o futuro? Será que acreditei que Deus faria algo para resolver o problema? Como ter certeza de que Deus interviria? Consciente das minhas limitações de fé, procurei outras duas pessoas para orarem comigo por ela, depois de lhe dar alguns conselhos médicos gerais.

Pela fé, Abraão deixou o seu lar, ainda que não soubesse para onde estava indo. Imagine-se como um estudante de medicina cristão ligando para casa para dizer: "Olá, mãe! Vou partir numa viagem missionária". Como ela reagiria quando você concluísse: "Eu não sei para onde vamos, nem quanto tempo ficaremos lá!".

Deus ainda busca pessoas como Abraão que sigam Seu chamado. Em sua jornada, a fé do patriarca continuou orientada para o futuro, desde o lugar onde ele "viveu em tendas" (v.9) até a "cidade que tem alicerces" (v.10). A fé orientada para o futuro é desafiadora, levando-nos além de nossas capacidades e de nós mesmos.

Reflexão: Que não nos conformemos em "ter fé em", mas em confiar naquele que é fiel, pedindo a Deus oportunidades de "ter fé para" os dias que se apresentam diante de nós.

Leitura complementar: Apocalipse 21:2-4

Jane Bates

4 de fevereiro

Não andem ANSIOSOS

**Não se preocupem com nada, mas em todas
as orações peçam a Deus o que vocês precisam
e orem sempre com o coração agradecido.**
—FILIPENSES 4:6 NTLH

A palavra grega para ansioso é *merimnate*, traduzida por "cuidadosos" na versão bíblica Almeida Revista e Corrigida (ARC). Cuidadoso, naquela época, significava assistir com ansiedade. O teólogo W. E. Vine define *merimnate* como cuidado ansioso ou perturbador. A versão (NTLH) traz: "Não se preocupem". O mesmo termo usado por Jesus no Sermão do Monte: "Não se preocupem com sua própria vida, quanto ao que comer [...] quanto ao que vestir..." (MT 6:25). Para os filipenses, a preocupação deve ter sido com Paulo na prisão e, portanto, se também eles seriam presos. Além disso, eles poderiam estar ansiosos em garantir seu *status* na sociedade ou na comunidade cristã. Daí a exortação paulina de considerarmos os outros superiores a nós mesmos (FP 2:1-4). Também poderia ser por alguma discórdia entre Evódia e Síntique na igreja de Filipos. Nossos pacientes estão naturalmente ansiosos quando nos consultam. Os hospitais são lugares promotores de ansiedade. E podemos estar preocupados com nosso desempenho clínico, ou com os nossos impasses de diagnósticos, ou com as más notícias que temos que compartilhar com os pacientes ou seus familiares. Podemos estar preocupados com muitas coisas.

No entanto, para Paulo, o antídoto para a ansiedade é a oração com súplicas e ação de graças. A palavra para a oração, que representa dirigir-se a Deus de um modo geral, muitas vezes anda de mãos dadas com a súplica — isto é, uma necessidade específica ou uma necessidade transmitida a Deus. Paulo enfatiza isso ao dizer que podemos fazer pedidos específicos ao Senhor. Esses três termos de pedido envolvem as palavras "com ação de graças". Para Paulo, pedir e agradecer estão unidos. Então a oração, dirigida a Deus, expressando nossas necessidades, em pedidos específicos, e agradecendo a Ele, é a resposta de Paulo à ansiedade que possamos ter.

De um modo geral, todo o parágrafo começa com a alegria no Senhor (v.4), uma tranquilidade que surge da nossa confiança de que Deus está perto, tanto no tempo como no lugar. Portanto, não precisamos estar ansiosos porque podemos apresentar as necessidades específicas ao Senhor que está próximo. Não é de admirar que experimentemos paz (FP 4:7).

Reflexão: Substituirei minha preocupação ansiosa pela oração e súplicas com ação de graças. Apresentarei necessidades específicas ao meu Pai celestial. Entregarei a Deus as minhas preocupações, pois Ele está perto.

Leitura complementar: Mateus 6:25-34

Alan Gijsbers

5 de fevereiro

COM AÇÃO *de graças*

**Não andem ansiosos por coisa alguma,
mas em tudo, pela oração e súplicas, e com ação de graças,
apresentem seus pedidos a Deus.**
—FILIPENSES 4:6

Os médicos e dentistas são perfeccionistas, como convém ao tipo de trabalho que fazemos. Temos a tendência de ver como podemos melhorar as coisas. As visitas às enfermarias são lugares onde os médicos mais graduados só identificam as falhas dos mais novos. Preocupamo-nos em tratar os pacientes mais graves. Por isso, lemos artigos científicos para descobrir falhas de diagnóstico. Ouvimos sermões analisando as falas do pregador. As reflexões do final do dia podem tornar-se uma lista de todas as coisas que não fizemos ou que fizemos mal. As nossas orações podem ser uma ladainha de problemas e de queixas.

Em seu comentário sobre a oração, Paulo enfatiza a necessidade de acrescentarmos ação de graças aos pedidos. A carta aos Filipenses é um exemplo de ação de graças. Embora estivesse preso, Paulo alegra-se com "o progresso do evangelho" (1:12). Ainda que algumas pessoas pregassem o evangelho por inveja, ele agradece a Deus porque "Cristo está sendo pregado" (v.18). Antes disso, ele agradece a Deus por seus amigos em Filipos, que compartilharam o evangelho com ele, a quem ele amava (1:3). Paulo agradece a generosidade deles, que demonstraram, de forma prática com suas generosas doações (4:10-20). Ele está tão grato que pode realmente dizer que está "amplamente suprido" (4:18).

Podemos cultivar uma atitude genuína de ação de graças? Não é um falso otimismo que nega a tragédia e a dor, mas uma esperança realista que vai além do sofrimento e da perda. É uma expressão de ação de graças e confiança no Senhor. Eu escrevo atualmente em uma situação relativamente confortável e reconheço que muitos irmãos e irmãs, em situações muito difíceis, lerão essas palavras. Pessoas que sofrem epidemias, fome e falta de recursos, muitos pacientes para tratar, corrupção e má liderança. É difícil ser grato nessas condições, mas agradeço a Deus por Paulo ter escrito essas palavras enquanto estava preso por causa do evangelho. A autenticidade de suas palavras foi testada pela vida real.

Reflexão: Quais as minhas circunstâncias e tarefas pelas quais posso agradecer a Deus hoje?

Leitura complementar: Salmo 103

Oração: Querido Senhor, que minhas circunstâncias não me impeçam de agradecer. Ajuda-me a alegrar-me em ti, em todas as situações e circunstâncias da minha vida, seguindo o exemplo de Paulo. Em nome de Jesus, amém.

Alan Gijsbers

6 de fevereiro

O SENHOR É A *minha força*

Mas aqueles que esperam no SENHOR renovam as suas forças.
Voam alto como águias; correm e
não ficam exaustos, andam e não se cansam.
—ISAÍAS 40:31

Muitas vezes, estamos em situações em que nos sentimos sobrecarregados pelo cansaço físico e por uma carga pesada de pacientes. Por vezes, não há uma solução humana, e nós simplesmente temos de clamar a Deus e confiar nele para nos dar força para o dia. Havia sido o meu plantão, e dormi apenas duas horas. O serviço de saúde estava cheio, e eu já estava exausta no princípio do dia. Eu disse ao chefe como estava cansada. Ele me disse: "Você vai sobreviver". Eu reconheci perante Deus que somente Ele podia me dar forças ao longo do dia. O serviço encerrou às 17h e acabou sendo o dia mais ocupado do mês. Sobrevivemos!

Em Marcos 6:31-44, lemos que Jesus e os Seus discípulos precisavam descansar e Ele sugeriu que fizessem uma pausa. Os discípulos tinham acabado de voltar do que deve ter sido um tempo agitado, mas gratificante, de serviço. Jesus estava de luto pela morte de Seu primo João Batista. Eles tinham uma razão muito legítima para uma pausa. No entanto, a multidão seguiu-os, e Jesus teve compaixão e ensinou-lhes, apesar das Suas próprias necessidades físicas e emocionais. O resultado foi que Deus fez um milagre por intermédio de Jesus e de Seus discípulos.

Por vezes, podemos estar impossibilitados de ter a pausa legítima de que necessitamos. Entretanto, ao permitirmos que a compaixão de Deus flua em nós, Ele pode realizar milagres.

Reflexão: Pense sobre as vezes em que sentiu que Ele renovou as suas forças e o seu espírito.

Oração: Querido Senhor, que a minha esperança esteja em ti e que eu dependa de ti durante o meu dia ocupado e cansativo. Peço-te pela renovação do meu espírito para continuar a fazer o Teu trabalho. Em nome de Jesus, amém.

Paksi Pazvakavambwa

7 de fevereiro

Anseio POR DEUS

Como é agradável o lugar da tua habitação,
Senhor dos Exércitos! A minha alma anela, e até desfalece
pelos átrios do Senhor; o meu coração
e o meu corpo cantam de alegria ao Deus vivo.
—SALMO 84:1-2

Pelo que você anseia? Onde mais gostaria de estar hoje? O que deseja com todo o seu coração? Numa sociedade secular, bombardeada por publicidade e consumismo, onde o sucesso é progredir na carreira e ter um carro esporte, pode ser fácil perder de vista os valores eternos.

No Equador, vejo pacientes que perdem os seus filhos num acidente, suportam tumores ulcerados a cobrir o seu peito, ou sofrem dores terríveis, e que não questionam o amor de Deus por eles. Eu nunca os ouvi perguntar por que Deus permite que sofram. Aceitam isso como parte inevitável de viver neste mundo decaído. Pelo contrário, eles anseiam pelos átrios do Deus vivo e encontram o conforto e força em Seus braços.

Eu sou desafiada pelo humilde amor de Deus que vejo nestes pacientes e pela esmagadora fome de Deus, demonstrada no Salmo 84. Cercada pelos confortos do lar, com um trabalho seguro e um futuro assegurado, esqueço que preciso de Deus. Esqueço-me da Sua surpreendente dádiva da salvação, o Seu maravilhoso sacrifício no Calvário e a morada eterna que nos aguarda.

> *Reflexão:* Se fizermos uma pausa para ter comunhão com Jesus hoje, para louvá-lo e agradecer por quem Ele é e faz; se nós reacendermos a nossa fome e sede por tudo o que é gentil, bom, amoroso e justo, como o nosso dia pode ser diferente?

> *Leitura complementar:* Leia todo o Salmo 84 e Salmo 42:1-2. Use os versículos que chamam a sua atenção para louvar a Deus.

> *Oração:* Pai celestial, guarda-nos de tomar essas palavras de forma artificial ou mecânica. Ajuda-nos a saber que são testemunho dado a nós na Bíblia para podermos ver que as nossas vidas podem ser ricas e plenas. Ensina-nos a Tua paciência nisto, Senhor. Ajuda-nos a perceber que o Teu processo é soltar uma semente e deixá-la crescer, para que finalmente dê fruto. Ensina-nos então a esperar, Senhor, em ti e a saber que nos vais levar a uma glória e riqueza que está para além dos nossos sonhos mais ousados, mais do que jamais poderemos exprimir. Em nome de Jesus, amém.

Andrea Gardiner

8 de fevereiro

GRAÇA PARA *perseverar*

...não desanimamos.
—2 CORÍNTIOS 4:1

Há alguns anos, conheci um médico que, quando ainda era permitido, tinha refeito seus exames de licenciamento médico 17 vezes. Finalmente ele foi aprovado e tornou-se o especialista que conhecíamos. Além disso, ele já tinha escalado uma vez o Everest. O treino para a segunda atividade possivelmente foi influenciado com os estudos pela primeira, mas ambas exigiam perseverança.

Na parábola do semeador, Jesus descreveu diferentes formas de desencorajamento que impedem uma resposta frutífera à Palavra de Deus. Ele mencionou perseguição, preocupações mundanas, busca da riqueza e outros interesses consumistas. Paulo escreveu algo semelhante aos gálatas. Eles começaram crendo na morte sacrificial de Jesus para salvação e receberam o Seu Espírito. Em seguida, estragaram tudo ao confiarem em seus próprios esforços.

Provavelmente conhecemos pessoas que começaram bem, após terem sido apresentadas à Palavra de Deus e a Cristo. Elas então cedem a uma das tentações que Jesus mencionou em Sua parábola. A continuação do crescimento parou. E quanto a nós? Uma grande carga de trabalho na clínica, as pressões extras da vida familiar ou o fascínio da clínica privada, uma nova atividade (ou relação) que consome tempo — qualquer uma dessas coisas pode nos distrair e limitar a fecundidade espiritual.

Qual é o segredo da sobrevivência sob pressões inevitáveis? O escritor de Hebreus 12 fala primeiro sobre livrar-se de "tudo o que nos atrapalha e do pecado que nos envolve" (v.1). Então, ele continua: "tendo os olhos fitos em Jesus, autor e consumador da nossa fé. Ele, pela alegria que lhe fora proposta, suportou a cruz [...]. Pensem bem naquele que suportou tal oposição dos pecadores contra si mesmo, para que vocês não se cansem nem desanimem" (vv.2-3).

Também podemos ser inspirados pelo exemplo de irmãos em sofrimento no mundo. Muitos são perseguidos, e outros mortos, mas não negam a fé. Como eles valorizam o nosso apoio contínuo em oração!

Paulo reconheceu a fonte da oposição espiritual. Devemos resistir ao bombardeamento do inimigo, estar vestidos com a armadura completa de Deus e perseverar em oração. Muitos profissionais de saúde, em luta, simplesmente clamam por ajuda para encontrar a graça de nosso Pai, suficiente para toda a necessidade. Ele é especialista em conceder o dom da perseverança.

Leitura complementar: 2 Coríntios 12:9-10; Efésios 6:10-20

Oração: Pai celestial, ajuda-nos a perseverar e a sermos instrumentos Teus de encorajamento aos demais, alicerçados na Tua Palavra, que é viva e eficaz. Em nome de Jesus, amém.

Janet Goodall

9 de fevereiro

NÃO *inveje*

Alegrem-se com os que se alegram;
chorem com os que choram.
—ROMANOS 12:15

Você celebra sempre que os outros recebem boas notícias? Quando um amigo passa num exame que você acabou de falhar pela terceira vez? Quando a sua irmã consegue o "trabalho dos sonhos" dela, e você nem foi pré-selecionado para a especialidade que escolheu? Quando o outro residente em sua especialidade tem um pedido de subsídio bem-sucedido, enquanto você se esforça por formular uma pergunta de investigação? Devo confessar que por vezes não tenho vontade de celebrar com um amigo, mas sinto uma mistura de inveja e autocomiseração, as quais podem levar a uma espiral descendente de pensamento nada bíblico.

A inveja frequentemente leva à amargura e não dá glória a Deus. "Cuidem que ninguém se exclua da graça de Deus; que nenhuma raiz de amargura brote e cause perturbação, contaminando muitos" (HB 12:15). Ao refletir sobre isso, vejo que os tempos em que lutei com a inveja foram momentos em que não apreciei a graça de Deus em minha vida. Questionei a provisão divina e senti-me prejudicada de alguma forma.

Ao comtemplar a futilidade das conquistas mundanas, Salomão concluiu: "Assim, descobri que, para o homem, o melhor e o que mais vale a pena é comer, beber e desfrutar o resultado de todo o esforço que se faz debaixo do sol durante os poucos dias de vida que Deus lhe dá, pois essa é a sua recompensa" (EC 5:18) Como residente, você pode provavelmente identificar-se com a expressão "em que trabalhou"! É fácil olhar para os outros que parecem ter coisas mais facilmente, oportunidades maiores, mais apoio dos chefes. Mas confie em Deus! Ele conhece a sua situação e a "sua porção".

Se a leitura de hoje ecoa em você, ore para que Deus o ajude a ver a provisão dele em sua vida. Peça para reconhecer a graça abundante que Ele derramou sobre sua vida de tal forma que não inveje as bênçãos e privilégios alheios.

Leitura complementar: 1 Pedro 2:1-2

Oração: Senhor, sabes que há momentos em que tenho inveja, em vez de alegria, quando amigos ou colegas têm sucesso. Por favor, perdoa a minha atitude egocêntrica. Graças te dou por tudo o que tens me dado e por Teus planos serem perfeitos. Ajuda-me a me contentar, mesmo nas provações, e a alegrar-me verdadeiramente com os que se alegram. Em nome de Jesus, amém.

Catriona Wait

10 de fevereiro

Liderança SERVIL

...Mas eu estou entre vocês como quem serve.
—LUCAS 22:27

Após uma eleição na Índia, os jornais relatavam que o líder do partido político na coligação vencedora estava negociando para ter mais cargos para o seu partido. "Precisamos de pelo menos cinco ministros," disse. "De outra forma, como poderemos ter o retorno do dinheiro que gastamos durante as eleições?"

Uma das maiores crises dos nossos tempos é a falta de boa liderança. A maioria dos líderes, como esse acima, parecem ter assumido o cargo apenas com uma questão em mente: "O que ganho com isso?". Isso fica visível na forma como se colocam acima dos outros. Ao visitarem um local, seguranças, publicidade e ostentação os precedem. À medida que caminham, uma longa fila de aduladores, curvando-se submissos perante todo e qualquer gesto, segue-os.

Este fenômeno não se limita à política. Por todo o mundo, ouvimos histórias de líderes corruptos, desviando fundos, vendendo capital público para ganho pessoal, usando o poder para assediar outros sexualmente e assim por diante. Mesmo os líderes de escalão inferior não deixam de aproveitar toda a oportunidade para se impor, na maneira como censuram seus subalternos. Tomam para si os escritórios mais confortáveis, a melhor mobília, a melhor vaga de estacionamento; depois transmitem esses benefícios aos seus filhos.

Quando Jesus percorreu as ruas da Galileia, Ele era apenas um na multidão. Os líderes religiosos tinham tanta dificuldade em diferenciar Jesus dos Seus seguidores que tiveram de contratar Judas para identificar Jesus. Os Seus discípulos sentiam-se tão confortáveis junto a Ele que podiam apoiar-se nele enquanto se sentavam juntos no chão, em torno de uma refeição, e fazer-lhe perguntas difíceis. As prostitutas e os desfavorecidos sentiam-se confortáveis perto dele e consideravam-no como um amigo. A Sua integridade era impecável, e os inimigos tinham de contratar pessoas para levantar falsas acusações contra Ele no tribunal a fim de que fosse condenado à morte. Os Seus seguidores passaram por situações semelhantes, como Timóteo, que era conhecido por ter "interesse sincero pelo bem-estar" dos outros (FP 2:20).

O termo "liderança servil" tem a sua origem na Bíblia e é muito diferente da "liderança servil" que vemos na vida pública de hoje. Líderes servos, como Jesus, não têm uma agenda secreta. Pelo contrário, perguntam genuinamente aos outros à sua volta: "Como posso servi-lo melhor?".

Leitura complementar: Mateus 20:25-28

Oração: Senhor, ajuda-me a ter verdadeiras atitudes de servo, para o Teu louvor, honra e glória. Em nome de Jesus, amém.

Pradeep Ninan

11 de fevereiro

Equilíbrio ENTRE
O TRABALHO E A *vida*

Orei ao SENHOR, ao meu Deus, e confessei:
"Ó Senhor, Deus grande e temível, que manténs a tua aliança
de amor com todos aqueles que te amam e
obedecem aos teus mandamentos, nós temos cometido pecado...
—DANIEL 9:4-5

Durante a minha vida como médico, lutei para manter o equilíbrio entre o trabalho e vida familiar. A minha esposa trabalhava meio período como enfermeira, enquanto criávamos as nossas quatro filhas. Por vezes, parecia que éramos como navios à noite: enquanto uma pessoa chegava em casa, a outra saía para trabalhar. É possível manter o equilíbrio?

Quando nos mudamos para o Quênia para trabalhar em um hospital missionário, havia menos distrações à noite do que quando estávamos em casa. Nós estávamos no Vale do Rift, e as nossas filhas estudavam durante o dia num grande colégio interno. A única interrupção da vida familiar eram os plantões hospitalares. A vida familiar e os devocionais eram relativamente fáceis de manter.

Daniel tem muitas coisas para nos ensinar, mas uma que se destaca acima das outras é a sua fidelidade a Deus. Ele enfrentou sozinho, firmado em sua fé, os sábios da Babilônia e os reis Medos e Persas. Aos 14 anos, foi separado da sua família e da sua terra natal, encontrando-se numa posição indesejável — um escravo que foi catapultado para a liderança num reino pagão. A sua sabedoria e perspicácia levou à inveja e ciúmes dos seus contemporâneos, mas ele permaneceu firme e fiel ao Senhor. A visão aterradora que ele teve resultou nesta maravilhosa recomendação do Senhor: "Não tenha medo, você, que é muito amado. Que a paz seja com você! Seja forte! Seja forte!..." (DN 10:19).

Como médico, manter o equilíbrio entre o trabalho e a vida será sempre um desafio; no entanto, somos encorajados ao refletirmos na forma como Daniel sobreviveu numa terra estrangeira toda a sua vida adulta. A sua rotina era tão bem conhecida que o fez aterrar num covil de leões, porque ele era um homem de oração (DN 6:10). Quaisquer que sejam as nossas circunstâncias, a oração é o óleo que lubrifica cada porca e parafuso do nosso ser.

Leitura complementar: 1 Tessalonicenses 5:17-18

Oração: Senhor, mantenha-nos fiéis na leitura da Tua Palavra e na oração. Em nome de Jesus, amém.

Raymond Givan

12 de fevereiro

Enfrentando AS ADVERSIDADES

...Com a força que você tem, vá [...].
Não sou eu quem o está enviando?
—JUÍZES 6:14

Você alguma vez sentiu que aquilo para o que é chamado para fazer em seu trabalho é demais? Lembro-me de discutir isso com os médicos do distrito de Malawi — a maioria deles trabalhando arduamente como o único médico responsável por várias centenas de milhares de doentes, sem ambulâncias, enfermeiros, fármacos ou tempo suficientes e um grande fardo de doenças. Por onde começar?

A tentação é fazer como Gideão e esconder-se. Ao enfrentar todas as probabilidades esmagadoras da multidão de midianitas que invade a sua terra, da idolatria endêmica do seu povo, Gideão faz o que é sensato e tenta passar despercebido. Ao invés de debulhar no topo de um monte para que o vento disperse o joio — ele está num lagar — literalmente num buraco no chão, dando o seu melhor para se manter fora de perigo.

Talvez, não devêssemos ficar assim tão surpresos quando sentimos quase tudo contra nós. Acredito que as Escrituras sugerem que frequentemente assim acontece. Lembre-se de José, vendido como escravo, ou Moisés contra o Faraó, ou o Senhor Jesus na cruz — todos enfrentando problemas insuperáveis e esmagadoras adversidades.

Grande parte de nós, ao enfrentar desafios como o de Gideão, fará o que ele fez — esconder-se. A igreja estava, está e sempre estará cheia de pessoas como Gideão: pessoas comuns, com fé mediana, comum — escondendo-se, em retirada, com receio.

Deus chama pessoas comuns como Gideão para fazer o Seu trabalho, para alimentar os famintos, para pregar a boa-nova aos pobres, confortar os doentes e os moribundos. Ele nos chama a ir "com a força que você tem" mas também nos chama a lembrar que é Ele quem nos envia. Sendo assim, a nossa força é, na verdade, a Sua força.

Ao pensar nos desafios que enfrentará hoje, medite em 1 Coríntios 12:9 e coloque sua fraqueza aos pés do Senhor.

Leitura complementar: Filipenses 4:10-13

Oração: Pai, venho a ti com louvor e gratidão. Concede-nos a Tua graça e força para enfrentar as adversidades em minha vida. Em nome de Jesus, amém.

Neil Kennedy

13 de fevereiro

Renovando A NOSSA MENTE

Não se amoldem ao padrão deste mundo,
mas transformem-se pela renovação da sua mente,
para que sejam capazes de experimentar
e comprovar a boa, agradável e perfeita vontade de Deus.
—ROMANOS 12:2

Você alguma vez já se deu conta de que as coisas que pensa e acredita não são verdadeiras? Só porque você sempre pensou ou experimentou algo, isso não o torna verdadeiro. Por exemplo, pode acreditar sinceramente que apenas tem valor se for bem-sucedido como médico. Isto pode revelar-se como ansiedade e medo de falhar ou pânico quando alguém o critica ou questiona as suas ações. Pode trabalhar horas excessivas para tentar provar o seu valor. Pode ficar zangado com as outras pessoas que aparentemente destruíram as suas perspectivas de carreira.

Por vezes, precisamos fazer uma pausa e examinar a forma como respondemos e agimos, a fim de pedir honestamente a Deus que nos mostre as mentiras em que acreditamos. Podemos dizer com a nossa boca que acreditamos em algo, mas as nossas ações mostrarão o que realmente cremos de coração. Então se acreditamos numa mentira, o que devemos fazer? Primeiro, precisamos reconhecê-la e ser honestos com Deus a respeito. Segundo, podemos nos arrepender, decidir mudar de direção e acreditar na verdade. Terceiro, podemos escolher renunciar àquela mentira ou negar-nos a concordar com ela, quando tentar novamente insinuar-se. Depois, substituímos a mentira com a verdade.

Na prática, isso significa encontrar o que é verdadeiro e acreditar, mesmo que não pareça verdadeiro. Portanto, a verdade é que sou uma filha amada de Deus, coerdeira em Cristo. Nos dias maus, quando me sinto um fracasso, isso ainda é verdade. Os versículos bíblicos que levo comigo me ajudam a lembrar da verdade em situações em que nada parece verdadeiro. Isto chama-se "renovação da sua mente". Admiravelmente, como diz o versículo, quando escolho renovar a minha mente, descubro que, ao longo do tempo, sou transformada e começo a mostrar a verdade no meu comportamento e em minhas ações. A verdade realmente nos liberta.

Leitura complementar: Romanos 12

Oração: Senhor, ajuda-me a desejar uma renovação verdadeira da minha mente e da minha fé. Em nome de Jesus, amém.

Mary Wren

14 de fevereiro

SENHOR, DÁ-ME *paciência*

*Falando entre vocês com salmos, hinos e cânticos espirituais,
cantando e louvando de coração ao Senhor,
dando graças constantemente a Deus Pai por todas as coisas...*
—EFÉSIOS 5:19-20

"Sinceramente! É como encomendar um míssil nuclear!" Eu reclamei e irritei-me enquanto procurava no labirinto das vias digitais solicitar uma cadeira de rodas. "Qual é a altura do doente?", ele fica em pé há anos. "Qual é o peso do doente?", nós nunca iremos saber a menos que se junte uma balança ao seu guindaste de banho. "O doente precisa de um intérprete?", provavelmente, para preencher essa parte deste estúpido formulário. "Por que é que o doente necessita deste produto?" O que você acha? As suas pernas inertes não funcionam!

Nós aspiramos a um modo de vida santo e a uma atitude de humildade, gratidão e louvor, mas um pequeno inconveniente pode pôr a nossa paciência à prova. A minha irritação era "ira santa" por que envolvia a glória de Deus? Ou eu insistia em dizer que era muito ocupada e importante para preencher os formulários?

Os cristãos preocupam-se frequentemente com os planos de Deus para as suas vidas, mas uma instrução é completamente clara: "Em tudo dai graças, porque esta é a vontade de Deus em Cristo Jesus para convosco" (1TS 5:18 ARA). Em tudo?

Matthew Henry, o famoso comentarista bíblico e pastor inglês, foi assaltado a caminho da sua pregação. Ele escreveu em seu diário: "Eu agradeço ao Senhor, primeiro, porque nunca tinha sido assaltado antes; segundo, embora me tenham levado a carteira, não tomaram a minha vida; terceiro, apesar de terem me levado tudo, não era muito; e quarto, porque fui eu quem foi roubado, e não quem roubou".

Haverá momentos em que, talvez, não consigamos agradecer a Deus pela circunstância, mas podemos encontrar algo nela para louvar a Deus. Esse é o nosso "sacrifício de louvor" (HB 13:15) que agrada a Deus. Uma amiga cujo marido morreu acidentalmente declarou: "Eu nunca perguntei a Deus, 'Por quê?' Mas, agradeci-lhe pelos anos em que estivemos juntos e pelos nossos filhos".

Em situações desesperadas, podemos não conseguir orar, quanto mais "[transbordar] em gratidão" (CL 2:7), mas a maioria de nossas irritações são coisas do dia a dia. Como é fácil chegar em casa e nos queixar de um doente exasperante, quando fomos abençoados com 40 bons! Mas cristãos podem ir além, ao ter comunhão com Deus e viver na luz do Seu perdão e favor.

Leitura complementar: Salmos 34:1; 103:2

Oração: Senhor Deus, ajuda-me a cultivar um coração grato e a parar de murmurar. Nas horas de adversidade, que eu possa entoar cânticos de louvor em Tua presença. Em nome de Jesus, amém.

Ruth Eardley

15 de fevereiro

Clamando A DEUS EM TEMPOS DIFÍCEIS

Ouve, Senhor, a minha justa queixa; atenta para o meu clamor. Dá ouvidos à minha oração, que não vem de lábios falsos. Venha de ti a sentença em meu favor...
—SALMO 17:1-2

Todos os dias, nós queremos curar, e todos os dias, os doentes morrem. Todos os dias, tomamos decisões e todos os dias, acontecem coisas ruins. Por vezes, essas coisas acontecem a nós, por vezes aos nossos doentes. Além disso, surgem perguntas: "Por que é que isso aconteceu? O que deu errado? Onde errei? Por que Deus permitiu isto?". Por vezes, nós podemos ficar zangados; outras, deprimidos. Por vezes, guardamos tudo dentro de nós; outras vezes desabafamos com um amigo. Mas devemos clamar a Deus?

Jó não conseguia dar sentido àquilo pelo que estava passando. Os amigos ficaram com ele por uma semana, antes de declararem a desconfiança de que ele estava em pecado. (Eles pensaram: *onde há fumaça, há fogo*). No entanto, Jó nunca os censurou, ou cedeu ao "evangelho da prosperidade" deles. Nem ficou calado e voltado para si mesmo, culpando-se. Jó olhou para o Único que tanto lhe tinha concedido anteriormente e o invocou.

Olho para Deus quando estou tentando compreender? Clamo a Deus quando ocorre uma injustiça? Fico seguro da fidelidade de Deus quando me sinto desesperado? Compreendo que, por meio de todo tipo de provações, Deus está me refinando, testando, provando a minha fé (1PE 1:6-7)? Quando a humilhação ou o escárnio vêm por causa da minha fé em Jesus, alegro-me em saber que fui digno de sofrer desgraça pelo Seu nome? (AT 5:41)? Apoio amigos e colegas que estão passando por um mau momento?

Jó conseguiu ver o bom propósito e a promessa de Deus. O refinamento de Deus transforma a você e a mim em pessoas de pureza e de maior valor ainda. "Mas ele conhece o caminho por onde ando; se me puser à prova, aparecerei como o ouro" (JÓ 23:10).

Reflexão: Porque estamos relutantes em pedir a Deus que nos ajude a compreender quais são os seus propósitos, quando algo corre mal.

Leitura complementar: Jó 23:1-10

Oração: Obrigado Senhor por seres o meu refúgio e a minha força, em tempos difíceis, e um ajudador sempre presente em tempos problemáticos. Ajuda-me a apoiar-me em ti. Em nome de Jesus, amém.

Andrew

16 de fevereiro

Vivendo NUM MUNDO ARRUINADO

*Aquele que é a Palavra tornou-se carne e viveu entre nós.
Vimos a sua glória, glória como
do Unigênito vindo do Pai, cheio de graça e de verdade.*
—JOÃO 1:14

À espera de embarcar num avião para cidade onde moro, outro passageiro perguntou-me por que eu, um estrangeiro, quero viver em um lugar tão sujo e poluído. De fato, por vezes, pergunto-me por que Deus me chamou para trabalhar lá! Quando chegamos, a poluição estava extremamente má, bem diferente da linda vila onde cresci.

Contudo, naquele momento, o fato de Jesus "ter habitado" na Terra tocou-me com nova força. Aquele que era rico para além de todos os esplendores, veio viver em nosso sujo mundo, saiu da pureza da perfeição para este lugar sujo e visivelmente arruinado, tudo por amor. As nuvens de poluição tóxicas tornaram-se uma imagem da natureza estragada, pecaminosa do nosso mundo.

Mais ainda, Jesus veio para o meu coração e para o seu, escolhendo viver em nós, para que os nossos corações impuros pudessem se tornar limpos. Ele revestiu-nos com a Sua própria justiça, a justiça de Deus. Assim como a nuvem de poluição é limpa com o vento, também os nossos corações são limpos pelo Espírito, para que nos tornemos justiça de Deus (2 COR 5:21).

Encontramos "imundície" de todos os tipos, quer em nós quer nos outros. Entramos em lares e comunidades que estão desfeitos, tocamos em corpos que estão doentes, vivemos com pessoas que são desagradáveis. Eu não quero sugerir que não há lugar para luvas ou máscaras, mas o que significa para mim viver como alguém que viu a glória de Deus e se tornou justiça de Deus? Como se revela a habitação de Cristo em mim quando observar o próximo doente? Quando estiver com os meus colegas? Quando regressar à casa?

Reflexão: Pense sobre a vida dos servos de Deus que demonstraram vislumbres da habitação do Senhor ao longo da vida deles.

Leitura complementar: 1 Pedro 2:11-12

Oração: Obrigado, Pai, por me tornares justo pelo sangue do Teu Filho. Que as pessoas possam ver em mim um reflexo da Tua santidade, justiça e misericórdia, à medida que tento partilhar com elas o Teu amor e graça. Em nome de Jesus, amém.

Andrew

17 de fevereiro

AMEM-SE *uns aos outros*

Um novo mandamento dou a vocês:
Amem-se uns aos outros...
—JOÃO 13:34

O k, então eu estava certa. A falta de espaços para a higiene das mãos é um problema de controle de infecção mais importante do que ter um microscópio no meu consultório para examinar as amostras coletadas. Então debatemos porque precisava retirar o meu microscópio, e eu insisti para pelo menos ter sabão nos espaços de higienização das mãos.

Mais tarde, ao regressar para casa, eu pensava acerca da troca frustrada. Orava para entender se haveria uma solução melhor, alguma outra forma de ver a situação.

Fiquei um pouco surpresa quando senti aquela pequena voz no meu coração: "Eu amo você de verdade! A sua atitude foi uma decepção, mas amo você!".

Quando cheguei em casa e pensei mais sobre aquilo, percebi que não tinha a ver com o estar certa. Na verdade, ter razão não é a coisa mais importante. Na minha tentativa de estar certa, estava errada; a minha atitude estava errada. A minha insensibilidade cultural estava errada. Ao ter razão, eu estava prejudicando aqueles que trabalham comigo. Por isso, eu me questionei: "Então por que estou aqui?". A resposta foi muito clara.

O meu chamado é para amar! Isto supera o ter razão! Então me arrependi e coloquei o meu coração no lugar certo. Procurei conselho sobre como lidar com a situação de forma culturalmente mais adequada. Eu vi os meus colegas com o coração aberto para o nosso amado Pai, com o desejo de aprenderem mais sobre Ele.

Agora quando tenho outro momento "mas eu estou certa", eu paro. A humildade é melhor se aplicada rapidamente. Eu lembro que o objetivo primordial é amá-los — mesmo as pessoas à minha volta, com quem eu trabalho, que me perturbam o sono, as personalidades difíceis.

Leitura complementar: Romanos 12:12-21

Oração: Senhor, ajuda-me a amar os outros da mesma forma que o Senhor me ama. Ajuda-me a amar incondicionalmente. Ajuda-me a demonstrar o meu amor com ação, mesmo quando não tenho vontade. Obrigada por me amares incondicionalmente. Obrigada por demonstrares o Teu amor de formas maravilhosas. Em nome de Jesus, amém.

Sophia Lamb

18 de fevereiro

Celebrando O PRESENTE DO CASAMENTO

Por essa razão, o homem deixará pai e mãe e se unirá
à sua mulher, e eles se tornarão uma só carne.
—GÊNESIS 2:24

No Ocidente, somos bombardeados com muitas mensagens sobre sexualidade. A mensagem-chave parece ser que devemos tentar obter o máximo de sexo possível, se for consensual, e nunca machucar ninguém. No entanto, como médicos, vemos um lado muito diferente. Os problemas de pacientes que chegam a nós, com dificuldades em sua sexualidade, decepção por uma gravidez indesejada ou problemas psicológicos, em parte estão relacionados à família ou a relacionamentos disfuncionais. Como responder a quem vem com problemas, enquanto o mundo ao nosso redor continua enviando tais mensagens sobre o sexo?

A Bíblia celebra o sexo como o presente de Deus para que possa ser desfrutado dentro do casamento, porque só faz sentido dar a alguém prazer sexual quando se é seguro, firmado num compromisso com essa pessoa — isto é, casamento. Existe o risco de nos sentirmos envergonhados com essa mensagem, pois parece ridículo para a nossa cultura. No entanto, não há nada embaraçoso sobre o bem, e a mensagem da Bíblia sobre a sexualidade é boa para todas as pessoas.

Devemos nos lembrar disto com mais frequência: a mensagem de Deus sobre a sexualidade é boa e é para o nosso bem. Então, precisamos nos lembrar que, se somos casados, o sexo deve ser apreciado no matrimônio e que, se não somos casados, precisamos esperar para que possamos fazer sexo dentro do casamento. Ambos os grupos estão experimentando a bondade de Deus.

Reflexão: Como o relacionamento matrimonial simboliza a relação entre Cristo e Sua Igreja?

Leitura complementar: Gênesis 2:24; Efésios 5:22-33

Oração: Pai, graças te dou pela manifestação do casamento, pelo sacrifício realizado na cruz e pela intervenção divina do Espírito Santo. Senhor, ajuda-me a entender o Teu plano sobre o casamento na minha vida. Em nome de Jesus, amém.

A & H. Curry

19 de fevereiro

DANDO AQUILO QUE *recebemos*

Bendito seja o Deus e Pai de nosso Senhor Jesus Cristo,
Pai das misericórdias e Deus de toda consolação,
que nos consola em todas as nossas tribulações, para que,
com a consolação que recebemos de Deus,
possamos consolar os que estão passando por tribulações.
—2 CORÍNTIOS 1:3-7

Amo idiomas, mas sou péssimo em aprendê-los. Eu não fui exposto ao francês quando criança, então nunca aprendi. Todavia, se ficasse na França por alguns meses, logo me familiarizaria, pois estaria imerso nele.

Assim é com a compaixão — algo que, apesar de muitos pensamentos populares, não é um traço humano inato, mas que aprendemos desde a infância, ao vê-lo praticado pelos que nos rodeiam. Se você crescer numa família amorosa e atenciosa, você aprende a ser um adulto amoroso e atencioso.

Exceto que, na minha experiência, aqueles que cresceram com o oposto muitas vezes se tornaram as pessoas mais carinhosas e compassivas que já conheci. Meu pai, um homem de muita bondade, empatia e gentileza, é um exemplo disso. Meu avô abandonou a ele e aos seus irmãos numa idade tenra. Sua mãe os negligenciava, deixando-os muitas vezes na rua à sua sorte, enquanto se sentava no bar o dia todo. Meu pai e sua irmã mais nova cuidaram um do outro pelo restante da infância. No entanto, apesar de ter crescido com tão pouco amor e ter sido ignorado pelos progenitores, aprendeu a valorizar a família mais do que qualquer coisa. Por quê?

Em sua adolescência, quando ele se juntou à marinha mercante, uma família na cidade portuária, onde seus navios navegaram informalmente, adotou-o. Até hoje, essa família continua sendo parte importante da nossa vida familiar porque mostrou o que significava fazer parte de uma família de verdade, mostrando-lhe o que era um casamento e cuidados parentais saudáveis. Porque ele viu os contrastes tão intensamente, entendeu o valor da família, a bondade, a generosidade e a compaixão, tornando-os a marca de sua vida.

Paulo desenvolve um ponto parecido, ainda mais profundo nesta passagem. Somente quando compreendemos a misericórdia, a bondade e a compaixão que Deus nos mostrou em Jesus Cristo, e as vemos, em contraste com o que o mundo oferece e o afastamento de Deus que nossos pecados criaram, podemos realmente começar a compartilhar o mesmo amor, bondade, compaixão e conforto.

Leitura complementar: Mateus 9:35-38

Oração: Pai, ensina-nos a compreender e a compartilhar a Tua maravilhosa compaixão e o Teu amor por nós. Em nome de Jesus, amém.

Steve Fouch

20 de fevereiro

Recursos INTERIORES

Por isso não desanimamos. Embora exteriormente estejamos a desgastar-nos, interiormente estamos sendo renovados dia após dia.
—2 CORÍNTIOS 4:16

À medida que avançamos pelos anos, ficamos conscientes de que estamos gradualmente "definhando", como um hino diz: "Vejo mudanças e deterioração em tudo!". Como profissionais de saúde, somos muitas vezes desafiados por pacientes angustiados com doenças e incapacidades "Por que isso aconteceu COMIGO?". Só podemos ser serenos e ressaltar que este é um mundo decaído, e que Jesus não prometeu vida sem problemas.

Ainda assim, temos muito conforto na Palavra de Deus. Vejamos a mensagem de Paulo aos cristãos de Corinto (2Co 4). Primeiro, a luz de Deus iluminou os nossos corações. Nós não somos mais cegos por "Satanás", tateando no escuro, sem orientação ou propósito em nosso viver (v.4). Nós temos um relacionamento pessoal com Jesus Cristo. Ainda estamos conscientes. Somos frágeis e vulneráveis como "vasos de barro", mas somos barro na mão do Oleiro. À medida que somos sensíveis às Suas inspirações e obedientes à Sua vontade, somos argila maleável para ser moldada de acordo com o Seu propósito para a nossa vida.

Segundo, Paulo nos lembra das riquezas da graça de Deus disponíveis para nós (v.15) — não merecemos o favor divino e muito menos temos mérito por isso. Deus nos dá perdão, paz e poder em nossos corações. Assim, temos essa renovação interna dia a dia, independentemente de circunstâncias externas. Enquanto fixamos nosso olhar e confiamos nas promessas invisíveis de Deus, caminhamos pela fé, e não pela visão (2CO 5:7).

Terceiro, no capítulo 5, Paulo usa a ilustração de viver em uma tenda, bem aplicável quando estávamos no acampamento da igreja! As tendas nem sempre eram impermeáveis e as abas batiam no vento — todos lembretes da natureza ao acampamento temporário! Isso contrasta com a casa eterna no Céu, não construída com mãos humanas. Paulo admite que nesta vida podemos "gemer". Todos nós podemos sentir isso em momentos em que as tensões da vida profissional nos pressionam juntamente com a pressão implacável das expectativas dos pacientes, as demandas e as responsabilidades dos colegas em casa e na igreja.

Como lidar com isso? Não perdemos o coração, mas confiamos na vida pela ressurreição de Cristo em nós (v.14). A tristeza mudará para a glória (v.15)!

Leitura complementar: Leia 2 Coríntios 4 e 5

Alan Vogt

21 de fevereiro

A IMPORTÂNCIA DE
MANTER O *primeiro amor*

Contra você, porém, tenho isto:
você abandonou o seu primeiro amor.
—APOCALIPSE 2:4

Nosso primeiro amor é tão importante para Deus que Ele está realmente disposto a tirar nosso candelabro se abandonarmos esse sentimento. Nenhuma quantidade de trabalho pode substituir nosso primeiro amor. Uma declaração-chave que faço é: mantenha o seu primeiro amor. A igreja de Éfeso realizou muitas obras para se vangloriar. Tiveram muito trabalho, não eram preguiçosos. Eles se esforçaram muito na obra do Senhor. Eles tiveram paciência. Eles não toleravam pessoas más ao seu redor. Eles testaram aqueles que alegaram ser apóstolos e não aceitaram falsos ensinamentos. Eles mantiveram sua posição no Senhor, apesar das dificuldades. Eles pacientemente suportaram o sofrimento por causa do Senhor. Apesar de tudo isso, algo lhes faltava.

Acredito que o Senhor tem uma mensagem para nós, médicos, nesse versículo. É possível, como médico, trabalhar duro, cuidar dos pacientes e fazer todas as coisas certas que devemos fazer, suportar o sofrimento e a dor e, ainda assim esquecer o nosso primeiro amor. Podemos esquecer o amor que tivemos por Cristo no início do nosso relacionamento com Ele quando dávamos tudo a Ele. Podemos não mais tê-lo como o centro das nossas vidas. Com o tempo, outras coisas o substituem e as circunstâncias mudam. Como médicos, temos interesses competitivos para o nosso coração. Eles incluem a fama, o dinheiro, o poder e a grande estima por parte dos outros, o nosso trabalho em si, a nossa família e os nossos cônjuges. Esses interesses competem pelo primeiro lugar em nosso coração diariamente.

É importante que os médicos se examinem regularmente e perguntem: O que realmente é meu primeiro amor? É verdadeiramente Deus ou alguma outra coisa? É somente ao manter Cristo no centro de nossas vidas que podemos constantemente receber o que precisamos dele para cumprir Sua vontade. Então Ele pode nos guiar, liderar e prover.

Reflexão: Pensemos nas coisas em nossa vida que competem com o nosso amor a Deus.

Leitura complementar: Salmo 91:1-2

Oração: Querido Pai, peço-te que perdoes meus pecados e remova todos os obstáculos que me distanciaram do meu primeiro amor. Em nome de Jesus, amém.

Appeadu Mensah

22 de fevereiro

# Lista DE UM ITEM

*Assim, quer vocês comam,
quer bebam, quer façam qualquer outra coisa,
façam tudo para a glória de Deus.*
—1 CORÍNTIOS 10:31

O que é isto? É a única coisa que Moisés quis que o Senhor lhe mostrasse (ÊX 33:18). Quando Isaías a viu, ele disse que ele era um homem de "lábios impuros" (IS 6:5). Diante dela, Ezequiel prostrou-se "com o rosto em terra" (EZ 1:28). Moisés, Isaías, Ezequiel, todos viram a glória do Senhor. Ninguém pode ver a face de Deus e viver, mas podemos ver a Sua glória ao nosso redor. É a Sua singularidade, Sua preeminência, Seu caráter, Sua natureza, especialmente em relação aos Seus filhos. A beleza de Seu Espírito e Sua glória são reveladas em Sua criação (SL 19:1), no que Ele diz e faz, e sobretudo sobre quem Ele é.

Jesus teve uma agenda de um item: dar glória ao Pai (JOÃO 17:4). Se você vê o rosto de Cristo, vê a glória de Deus (2CO 4:6). Servir a Jesus significa glorificar Seu Pai. Nós adoramos dar glória a pessoas famosas, grandes atletas, grandes cientistas, atores e figuras políticas. Talvez, nós gostamos de um pouco de glória para nós mesmos, aquela cirurgia maravilhosa, esse ótimo diagnóstico ou um maravilhoso atendimento ao paciente. Lembre-se de que a Bíblia nos diz que a glória dos seres humanos é tão efêmera quanto a relva ou as flores dos campos (ISAÍAS 40:6).

Deus não compartilhará Sua glória com outro, com pessoas, deuses ou ídolos (ISAÍAS 42:8). Precisamos atribuir glória Àquele a quem realmente ela pertence. É nosso verdadeiro propósito na vida, de todos os seres humanos (1CR 16:24; RM 15:8-9). É o que é melhor para nós, o que nos cabe fazer e nos levará à vida eterna (RM 9:23; 15:9). Lembre-se apenas de que anjos decaídos e seres humanos decaídos se recusam a glorificar a Deus (RM 1:20-23).

Reflexão: Qual é a sua motivação para o tempo que você gasta no hospital, cuidando dos outros? É para a sua glória, ou para a glória de Deus?

Oração: Querido Senhor, que tudo o que eu faça seja conforme a Tua vontade, que lhe traga glória e honra. Em nome de Jesus, amém.

Jo Flemming

23 de fevereiro

EXORTAÇÃO À *introspecção*

Então ela chamou: "Sansão, os filisteus o estão atacando!"
Ele acordou do sono e pensou: "Sairei como antes
e me livrarei". Mas não sabia que o SENHOR o tinha deixado.
—JUÍZES 16:20

Sansão era um filho que foi chamado para ser nazireu para Deus desde o nascimento (JZ 13:5). A jornada que começou bem se desviou, devido a escolhas imprudentes, com as quais estamos bastante familiarizados. Este verso traz à mente o quão íngreme era a queda e o quanto ele estava distante do Senhor, "não sabia que o SENHOR o tinha deixado".

Acordei uma manhã, as apostas eram altas,
Certo eu estava da ajuda que veio em minha direção,
O dia acabou e as tarefas foram desfeitas,
O pôr do sol me viu cansado e desamparado,
Minha força desapareceu enquanto eu dormia,
As raposas, meu amigo, arruinaram minha vinha novamente.

Muitas vezes, a armadilha de crescimento morno no Senhor é tão sutil que raramente percebemos. Pequenos compromissos para nós mesmos, passando ao longe pelas verificações do Espírito Santo, negação quando confrontados por um irmão na fé; tudo isso leva a um estado de bem-estar exterior, enquanto o coração se torna insensível no interior. Uma exigência de tempo enviado pelo Senhor é um forte despertador e, ao voltar-nos para Deus, percebemos dolorosamente a nossa consternação. Também percebemos, como Sansão, que o Senhor se afastou de nós.

Nosso Senhor é gracioso, lento para a ira e abundante em misericórdia. Então "Sansão orou ao SENHOR", dizendo: "...lembra-te de mim! Ó Deus, eu te suplico, dá-me forças, mais uma vez, e faze com que eu me vingue dos filisteus por causa dos meus dois olhos!" (JZ 16:28). Sansão foi lembrado e ouvido graciosamente — Juízes 16:29-30. Assim será o nosso, quando for de um coração quebrantado e contrito. Façamos uma pausa e pensemos onde estamos. Se nos desviamos do nosso objetivo, é hora de buscar o Senhor enquanto Ele pode ser encontrado.

Reflexão: Onde me encontro nesta manhã? Um nazireu para Deus, ou num estado de apostasia em que meu amor ficou frio e não tenho consciência disso?

Leitura complementar: Salmo 50:15

Oração: Querido Senhor, ajuda-me a ter um relacionamento pessoal contigo. Em nome de Jesus, amém.

Sudha Kiran Das

24 de fevereiro

Seguindo os passos DE ABRAÃO

*...esteja certo de que o abençoarei e farei seus descendentes
tão numerosos como as estrelas do céu e como
a areia das praias do mar [...] e, por meio dela, todos os povos
da terra serão abençoados, porque você me obedeceu.*
—GÊNESIS 22:17-18

O que significa quando alguém afirma: "Minha fé está em Deus"?

O patriarca Abraão é honrado por três religiões mundiais — judaísmo, cristianismo e islamismo — como um homem de fé. O que ele fez para merecer isso? Ele não foi alguém sem pecado. A fé também não era impecável. No entanto, ele decidiu acreditar que Deus existe e confiou na onipotência de Deus. Ele estava preparado para seguir a liderança de Deus, mesmo que não tivesse ideia do seu eventual resultado. Portanto, ele é um exemplo de fé em Deus.

Houve momentos, durante meus 30 anos de carreira médica, na África, que enfrentei situações difíceis e confusas. Eu me senti desconcertado e isolado. Às vezes, traído. Não sabia como reagir, como lidar ou como sobreviver. Não via como o problema poderia ser resolvido.

Abraão nunca deixou sua fé em Deus vacilar. Ele confiou implicitamente em Suas promessas. Ele cria que Deus poderia resolver as coisas, apesar de circunstâncias desfavoráveis. É talvez por isso que o nome dele está na lista dos heróis da fé encontrados em Hebreus 11. Os nomes de alguns fiéis estão lá para nos encorajar a manter a "vida de fé". Além disso, sabemos que essas pessoas não tiveram momentos fáceis. No entanto, elas mantiveram a fé no Senhor.

Reflexão: Considere a vida das pessoas que você procura como sendo fiéis a Deus em situações difíceis e que são mentores ou modelos.

Leitura complementar: Leia Hebreus 11 e 12.

Oração: Senhor, tu me deste tantos exemplos na Bíblia que se tornaram heróis da fé; ajuda-me a andar por fé. Ensina-me, Senhor, a ser paciente enquanto eu sofro dificuldades na vida e corro a corrida da fé. Em nome de Jesus, amém.

Andrew Potter

25 de fevereiro

POR QUE ESTE *desperdício?*

Alguns dos presentes começaram a dizer uns aos outros, indignados: "Por que este desperdício de perfume?".
—MARCOS 14:4

Em maio de 1933, em Urumqi, no noroeste da China, o Dr. Emil Fischbacher, missionário escocês com a *China Inland Mission* (Missão Interior da China), morreu de febre tifoide, aos 29 anos. Ele estava na China fazia menos de um ano. Quando a notícia de sua morte chegou ao Reino Unido, as pessoas ficaram muito chocadas. Elas se perguntavam qual era o propósito daquele homem ter seguido o chamado de Deus para a China. Seria apenas para morrer depois de alguns meses? Parecia um desperdício da sua vida e habilidades depois de tantos anos de preparação.

Como médicos, é muito fácil que nosso senso de identidade e de autoestima seja atado ao nosso trabalho. No entanto, às vezes, passamos por períodos da vida em que nossas carreiras ficam estagnadas. Talvez seja um período de estudo de línguas, em tempo integral para facilitar o trabalho no exterior, talvez uma doença prolongada ou talvez criando crianças pequenas. Contudo, esses momentos podem trazer muita alegria. Esses períodos, mesmo que planejados, talvez sejam muito dolorosos e nos levem a questionar se estamos desperdiçando nosso tempo e habilidades. Deus pode usar essas experiências para nos desafiar a ver se a nossa verdadeira identidade está nele, e não no que fazemos por Ele.

Deus não se preocupa com a nossa produtividade, mas sim com a nossa obediência. Ficamos reclamando pelos momentos em que passamos, ou permitimos que Deus use essas oportunidades para nos fazer mais semelhantes a Cristo? Devemos andar alegremente em obediência, seja o que estivermos fazendo, seja qual for a época da vida. Mesmo que pareça um desperdício extravagante de nossas habilidades ou tempo, isso pode ser usado como uma oferta perfumada para Ele.

Reflexão: Considere períodos em sua vida, pelos quais você passou e que você agora vê como preparação para o serviço no ministério de Deus.

Leitura complementar: Leia Gênesis 39 a 41 (Deus usando José na prisão e preparando-o para o futuro).

Oração: Pai querido, agradeço-te por me concederes o dom da salvação e me aceitares como Teu filho. Ensina-me a ser obediente ao Teu chamado. Liberta-me dos meus conflitos. Preenche meu coração com Teu divino amor. Usa-me como Seu vaso divino para espalhar a fragrância de Seu amor, em todos os lugares. Em nome de Jesus, amém.

Carolyn Reid

26 de fevereiro

NÃO SE *canse*

E não nos cansemos de fazer bem,
pois no tempo próprio colheremos, se não desanimarmos.
—GÁLATAS 6:9

...e corramos com perseverança a corrida que nos é proposta.
—HEBREUS 12:1

Você já se cansou de fazer o bem? Você já se perguntou se suas tentativas de servir a Deus são inúteis? Você pergunta se as escolhas que você fez realmente valeram a pena? Você orou há anos por um amigo ou parente, mas não viu essas orações respondidas? Você se questiona se seria melhor faltar aos cultos e estudos bíblicos para estudar para exames ou dormir?

O conceito de serviço longo, difícil e fiel não é popular hoje. Ao invés disso, as pessoas aguardam por uma recompensa instantânea. Elas esperam perder peso após uma semana de alimentação saudável; correr 16 km depois de treinar durante 15 dias; ter dominado uma nova habilidade dentro de um mês. Nossa perspectiva é muito curta. Pensamos na frente até o próximo prazo, o próximo exame, o próximo feriado, o próximo rodízio. Pode ser difícil ver nossa situação atual à luz da eternidade. Contudo, não é assim que Deus pretende que as coisas sejam.

Viver para Deus pode trazer desafios e provações. Paulo escreveu: "De fato, todos os que desejam viver piedosamente em Cristo Jesus serão perseguidos" (2TM 3:12); "Não só isso, mas também nos gloriamos nas tribulações, porque sabemos que a tribulação produz perseverança; a perseverança, um caráter aprovado; e o caráter aprovado, esperança" (RM 5:3-4). As escolhas que fazemos sobre a forma como vivemos hoje têm consequências eternas. Paulo nos lembra: "Assim, fixamos os olhos, não naquilo que se vê, mas no que não se vê, pois o que se vê é transitório, mas o que não se vê é eterno" (2CO 4:18). Ele falou do "peso eterno de glória" como recompensa. Escrevendo a uma igreja perseguida, Pedro lembrou-lhes da herança gloriosa e duradoura em Cristo como resultado do seu esforço.

Quando você se sente tentado a desistir, lembre-se de que "Agora, pois, vemos apenas um reflexo obscuro, como em espelho" (1CO 13:12). Confie em Deus que vê todo o quadro e alegre-se em fazer o bem.

Leitura complementar: Tiago 1:2-6

Oração: Senhor, dá-me a força para perseverar na oração e no serviço amoroso, especialmente quando sinto que tenho pouca força e energia. Em nome de Jesus, amém.

Catriona Wait

27 de fevereiro

PORÉM, *eu falhei*

...Portanto, eu me gloriarei ainda mais alegremente em minhas fraquezas, para que o poder de Cristo repouse em mim. Por isso, por amor de Cristo, regozijo-me nas fraquezas, nos insultos, nas necessidades, nas perseguições, nas angústias. Pois, quando sou fraco, é que sou forte.
—2 CORÍNTIOS 12:9-10

Foi uma das coisas mais difíceis que já enfrentei. Eu tinha que dizer à minha paciente que meu erro havia danificado o seu coração e que ela provavelmente morreria pela complicação. Eu pronunciei as palavras e depois trabalhei para ela e com ela durante os meses que antecederam a sua morte. Nunca fui processado por causa do incidente, mas passaram-se anos até que seu marido falasse comigo novamente.

Você já falhou em algo realmente importante, algo que deveria ser bom? Um paciente? Um projeto? Um relacionamento? Um negócio? Um pecado? Se você ainda não falhou, falhará.

A falha é difícil. Dói-nos muito e magoamos pessoas pelas quais somos responsáveis. Algum bem pode vir de uma falha? Claro: "Com Deus, todas as coisas são possíveis".

1. A falha nos ajuda a descobrir a nossa verdadeira face. Somos seres humanos decaídos, pecadores e imperfeitos. Às vezes, os humanos esquecem essa verdade.

2. A falha nos ajuda a mudar. Se abordarmos corretamente o fracasso, colocamos novas ações em nossa vida que nos ajudarão a evitar os mesmos erros.

3. A falha nos leva a buscar Deus, que pode nos ajudar. Quando tudo está indo bem, tendemos a pensar somente em nós.

4. A falha permite que Deus trabalhe em nós e através de nós. Buscar a Deus quando falhamos permite que Ele aja em nós, de tal maneira que não seria possível, enquanto nossa autossuficiência prevalecia.

A falha é ruim porque traz grande dor. No entanto, ela não é uma perda total. Quando a falha vem novamente, sua dor não passa até que ela tenha trazido mudanças em sua vida. Permita que a dor do fracasso dê liberdade a Deus para encontrar você como nunca você deixou, durante os seus dias de sucesso.

Leitura complementar: Salmo 6

Oração: Querido Pai, não me deixes falhar de maneira que prejudique outras pessoas. Mas, quando eu o fizer, trabalha na minha vida para me tornar mais parecido contigo. Em nome de Jesus, amém.

Gene Rudd

28 de fevereiro

ESTEJA *alerta*

Estejam alertas e vigiem. O Diabo, o inimigo de vocês, anda ao redor como leão, rugindo e procurando a quem possa devorar. Resistam-lhe, permanecendo firmes na fé...
—1 PEDRO 5:8-9

Na manhã de 11 de setembro de 2001, trabalhava de casa quando nossa filha Bethany ligou-me do seu trabalho no complexo Watergate, Washington, DC, com notícias sobre um ataque aéreo no *World Trade Center*. Quando assisti a cena, em Nova Iorque, pela TV, de repente senti e ouvi um estrondo. Esse barulho acabou por ser um avião que caiu no Pentágono, a poucos quilômetros da nossa casa.

Bethany partiu da estação de metrô do Pentágono naquela manhã pouco antes do ataque do avião. Ela recebeu uma série de chamadas no celular, à medida que as notícias se desvendavam sobre os ataques terroristas e os rumores falavam sobre bombas explodindo na capital. Não sabíamos qual seria o alvo, e o escritório de Bethany ficava em frente à Embaixada da Arábia Saudita.

Eu carreguei uma bicicleta e uma motoneta em nossa van e fomos para a cidade para tirá-la de lá — um desafio assustador tendo em conta que grande parte da capital estava evacuando. Finalmente nos encontramos em Viena, Virgínia, e trouxe Bethany para casa em segurança. No entanto, para milhares de americanos, é claro, a notícia foi muito pior. Lamentamos a perda nesse dia de cidadãos inocentes, pessoas envolvidas no resgate e militares.

Embora agora possamos permanecer seguros em nossas casas e locais de trabalho, nossos soldados ainda lutam e dão suas vidas em nosso favor no exterior. A guerra contra o terrorismo se agrava, mesmo quando o tempo tenta nos fazer esquecer as lembranças e revelações de 11 de setembro.

Nossa guerra contra o terrorismo é uma imagem da guerra espiritual. Uma crise, um ataque ocorre em nossa vida, e buscamos profundamente a Deus para intervenção e proteção. À medida que Ele faz isso, e ao recuperar a nossa paz e segurança, é fácil esquecer que a guerra espiritual ainda, de fato, enfurece-se e ruge ao nosso redor. Esteja alerta!

Leitura complementar: Ezequiel 33:7

Oração: Querido Senhor, como tu disseste: "vigiem e orem", peço-te que me ajudes a estar atento a cada momento e me ajudes a vencer a minha sonolência. Em nome de Jesus, amém.

Jonathan Imbody

29 de fevereiro

NÃO *desanime*

De todos os lados somos pressionados, mas não desanimados; ficamos perplexos, mas não desesperados.
—2 CORÍNTIOS 4:8

A notícia era angustiante. Um amigo querido e doutor missionário pioneiro e sua família foram obrigados a deixar o hospital, ao qual dedicaram suas "vidas", por motivos de segurança. Um grupo de extremistas os ameaçou, mas ainda tinham mais notícias ruins. O pessoal do hospital não os apoiava. Muitos ficaram felizes por eles terem ido embora.

O que você faz quando tudo se desmorona? Quando tudo pelo que você trabalha parece ter se voltado contra você? A maioria de nós fica tentada a se desesperar. Além disso, para muitos de nós, o limiar para ficar bravo é muito tênue. O que Deus está nos dizendo? Quando olhamos o início da Sua revelação para nós, encontramos uma mensagem espetacular para Seu servo Abraão. Deus disse: "Não tenha medo, Abrão! Eu sou o seu escudo; grande será a sua recompensa!" (GN 15:1).

Estas são palavras para nós hoje: "Não temas". Quão rápido o medo nubla nossos pensamentos. Quão abruptamente a preocupação substitui a confiança. Quão ligeiramente as maravilhas da ação de Deus em nosso viver no passado são destruídas pelas ondas e os ventos do sofrimento de hoje. Deus nos está confortando e comandando. Não tema! Confie nele! Não confie em nada mais.

Deus promete proteção, mas Ele nunca nos promete que viveremos uma vida fácil e agradável — na verdade, um escudo é para ser usado na guerra. Nós enfrentamos perigos reais — mas Ele está total e plenamente conosco, não nos esqueçamos. Mas há mais do que isso: Deus promete a si mesmo como nossa recompensa. Os prêmios irão e virão. A fruta preciosa que parecia tão atraente de longe empalidece depois de algumas dentadas. O degrau, uma vez alcançado após tantos anos de suor e trabalho, muitas vezes acaba pálido em comparação com o próximo objetivo no horizonte, o próximo brinquedo estacionado na garagem do seu vizinho.

No entanto, Deus está oferecendo-se a nós, Ele mesmo. No final do dia, mesmo que sejamos afastados do nosso local de trabalho por forças "fora do nosso controle", o Senhor nunca nos deixará. Davi estava fugindo quando Jonatas veio e "o ajudou a encontrar forças em Deus" (1SM 23:16).

O que Deus prometeu a Abraão — e você e eu — é que Ele mesmo será o nosso tesouro. Além de tudo o que desejamos, temos a promessa de desfrutar o próprio Deus; e isso não será apenas no doce paraíso, mas agora mesmo!

Leitura complementar: Salmo 46

Oração: Pai, que tu sejas a nossa esperança e o nosso conforto, enquanto caminhamos para o futuro que tens para nós. Em nome de Jesus, amém.

Andi Eicher

Aprendizado DO MÊS

Amy Beatrice CARMICHAEL (1867-1951)

Fundadora da Dohnavur Fellowship, Índia.

Amy Carmichael nasceu em Millisle, Irlanda, filha de Catherine e David Carmichael, um moleiro. Ela era a mais velha de sete filhos. Amy foi criada em uma devota família presbiteriana atuante no trabalho da igreja.

Quando tinha 16 anos, a família mudou-se para Belfast, onde seu pai fundou a *Welcome Evangelical Church*. Alguns anos depois, Amy começou uma aula dominical para as "shawlies", jovens que trabalhavam nos moinhos e que usavam xales ao invés de chapéus.

À medida que o grupo crescia rapidamente, precisava encontrar um lugar maior do que o salão da Igreja Presbiteriana de Rosemary. Ela levantou doações, sob a forma de um terreno e 500 libras, com as quais ela construiu o primeiro "Welcome Hall". Assim, começou sua vida de missão de preocupação e cuidado para mulheres jovens.

Inspirada pelo trabalho de Hudson Taylor, Amy decidiu se juntar à *China Inland Mission* (Missão Interior da China). Ela se juntou ao Serviço Missionário da Igreja (CMS) e começou seu treinamento para o trabalho missionário na China. No entanto, sua debilitada saúde (ela sofria de uma nevralgia) a fez desistir da ideia de seguir para a China.

Amy então trabalhou por um curto período no Ceilão (hoje Sri Lanka), e então se mudou para Bangalore, na Índia, onde foi comissionada pela Igreja da Inglaterra, Missão Zenana. Ela começou seu trabalho com mulheres e crianças na Índia. Durante seu trabalho no sul da Índia, Amy tomou conhecimento da tradição Devadasi, na qual as jovens eram dedicadas à deusa, e depois eram forçadas à prostituição pelos sacerdotes do templo. Ela começou a resgatar essas moças e reabilitá-las, despertando a fúria dos clientes das meninas.

Amy mudou-se para o que é agora sul do Tamil Nadu e fundou a *Dohnavur Fellowship*, em 1901. Esta organização foi nomeada em homenagem ao Conde Dohna, que estava envolvido no financiamento do trabalho dos missionários alemães na Índia. A organização começou como um santuário para as meninas que desejavam escapar da vida como prostitutas do templo. Em 1948, o governo indiano proibiu o sistema Devadasi, mas o trabalho em *Dohnavur* continuou a crescer. As meninas que entraram na comunidade receberam boa educação, e muitas ingressaram em profissões da saúde como médicas ou enfermeiras. Mais tarde, os meninos órfãos também foram incorporados à comunidade. Por respeito aos costumes indianos, Amy usava sári. Para ser aceita, ela escureceu a pele com café. Acredita-se que ela tenha dito que aprendeu ser grata a Deus por seus olhos castanhos, o que a ajudou a integrar-se na comunidade — quando criança, ela desejava ter olhos azuis. Amy era conhecida como "Amma" ou "mãe", e era amada por seus numerosos filhos na irmandade. A *Dohnavur Fellowship* é agora dirigida pela Igreja do Sul da Índia e continua seu ministério entre mulheres e crianças.

Em 1932, depois de uma queda acidental, Amy gradualmente tornou-se acamada, mas continuou seu trabalho, apesar da dor severa. Ela foi fundamental ao inspirar outras mulheres jovens a entrar no campo da missão. Uma jovem escreveu para perguntar-lhe o que a vida de um missionário implicava. Amy respondeu-lhe: "A vida missionária é simplesmente uma chance de morrer". Este tornou-se o título de sua biografia por Elizabeth Elliot, *"A Chance to Die".*

Em seus últimos anos, Amy fundou uma ordem religiosa *"Sisters of the Common Life"* (Irmãs da vida comum). Ela morreu na Índia, aos 83 anos. A pedido dela, nenhuma lápide foi colocada sobre o túmulo. Ao invés disso, há um chafariz, simplesmente inscrito, "Amma".

Duas citações de Amy Carmichael:

"Você sempre pode doar sem amar, mas você não pode amar sem doar."

"Dê-me o amor que conduz o caminho, a fé que nada pode desanimar, a esperança que nenhuma decepção cansa, a paixão que arderá como fogo. Não me deixe afundar para ser um fragmento: Faça-me Teu combustível, chama para Deus".

PROFETAS DE UM FUTURO
QUE NÃO É O NOSSO

Isto é sobre o que nós somos: / Nós plantamos sementes que um dia crescerão.
Nós regamos sementes já plantadas, sabendo que elas guardam promessas futuras.
Nós assentamos fundações que precisarão de um maior desenvolvimento.
Nós fornecemos fermento que produz efeitos além de nossas capacidades.
Não podemos fazer tudo / E há uma sensação de libertação ao perceber isso.
Isso nos permite fazer algo / E fazê-lo muito bem.
Pode estar incompleto, mas está começando, um passo ao longo do caminho.
Uma oportunidade para que a graça de Deus entre e faça o restante.
Podemos nunca ver os resultados,
Mas essa é a diferença entre o mestre-de-obras e o trabalhador.
Nós somos os trabalhadores, não o mestre-de-obras. / Ministros, não messias.
Somos profetas de um futuro não estabelecido por nós.

—Arcebispo Oscar Arnulfo Romero, São Salvador
Trabalhou incansavelmente pela causa dos pobres e marginalizados.
Ele foi assassinado em 1980.

1.º de março

NOSSO *quebrantamento*

*Os sacrifícios que agradam a Deus
são um espírito quebrantado; um coração quebrantado
e contrito, ó Deus, não desprezarás.*
—SALMO 51:17

Vivemos em um mundo caído. E nossa cura começa quando, em total humildade diante de Deus, reconhecemos nossa falência de espírito e que necessitamos dele. Com isso, percebemos que a nossa justiça é como trapos imundos. Precisamos nomear nossos pecados e nos arrepender. Um coração quebrantado e contrito, Deus não desprezará. Ele nos vestirá com "as vestes da salvação", porá sobre nós "o manto da justiça" (IS 61:10) e nos colocará no caminho da cura.

Devemos também reconhecer o colapso em nossa família, em nossas igrejas, em nossas instituições de saúde, em nossa comunidade e em nosso mundo. Todos os nossos valores estão sendo corroídos, e estamos de acordo com os pontos de vista e sistemas mundanos, ao contrário dos valores do Reino. O egocentrismo e a ganância por dinheiro e poder estão nos envolvendo e estamos construindo sobre areia. Estamos nos destruindo — nossas muralhas estão em ruínas —, e precisamos nos arrepender e lutar, orar e jejuar (NE 1:4).

Na nossa vida individual e familiar, o estudo da Palavra de Deus e a oração estão em segundo plano. A instituição do casamento está desmoronando, e as crianças estão mais rebeldes. Nossos planos de saúde dão mais atenção aos ricos, e nosso dever para com os pobres está perdendo o foco. Além disso, estamos mais envolvidos com a comoditização dos cuidados de saúde do que em sermos compassivos, especialmente com os necessitados. A falta de integridade no gerenciamento de pessoas, cuidados de saúde e igrejas resultou em corrupção e destruição desenfreada.

Precisamos de cura em nossa vida individual, familiar e corporativa. Devemos temer a Deus e amá-lo com todo o nosso coração, com toda a nossa alma, com todas as nossas forças e com toda a nossa mente. Precisamos diligentemente ensinar isso aos nossos filhos e netos. Devemos escrever essas palavras nos batentes de nossa casa e nos portões de nossas instituições para que não esqueçamos o Senhor (DT 6)!

Reflexão: Afastamo-nos de Deus em nossa vida individual, familiar e corporativa. Como podemos iniciar o processo de cura em todas essas áreas?

Leitura complementar: Neemias 1–2; Mateus 5:1-12; 2; Crônicas 7:14

Oração: Senhor Deus, como pródigos, precisamos voltar ao Teu amor. Ajuda-nos a tornar Jesus, o "médico ferido", conhecido àqueles que necessitam ser curados nele e por Ele. Em nome de Jesus, amém.

CMAI estudos bíblicos

2 de março

Os perpetradores DA MISÉRIA

Ele cavou a terra, tirou as pedras e plantou
as melhores videiras. Construiu uma torre de sentinela
e também fez um tanque de prensar uvas.
Ele esperava que desse uvas boas, mas só deu uvas azedas.
—ISAÍAS 5:2

Vivemos num contexto em que os seres humanos são transformados em mercadorias, e o mal se faz passar pelo bem. Quando "Mamon" é confundido com Deus e o mal com o bem, nos envolvemos de forma profunda com estruturas de injustiça, violência em massa e uma situação de perdição. O profeta Isaías, sem medo, expressa a dor e o desapontamento de Deus contra o povo de Judá, especialmente contra a classe rica e dominante, que havia se esquecido do amor de Deus e do Seu chamado e propósito em redimir suas vidas da escravidão. É importante, não só, notar que Deus é entristecido quando o Seu povo se afasta dele e de Seus propósitos; mas também que Ele os repreende, castiga-os e os convida a retornar a Ele.

Deus está do lado dos pobres e quebrantados e se encarrega daqueles que propagam a opressão, injustiça e miséria em Seu povo. O profeta não teve medo de dirigir essas palavras àqueles que estavam no poder, àqueles que oprimiam os pobres e àqueles que fechavam os olhos às situações de injustiça, tal qual ocorre hoje.

No mundo corrompido de hoje, é tentador manter o silêncio quando as coisas dão errado e a injustiça e corrupção acabam prevalecendo, por todos os lados, mantendo estruturas de pobreza. Muitas vezes até mesmo a igreja ignora essas situações de opressão, injustiça e miséria na sociedade e prefere apenas orar pelos pobres sofredores. O chamado de Deus, através das palavras do profeta Isaías, ensina-nos que não podemos ficar em silêncio em situações de opressão e de injustiça, nem podemos continuar perpetuando a miséria e a injustiça, imaginando que Deus não agirá, que Ele não se importará se vacilarmos apenas algumas vezes!

Qualquer pessoa que esteja envolvida em obras de justiça e paz deve ser profética no seu cotidiano e viver sua fé. Se somos remidos pelo sangue de Cristo, passaremos a olhar para dentro de nós, para nossas instituições, nossas casas e começaremos a nos limpar e nos corrigir de qualquer injustiça ou apoio a esta que possa prevalecer. Deus nos quer como parceiros em Seu ministério de reconciliação com os corações deste mundo caído.

Reflexão: De que maneira podemos nos tornar mais sensíveis aos clamores dos pobres e dos oprimidos em nosso meio? Como podemos ser as comunidades que vivem seu chamado profético na vida cotidiana?

Leitura complementar: Jeremias 7:1-11,23-24; Ezequiel 34:1-6

CMAI estudos bíblicos

3 de março

DEUS NO *quebrantamento*

**Só ele cura os de coração quebrantado
e cuida das suas feridas.**
—SALMO 147:3

Nesse salmo, vemos que Deus está perto das pessoas de coração quebrantado. O salmista fala com confiança quando proclama que Deus "cura os de coração quebrantado" e "cuida das suas feridas". Ele os livrará, os curará e os resgatará de suas aflições.

A profunda preocupação de Deus e a Sua fidelidade em salvar os de coração quebrantado têm a melhor expressão em Jesus Cristo. Através da vida de Jesus, vemos que Ele escolheu se tornar um com aqueles que estavam aflitos e quebrantados. Ele chorou com Maria na morte de Lázaro. Além disso, assim como havia dito o profeta Isaías, o próprio Jesus foi ferido e moído e, ao participar desse castigo na cruz, Ele quebrou o domínio do pecado e do mal e nos trouxe, e a todos aqueles que foram quebrantados, paz e cura. Jesus afirma que Ele veio proclamar boas-novas aos pobres (a compreensão hebraica dos pobres inclui aqueles que se humilham ou se quebrantam). Na última ceia, Ele nos lembra de que até Ele estava disposto a ser quebrantado — "Isto é o meu corpo que é dado em favor de vocês" (LC 22:19).

À medida que nos esforçamos para seguir Jesus como Sua Igreja e discípulos, somos chamados a tornar-nos vulneráveis e a nos identificar com aqueles que são quebrantados de coração. Quer se trate de uma família sofrendo por causa de doença, de pessoas assoladas pelo egoísmo dos outros ou ainda, pela ganância estrutural e pelo mal, enfrentam dificuldades extremas. Para começar, precisamos reconhecer que Deus está presente no meio deles. Enquanto participamos de suas lutas e aflições, testemunhamos a maravilhosa esperança que temos em Deus, lembrando-lhes de Emmanuel — Deus conosco.

O início da cura vem da percepção de que Deus é fiel, e está realmente ao lado do quebrantado de coração. Pela Sua graça e misericórdia, somos abençoados. Como Maria cantou: "Derrubou governantes [...], mas exaltou os humildes" (LC 1:52).

Reflexão: Nós que nos dispusemos a curar, devemos perceber que somos chamados a ser quebrantados como Jesus e a partilhar o quebrantamento de outros. Compartilhe sua experiência de quebrantamento com outra pessoa.

Leitura complementar: Lucas 1:46-55; Mateus 5:3-12

Oração: Jesus, coloco-me em Tua presença agora e entrego-me a ti — corpo, alma e espírito. Que eu possa partilhar o quebrantamento dos outros e compartilhar com eles. Em nome de Jesus, amém.

CMAI estudo bíblico

4 de março

MESMO *modo de pensar*

*Completem a minha alegria, tendo o mesmo modo de pensar,
o mesmo amor, um só espírito e uma só atitude [...].
Cada um cuide, não somente dos seus interesses, mas
também dos interesses dos outros.
Seja a atitude de vocês a mesma de Cristo Jesus.*
—FILIPENSES 2:2-5

P aulo aqui discute como os seguidores de Cristo devem se relacionar um com o outro. É necessária uma mente disciplinada: ter "o mesmo modo de pensar". No entanto, mesmo Paulo não esperava que todos os cristãos em Filipos concordassem totalmente com ele (FP 3:15). Também não é realista que concordemos em todas as questões quando as doutrinas se separaram tantas vezes na história cristã; especialmente, se encorajarmos a liberdade de leitura e interpretação individual. Até grupos cristãos e, não menos importantes, grupos de médicos e dentistas precisam trabalhar juntos, apesar dessas diferenças. Então, o que implica pensar do mesmo modo?

"O mesmo amor, um só espírito" sugere focar nosso amor comum por Deus e nosso desejo de demonstrar e espalhar Seu amor. Orar juntos, nessa atitude mental, prepara-nos para deixar de lado nossos próprios compromissos por causa desse amor e objetivo comuns. Isso não significa que todos considerem suas próprias opiniões e valores tolices inúteis. Ao invés disso, sugere abandonar a necessidade de dominar, de ganhar um argumento, até mesmo o direito de ser ouvido, quando isso coloca nosso relacionamento e demonstração do amor de Deus em risco. Oremos, como diz Paulo, para pensar do mesmo modo que Jesus, quando "embora sendo Deus, não considerou que o ser igual a Deus era algo a que devia apegar-se" (FP 2:6).

Reflexão: Sobre as práticas da Igreja Primitiva, que testemunharam ter o mesmo modo de pensar.

Leitura complementar: Atos 2:42-47

Oração: Pai, permite-nos ter uma visão clara dos dias atuais. Ajuda-nos a viver com sabedoria e propósito. Mostra-nos as coisas que nos causam um pensamento distorcido. Que possamos nos concentrar em Tua preciosa Palavra para definir nosso pensamento e tomada de decisão. Revela-nos, com clareza, as áreas em que nos faltam autocontrole e nos ajuda a resistir ao inimigo nessas áreas para que ele fuja de nós! Ajuda-nos a saber como orar o que está no Teu coração! Nós desejamos uma vida de oração, poderosa e cheia do Teu Espírito, que trará a ti glória nestes dias! Ensina-nos a orar. Em nome de Jesus, amém.

Philip Pattermore

5 de março

Confiança AO MUDAR

E todos nós, que com a face descoberta
contemplamos a glória do Senhor, segundo a sua imagem
estamos sendo transformados com glória
cada vez maior, a qual vem do Senhor, que é o Espírito.
—2 CORÍNTIOS 3:18

Portanto, visto que temos este ministério pela misericórdia
que nos foi dada, não desanimamos. Antes, renunciamos aos
procedimentos secretos e vergonhosos; não usamos
de engano nem torcemos a palavra de Deus. Pelo contrário,
mediante a clara exposição da verdade,
recomendamo-nos à consciência de todos, diante de Deus...
—2 CORÍNTIOS 4:1-3

Ao nos aproximarmos de épocas de mudanças em nossa vida ou em nosso ministério, pode ser fácil ficarmos desanimados ou mesmo temerosos. Deus quer que mantenhamos nossa confiança nele, em todos os momentos e em todos os aspectos. Paulo, em 2 Coríntios 4:1, lembra-nos de que fomos comissionados por Deus a um ministério. A mente rapidamente lembra que "aquele que começou boa obra em vocês, vai completá-la até o dia de Jesus Cristo" (FP 1:6). Entretanto, a primeira palavra do versículo 1 (2Co 4) nos remete a 2 Coríntios 3:18, onde somos ensinados que mudar é inevitável — na verdade, é uma coisa boa à medida que somos transformados à imagem de nosso Salvador. Embora Ele nos tenha dado um ministério e opere a transformação em nossa vida, há uma expectativa de nosso comportamento neste momento de mudança.

Em 2 Coríntios 4:2, reconhecemos que devemos ser puros de coração e puros pela Palavra. Finalmente, o fardo do resultado não é nosso para suportar. Como aqueles com a face descoberta, devemos ser proclamadores dessa verdade.

Reflexão: Estou assumindo minhas responsabilidades, ou as de Deus, neste momento de mudança?

Leitura complementar: Isaías 64:8

Oração: Pai Celestial, olho para ti neste momento de mudança. Permite-me ter a coragem de mudar minha vida para melhor. Ensina-me a amar com coração e espírito abertos. Ajuda-me com todas as provações e me dá força e energia para segui-lo. Abençoa-me com amor, força, sabedoria, saúde, coragem, perdão e vontade de aprender. Em nome de Jesus, amém.

Lisle Whitman

6 de março

Ministrando ATRAVÉS DA DOR

...Aí está o seu filho.
—JOÃO 19:26

"Claro, é muito mais difícil para as mulheres africanas que não podem engravidar do que é para você. As mulheres chinesas gostam de ter filhos, mas, para vocês ocidentais, uma carreira é, obviamente, mais importante." A infertilidade é um caminho solitário; um longo e lento sofrimento sem qualquer foco claro. Caminhar por essa estrada enquanto se vive de forma transcultural tem seus próprios desafios; declarações contundentes e falsas suposições causam muita dor por vezes, mas também o silêncio, mais comumente vindo de pessoas da minha própria cultura. Não estar em conformidade com a percepção da sociedade sobre o que é "normal" pode isolá-lo bastante. Celibato indesejado, infertilidade, atração pelo mesmo sexo, um casamento arruinado; muitos de nós carregamos tristezas que compreendem nossos próprios sonhos frustrados, complicados pela falta de compreensão dos outros.

"Foi desprezado e rejeitado pelos homens, um homem de dores e experimentado no sofrimento. Como alguém de quem os homens escondem o rosto, foi desprezado, e nós não o tínhamos em estima" (IS 53:3). Ele conhece nossa dor e lágrimas. E, na cruz, no meio de Sua maior agonia e total isolamento do Pai, Ele ainda alcançou e ministrou aos outros. Ele confiou ternamente a Sua mãe ao cuidado de João e concedeu a maravilhosa garantia de salvação ao ladrão arrependido que estava sendo crucificado ao Seu lado (LC 23:43).

À medida que vivemos com experiências dolorosas, podemos ser tentados a nos separar dos outros, particularmente se fomos maltratados e feridos por comentários nocivos no passado. Mas Deus nos chama para compartilhar os fardos uns dos outros. Minha maior alegria ao andar por esse caminho tem sido novos relacionamentos em lugares às vezes surpreendentes. Amigos com quem posso orar, chorar e me alegrar quando vemos Deus no trabalho, mesmo em momentos de tristeza.

Estamos sendo sensíveis com os outros e dando-lhes permissão para compartilhar as suas próprias dores profundas conosco? Assim como Jesus, seremos nós aqueles que estão preparados para ministrar aos outros, mesmo no meio de nossa própria dor?

Leitura complementar: Hebreus 4:14–5:10; 10:23-25

Oração: Senhor, se eu te desagradei de alguma forma, gentilmente me perdoa. Eu sei que tu és cheio de amor e compaixão. Tu és o Senhor da cura. Tudo é possível para ti. Obrigado por responderes minhas orações. Em nome de Jesus, amém.

Carolyn Reid

7 de março

SITUAÇÕES *perigosas*

Não tenham medo dos que matam o corpo, mas não podem matar a alma. Antes, tenham medo daquele que pode destruir tanto a alma como o corpo no inferno. Não se vendem dois pardais por uma moedinha? Contudo, nenhum deles cai no chão sem o consentimento do Pai de vocês.
—MATEUS 10:28-29

A o longo dos últimos meses, houve o maior surto de febre hemorrágica viral causada por Ebola que o mundo já conheceu, centrado na África Ocidental. Diariamente, havia manchetes relatando novos casos em novos lugares, medidas cada vez mais rigorosas tentando conter o vírus (como o cancelamento de todos os voos internacionais para algumas áreas) e o número projetado de mortes previstas nos meses subsequentes. A Organização Mundial da Saúde declarou uma emergência global e precisou de mais voluntários treinados para ajudar. Vários missionários foram infectados, e a letalidade excedeu 60%.

Em contraste com outras emergências globais, parece haver um medo real entre voluntários em potencial. Durante este surto de Ebola que estamos vivenciando, poucos estão considerando seriamente o voluntariado. E, quando nos pediram para ir, cristãos respeitáveis sugeriram que seria melhor para alguém com menos responsabilidades familiares atender ao chamado. Para nós, é como se estivesse dizendo: "Envie outra pessoa". Diante da omissão de cristãos quanto às necessidades alheias, Tiago os confronta de modo um tanto sarcástico: "...e um de vocês lhe disser: 'Vá em paz, aqueça-se e alimente-se até satisfazer-se', sem porém lhe dar nada, de que adianta isso?". Estamos ouvindo relatos de mortes angustiantes, pessoas isoladas de qualquer contato humano, sangrando de cada orifício. Quem está lá para mostrar amor, compaixão e bondade? Para citar o slogan popular de hoje: "O que Jesus faria?". Não acredito que Ele viraria as costas.

Ao longo da Bíblia, nós somos ensinados que servir envolve sacrifício. "Pois quem quiser salvar a sua vida, a perderá, mas quem perder a sua vida por minha causa, a encontrará" (MT 16:25). Embora seja insensato ir ao encontro precipitadamente de uma situação inevitavelmente fatal, acredito que os cristãos, em oração, devem ponderar as escolhas que o mundo pode considerar como sendo imprudentes.

Leitura complementar: Tiago 2:14-17

Oração: Senhor, ajuda-me a lembrar que tu és soberano. Ajuda-me a tomar as decisões de hoje à luz da eternidade. Haverá momentos em que minhas escolhas parecerão imprudentes aos olhos do mundo e, talvez, até a outros cristãos. Ajuda-me a viver, sacrificialmente, a Teu serviço.

Catriona Wait

8 de março

SENHOR, EU PRECISO DE *força* E *energia* PARA CONTINUAR

Ele fortalece ao cansado
e dá grande vigor ao que está sem forças.
—ISAÍAS 40:29

Durante o meu treinamento como residente em obstetrícia e ginecologia, havia apenas 10 na minha turma. Isso significava que alguém cobria a enfermaria por 24 horas e, em seguida, para outras 24 horas de atendimento ginecológico de emergência. Um dia, realizei uma laparotomia, por causa de uma gravidez ectópica. Na sequência, fiz 30 curetagens, devido a abortos incompletos. Recebi uma chamada do meu estagiário dizendo que eu tinha ainda mais 10 curetagens e duas laparotomias. Eu não tinha comido e tinha privação de sono acumulada. Eu simplesmente fui ao vestiário, orei por força e depois fiz um lanche correndo. Fui revigorado e, no final das minhas 24 horas, havia terminado a lista.

Mais tarde, eu li: "De madrugada, quando ainda estava escuro, Jesus levantou-se, saiu de casa e foi para um lugar deserto, onde ficou orando" (MC 1:35). Jesus, embora fosse Deus, cansou-se e precisava se revigorar. Ele não planejou reduzir o Seu trabalho, mas buscou por força a fim de lidar com Suas demandas. Ele não conseguiu obtê-la dos discípulos ou da multidão; Ele só poderia obtê-la de Deus. Esse é o exemplo que Ele nos deixou para seguir.

Como profissionais de saúde cristãos, precisamos constantemente manter nossa linha de comunhão com Deus — aberta e em uso. Temos uma profissão muito exigente e temos que fazer um esforço positivo para ter um tempo a sós com Deus, bem como tempo de comunhão com outros cristãos. "Não deixemos de reunir-nos como igreja" (HB 10:25). E devemos considerar como podemos estimular uns aos outros em relação ao amor e às boas ações (v.24). Não desistamos de nos reunir, como alguns costumam fazer. Vemos os resultados em Isaías: "Até os jovens se cansam e ficam exaustos, e os moços tropeçam e caem; mas aqueles que esperam no SENHOR renovam as suas forças. Voam alto como águias; correm e não ficam exaustos, andam e não se cansam" (IS 40:30-31).

Leitura complementar: Gálatas 6:9-10

Oração: Senhor, cria uma fome profunda em mim, para uma comunhão diária contigo. Em nome de Jesus, eu oro, amém.

Jean Kagia

9 de março

Criado À SUA IMAGEM

*Não se vendem dois pardais por uma moedinha?
Contudo, nenhum deles cai no chão sem o consentimento
do Pai de vocês. Até os cabelos da cabeça
de vocês estão todos contados. Portanto, não tenham medo;
vocês valem mais do que muitos pardais!*
—MATEUS 10:29-31

O valor da vida humana é difícil de determinar. Mesmo após a morte, o valor comercial é atribuído aos "restos" mortais, pois há um negócio próspero de doação de órgãos. Com base na condição do corpo, o valor pode variar entre menos de cinco reais e mais de 100 mil reais!

Nossa pergunta é: "Quanto vale uma vida humana?".

Ao visitar um hospital, localizado em uma tribo remota, vi uma menina de 8 anos morrer na UTI, devido a uma infecção viral evitável, disseminada por mosquitos. Todos, inclusive os pais e eu, pareciam aceitar a morte como tendo sido inevitável. Não estou julgando os pais, que aceitaram isso como "destino", ou a equipe de saúde, que viu o problema além do alcance de seus recursos limitados. Mas isso nos leva a refletir sobre o valor de uma vida humana.

Perdi um ente querido há três meses. Ainda estamos sofrendo a perda muito grande que ainda é sentida. Como decido que essa vida é mais valiosa do que a da menina daquela tribo que vi morrer? Baseia-se na "posição" e no "status" que uma pessoa possui? No "relacionamento" que tenho com essa pessoa? Na cultura dominante do contexto, onde a vida é menos valorizada? Nos valores de castas, tribos e gêneros que nossas culturas dão a diferentes grupos? Na produtividade?

Nós temos, naturalmente, mais valor do que os pardais — é isso que a Bíblia diz. Porém somos mais valiosos do que os pardais por causa do *Imago Dei* — valor intrínseco, devido à "imagem de Deus" em nós, e não o valor extrínseco atribuído ao que conquistamos ou onde e em que comunidade nascemos, ou como somos vistos pela cultura!

Reflexão: Se é assim, o valor da menina de 8 anos que morreu na minha frente é igual ao valor do ente querido que perdi há algumas semanas? Em caso afirmativo, como devo considerar o valor de todas as pessoas que encontro todos os dias?

Leitura complementar: Salmo 139:13-16

Oração: Senhor Deus, ajuda-me a compreender o valor de cada vida para ti, meu Pai. Que eu possa ser conforme a tua imagem, pelas minhas atitudes e modo de viver. Em nome de Jesus, amém.

Santosh Mathew Thomas

10 de março

Vida ANTES DA MORTE

Mesmo na velhice darão fruto...
—SALMO 92:14

Agora que estou aproveitando minha aposentadoria, é interessante refletir sobre como eu via meus pacientes mais idosos e os com deficiência. Eu diria para mim mesmo que, até agora, ainda posso fazer tudo o que costumava fazer. Porém, faço menos, mais devagar e demoro mais tempo para me recuperar!

Então, o que pensamos sobre envelhecer? Temos tantos exemplos inspiradores na Bíblia de pessoas que foram usadas poderosamente por Deus nos últimos anos. Calebe participou de batalha tendo 85 anos. Moises deixou Midiã e retornou ao Egito para falar com Faraó quando tinha 80 anos. Acredita-se que Daniel tivesse mais de 80 anos quando foi lançado na cova dos leões.

Com o passar dos anos e o surgimento de enfermidades, todos parecem olhar para o interior. Claramente, como cristãos, podemos ter a certeza e a esperança da vida eterna para aqueles que estão em Cristo. Mas como podemos dar-lhes esperança quanto ao restante de vida na Terra?

É bom nos exercitarmos fisicamente, mentalmente e espiritualmente, enquanto podemos. No entanto, conforme as limitações surgem, com a ajuda de Deus, podemos empregar os três "As" — aceitar, adaptar e alcançar. À medida que aceitamos nossas limitações e nos adaptamos da melhor forma que pudermos, podemos alcançar tudo o que Deus tem para nós e ainda podemos continuar a dar frutos na velhice.

E quando a mente e o corpo parecem ter desmoronado completamente, e nós ficamos totalmente dependentes dos outros? Talvez o fruto que Deus dá nessas circunstâncias é a obra da graça exercida sobre aqueles que têm que fazer sacrifícios extras para cuidar de nós.

Reflexão: Existe algo a mais que posso fazer para trazer esperança a meus pacientes nesta vida e na vindoura?

Leitura complementar: Isaías 46:3-4

Oração: Pai, como é bom te agradecer e cantar louvores a ti. Pois tu, ó Senhor, nos fizeste felizes por Tua obra. Tua misericórdia flui em nós como óleo fresco. Por Tua graça, os fiéis florescem como a palmeira e crescem como o cedro no Líbano, eles estão plantados em Tua casa e florescem em Teus pátios; trazendo frutos na velhice, estão sempre cheios de seiva e vida. Nós te agradecemos, Senhor. Em nome de Jesus, amém.

Kevin Vaughan

11 de março

AME AO PRÓXIMO
como a si mesmo

***Ame o Senhor, o seu Deus de todo o seu coração,
de toda a sua alma, de todo o seu entendimento e de todas
as suas forças. [...] Ame o seu próximo como a si mesmo.***
—MARCOS 12:30-31

R ecebi um pedido de ajuda do nosso centro de resgate que cuida de meninas com gestação de risco. O problema era que a paciente, que tinha 11 anos. Deu entrada no hospital porque estava grávida de aproximadamente 37 semanas e era de uma família muito pobre. A responsável pelo centro disse: "Ela está em trapos; ouve, mas não fala; está desnutrida e os pés infestados de bicho-de-pé". Nós demos à paciente comida e uma xícara de chá; ela urinou e defecou na cadeira. O que deveríamos fazer? Eu perguntei à tutora: "Ela está tendo uma gravidez de risco?". A mulher respondeu: "Sim!". Então falei: "Ela ficará conosco". Eu continuei e disse à mulher que estava confiante de que ela e a equipe ensinariam à menina tudo aquilo que ela não teve quando era criança. Houve uma longa pausa... "pela graça de Deus, nós o faremos". Dentro de uma semana, a menina estava limpa e era capaz de controlar urina e fezes. Conseguimos alguém para tratar o bicho-de-pé e, em duas semanas, ela estava curada.

Ao refletir sobre o conteúdo da conversa acima, percebi o quão profundo é o significado do amor. Humanamente falando, é difícil servir a algumas pessoas com o amor de Cristo. Isso porque elas estão sujas, doentes e são pobres. Em outras palavras, "impossíveis" de amar! Devemos manifestar o amor de Cristo que vive em nós, independentemente da barreira existente entre nós e o próximo. Paulo deixa isso claro: "Portanto, se alguém está em Cristo, é nova criação. As coisas antigas já passaram; eis que surgiram coisas novas!" (2CO 5:17). Na próxima vez que Deus trouxer uma pessoa "impossível" de amar ao seu caminho, peça a Ele para lhe dar graça e sabedoria a fim de saber como ministrar a ela.

Leitura complementar: Lucas 10:25-27

Oração: Senhor, nosso Pai, enche meu coração com o amor de Cristo, para que eu possa servir a qualquer pessoa que tu colocares em meu caminho com o amor e a compaixão de Cristo. Em nome de Jesus, amém!

Jean Kagia

12 de março

Vidas breves, INFLUÊNCIAS DURADOURAS

Espere no SENHOR. Seja forte! Coragem! Espere no SENHOR.
—SALMO 27:14

Em certo cemitério, há uma pequena lápide registrando a morte de um bebê de apenas três semanas. Durante um período de 20 anos, passei por esse caminho algumas vezes e, em cada uma delas, encontrava flores frescas naquele túmulo. Intrigado, procurei a mãe do bebê e ouvi sua história.

O pequeno Felipe, o primeiro filho do casal, começou a vomitar logo depois do nascimento, sugerindo estenose de piloro. Ele morreu em um hospital rural a poucos quilômetros de sua comunidade. Dormindo no quarto ao lado, sua mãe recebeu a notícia de seu falecimento. Disseram-lhe para bater na parede se ela precisasse de algo. No dia seguinte, ela foi enviada para casa, de ônibus, para aguardar o retorno do marido do trabalho. Pessoas no ônibus, sem saber do ocorrido, gentilmente perguntavam-lhe sobre o bebê.

Sozinha, recém-enlutada e em um lugar tão público, ela repassava a triste notícia a todos. Toda a experiência a marcou tão profundamente que, a partir de então, além de levar as flores, ela lia o obituário diariamente e, ao identificar mortes infantis, escrevia aos pais expressando sua compreensão e suporte.

O doloroso grão que entra no tecido macio de uma ostra é aliviado quando coberto por uma madrepérola. Algo está sendo formado e, algum dia, será valioso para muitos. É claro que, humanamente falando, sofrimento mental não aliviado pode produzir um abscesso emocional pulsante, ao invés de uma pérola. No entanto, ao longo dos anos, profissionais têm percebido que a expressão de amor e apoio por parte dos outros gradualmente traz conforto para a família enlutada. Como a mãe de Felipe, muitos sofredores, após terem passado por problemas similares, conseguem então trazer alento especial a outros que sofrem pela mesma situação.

A empatia, por já ter sentido o que o outro sente, torna-nos extremamente compassivos. Escrevendo aos coríntios, Paulo comenta como Deus, o pai da compaixão, "nos consola em todas as nossas tribulações, para que, com a consolação que recebemos de Deus, possamos consolar os que estão passando por tribulações" (2CO 1:4). A resposta ao nosso "Por quê?" pode ser "Aguarde!".

Afinal, essa é a mensagem da cruz e da ressureição de nosso Salvador e que, com o tempo, saberemos aplicar às nossas "crucificações" menores.

Reflexão: Seja paciente e espere Seu descanso, / Com coração alegre e esperançoso, / Para levar o que o prazer do Pai / E o seu amor que traz discernimento enviou. / Os nossos desejos mais íntimos são conhecidos Por Aquele que nos escolheu para Si. —George Neumark

Leitura complementar: João 13:7; 2 Coríntios 1:3-7

Janet Goodall

13 de março

Não permita
QUE OS MALFEITORES O DERROTEM

Certamente Deus é bom para Israel, para os puros de coração.
Quanto a mim, os meus pés quase tropeçaram;
por pouco não escorreguei. Pois tive inveja dos arrogantes
quando vi a prosperidade desses ímpios [...].
Quando tentei entender tudo isso, achei muito difícil para
mim, até que entrei no santuário de Deus...
—SALMO 73:1-3,13-17

A disciplina espiritual exige esforço. Pedro aconselha: "...sejam criteriosos e estejam alertas; dediquem-se à oração" (1PE 4:7). Paulo orienta a Timóteo: "Procure apresentar-se a Deus aprovado, como obreiro que não tem do que se envergonhar, que maneja corretamente a palavra da verdade" (2TM 2:15). Os cristãos hebreus foram lembrados: "Não deixemos de reunir-nos como igreja, segundo o costume de alguns..." (HB 10:25). Os tessalonicenses foram desafiados: "Orem continuamente..." (1TS 5:17).

Essas coisas não podem vir de forma natural. Quando somos pressionados pelo tempo, é fácil negligenciá-las. Você já se perguntou se tudo isso vale a pena mesmo? Você já olhou colegas não cristãos e enxergou seu aparente sucesso e prosperidade? Você já se perguntou se seria melhor gastar horas estudando para provas, elaborando projetos, mantendo seu currículo atualizado ou redigindo projetos de pesquisa, em vez de investir tempo em oração, estudo da Palavra e comunhão?

Pergunto isso porque é algo com que lido frequentemente. Lembro-me do encorajamento e alívio que senti ao descobrir o Salmo 73. Eu não era então a primeira pessoa a experimentar esses tipos de pensamentos. Era como se o salmista tivesse lido minha mente. "Toda a Escritura é inspirada por Deus e útil para o ensino, para a repreensão, para a correção e para a instrução na justiça" (2TM 3:16). E esse salmo fez todas essas coisas por mim.

É sempre recomendável fazer uma construção com materiais duráveis. O tesouro no Céu é muito mais valioso que o da Terra. Na história de Marta e Maria, Jesus deixou claro que há coisas mais importantes do que o trabalho, embora este deva ser bem executado. Sem negligenciar seus deveres e responsabilidades, lembre-se do que mais importa.

Leitura complementar: Jeremias 17:7-8

Oração: Senhor, ajuda-me a lembrar o que é mais importante. Ajuda-me a priorizar a construção de meu relacionamento contigo e me fortalecer para servir-te melhor. Em nome de Jesus, amém.

Catriona Wait

14 de março

Sigam-me

**E disse Jesus: "Sigam-me,
e eu os farei pescadores de homens".**
—MATEUS 4:19

Jesus disse: "Sigam-me, e eu os farei pescadores de homens" (MT 4:19). Na maioria das vezes agimos como se Jesus dissesse: "Sigam-me, falaremos sobre pescar para homens". Jesus disse: "Vão pelo mundo todo e preguem o evangelho a todas as pessoas" (MC 16:15). Essa é a ordem. É a vontade de Deus para nossa vida que espalhemos as boas-novas sobre Jesus Cristo, por onde quer que andemos.

Mas há o outro lado da história. Existe o dom espiritual para a evangelização, que alguns cristãos têm e outros não, ou seja: o dom de ser evangelista. As pessoas com esse dom têm uma habilidade única de compartilhar sua fé com os outros. Veja como esse dom é descrito no Inventário de Dons Espirituais — a habilidade especial que Deus dá a certos membros do Corpo de Cristo de apresentar a mensagem do evangelho claramente aos incrédulos, levá-los a depositar sua fé no Senhor Jesus Cristo e de preparar outros crentes para fazerem o mesmo.

Deus nos pede para fazermos discípulos de todas as nações. Assim como nós precisamos de equipamentos para sermos pescadores, precisamos de equipamentos para sermos pescadores de homens. Colocar a armadura de Deus, descrita em Efésios 6:10-18, é uma maneira de estarmos prontos em todo o tempo, com tudo o que precisamos. É especialmente importante o escudo da fé — com o qual podemos nos defender contra a oposição de forças demoníacas, que não querem ver homens salvos pelo evangelho de Cristo — e a espada do Espírito, que é a Palavra de Deus. Sem esses dois equipamentos espirituais, nos será impossível pescar homens.

Não só devemos ter a armadura de Deus como nosso equipamento, mas também conhecer o peixe que queremos atrair. Entender a condição decaída dos indivíduos à nossa volta nos ajudará nisso. Não importa quão bons pescadores formos, nunca pegaremos os peixes sozinhos. Nenhum argumento fundamentado converterá a alma de uma mente obscura. Entretanto, Deus pode e frequentemente penetra a escuridão com o glorioso evangelho, e Ele nos usa para fazê-lo. Ele sabe qual "peixe" é dele. Portanto, devemos buscar Sua sabedoria e a Sua orientação antes de todas as nossas "expedições de pesca". A oração é essencial. A mensagem do evangelho tem o poder de mudar vidas, fazer brilhar a luz na escuridão e livrar do inferno homens condenados. Não há poder como este em nenhuma outra mensagem!

Esta foi a mensagem de Jesus para Pedro e André: siga-me; aprenda de mim; conheça e compreenda a minha missão e minha mensagem! Ele está nos chamando também. Somente assim seremos capazes de ser "pescadores de homens".

Oração: Senhor, ajuda-nos a expandir Teu reino para Tua honra e glória. Em nome de Jesus, amém.

Luke Devapriam R

15 de março

Descobrindo NOSSA IDENTIDADE

Porque Deus nos escolheu nele antes da criação do mundo, para sermos santos e irrepreensíveis em sua presença. Em amor nos predestinou para sermos adotados como filhos por meio de Jesus Cristo, conforme o bom propósito da sua vontade, para o louvor da sua gloriosa graça, a qual nos deu gratuitamente no Amado. Nele temos a redenção por meio de seu sangue, o perdão dos pecados, de acordo com as riquezas da graça de Deus, a qual ele derramou sobre nós com toda a sabedoria e entendimento.
—EFÉSIOS 1:4-8

N o país onde trabalho, os médicos têm um alto status social. Muitos vêm de famílias poderosas. Eles exigem bons salários. As pessoas olham para eles, e eles são sempre chamados de "doutor" no trabalho, em casa, na igreja... em todos os lugares. Este é você? Se a sua identidade está aí, ela precisa ser alimentada. Sua identidade está perpetuamente com fome de mais validação por parte de seus colegas, mais admiração de amigos, mais status e maiores salários para agregar valores. Nunca está satisfeita.

Mas onde está sua identidade como médico cristão? Não é ditado pelo status social ou pelo dinheiro, por aclamação profissional, pela opinião pública sobre sua profissão. É ditado pelo que Deus diz sobre você.

O que eu sou? Eu sou escolhido, predestinado a ser adotado como Seu filho, redimido, amado, perdoado e assim por diante. E tudo por Cristo e nele, através da maravilhosa riqueza da Sua graça. Como cristãos, é isso que somos.

Assim como a identidade terrena, a identidade celestial também precisa ser alimentada. Portanto, leve no coração essa passagem e o restante de Efésios 1. Alimente-se dela; volte a ela e medite nela. Como a famosa coletânea anglicana diz: "Leia, marque, aprenda e digira internamente". Então você não será escravizado pela identidade terrena. Você terá uma identidade cristã que o livra da sua profissão, da opinião dos outros e da sua opinião sobre você mesmo.

Leitura complementar: Romanos 12:1-8

Oração: Senhor, agradeço-te, pois minha verdadeira identidade vem de ti. Permite-me estar sempre consciente da Tua presença — o que me livra da ansiedade sobre o que os outros pensam de mim.

Robin Fisher

16 de março

Confiando EM DEUS NO ABISMO

*...o abismo me cercou [...]. Mas tu trouxeste a minha vida
de volta da sepultura, ó SENHOR meu Deus! [...] Aqueles
que acreditam em ídolos inúteis desprezam a misericórdia.*
—JONAS 2:5-8

À s vezes, todos nós podemos sentir que estamos em um abismo. Para Jonas, isso foi devido ao seu pecado — a sua clara desobediência à ordenança de Deus para ir e pregar Sua palavra. O "abismo" do desânimo e do fracasso acena para todos os profissionais de saúde diariamente. Um diagnóstico não descoberto, uma consulta ruim desencadeando uma reclamação, uma palavra rude dita a um colega, ou mesmo uma desobediência como a de Jonas. Esse tipo de coisa pode desencorajar alguém, mas, como cristãos, podemos ter um desencorajamento adicional por saber que, se fizemos algo errado, então também desvalorizamos o nome de Deus.

Nós entramos na medicina para ajudar as pessoas. Portanto, causar danos potenciais ou mesmo ser acusados disso pode realmente incomodar nosso senso de valor e propósito. Mesmo que Deus permita que passemos pelo "abismo", por um tempo, Ele não deseja que nós fiquemos lá.

Jonas teve a visão de voltar-se para Deus para que o resgatasse de dentro do grande peixe. Ao fazê-lo, notou que muitos outros naquela situação poderiam ter investido sua esperança para salvação em outros lugares e, portanto, não experimentaram o resgate que veio a ele.

Seja qual for o motivo para estarmos em certo "abismo", podemos confiar na graça de Deus para nossa salvação. Se as nossas circunstâncias estão ligadas ao pecado pessoal, como no caso de Jonas, ou mesmo se somos a parte inocente, confiar em Deus é o melhor plano.

Nosso senso de valor e propósito não deve simplesmente depender de sermos capazes de curar a todos, comunicarmo-nos perfeitamente ou converter todos que conhecemos a seguir Jesus. Estando em um "abismo" ou não, vamos tentar novamente confiar em Deus por quem somos e o que fazemos hoje.

Leitura complementar: Salmo 40:1-5

Oração: Querido Deus, tu me vês claramente e me amas incondicionalmente. Ajuda-me a confiar em ti com o plano que tens para mim. Renova meu espírito e me fortalece. Obrigado por me ouvir! Em nome de Jesus, amém.

Rory Wilson

17 de março

O MUNDO *do conhecimento*

O seu Deus o instrui e lhe ensina o caminho.
—ISAÍAS 28:26

U m paciente fez um procedimento de drenagem de seios etmoidais e maxilares, sem intercorrências, após apresentar um quadro de sinusite aguda e meningite. No entanto, desenvolveu um quadro de epistaxe intratável no segundo e quarto dia de pós-operatório, quando perdeu alguns litros de sangue. Os cirurgiões ficaram perplexos com a intensidade da epistaxe e, mesmo quando eu entrei em campo junto com o médico assistente para a reavaliação, a ansiedade entre os funcionários era visível. Orei ao Senhor pedindo entendimento. E então surgiu uma clara impressão em minha mente — o sussurro baixo — de olhar para o seio esfenoidal.

Durante o procedimento, nenhum ponto de sangramento foi identificado nos seios operados. Portanto, era chegado o momento de sugestões. Naquele momento, eu, o menos experiente da equipe, sugeri examinar os seios esfenoidais. A sugestão foi recebida com ceticismo, já que seio em questão não estava envolvido com a doença; dessa forma, não havia sido realizado procedimento cirúrgico nele. Relutantemente, o cirurgião abriu os seios esfenoidais, apenas para encontrar o sangramento ativo. A angiografia subsequente revelou um aneurisma da artéria carótida interna que se rompeu espontaneamente no seio esfenoidal, e o paciente foi submetido a uma embolização bem-sucedida.

Nosso Senhor Jesus Cristo, quando falou sobre o Espírito Santo, mencionou que Ele nos "guiará a toda a verdade" e nos revelará "o que está por vir" (JO 16:13). A "palavra de sabedoria" (1CO 12:8) é um dos dons do Espírito Santo com a qual os cristãos podem agir e obter entendimentos em esferas que não são naturalmente possíveis. A Bíblia registra que o Senhor nos dará "entendimento em tudo" (2TM 2:7) e que a Palavra de Deus "é inspirada por Deus [...], para que o homem de Deus seja apto e plenamente preparado para toda boa obra" (2TM 3:16-17).

Reflexão: "Ele reserva a sensatez para o justo" (PV 2:7). Como podemos ter a prática de confiar em Deus para nos dar sabedoria?

Leitura complementar: Isaías 28:23-29

Oração: Senhor Jesus, tu nos deste tudo o que precisamos para viver uma vida piedosa, através do nosso conhecimento de ti, que nos chamou por Tua própria glória e bondade. Louvado seja o Teu santo nome, amém.

Reji Thomas

18 de março

O CHAMADO E OS CRITÉRIOS *para descansar*

**Venham a mim, todos os que estão cansados
e sobrecarregados, e eu darei descanso a vocês.**
—MATEUS 11:28

omo médicos cristãos que experimentaram a cura interior, operada por Jesus, em nossos corações, respondemos fielmente ao chamado de Deus dizendo: "Senhor, aqui estou, envia-me!". No entanto, muitas vezes, nesse caminho de obediência, tornamo-nos trabalhadores sobrecarregados. Em um exemplo pessoal, encontrei-me em tais dificuldades, não apenas como estudante de medicina, mas enquanto trabalhava em um hospital missionário e, posteriormente, como membro da Academia — e este verso veio como uma fonte de grande conforto:

Nos últimos tempos, eu me encontrei: / Vivendo nos vales, enquanto anseio pelo topo das montanhas, / Dias entorpecido pelo chamado do dever e do cuidado que enfraquece espíritos, / Eu clamei pelo abismo e o abismo me chamou, / Abri os olhos, e a glória que vi no vale, / Amigo, a alegria que compartilhei, como posso não proclamar, / Há riqueza, tanta riqueza nos vales, / Se você apenas se der ao trabalho de ver.

A riqueza que encontrei foi esta: "Tomem sobre vocês o meu jugo e aprendam de mim, pois sou manso e humilde de coração, e vocês encontrarão descanso para as suas almas" (MT 11:29). Eu deveria tomar o jugo de Jesus e aprender dele, de modo a obter o restante que Ele me ofereceu. Concentrei-me em Jesus e logo percebi que Ele se concentrava em "não seja feita a minha vontade, mas a tua" (LC 22:42) e, na verdade, não fez nada à parte do Pai, até nas palavras que Ele pronunciou: "Pois não falei por mim mesmo, mas o Pai que me enviou me ordenou o que dizer e o que falar" (JO 12:49). Olhando para dentro de mim, percebi que, ao longo dos anos, eu havia acumulado uma carga que não era minha. Os dias a seguir foram de piedoso desembaraço, trazendo Seu jugo para o foco. Então o descanso veio, como prometido.

Reflexão: C. S. Lewis disse que há apenas dois tipos de pessoas — uma que diz a Deus: "Faça-se a Tua vontade" e a outra a quem Deus diz: "Será feita a sua vontade". Onde eu estou neste dia? É o jugo dele que estou carregando, ou é minha vontade que se disfarça como sendo a dele?

Leitura complementar: Gálatas 1:10

Oração: Querido Deus, ajuda-me a descansar nos verdes pastos e ao lado das águas tranquilas do Teu amor por mim. Senhor, que eu saiba onde estou hoje — se na Tua vontade ou na minha. Molda-me para que eu possa dizer: faça-se a Tua vontade em minha vida. Em nome de Jesus, amém.

Sudha Kiran Das

19 de março

$\mathcal{T}e\textit{mpos}$ SECOS

Ouve o meu clamor, ó Deus; atenta para a minha oração.
Desde os confins da terra eu clamo a ti, com o
coração abatido; põe-me à salvo na rocha mais alta do que eu.
—SALMO 61:1-2

Todos nós lembramos da alegria que tivemos na salvação, da gratidão pela liberdade do perdão, o entusiasmo do livre acesso a Deus, nosso insaciável apetite pela Sua Palavra, tempos tocantes de adoração e nossa expectativa de que Deus atenderia nossas orações. São tempos que gostamos de lembrar.

Mas, como Davi, não nos mantemos todo tempo naquele plano extremamente feliz. Há momentos de seca, quando Deus parece distante e estamos no deserto. Muitos missionários experimentam isso quando a lua-de-mel acabou e a realidade vem à tona! Surge um desejo de ver familiares e amigos distantes e deparam-se com as dificuldades em aprender uma nova língua e cultura. Assim como quando o ferro gera faíscas, ao afiar o ferro, as lutas interiores também causam efeitos indesejados. Há a dor de ser incompreendido, não apreciado e momentos em que fé e força são testadas.

Davi clama por um Deus aparentemente distante, implorando-lhe que ouça seu pranto e sua oração. Seu coração se enfraquece, e sua voz parece vir dos confins da Terra. Nesse momento, ele se recorda dos tempos em que Deus era sua rocha e refúgio, sua torre forte contra o inimigo — o acusador, o enganador. Davi anseia viver sempre com Deus para experimentar novamente a proteção e a segurança de estar em Sua presença.

Muitas noites, nós, como Davi, clamamos a Deus, chorando e buscando Sua ajuda. Todos nós podemos nos identificar com a luta de Davi. É a nossa luta às vezes. Mas, graças a Deus, o salmo não termina ali! Os versículos finais nos asseguram que Deus é um Deus que ouve e responde a oração, e os que temem o Seu nome possuem uma rica herança.

As palavras de Davi nos lembram de que esta não é a nossa casa. Animem-se! Ainda não estamos em casa.

Oração: Senhor, concede-me a força que eu preciso para enfrentar o agora. Se tu me deres a força para superar o deserto hoje, não tenho que me preocupar com o amanhã. Ajuda-me a manter meus olhos em ti. Tu és minha rocha e o meu refúgio, e toda a minha esperança está em ti. Em nome de Jesus, amém.

Shari Falkenheimer

20 de março

Paz

E a paz de Deus, que excede todo o entendimento, guardará o coração e a mente de vocês em Cristo Jesus.
—FILIPENSES 4:7

Esse é o ápice da seção de Filipenses que começa com a exortação de Paulo para se alegrar sempre no Senhor. Essa alegria redunda em bondade, em sentimento da iminente presença do Senhor a todo tempo. Essa alegria afasta a ansiedade, porque a ansiedade é substituída pela oração repleta de ações de graças. Nesse contexto, a paz de Deus guarda nossa mente e coração em Cristo.

O coração e mente inquietos são comuns em nós e em nossos pacientes. Há muitas coisas que podem causar inquietação. Nas Escrituras, tais emoções eram geralmente atribuídas ao coração ou à nossa mente, e, muitas vezes, aos dois juntos. Nas Bíblia, o coração é onde as decisões são tomadas; as entranhas são onde sentimos nossas emoções! A palavra "mente" nesse versículo se refere aos "pensamentos". O papel do cérebro no sentimento e no pensamento só seria encontrado séculos depois. Mas todos temos pensamentos acelerados e corações inquietos e, certamente, vamos nos deparar com casos semelhantes em nossas consultas. Em contrapartida, Paulo, na prisão, expressou confiança e paz. É a paz de um homem de oração que conhece o seu Deus e que sabe que Ele está trabalhando Seus propósitos em meio à adversidade. É por isso que ele ora e agradece.

Esta paz não é qualquer tipo de paz, mas é a paz de Deus, uma paz sobrenatural que acalma corações inquietos e tranquiliza pensamentos acelerados. Como Isaías declara: "Tu, Senhor, guardarás em perfeita paz aquele cujo propósito está firme, porque em ti confia" (26:3). Ou em seguida: "No arrependimento e no descanso está a salvação de vocês, na quietude e na confiança está o seu vigor..." (IS 30:15).

Nas palavras de Vivian Kretz: "Em perfeita paz, tu os manterás, aqueles cuja mente permanecer em ti, quando as sombras vierem e a escuridão cair. Ele dá a paz interior, Ele é o único lugar de descanso perfeito. Ele dá a paz perfeita. Tu os manterás em perfeita paz, os que fixam a mente em ti".

Reflexão: Confie em Deus, Ele está acima de nossas circunstâncias, e nosso coração pode descansar nele.

Leitura complementar: João 14:1-4

Oração: Senhor Jesus, pedimos que nos dê paz em nossa mente, corpo, alma e espírito. Em nome de Jesus, amém.

Alan Gijsbers

21 de março

COM O QUE O AMOR
se parece?

**Porque somos criação de Deus realizada em Cristo Jesus
para fazermos boas obras, as quais Deus
preparou de antemão para que nós as praticássemos.**
—EFÉSIOS 2:10

A tradução da letra da canção *Arms wide open* (Braços bem abertos), de Misty Edwards, diz o seguinte: "Com o que o amor se parece? É a questão sobre a qual venho refletindo; com o que o amor se parece?".

Foi no meu segundo dia de volta ao trabalho na terapia intensiva, em Hong Kong, que me deparei com uma jovem com pneumonia grave, lutando para permanecer firme enquanto sua cabeça estava coberta, devido a um procedimento de inserção de cateter venoso central. Estava ao lado dela observando o procedimento. Eu me enchi de compaixão quando vi seu esforço para permanecer imóvel e lutar contra seu medo. Segurei sua mão, dei uma espiada sob os campos cirúrgicos e transmiti segurança à paciente. Um gesto simples: apertar a mão.

Na China, as oportunidades para expressar o amor assumem várias formas. Há o óbvio: Anamnese, prescrição e tratamento. Mas também há o menos óbvio: promover a visita de uma família do interior ao hospital; visitar alguém necessitado; providenciar acomodações; simplesmente se sentar e ouvir, ou orar pela cura.

Recebi uma proposta lucrativa de trabalho. Fui tentado a aceitar, pois um dinheiro extra é sempre útil. No entanto, no mesmo momento, surgiu uma pequena menina com Síndrome de Down que necessitava de adoção. Ela ficou comigo. Deus graciosamente pagou as contas! Senti-me muito abençoado por uma oportunidade tão preciosa. Às vezes, em busca de feitos grandiosos, perdemos as pequenas oportunidades de amar. Um sorriso, uma palavra encorajadora, uma refeição. Pequenos gestos que mostram o coração de um Pai que ama e não tem medo de entrar na nossa bagunça. Na UTI, fiquei surpreso quando minha paciente disse "obrigada!" por segurar sua mão. Ela se lembrou desse pequeno gesto.

Nunca subestime o impacto de um pequeno gesto de bondade.

Oração: Obrigado, Pai, por ter de antemão preparado boas obras para que pudéssemos participar delas. Concede-nos graça para que possamos enxergar oportunidades de aproveitá-las plenamente no poder do Teu Espírito. Em nome de Jesus, amém.

Simon Stock

22 de março

ELE NÃO ME *deixou falar!*

Há palavras que ferem como espada,
mas a língua dos sábios traz a cura.
—PROVÉRBIOS 12:18

Em uma consulta, atendi uma mulher reclamando de dor nas pernas. No exame, não havia sinais de doença vascular. Sabendo que ela consultou um cirurgião ortopédico, alguns dias antes, perguntei se ela havia lhe contado sobre esses sintomas. Sua resposta me surpreendeu: "Não, ele não me deixou falar!".

Comunicação efetiva é um elemento essencial de uma boa prática médica, focada no cuidado integral do paciente. Exige ouvir os pacientes com empatia, deixando-os falar, abordando suas necessidades e preocupações, falando abertamente e de forma sincera, de uma maneira que eles possam entender.

Na minha própria especialidade de cirurgia vascular, a maioria dos diagnósticos são relativamente diretos e podem ser feitos nos primeiros minutos da consulta. Mesmo assim, às vezes, eu demoro mais de uma hora em atendimento aos meus pacientes, não apenas como um técnico, mas também como conselheiro e amigo.

A boa comunicação médico-paciente e o respeito pelas preocupações dos pacientes aumentaram a satisfação de ambos e reduziram os processos por negligência médica. A falta de tempo e o aumento da carga de trabalho são algumas das pressões que os médicos enfrentam hoje em dia e que atrapalham a comunicação. No entanto, apesar dessas pressões, é importante lembrar que, em última instância, a comunicação efetiva com os pacientes é nossa responsabilidade como cuidadores.

O relatório *Tomorrow's Doctors* (General Medical Council, 2003) enumera alguns exemplos de circunstâncias em que a comunicação é particularmente difícil, como dar más notícias, lidar com pacientes difíceis e violentos, comunicar-se com pessoas com doenças mentais (incluindo casos em que os pacientes têm especial dificuldade em compartilhar como eles se sentem e pensam), comunicar-se e tratar pacientes com deficiências mentais ou físicas graves e ajudar pacientes vulneráveis.

Para a maioria dos médicos, essas situações desafiadoras são raras, mas melhorar as habilidades de comunicação é útil para o trabalho diário de todos os profissionais. Elas podem e devem ser aprendidas — por meio de treino e prática.

Como a sabedoria em Provérbios 12:18 nos lembra, falar palavras que transmitem cuidado e compaixão deve ser nosso objetivo em cada encontro clínico.

Reflexão: Como podemos desenvolver a habilidade de ouvir Deus e os outros?

Leitura complementar: Provérbios 12:14-28

Jorge Cruz

23 de março

Hospitalidade

**O generoso prosperará;
quem dá alívio aos outros, alívio receberá.**
—PROVÉRBIOS 11:25

"Não se esqueçam da hospitalidade; foi praticando-a que, sem o saber, alguns acolheram anjos" (HB 13:2).

Como você vê seu tempo livre? Quando você esteve ocupado no hospital o dia todo? Quando você tem exames, auditorias e apresentações para ocupar algum do seu tempo livre? Como você se sente quando tem uma noite livre? Este é o "tempo para mim" para ser guardado com zelo obstinado? Como se sente quando há um telefonema inesperado ou um amigo chama espontaneamente?

Devo confessar, fui tentado a não responder. Afinal, se as pessoas percebessem quanta demanda existe no meu tempo, elas certamente respeitariam meu "direito" a alguma paz e silêncio. Mas, nesses momentos em que eu tenho, de alguma forma, aberto minha porta, conheci alguns dos momentos mais ricos de encorajamento e algumas das oportunidades, de fato, dadas por Deus para servir.

Isso não deveria me surpreender. Ao longo da Bíblia, há exemplos de pessoas que ofereceram o pouco que tinham para Deus, apenas para vê-lo usar isso além de suas expectativas. Dois exemplos imediatos são o menino com cinco pães e dois peixes, com que então alimentaram a multidão de 5.000, e da viúva que ofereceu "duas pequeninas moedas" e foi notada e elogiada por Jesus por sua fé e confiança. Acredito que tais princípios podem ser estendidos à forma como usamos nosso tempo, talvez especialmente quando sentimos que há tão pouco dele. Pode ser um sacrifício de nossas próprias necessidades ou desejos, mas Deus é o Senhor do nosso tempo assim como Ele é de toda a nossa vida.

Há certamente um momento quando a resposta sábia é dizer "não" para as prioridades concorrentes. Jesus deixa claro que Ele conhece nossa necessidade de descanso, mas faça essas escolhas em oração. Peça a Deus sabedoria e graça, e dê seu tempo a Ele como um ato de adoração e fé. Que Deus o surpreenda com descanso e o encorajamento enquanto você o faz.

Leitura complementar: Gênesis 18:1-8

Oração: Senhor, perdoa-me por ser egoísta com o meu tempo. Peço-te que me dês sabedoria a cada dia sobre como devo usar o meu tempo livre, que muitas vezes parece muito limitado. Ajuda-me a ser acolhedor aos outros que necessitam e ser capaz de compartilhar Teu amor e verdade com eles. Em nome de Jesus, amém.

Catriona Wait

24 de março

"FAÇAM ISSO *em memória de mim*"

**Portanto, todo aquele que comer o pão ou
beber o cálice do Senhor indignamente será culpado
de pecar contra o corpo e o sangue do Senhor.**
—1 CORÍNTIOS 11:27

C elebrar a Ceia do Senhor é profundamente valioso e cheio de significado. Primeiramente realizada quando Jesus guardou a Páscoa com os Seus discípulos, na véspera antes de ser traído, a Ceia do Senhor ou a Comunhão Cristã olha para a morte de nosso Senhor e Sua vitória sobre a morte na ressurreição, assim como Sua volta novamente à Terra no fim dos tempos.

O que Deus exige de nós antes que possamos tomar a Ceia do Senhor? Ele quer que prometamos que desta vez seremos bons? "Assim diz a palavra de Deus: "Não te deleitas em sacrifícios nem te agradas em holocaustos, senão eu os traria. Os sacrifícios que agradam a Deus são um espírito quebrantado; um coração quebrantado e contrito, ó Deus, não desprezarás" (SL 51:16-17).

O apóstolo Paulo descreve a última ceia em 1 Coríntios 11:23-32. Todos os quatro escritores dos evangelhos também nos dão os detalhes desse evento tão importante.

Mas o que o texto significa? A palavra "indignamente" é um advérbio. Não está falando sobre quem somos, mas sobre como estamos. Há uma enorme diferença entre essas duas coisas. Não somos perfeitos e nunca seremos. Ela está falando sobre termos uma atitude aberta e de quebrantamento e dizermos: "Senhor, não sou digno, mas sou dependente da Sua graça". Jesus partiu o pão antes de entregá-lo aos discípulos. Esse partir do pão prefigurava a quebra de Seu corpo devido à flagelação e cruel morte que sofreria na cruz. E o vinho derramado no cálice, que Jesus e seus amigos bebiam naquela noite, era um símbolo apropriado do sangue que seria derramado no dia seguinte. E uma vez que isso deveria ser uma festa de lembrança, deveria ser passado para as gerações futuras.

Finalmente, Jesus fala de uma Nova Aliança — Lucas 22:20. O sacrifício de um cordeiro, exigido pela Antiga Aliança, foi encerrado, tendo cumprido seu propósito — Hebreus 8:8-13. De uma vez por todas, o sacrifício de Cristo, o Cordeiro Pascoal de Deus, estabeleceu a Nova Aliança. Essa Nova Aliança, na qual, recebemos o perdão dos pecados e a vida eterna, mediante o sangue derramado e o corpo partido de Cristo, é celebrada quando nos lembramos dele na Ceia do Senhor.

Oração: Senhor Jesus, que eu possa viver cada dia recordando-me de ti e do teu amor por mim demonstrado em Tua morte. Todos os louvores sejam para ti, Jesus! Amém.

Luke Devapriam R

25 de março

PAI, *perdoa-lhes*...

Jesus disse: "Pai, perdoa-lhes, pois não sabem o que estão fazendo". Então eles dividiram as roupas dele, tirando sortes.
—LUCAS 23:34

O que Jesus quis dizer? O que aconteceu naquele dia no Calvário foi imperdoável. Quando crucificamos o Filho de Deus, fizemos algo que está além do perdão. É verdadeiramente imperdoável. E, no entanto, Jesus disse em Suas primeiras palavras da cruz: "Pai, perdoa-lhes, pois não sabem o que estão fazendo". Ninguém que estava perto da cruz esperava que Ele dissesse isso. Um moribundo poderia gritar, maldizer ou ameaçar, mas nunca ouviram uma palavra de perdão quando um alguém estava sendo crucificado. No entanto, é precisamente isso que Jesus ofereceu aos homens que o estavam matando. Ele lhes ofereceu perdão. Ele orou para que eles pudessem ser perdoados. Ele pediu ao seu justo e santo Pai no Céu, o Senhor do Universo, para perdoar seus assassinos enquanto o massacravam.

Considere como Jesus respondeu à Sua crucificação: Ele não ofereceu uma palavra em sua própria defesa. A última frase de Isaías 53:12 explica o significado desse brado de Jesus na cruz: "Pois ele levou o pecado de muitos e pelos transgressores intercedeu". Não havia tempo para Ele instruir Seus discípulos. Logo ele estaria morto. À medida que a Sua vida se esvaía de Seu corpo, espancado e ferido, enquanto o sangue escorria pelo chão, Jesus fez a única coisa que podia fazer: Ele orou.

Sua oração foi muito breve e específica. Ele intercedeu por Seus assassinos para que Deus os perdoasse "pois não sabem o que estão fazendo". Entre as muitas lições que podemos aprender com isso, nenhuma é mais importante que esta: Ninguém está além do alcance da graça de Deus. Se temos algum conceito de graça, entendemos que a graça se estende ao pior dos pecadores. Mas esse conceito torna-se muito difícil quando devemos perdoar aqueles que pecaram muito contra nós.

Reflita sobre aquelas palavras assombrosas: "Pai, perdoa-lhes, pois não sabem o que estão fazendo". Sublinhe a palavra "o que", porque é a chave para a primeira das sete palavras de Cristo da cruz. Eles não sabem o que estão fazendo. Eles sabem que estão matando um homem, chamado Jesus, mas eles não sabem quem Ele é realmente. Eles não entendem Sua verdadeira identidade. Eles são culpados de matar um homem, mas eles são culpados de algo muito pior do que eles sabem. Eles são culpados de assassinar o Filho do Deus do Céu. Quando Jesus orou: "Pai, perdoa-lhes, pois eles não sabem o que estão fazendo", Ele estava realmente dizendo: "Pai, perdoa-os porque eles precisam de perdão mais do que eles sabem; precisam desesperadamente de perdão e nem sabem disso".

Oração: Senhor Jesus, ajuda-me a perdoar, assim como tu perdoaste os outros, e a mim, do alto da cruz.

Luke Devapriam R

26 de março

O SIGNIFICADO DAS *cicatrizes*

**Assim o digam os que o Senhor resgatou,
os que livrou das mãos do adversário.**
—SALMO 107:2

Lembro-me claramente no dia em que conheci Jack. Coberto da cabeça aos pés com inúmeras cicatrizes feias, ele parecia um homem que não deveria estar vivo. Na batalha do homem contra o crocodilo, muitos não sobrevivem. Mas Jack sobreviveu para contar a história emocionante de como ele literalmente foi arrebatado das mandíbulas da morte. Sua conclusão foi profunda: "Eu gosto das cicatrizes, pois elas me fazem agradecer por estar vivo e lembram a mim e a todas as crianças de se manterem longe do ninho de crocodilo".

Cicatrizes todos nós as temos. As cicatrizes físicas podem ser aquelas infligidas a nós por outros ou por nós mesmos, por nossa própria imprudência e estupidez. As cicatrizes emocionais e mentais também têm as mesmas causas. E muitas vezes, ao invés de declarar "eu gosto das cicatrizes", tentamos encobri-las. Tentamos esconder a evidência pelo medo dos outros descobrirem o que as causou. Tentamos negar a rejeição e o pecado que fez de nós pessoas destruídas. Sentimos a necessidade de aplicar maquiagem e nos apresentar como pessoas impecáveis e perfeitas.

Talvez devamos aprender a lição do salmista e de Jack: nós somos os *resgatados*. Deixemo-nos contar nossas histórias! Talvez nos envergonhemos da nossa estupidez juvenil que nos levou ao ninho de crocodilos, mas é nesse contexto que nos vangloriamos em Quem nos salvou. Por definição, as cicatrizes declaram que o processo de cicatrização ocorreu. Elas não são um sinal de derrota; elas são uma declaração de sobrevivência.

Reflexão: De que maneira suas cicatrizes podem ser testemunhas da redenção de Deus?

Leitura complementar: Isaías 53:4-5; João 20:24-31. Jesus também tem cicatrizes.

Oração: Senhor, tenho muitas cicatrizes no meu corpo e na minha alma. Oro para que tu tomes essas cicatrizes e as uses para a Tua glória. Oro para que tu me dês a coragem de não esconder, mas de mostrar ao mundo o poder de cura de Jesus Cristo na minha vida. Obrigado por me curares e me fazeres completo. Em nome de Jesus, amém.

Beth Lewis

27 de março

Páscoa

Disse ele: "Mulher, por que está chorando? Quem você está procurando?". Pensando que fosse o jardineiro, ela disse: "Se o senhor o levou embora, diga-me onde o colocou, e eu o levarei". Jesus lhe disse: "Maria!" Então, voltando-se para ele, Maria exclamou em aramaico: "Rabôni!" (que significa "Mestre!"). Jesus disse: "Não me segure, pois ainda não voltei para o Pai. Vá, porém, a meus irmãos e diga-lhes: Estou voltando para meu Pai e Pai de vocês, para meu Deus e Deus de vocês".
—JOÃO 20:15-17

Em uma sociedade que despersonaliza seres humanos, essa história da Páscoa age como um poderoso lembrete para o poder de um "nome".

Quando eu era residente em Cirurgia Pediátrica, estava cuidando de uma criança que tinha uma nefrectomia por Tumor de Wilms (Nefroblastoma). Seu nome oficial era Sobhupriya, e eu a chamava assim nas primeiras vezes que fiz seu curativo. Então, um dia descobri que ela era chamada "Gudiya", ou "boneca", por sua família, um apelido carinhoso. Da outra vez que cheguei ao seu leito, a chamei de "Gudiya", e ela me deu um sorriso caloroso e maravilhoso que iluminou toda a sala. Esse é o poder de ser chamado pelo seu próprio nome!

Vemos o mesmo fenômeno com Maria Madalena que foi ao túmulo para ver onde o corpo de Jesus estava. Ela viu Jesus, mas não o "viu". Foi somente quando Jesus a chamou pelo nome, "Maria", que ela se deu conta e reconheceu o Mestre.

Note também como Jesus dá a Maria e aos discípulos um forte sentimento de pertencimento. Ele fala para Maria dizer aos "irmãos" dele e acrescenta: "meu Pai e Pai de vocês [...] meu Deus e Deus de vocês". Lembre-se de que esta também é nossa identidade: irmãos de Cristo, tendo o mesmo Pai. Como isso é encorajador!

Em um mundo onde as pessoas estão solitárias e desencorajadas, essa história da Páscoa lembra que devemos conhecer pessoalmente as pessoas e chamá-las por seus nomes, demonstrando como nos preocupamos e cuidamos delas. Nós podemos fazer isso, pois temos uma identidade muito segura!

Oração: Pai celestial, obrigado por enviares Teu Filho à Terra, como um bebê, há tantos anos. Obrigado porque Ele pagou o castigo pelos meus pecados morrendo na cruz. E agradeço porque Ele ressuscitou para provar que a morte foi realmente derrotada. Coloco minha confiança em ti para ser meu Salvador. Guia-me através dos tempos obscuros da minha vida e me dá coragem de viver para ti. Em nome de Jesus, amém.

Vinod Shah

28 de março

A mentalidade DO REINO

Mas o que para mim era lucro [...]
Eu as considero como esterco para poder ganhar a Cristo
e ser encontrado nele [...] mas prossigo
para alcançá-lo, pois para isso também fui alcançado
por Cristo Jesus. [...] eles só pensam nas
coisas terrenas. A nossa cidadania, porém, está nos céus...
—FILIPENSES 3:7-20

Muitos de nós começamos medicina com ideias de servir, de cuidar, de salvar vidas "para Deus". Quando nos formamos, nossos objetivos se diversificam e, às vezes, perdemos de vista essas ideias originais. Precisamos montar nosso consultório, estabelecer uma base de pesquisa, sermos citados e convidados, nomeados e promovidos, obter boas classificações de estudantes, desenvolver nossa vida familiar e construir um lar. Nada disso é ruim, muito menos seguir à risca os mandamentos bíblicos, como Paulo afirmou ter feito. Mas por nenhuma dessas coisas vale a pena se isolar do relacionamento com Deus.

Quando "Cristo Jesus alcançou" Paulo, ele assumiu uma prioridade diferente. Ele compara, inclusive, suas antigas prioridades como "esterco". Seu objetivo foi transformado para "poder ganhar Cristo". Paulo ainda reconhece o valor histórico da Lei (Torá) em Romanos 3:1-2, mas "conhecer Cristo" tornou-se essencial, e isso não foi um abalo emocional. Era uma decisão bem pensada, um conjunto de mente e vontade, atendendo ao chamado de Deus, e não buscando ambições terrestres ou mesmo religiosas por causas próprias. Ele se viu primeiro como um cidadão do reino de Deus, ao invés de um judeu farisaico ou um assunto de César.

Nós, também, precisamos rever nossas prioridades e garantir que a vontade de Deus permaneça central em nossa tomada de decisões.

Leitura complementar: Salmo 1:1-5

Oração: Senhor, oramos pela recuperação de Tua prioridade em nossa vida agitada (profissional e pessoal). Ao fazê-lo, submetemos todas as nossas outras preocupações a ti. Venha o Teu reino, faça a Tua vontade na Terra, como no Céu. Em nome de Jesus, amém.

Philip Pattermore

29 de março

GUARDANDO *a mente*

Não andem ansiosos por coisa alguma, mas em tudo,
pela oração e súplicas, e com ação de graças,
apresentem seus pedidos a Deus. E a paz de Deus,
que excede todo o entendimento,
guardará o coração e a mente de vocês em Cristo Jesus.
—FILIPENSES 4:6-7

P arte de ser um cidadão do reino de Deus consiste em aplicar os valores desse reino às nossas vidas. Esses valores são baseados no amor, fé e esperança; em restauração e perdão; arrependimento, reconciliação e aceitação com base na graça. Em certo sentido, no entanto, nossas vidas são vividas no "reino de César", sejam elas as restrições do departamento ou a autoridade de saúde, o hospital, a faculdade de medicina, os conselhos de medicina, de enfermagem ou de odontologia deste mundo. Esses são ordenados por Deus, mas seculares. A nossa aceitação junto a esses órgãos não é baseada na graça ou na confiança, mas cada vez mais em provar e reavaliarmos nosso conhecimento, habilidade, competência, credenciais, certificações, educação continuada, impacto de publicação, reconhecimento nacional ou internacional etc.

Ser um bom ou excelente aluno ou profissional de saúde tem um custo emocional, bem como o temor de que um dia podemos falhar nesses critérios e ser reprovados pelos nossos colegas ou professores. Isso está no topo das ansiedades que podemos ter sobre nós mesmos, como lidamos com nossos pacientes, como estamos equilibrando o trabalho com a vida familiar.

Quando apresentamos essas preocupações a Deus, Ele responde com aceitação incondicional. Façamos isso em oração, com agradecimentos, e deixemos os valores do reino de Deus nos transformar e vigiar nosso coração e mente. Nesse ponto, a paz de Deus entrará, de forma pungente, até mesmo as barreiras das organizações seculares profissionais que servimos, e transcenderemos os limites de nossa ansiedade e entendimento. "Aquietem-se e saibam que eu sou Deus!" (SL 46:10 NVT).

Reflexão: Lembre-se das muitas ocasiões quando Deus o ajudou a lidar com suas ansiedades e a resolver problemas em seu trabalho.

Leitura complementar: Isaías 30:15

Oração: Confesso, Senhor, que muitas vezes preferi me preocupar, ao invés de orar. Obrigado por me convidares a lançar todas minhas cargas e preocupações sobre ti. Oro para que eu possa aprender a fazer isso com um coração continuamente em ação de graças. Em nome de Jesus, amém.

Philip Pattermore

30 de março

Renovando A MENTE

...tudo o que for verdadeiro, tudo o que for nobre,
tudo o que for correto, tudo o que for puro,
tudo o que for amável, tudo o que for de boa fama,
se houver algo de excelente ou digno de louvor,
pensem nessas coisas [...]. E o Deus da paz estará com vocês.
—FILIPENSES 4:8-9

Há mais de 50 anos, um engenheiro de computação inventou a seguinte frase: "Lixo entra; lixo sai". A ideia pode ter perdido força, pois cristãos, reagindo contra um legalismo percebido anteriormente, expandiram progressivamente o que eles assistem, leem e dizem. É senso comum dizer que o que sua mente passa mais tempo fazendo começa a definir seu caráter. Esses versículos podem até conter essa ideia. Mas Paulo está novamente discutindo relacionamentos — muitos desses adjetivos descrevem o caráter ou as ações das pessoas. Eles relembram: "O amor é paciente, o amor é bondoso [...] não guarda rancor" (1CO 13:4-5). Paulo ora para que o amor dos filipenses os ajude a discernir o que é melhor. Aqui, ele os aconselha a focar suas mentes no melhor dos outros — tudo o que for de boa fama, se houver algo de excelente ou digno de louvor.

Os cuidados de saúde exigem padrões elevados, e nosso treinamento incorpora a disciplina da crítica científica — apropriada para aplicar a nossa pesquisa e prática. Mas é muito fácil transmitir nosso senso crítico às pessoas, menosprezar e ou até mesmo desprezar colegas de trabalho pelas costas, no trabalho ou na igreja. No entanto, se discernimos e valorizarmos o que há de melhor em cada um, começaremos a ter a mesma mente: mentes renovadas em Cristo, em Seu chamado e nos valores do Seu reino. Paulo ainda aumenta o potencial de recompensa: não só a paz de Deus guardará nossa mente, mas a fonte, o próprio Deus da paz, estará conosco.

Leitura complementar: 1 Timóteo 1:3-7

Oração: Senhor, obrigado pelas mentes capazes de entender como cuidar das necessidades humanas. Toma e disciplina nossa mente a Teu serviço, e a deixes ordenada, para "confessarem a beleza da Tua paz". Oramos assim, em nome de Jesus, amém.

Philip Pattermore

31 de março

Falsas ACUSAÇÕES

Pois que vantagem há em suportar açoites recebidos por terem cometido o mal? Mas se vocês suportam o sofrimento por terem feito o bem, isso é louvável diante de Deus. Para isso vocês foram chamados, pois também Cristo sofreu no lugar de vocês, deixando-lhes exemplo, para que sigam os seus passos. "Ele não cometeu pecado algum, e nenhum engano foi encontrado em sua boca".
—1 PEDRO 2:20-22

"Seja o seu 'sim', 'sim', e o seu 'não', 'não'; o que passar disso vem do Maligno" (MT 5:37).

Você já foi acusado falsamente? Já pareceu que outros o julgaram sem conhecimento de causa, ou sem lhe dar oportunidade de explicar o seu lado? Eu estive nessa situação várias vezes, geralmente relacionado a questões mesquinhas ou triviais, em vez de assuntos mais concretos ou sérios.

Muitas vezes, minha resposta é querer "limpar meu nome" no que diz respeito àquilo que eu tenha sido acusado, para ter a chance de resolver meu caso. Isso não é necessariamente errado. Na verdade, haverá momentos em que um apelo formal é necessário e quando uma queixa pode exigir escalada para um nível superior. Mas, em muitas situações, talvez nunca seja possível realmente provar assuntos de uma maneira ou de outra.

Ao orar sobre isso, cheguei a questionar quais eram minhas maiores preocupações. Por que isso tinha tanta importância? Será que estava preocupado com a minha reputação ou com o meu posto? Será que estava preocupado com o que os outros pudessem estar falando de mim? Como isso poderia ser prejudicial para meu testemunho cristão? Será que esse incidente prejudicaria minhas futuras perspectivas de carreira em alguma área específica?

Ao considerar isso, percebi que muitas (ou a maioria) eram preocupações autocentradas. Eu estava confiante de que não tinha feito nada de errado. Eu fiz todo o possível para conciliar a situação. Minha consciência estava limpa diante de Deus, e estou confiante de que Ele conhece meus motivos e meus desejos.

Se outros escolhem não acreditar no meu "Sim", ou no meu "Não", então não devo me preocupar. Jesus é o nosso exemplo perfeito, e Sua resposta nos ensina muito. Paulo escreveu: "Façam todo o possível para viver em paz com todos" (RM 12:18). Nada podemos fazer além disso. Portanto, deixemos a situação nas mãos de Deus.

Oração: Querido Senhor, ajuda-me a confiar em ti e a conhecer a paz, em vez do tumulto. Em nome de Jesus, amém.

Catriona Wait

Aprendizado DO MÊS

Wellesley BAILEY (1846-1937)

Fundador da Missão da Hanseníase (Leprosy Mission)

Wellesley Bailey nasceu em Abbeylieux, na Irlanda, em 1846. Seus primeiros anos testemunharam a fome da batata na Irlanda, quando muitos jovens deixaram o país em busca do trabalho e uma vida melhor na América do Norte e na Austrália. Em 1866, ele ficou noivo de sua amiga de infância, Alice Grahame. Mas, antes de seu casamento, Wellesley queria fazer fortuna, então ele partiu para a Austrália e Nova Zelândia.

Alice, uma zelosa cristã, pediu a Wellesley que fosse à igreja sempre que pudesse. Quando incapaz de navegar de Gravesend, por causa da névoa, Wellesley foi a um culto de uma igreja. Após o sermão, as palavras do livro de Isaías começaram a ecoar em sua mente: "Conduzirei os cegos por caminhos que eles não conheceram, por veredas desconhecidas eu os guiarei; transformarei as trevas em luz diante deles e tornarei retos os lugares acidentados. Essas são as coisas que farei; não os abandonarei" (ISAÍAS 42:16). Ele se ajoelhou junto à cama e entregou a vida a Jesus Cristo.

Em 1868, Wellesley voltou a Dublin sem a fortuna que ele estava procurando. Ele decidiu tentar a Índia, onde seu irmão trabalhou na força policial. Wellesley se juntou à Missão Presbiteriana Americana e foi enviado para Ambala, em Punjab, para trabalhar como professor. Em preparação para este trabalho, ele começou a estudar híndi, a língua local. Também começou a trabalhar com o Dr. J. H. Morrison, um missionário da Missão Americana da Hanseníase (lepra).

O Dr. Morrison havia construído algumas cabanas simples para mendigos com lepra. Quando Wellesley viu pessoas afetadas pela lepra pela primeira vez, ele lembra: "Eu quase estremeci... ainda assim eu [fiquei] fascinado e senti que, se alguma vez houve um trabalho semelhante ao de Cristo neste mundo, era o de ir entre esses pacientes pobres levando-lhes consolo e a esperança do evangelho". Dr. Morrison foi em férias para casa, deixando Wellesley para cuidar das pessoas com lepra. Ele os visitou regularmente, ajudando-os com comida, abrigo e compartilhando o evangelho.

Wellesley e Alice se casaram em outubro de 1871 na Catedral de Mumbai, depois que Alice foi para a Índia se juntar a Wellesley em seu trabalho. No entanto, apenas dois anos depois, eles voltaram para Dublin devido à saúde debilitada de

Alice. Wellesley falou com tanta paixão das pessoas afetadas pela lepra aos seus amigos, que organizaram uma reunião pública maior, para que sua mensagem chegasse a mais pessoas.

Em 1874, formou-se o primeiro grupo de apoio da Missão da Hanseníase (Leprosy Mission). Eles haviam se comprometido com a arrecadação de 30 libras por ano. Em seu primeiro ano, arrecadaram 600 libras! Wellesley voltou à Índia em 1878, apoiado pela Missão Escocesa, encarregado de pregar e ensinar. Seu contínuo envolvimento no cuidado de pessoas com lepra, bem como o de escrever e palestrar sobre o assunto para aumentar a conscientização e fundos, foi visto como um conflito de interesses. Apesar disso, ele continuou empenhado na causa da hanseníase. Em 1886, foi nomeado secretário e tesoureiro em tempo integral da Missão da Hanseníase. Ele continuou seu trabalho na Índia até 1887, e depois retornou ao Reino Unido. À medida que seu trabalho na Índia se tornou conhecido, a missão começou a receber pedidos de ajuda de outros países onde a lepra era um grave problema de saúde. Wellesley começou então a se concentrar no desenvolvimento da missão, de modo a poder ampliar o trabalho para outros lugares do mundo.

Ele viajou para arrecadar fundos e tornou-se conhecido como orador e pregador, além de um especialista em hanseníase.

Quando Wellesley se aposentou da Missão da Hanseníase, com 71 anos, havia deixado o legado de uma missão cristã dinâmica que ele descreveu como: "nascida e embalada em oração... a oração tem sido a base do seu sucesso".

É uma missão que ainda está trabalhando hoje para criar um mundo livre da hanseníase.

UNJA AS FERIDAS DO MEU ESPÍRITO

Unja as feridas do meu espírito com o bálsamo do perdão.
Derrame o óleo da sua calma nas águas do meu coração.
Tire o ranger da frustração das rodas da minha paixão
Que o poder de sua ternura possa suavizar a maneira como eu amo!
Que o tédio de ceder, o risco de render-se
E alcançar desprotegido o mundo, que deve ferir,
Possam acender diariamente a chama da compaixão.
Que o grão possa cair alegremente para estourar no chão
E a colheita abundar.

—*Dom Ralph Wright*
Escritor, poeta e membro da ordem Beneditina

1.º de abril

Reconciliação

Pois o amor de Cristo nos constrange...
—2 CORÍNTIOS 5:14

Muitas universidades oferecem agora doutorado no campo da psicologia positiva. Esse campo de estudo explora os fatores que resultam numa vida abundante e alegre. Enquanto muitas pessoas acreditam que conquistas e dinheiro trarão satisfação, ao contrário, esses psicólogos têm aprendido que existem duas variáveis mais ligadas ao desenvolvimento humano. Essas variáveis são universais, encontradas em todas as culturas. E ambas envolvem: Relacionamento saudável com a divindade e relacionamento saudável com família e amigos.

Onde você ouviu isso antes? Jesus nos ensinou a amar a Deus, primeiramente e acima de tudo, e amar nosso próximo como a nós mesmos (MT 22:37-39). Seguir esses "grandes mandamentos" é essencial para relacionamentos saudáveis — relacionamentos que conduzam à vida abundante.

Mas em nosso mundo arruinado e pela nossa natureza carnal, relacionamentos rompidos são inevitáveis. Isso significa a necessidade de reconciliação. Deus exemplificou a reconciliação para nós. Seu amor o motivou a permitir que Seu Filho fosse sacrificado para que pudéssemos ser restaurados ao relacionamento correto com Ele (JO 3:16). Seu plano, Sua iniciativa e Seu grande sacrifício.

Agora, como resgatados por Deus e coerdeiros em Cristo, somos chamados para continuar esse ministério da reconciliação. Várias passagens das Escrituras nos ensinam como. Nós encontramos em 2 Coríntios 5:14 nossa principal motivação para a reconciliação: "o amor de Cristo nos constrange". Dizendo de outra maneira, "o amor de Cristo não nos dá opção". Falhar em perseguir a reconciliação é um repúdio ao grande ato de graça e misericórdia feito por nós. Nós viramos as costas para o sacrifício de Cristo quando recusamos procurar reconciliação com os outros.

Paulo nos lembra da ligação crucial entre esses dois mandamentos. Ele escreve, "Por amor a Cristo lhes suplicamos: Reconciliem-se com Deus" (2CO 5:20). Mas o relacionamento correto com Deus não é possível se nós não procuramos o relacionamento correto com os outros. Jesus ensinou: "Pois, se perdoarem as ofensas uns dos outros, o Pai celestial também perdoará vocês" (MT 6:14). E Ele nos deu uma ordem prática, em Mateus 5:23-24.

Outra vez, Paulo nos encoraja, em *Colossenses* 3:12-14. Assim como algumas pessoas rejeitarão a oferta de Deus para reconciliar, algumas de nossas tentativas serão rejeitadas. Mas nós devemos fazer um esforço sacrificial. "Pois o amor de Cristo nos constrange".

Oração: Senhor, capacita-nos a amar e aceitar uns aos outros assim como tu tens nos amado e nos recebido. Em nome de Jesus, amém.

Gene Rudd

2 de abril

OUVIR, A HABILIDADE *mais necessária*

**As minhas ovelhas ouvem a minha voz;
eu as conheço, e elas me seguem.**
—JOÃO 10:27

**Portanto, considerem atentamente como vocês estão ouvindo.
A quem tiver, mais lhe será dado;
de quem não tiver, até o que pensa que tem lhe será tirado.**
—LUCAS 8:18

O Senhor Jesus, quando esteve na Terra, continuou ensinando: "aquele que tem ouvidos para ouvir, ouça!" (MT 13:9). A Palavra de Deus é uma inspiração vinda da mente do Senhor aplicável a cada situação da vida que enfrentamos. A palavra "ouça" é mencionada muitas vezes na Bíblia Sagrada e a palavra "escute" é usada diversas vezes em relação a escutar a voz do Senhor.

É nosso dever e responsabilidade desenvolver um ouvido atento e aguçado ao que é a mente do Senhor em qualquer situação. Apenas quando aprendermos a praticar a quietude de coração e mente e a ficarmos silentes na presença do santo Deus é que poderemos ouvi-lo falar.

Em meus anos de prática como dentista, descobri também que as pessoas querem ser ouvidas e que suas opiniões e perspectivas sejam valorizadas. A primeira impressão deixada por um médico atencioso a um paciente é quando ele escuta a história do paciente. Estudos mostram que os pacientes raramente falam por mais de dois minutos de uma vez.

Existem dois tipos de escuta — ativa e passiva. E parece que os médicos tendem a ser ouvintes passivos, quando não participam da conversa com seus pacientes, seja verbalmente ou não. Um ouvinte ativo é aquele que mostra seu envolvimento no diálogo através de gestos como balançar a cabeça, contato visual e postura corporal (inclinando-se para frente) ou verbalmente usando interjeições como "sim, eu sei", "compreendo", "eu concordo com você" etc.

Como filhos de Deus e representantes do Senhor Jesus, podemos, mesmo com nossas agendas cheias, aprender a ouvir a vontade de Deus para cada um de nossos pacientes? Podemos mostrar-lhes que nos importamos e, portanto, que nosso Pai celestial também. Tenho ouvido pacientes dizerem que apenas por encontrar e conversar com um médico específico, eles se sentiram melhor e curados porque o médico os escutou e deu-lhe atenção. Então as perguntas que preciso fazer a mim mesmo em meu local de trabalho são: "Estou ouvindo Deus?"; "Eu tenho desenvolvido a habilidade de ouvir meus pacientes e colegas?" E, ao fazê-lo, posso mostrar a eles o verdadeiro amor de Cristo?

Leitura complementar: 1 Samuel 3:8-10

Gladwin

3 de abril

VOCÊS NÃO *lembram?*

Percebendo a discussão, Jesus lhes perguntou: "Homens de pequena fé, por que vocês estão discutindo entre si sobre não terem pão? Ainda não compreendem? Não se lembram dos cinco pães para os cinco mil e de quantos cestos vocês recolheram?".
—MATEUS 16:8-9

Os discípulos estavam discutindo a escassez de alimento, e Jesus os lembra dos milagres que eles tinham experimentado recentemente. Ele os adverte contra o pecado da incredulidade. Por meio dessa passagem, o Senhor Jesus nos lembra para testemunharmos de Sua fidelidade.

Aproximando-se do final da minha carreira e da minha vida, estou convencido de nós, da área da saúde, temos constante necessidade da ajuda do nosso Pai celestial através de Cristo. Os recursos necessários para os cuidados de saúde nunca são suficientes em lugar algum. Onde existem mais recursos financeiros disponíveis, a demanda e expectativas também parecem aumentar. Nosso conhecimento e habilidades estão longe de serem perfeitos. Somos limitados. Frequentemente as novas invenções destacam os erros anteriores.

Nossas diversas obrigações também entram em conflito. Por conta própria, somos incapazes de cumprir plenamente as nossas obrigações em nosso local de trabalho, família ou igreja. Ainda assim, as expectativas do mundo sobre nós são infinitas.

O lembrete de Jesus sobre alimentar a multidão pode nos fortalecer na fé, pois o Senhor nos conhece, vê nossas necessidades e nos ama. O pouco que temos torna-se muito em Suas mãos. Usemos nossas experiências pessoais para Sua glória!

Na década de 1960, éramos incapazes de tratar efetivamente a forma extrema de septicemia meningocócica, a síndrome de *Waterhouse-Friderichsen*. Lembro-me de um menino pelo qual havíamos feito tudo que podíamos. Durante o plantão noturno, eu estava ao lado do leito da criança que estava em choque e cujos rins já haviam parado de funcionar. Eu orei constantemente. Seu processo de cura iniciou-se quando eu vi pequenas gotas de urina através do cateter.

Outro menino, após uma birra com a jovem mãe, saiu da clínica. Corremos ao redor da quadra em busca dele. Eu pedi socorro ao Senhor. Quando finalmente o alcançamos, olhei com confiança para ele e disse-lhe: "Deus ama muito você". De repente, ele mudou e ficou como um cordeiro. Dr. András Csókay, neurocirurgião, inspirado pelo Santo Espírito, desenvolveu um processo simples para salvar pacientes com edema cerebral. Nosso trabalho e nossas palavras inspiradas por Deus podem ser pequenas sementes na propagação da alegre mensagem de vida.

Leitura complementar: Mateus 16:5-17

Iren Drenyovszky

4 de abril

Tirando AS ROUPAS DE MORTE

Depois de dizer isso, Jesus bradou em alta voz:
"Lázaro, venha para fora!". O morto saiu, com as mãos e
os pés envolvidos em faixas de linho
e o rosto envolto num pano. Disse-lhes Jesus:
"Tirem as faixas dele e deixem-no ir".
—JOÃO 11:43

A morte cheira mal. Física e figurativamente a morte deixa um odor que persiste. Certo dia, um idoso morreu no hospital que trabalho. Inundação e problemas no transporte causaram um atraso de dois dias até que a família pudesse remover o corpo. Não tínhamos necrotério; o calor tropical causou rápida decomposição do corpo que começou a exalar. O cheiro penetrou em minha memória tanto quanto impregnou a sala. Marta compreendeu isso e tentou argumentar com Jesus: "Senhor, ele já cheira mal, pois já faz quatro dias" (JO 11:39).

"Lázaro, venha para fora!" A ressurreição de Lázaro foi um milagre inacreditável. É também um belo reflexo da nova vida que temos em Cristo. "Vocês estavam mortos em suas transgressões e pecados" (EF 2:1). Mortos, presos e enterrados no fétido túmulo da nossa rebelião. Cristo chama nosso nome, Sua palavra penetra nossos ouvidos surdos e somos comprados para uma nova vida. Apesar de receber essa vida, muito frequentemente como Lázaro, nós continuamos a perambular com as malcheirosas roupas de morte — culpa, rejeição, mentiras, vícios, vergonha e falta de perdão.

Essas são as roupas de morte que amarram nossas mãos de fazer o trabalho de Deus. Elas estão cobrindo nossos olhos, nos impedindo de ver claramente nosso Salvador. Estamos vivos, mas as fétidas vestes precisam ser removidas. Observe o que Jesus disse às pessoas ao redor: "Tirem as faixas dele e deixem-no ir". Ele não disse ao homem ressurreto: "Lázaro, livre-se você mesmo!". É responsabilidade dos outros cristãos se aproximarem e ajudar uns aos outros a soltar as amarras, então juntos caminhamos em liberdade.

Reflexão: Qual ajuda você precisa para desatar as malcheirosas roupas de morte, que estão em sua vida? Como Deus deseja usar você para ajudar outros a caminhar em liberdade?

Leitura complementar: Colossenses 3:1-14

Oração: Senhor, oramos para que tu nos ajudes a sermos livres do túmulo fétido da nossa rebelião. Que Tua palavra nos ressuscite do vale da morte, transformando-nos no exército do Senhor para a Tua glória. Em nome de Jesus, amém.

Beth Lewis

5 de abril

Amabilidade EM TODOS OS RELACIONAMENTOS

Seja a amabilidade de vocês conhecida por todos.
—FILIPENSES 4:5

Paulo tinha acabado de exortar os filipenses a se alegrarem no Senhor sempre. Por causa dessa alegria, ele agora os encorajava a serem amáveis com todos. Que comentário surpreendente de alguém que antes da conversão "respirava ameaças de morte contra os discípulos do Senhor" (AT 9:1). A palavra para amável (*epieikes*) é abrangente. A versão Almeida Revisada e Atualizada (ARA) traduz como "moderação". Claramente é uma palavra relacional. No grego, o *epi* é um intensificador e a palavra *eikos* significa razoável. Matthew Arnold, entretanto, sugere o termo: "doce razoabilidade". Ralph P. Martin em *Filipenses — Introdução e comentário* (Ed. Vida Nova, 2011), sugere, sobre essa passagem, que a palavra moderação significa, "uma disposição amável e honesta para com outras pessoas, a despeito de suas faltas, disposição essa inspirada na confiança que os crentes têm em que após o sofrimento terreno virá a glória celeste".

Talvez "benignidade" seja o melhor equivalente em português. "Neste contexto, significa espírito pronto para abrir mão da retaliação, quando os crentes são ameaçados, ou provocados, por causa de sua fé". A palavra é usada em 1 Timóteo 3:3 sobre um líder da igreja ser "cordato" (ARA) ou seja: não dado "à violência, mas amável" (A21). A mesma palavra ocorre em Tiago 3:17 considerando que "a sabedoria que vem do alto é antes de tudo pura; depois pacífica, amável [moderada], compreensiva [fácil de se conciliar]" etc.

Nossa profissão médica e odontológica nos convoca a debater muito. Discutimos com o sistema, em nome de nossos pacientes, e debatemos academicamente, enquanto procuramos enaltecer nossa visão da ciência, nossa prática clínica ou nossa administração. Cristãos debatem muito sobre pontos de doutrina e comportamento, e nós debatemos em comitês. Os cristãos nessa passagem são chamados, particularmente, a serem amáveis com todos — que provavelmente incluiria aqueles de fé diferente da nossa. Temos seguido a virtude cristã da gentil razoabilidade? Nós podemos fazer assim porque acabamos de ser lembrados de alegrarmos sempre no Senhor. Ele é a nossa rocha e a nossa segurança, então nós podemos argumentar gentilmente. Paciência, amabilidade, benignidade e tolerância — estas são marcas da pessoa segura em seu Senhor.

Reflexão: De que maneira podemos advogar pela verdade sem forçá-la a amoldar-se ao que dizemos?

Leitura complementar: Filipenses 2

Alan Gijsbers

6 de abril

Medos DE PROVAS

*Por isso não tema, pois estou com você; não tenha medo,
pois sou o seu Deus. Eu o fortalecerei e
o ajudarei; eu o segurarei com a minha mão direita vitoriosa.*
—ISAÍAS 41:10

Certo sábado, logo antes do maior exame do curso de Medicina, eu subitamente afundei num "medo de provas" — tão rápido quanto Elias fugiu do monte Carmelo após a vitória de Deus contra os falsos profetas. Eu estava preocupado "e se eu não for bem?". Aquilo começou a me perturbar e eu não conseguia focar em Deus ou em me preparar para a prova.

Mas logo percebi que aquilo não vinha de Deus — o fruto do Espírito e as coisas excelentes estão longe do temor de provas. O Senhor me lembrou outra vez das razões pelas quais vivemos hoje — que confessemos dia a dia: "Fui crucificado com Cristo. Assim, já não sou eu quem vive, mas Cristo vive em mim. A vida que agora vivo no corpo, vivo-a pela fé no filho de Deus, que me amou e se entregou por mim" (GL 2:20).

Ele me lembrou que não se trata de ser o primeiro e de obter as melhores notas na prova, mas sobre a vida de amor a Deus e pelas pessoas e de honrá-lo ao fazer "tudo para a glória de Deus" (1CO 10:31).

Perceba como é tão fácil ser dominado pelo medo de não saber o bastante. Mas olhemos para o Senhor Criador — Ele sabe todas as respostas da prova — e façamos nosso melhor, entregando os resultados em Suas mãos. Livremo-nos do medo e, ao invés disso, sejamos cheios da Sua graça.

Aproximemo-nos diante do Senhor com todos os nossos medos e lancemo-los aos Seus pés. Que possamos recordar o que Moisés disse a Josué e aos israelitas: "Sejam fortes e corajosos. Não tenham medo nem fiquem apavorados por causa deles, pois o SENHOR, o seu Deus, vai com vocês; nunca os deixará, nunca os abandonará" (DT 31:6). Deus o abençoe!

Reflexão: De que maneira expressamos, em nossa vida, a confiança de que Deus estará conosco em nossas lutas e desafios?

Leitura complementar: Deuteronômio 20:2-5

Oração: Querido Senhor, enquanto o dia amanhece e o medo chega, ensina-nos a olhar para a Tua Palavra e nos permita firmarmo-nos em ti, sabendo que tu estás no controle de nossa vida. Em nome de Jesus, amém.

Peter Si Woo Park

7 de abril

TRABALHANDO
sem recompensa

*O SENHOR protege os simples; quando eu já
estava sem forças, ele me salvou. Retorne ao seu descanso,
ó minha alma, porque o SENHOR tem sido bom para você!*
—SALMO 116:6-7

Estou surpreso em como nossa natureza humana nos conduz à amargura. Poucos anos atrás, quando trabalhei no Pronto Atendimento, eu estava trabalhando ressentido. Eu me sentia desvalorizado e, com isso, encontrava falha em quase tudo ao meu redor. Não havia recursos para fazer isso ou aquilo. Não havia equipamentos para a ressuscitação daquele paciente. Eu havia perdido minha ética de trabalho.

Para todos que só estavam de passagem, eu era excelente em meu trabalho. Foi preciso um médico residente para me lembrar de que, quando uma pessoa nasce, ela não tem nada. Todos os elogios que ela ganhar, abandonará. Sim, esse é o mundo físico em que vivemos. Mas o mundo espiritual é o mais importante. Eu gostaria de desafiar você a olhar para as Escrituras e recordar os resultados para todos que se subordinam à riqueza.

O resultado da ganância de Geazi, o jovem rico que escolheu a riqueza material, ao invés de seguir a Jesus, mas que se sentiu triste e insatisfeito por isso. Há outros incontáveis exemplos nas Escrituras, quando alguém escolhe a riqueza antes de Deus. É importante indagar o seu espírito e alma a todo o tempo para assegurar-se de estar fazendo a escolha correta.

Mamon vem na forma de: orgulho, heroísmo, falta de reconhecimento dos outros, falta de foco em Deus, culpar os outros, olhar para o seu próprio umbigo e não para as necessidades do próximo, não dar o devido valor aos que têm cuidado de você e tentam lhe ajudar, ao invés disso, dar glória sempre a si próprio.

Leitura complementar: Mateus 19:16-22

Oração: Pai, é apenas pela fé que nós podemos agradá-lo. Davi disse: sonda meu coração, purifica-me com hissopo. Oramos para que nos perdoe pelos momentos em que fizemos escolhas erradas em nossa vida. Como Davi pediu, clamamos: sonda nosso coração, Senhor! Em nome de Jesus, amém.

Patrick Masokwane

8 de abril

PONHAM EM AÇÃO A SALVAÇÃO DE VOCÊS
com temor e tremor

*Assim, meus amados, como sempre vocês obedeceram,
não apenas na minha presença, porém
muito mais agora na minha ausência, ponham em ação
a salvação de vocês com temor e tremor.*
—FILIPENSES 2:12

Esse interessante versículo está entre dois temas maiores — a grandeza de Jesus e de Seu trabalho em nossas vidas; Deus é aquele que age em nós e nos ajuda a cumprir os Seus propósitos.

Por que colocamos em prática nossa salvação? Nós fazemos isso por gratidão e por temor pelo que Jesus fez. Nós vivemos cada dia para o propósito pelo qual Deus se apoderou de nós, por causa desse senso de gratidão. Nossa motivação para viver cada dia e pôr em prática nossa salvação vem desse senso de gratidão.

Como colocamos em prática nossa salvação? Não na nossa própria força ou habilidades. Os recursos próprios, força e motivação para pôr em prática nossa salvação vêm da presença capacitadora e do poder de Deus, o qual já nos salvou e começou a boa obra em nós. Também colocamos em prática com "temor e tremor". Temor é reverência por esse grande Deus que se apoderou de nós; tremor pelo privilégio e grande responsabilidade que tem sido concedido por nosso Senhor.

Como profissionais da saúde, como colocamos em prática nossa salvação? Amando a Deus e as pessoas. Através desse relacionamento de amor, podemos compreender Seu caráter, propósito e perspectivas. Ao olhar para as pessoas que encontramos com os olhos de Deus, que é cheio de compaixão. Vendo as comunidades, nas quais estamos engajados pela perspectiva de Deus — com justiça e retidão. Sendo movidos por coisas que movem o coração de Deus. Sendo as mãos de Deus que deseja trazer cura e restauração para indivíduos feridos e decaídos, para as famílias e para o mundo.

Reflexão: Como posso viver hoje, colocando em prática minha salvação com temor e tremor?

Leitura complementar: Colossenses 3:12

Oração: Senhor, em humildade, curvo-me diante do Teu trono, esmiúça a palha na minha vida, permita-me dar frutos dignos de arrependimento. No nome santo de Cristo Jesus, amém.

Santosh Mathew Thomas

9 de abril

Família E FIM DOS TEMPOS

***...por meio de você todos os povos da terra
serão abençoados.***
—GÊNESIS 12:3

Nestes dias, em que as famílias têm sistematicamente sofrido todo tipo de ataque e descrédito, o Senhor tem nos levado a pensar de que modo nossa família pode ser bênção para todas as famílias da Terra. Esse mandato, inicialmente dado a Abraão, hoje pertence à Igreja de Cristo e consequentemente às famílias participantes do Seu Corpo.

O irmão de nossa empregada, um homem de 23 anos, estava sempre bêbado, vagando pelas ruas, de bar em bar. Conhecemos sua história quando viajamos para a pequena cidade do interior, de 3 mil habitantes, onde ele vivia. Por causa da sua condição, não conseguia um emprego digno. Além disso, não havia conseguido aprender a ler quando estava na escola. Sua irmã sofria muito com a condição de seu irmão.

Nossa família se compadeceu desse jovem e o convidamos para morar conosco e trabalhar em nossa casa, cuidando dos jardins. Ele prontamente aceitou o convite. Como ele mesmo dizia, não conseguia suportar mais aquela vida. Foi um tempo muito difícil até que seu corpo estivesse livre do álcool. Ele queixava-se de dificuldades para enxergar e lembrava-se que quando frequentava a escola, não conseguia enxergar o que a professora escrevia no quadro. Após consulta com um oftalmologista, começou a usar óculos com lentes corretivas para 6 graus de hipermetropia. Com a melhora de sua visão, conseguiu voltar a estudar e ser alfabetizado, parou de beber, converteu-se ao Senhor, conseguiu um emprego melhor e casou-se. Mais uma vez, pudemos celebrar a bondade de Deus por nós, por nosso intermédio e além de nós.

Reflexão: Neste momento, como você pode ser as mãos de Deus trazendo paz, esperança e salvação para uma família próxima a você, necessitando de uma intervenção divina?

Oração: Senhor, ao veres a necessidade por todas as partes, não apenas Teu coração se encheu de compaixão, mas a Tua compaixão sempre foi seguida por ação. Que nossas vidas sigam o Teu exemplo. Em nome de Jesus, amém.

Soraya Cássia Ferreira Dias

10 de abril

Perdão DOS PECADOS

"Venham, vamos refletir juntos", diz o SENHOR.
"Embora os seus pecados sejam vermelhos como escarlate,
eles se tornarão brancos como a neve;
embora sejam rubros como púrpura, como a lã se tornarão."
—ISAÍAS 1:18

Nem todos puderam presenciar isto acontecer. No inverno, no extremo norte, a neve cai e cobre tudo que está se desfazendo. Cobre todas as coisas. Então tudo parece lindo. Em conexão com a neve, penso nessas palavras do livro de Isaías sobre termos nossos pecados perdoados.

Ao conversar com pacientes ou outros a nossa volta, deparamo-nos com situações em que pessoas estão tão oprimidas por seus erros e sentem que não é possível repará-los. A afirmação deles pode ser: "Eu espero que Deus, um dia, possa me perdoar pelo que fiz". Nós, médicos, chegamos a pensar dessa forma, quando cometemos algum erro ou deixamos de fazer algo pelo qual lamentamos depois, ou apenas pelo fato de sabermos que somos pecadores diante de Deus.

Então é ótimo ser capaz de exaltar a promessa de Isaías. "Venham, vamos refletir juntos, diz o SENHOR", confesse seus pecados e se reconcilie comigo. Ao Meu lado, há graça ilimitada e absolvição, mesmo para os piores pecados. Mesmo os pecados mais "vermelhos" tornam-se tão "brancos como a neve". Sim, eles não estão apenas cobertos de neve: eles simplesmente se tornaram brancos.

O motivo disso, lemos no Novo Testamento — Jesus morreu na cruz por nós. Ele era sem pecado, mas pagou pelos nossos pecados. Isso é exatamente o motivo pelo qual nossos pecados "vermelhos" como escarlate, eles podem se tornar tão brancos quanto a neve.

Quando nossos pecados são perdoados pela fé em Jesus, recebemos uma liberdade que ultrapassa todo entendimento. Vamos orar e desejar que possamos transmitir essa liberdade para nossos pacientes, quando eles também estiverem procurando por isso.

Reflexão: "Graças ao grande amor do SENHOR é que não somos consumidos, pois as suas misericórdias são inesgotáveis. Renovam-se cada manhã; grande é a sua fidelidade!" (Lm 3:22-23).

Leitura complementar: 2 Coríntios 5:10

Oração: Amado Senhor, é a Tua bondade que nos conduz ao arrependimento, que temos recebido tão abundantemente de ti, ajuda-nos a transmiti-la. Em nome de Jesus, amém.

Ellen Kappel

11 de abril

PROBLEMAS A SEREM RESOLVIDOS OU
pessoas a serem amadas?

Depois de comerem, Jesus perguntou a Simão Pedro: "Simão, filho de João, você me ama mais do que estes?". Disse ele: "Sim, Senhor, tu sabes que te amo". Disse Jesus: "Cuide dos meus cordeiros".
—JOÃO 21:15

O rapaz foi encaminhado para o departamento de Cirurgia buco-maxilo-facial. Ele se queixava de dores na articulação temporomandibular (ATM). E eu era o cirurgião-dentista que o atenderia. Eu poderia ter prescrito analgésicos e relaxantes musculares e o liberado. Acredito que ainda era jovem e curioso e então tirei um tempo para conhecê-lo melhor. Suas dores na ATM eram causadas por bruxismo (apertar ou ranger os dentes, mesmo quando adormecido). Ele não tinha isso antes. Quando perguntei mais, descobri que ele estava para ingressar no Exército. Sentia-se muito ansioso, e essa ansiedade causou o bruxismo, que provocou as dores na ATM. Como um malaio, que nunca havia passado pelo serviço militar, eu não podia falar de uma experiência pessoal, mas fiz meu melhor para encorajá-lo.

Nunca me esqueci desse caso, pois foi um poderoso lembrete de que nós não estamos tratando apenas de patologias. Estamos cuidando de pessoas e isso significa ver os pacientes de vemos tratar completamente, como foram criados por Deus. Não fui chamado apenas para resolver as dores na ATM de um jovem, mas para cuidar dele como uma pessoa. O avanço das ciências médicas significa que temos muito mais ferramentas para nos ajudar em nosso cuidado das pessoas; ou seja: medicamentos, equipamentos médicos e procedimentos. Agradecemos a Deus por todas essas ferramentas, mas corremos o risco de ver nossos pacientes como "problemas a serem resolvidos se eu tiver o meio certo". Precisamos enxergar as pessoas como Deus as enxerga.

Todos os nossos pacientes são pessoas criadas à imagem de Deus, que apenas pedem respeito. Porque nós as valorizamos, usaremos todos nossos recursos para ajudá-las, mas todos sabemos que existem muitas condições que levam tempo para curar. Algumas condições estão além do poder da ciência médica. Nós podemos não ser capazes de "consertar" algumas das pessoas que vêm até nós. Mas podemos conceder a elas a dignidade que lhes é devida. E nós devemos amá-las.

Reflexão: Meus pacientes experimentam o amor e a compaixão de Jesus em minha interação com eles?

Leitura complementar: Mateus 9:35-36

Tan Soo Inn

12 de abril

Justiça SOCIAL

*Ele mostrou a você, ó homem, o que é bom e
o que o SENHOR exige: Pratique a justiça, ame a fidelidade
e ande humildemente com o seu Deus.*
—MIQUEIAS 6:8

Desde a igreja primitiva, os cristãos têm procurado demonstrar o amor de Cristo por meio de atos de misericórdia, buscando justiça àqueles que são oprimidos ou marginalizados. Recentemente, nossa igreja considerou maneiras pelas quais podemos servir a Deus e testemunhar a nossa fé através da "justiça social".

Ocorreram debates intensos sobre os problemas e desafios enfrentados por nossas comunidades, e formas possíveis de servir, de maneira prática, enquanto procuramos trazer a mensagem de esperança. No entanto, embora aprecie a importância de tudo isso, me senti um pouco culpada. Com o meu trabalho clínico e acadêmico, tarefas que se espalham noites adentro e, iniciando uma jovem família, não tenho muita capacidade para me envolver numa área completamente nova. Eu me pergunto se você já se sentiu assim?

Há momentos em que parece uma luta manter uma vida de devocional e frequentar a igreja regularmente, ainda mais se envolver num grande projeto para alcançar os sem-teto ou algum outro grupo necessitado dentro da sua comunidade. No entanto, como médico cristão, toda a sua vida pode ser uma oportunidade de trabalhar por aqueles pelos desprivilegiados, oprimidos ou que sofrem algum abuso. É fácil esquecer que diariamente temos oportunidades únicas para interagir com os pacientes e seus parentes nos momentos em que estão mais vulneráveis. Anime-se por saber que Deus pode usá-lo todos os dias, à medida que você procura trazer cura e conforto aos seus pacientes. Peça a outras pessoas para orarem por você nesse sentido e busque companheiros que "estimulem você em direção ao amor e às boas ações".

Nossas oportunidades de demonstrar misericórdia, compaixão e bondade são abundantes, mas é importante mantermos o nosso relacionamento íntimo com Jesus. Assim, quando falarmos e agirmos, nós refletiremos a Sua natureza.

Oração: Querido Senhor, abre meus olhos às necessidades dos meus pacientes hoje. Ao invés de longas listas de tarefas a serem alcançadas, ajuda-me a ver pessoas que precisam conhecer Teu amor, misericórdia e graça. Dá-me sabedoria ao escolher minhas palavras e ajuda-me a aproveitar todas as oportunidades. Obrigado pelo privilégio de poder servir-te diariamente através do meu trabalho. Em nome de Jesus, amém.

Catriona Wait

13 de abril

FALANDO A VERDADE *em amor*

O seu falar seja sempre agradável... —COLOSSENSES 4:6

Após uma conversa agradável com sua filha de 12 anos, o pai deixou a sala. "Que pessoa amável", ela disse. Sua mãe se referia ao seu marido psicólogo como "o mais amável e o mais entendido homem que conheço". Suas duas filhas mais velhas eram igualmente amorosas e atenciosas. Ambos os pais amam ao Senhor e toda família aprendeu a se comunicar bem e é unida em amor.

Em contraste, o comportamento de muitos outros segue o padrão definido por certos programas de televisão. As pessoas não se ouvem, gritam e predominantemente falam de maneira nervosa. No entanto, qual médico, que ao ser perturbado, já não deu uma resposta desagradável pelo telefone? Por sua vez, cartas não têm tom de voz. Ainda que apressadamente, mensagens escritas (não apenas e-mails) podem ser mal entendidas ou ofender. Seria melhor reler algumas delas antes de enviar, ou mesmo falar pessoalmente com o destinatário pretendido.

Pessoas religiosas na sinagoga de Nazaré estavam espantadas com as graciosas palavras de Jesus e ainda assim o ofenderam e tentaram matá-lo. Mais tarde, Ele disse aos Seus discípulos para não se preocuparem sobre o que falar ou como falar quando fossem presos. O Espírito Santo falaria por eles, não necessariamente para libertá-los, mas para serem verdadeiras testemunhas aos incrédulos. Paulo estava preso quando escreveu a segunda carta a Timóteo, advertindo para que evitasse brigas, mas, de modo gentil, instruísse os outros na verdade.

É difícil controlar a língua quando estamos incomodados ou somos contrariados, mas palavras podem causar danos permanentes. Precisamos aprender a ouvir antes de falar, "usando o cérebro, antes de abrir a boca". É uma ajuda para os momentos em que precisamos estar familiarizados com a voz de Deus e precisamos das inspirações do Seu Espírito. Ele estará conosco quando estivermos envolvidos em discussões, expressando nossas crenças, engajados em algum debate ético ou sofrendo algum questionamento judicial. A sintonia com Ele, assim como a de uns com os outros, pavimentará um caminho para uma comunicação efetiva.

O Senhor é o ouvinte silencioso, sempre atento às nossas conversas. Portanto nosso tom de voz deve consistentemente refletir a Sua bondade. Nós fazemos isso sempre? Pensemos sobre essas coisas.

Leitura complementar: Mateus 10:13-20; Lucas 4:16-30; Tiago 3:1-12

Oração: *Senhor, fala comigo, então eu poderei falar em ecos vívidos do Teu tom [...] / Uma palavra em boa hora, vinda de ti Para os cansados nas horas de necessidade.*
—Frances Havergal

Janet Gooddall

14 de abril

MESTRE, O SENHOR *não se importa?*

Levantou-se um forte vendaval, e as ondas se lançavam sobre o barco, de forma que este foi se enchendo de água. Jesus estava na popa, dormindo com a cabeça sobre um travesseiro. Os discípulos o acordaram e clamaram: "Mestre, não te importas que morramos?".
—MARCOS 4:37-38

Os discípulos acordaram Jesus questionando algo que para nós pode parecer descabido. Porém, é o que temos sempre perguntado, em momentos de desespero: "O Senhor não se importa que pereçamos?". Nós nunca questionamos a compaixão do Senhor quando as coisas estão indo bem. Mas a compaixão de Deus não é medida pelas circunstâncias nem a Sua bondade limitada ao nosso entendimento. Deus se preocupa conosco, tanto quando a tempestade é feroz quanto quando os mares estão calmos e o Sol está brilhando. A Sua misericórdia não se limita à luz do sol ou à quietude das ondas.

Quando despertou, Jesus "se levantou, repreendeu o vento e disse ao mar: 'Aquiete-se! Acalme-se!'. O vento se aquietou, e fez-se completa bonança" (MC 4:39), e assim a tempestade terminou. O texto diz que Jesus repreendeu a tempestade — não os discípulos apavorados. A eles o Senhor simplesmente disse: "Por que vocês estão com tanto medo? Ainda não têm fé?" (MC 4:40). Implicitamente, nessas palavras está a lição que todos nós deveríamos aprender. Os discípulos estavam aterrorizados porque eram homens acostumados a terem o controle da situação. Eles aprenderam a lidar com circunstâncias difíceis. Mas quando se viram numa situação ameaçadora, além do seu controle, a sua fé se tornou em medo.

Em vez de colocá-los para "baixo", Jesus simplesmente questionou: "Vocês 'ainda não têm fé?'". A resposta foi: "sim" e "não". Eles tinham fé em Jesus. Verdadeiramente acreditavam nele. Mas essa fé, apesar de real, ainda não era totalmente madura. E como nós podemos ter a fé que nos torna capazes de sobreviver às tempestades da vida? Precisamos permanecer no barco com Jesus e navegar com Ele.

Nesses momentos, temos uma escolha a fazer. Ou acreditamos que o Senhor mandou a tempestade para os Seus propósitos, ou acreditamos que Ele nos abandou e nos deixou à nossa própria "sorte". Jesus é o Senhor do vento e das ondas. Quando Ele nos chama, entramos no barco. Quando Ele dorme, trabalhamos. Quando a tempestade vem, clamamos por Ele. Quando Ele acorda, Ele acalma a tempestade. Quando a tempestade termina, nossa fé é mais forte.

Reflexão: Estamos numa tempestade neste exato momento? Podemos ter perdido tudo, mas não perdemos o Senhor. O mestre do mar está ao nosso lado. Quando a hora chegar, Ele dirá: "Aquiete-se! Acalme-se!".

Luke Devapriam R

15 de abril

O médico SE TORNA PACIENTE

Confie no Senhor de todo o seu coração e não se apoie em seu próprio entendimento; reconheça o Senhor em todos os seus caminhos, e ele endireitará as suas veredas.
—PROVÉRBIOS 3:5-6

Recentemente fiz uma histerectomia. Como médica, assisti e participei de várias histerectomias. Eu cuidei de centenas de mulheres nesses anos que estavam se preparando ou se recuperando de histerectomias. Mas, dessa vez, foi diferente, pois a paciente era eu!

Eu tinha chegado ao ponto em que o meu mioma gigantesco precisava "partir". Foi uma decisão difícil para se tomar — principalmente porque acredito que Deus pode curar. Na Nigéria, vi pessoas paralíticas serem curadas e saírem da cadeira de rodas e tumores que simplesmente desapareceram após a oração. Por isso, eu cria que Deus poderia secar meu mioma, mas isso não aconteceu.

Assim, eu estava inquieta com coisas que poderiam dar errado. E se eu pagasse uma infecção ou ficasse com incontinência ou parasse de me sentir mulher? Eram questões nas quais pensei muitas vezes, mas difíceis de serem respondidas. Decidi ser honesta com Deus e com um casal de amigos em quem confiava. Quando fiz isso, Deus me mostrou que não é o meu útero que me dá a identidade de ser mulher. Antes, a minha identidade vem de Deus, como filha e princesa amada.

"Quem crer em mim, como dizem as Escrituras, do seu interior fluirão rios de água viva" (JO 7:38). Deus me falou que Ele substituiria meu útero físico por um espiritual em que rios de água viva fluiriam. Isso soou como uma ótima troca!

E então, quando meu útero foi delicadamente dissecado do intestino em que ele estava aderido, eu emergi, sentindo-me iluminada e livre. Eu declarei as palavras de Deus para mim mesma, orando pela liberação de Suas águas vivas do meu novo e espiritual ventre. Eu orei por cura da cicatriz física assim como da interior.

Um ano depois, posso dizer que me sinto uma mulher completa. Não um milagre de cura repentino, mas um novo alicerce de confiança em que minha identidade, meu valor e minha natureza feminina foram fundamentadas nele. Então, se você está lutando contra uma doença ou tem que encarar uma cirurgia ou tem ficado desapontado quando as suas orações parecem falhar, lembre-se de que as coisas nem sempre são o que parecem ser. Lembre-se de que Ele pode sussurrar em seu ouvido e mostrar a você o que fazer. Ele nos quer por inteiro, e não apenas curados. Confie nele!

Leitura complementar: Tiago 5:13-15

Oração: Senhor, oramos pela dádiva da fé para todos nós a fim de que assim possamos experimentar rios de água viva fluindo do nosso interior. Em nome de Jesus, amém.

Mary Wren

16 de abril

MANTENDO contato visual

*Sabes quando me sento e quando me levanto;
de longe percebes os meus pensamentos.*
—SALMO 139:2

Desde a chegada dos computadores nos consultórios, uma crítica recorrente dos pacientes é que o médico não faz contato visual com eles. O médico está tão imerso nos dados da tela que, do ponto de vista do paciente, ele, o próprio paciente, parece ser desnecessário. Provavelmente todos já nos deparamos com essa situação e buscamos tratar essa questão em nossa prática diária.

E sobre "manter contato visual" com Deus? Um devocional de mesmo tema coincidiu com a minha leitura do Salmo 32 e me fez pensar. "Eu o instruirei e o ensinarei no caminho que você deve seguir; eu o aconselharei e cuidarei de você. Não sejam como o cavalo ou o burro, que não têm entendimento, mas precisam ser controlados com freios e rédeas, caso contrário não obedecem" (SL 32:8-9). Como o cavalo ou a mula, minha teimosia parece ser cada vez mais profundamente arraigada com o passar dos anos. Como é importante estar ao Teu lado, meu mestre e meu guia.

E como nós fazemos isso? Essencialmente, mantendo um coração aberto à oração e uma Bíblia aberta. "Sonda-me, ó Deus, e conhece o meu coração; prova-me, e conhece as minhas inquietações. Vê se em minha conduta algo que te ofende, e dirige-me pelo caminho eterno" (SL 139:23-24).

Como aconselha Paulo em Gálatas: "E não nos cansemos de fazer o bem" (GL 6:9) nessa área, e possivelmente nossos pacientes notarão a diferença. O contato visual com Ele nos encorajará ao contato visual com eles. Os Seus olhos estão sobre nós; vamos manter nossos olhos fixos nele.

Leitura complementar: Salmo 32; Salmo 139; Provérbios 3:5-6

Oração: Senhor, mantém meus olhos em ti hoje e então eu terei Teus pensamentos e falarei as Tuas palavras com quem quer que eu encontre hoje. Em nome de Jesus, amém.

Peter Pattison

17 de abril

PRESENTES E *subornos*

*Não aceite suborno, pois o suborno cega
até os que têm discernimento e prejudica a causa do justo.*
—ÊXODO 23:8

*A opressão transforma o sábio em tolo,
e o suborno corrompe o coração.*
—ECLESIASTES 7:7

Estávamos numa conferência para residentes na Ásia Central e a questão da corrupção surgiu em nossa discussão. Naquela época, o salário "oficial" de um jovem médico era 8 dólares por mês. Com isso, era impossível sobreviver e era comum a prática de pacientes darem "complementos" para seus médicos. Isso era conhecido por todos e amplamente aceito. Como os jovens cristãos deveriam responder e se comportar nessas circunstâncias? Quando um "presente" é na verdade um suborno? Quando um suborno não é suborno, mas um presente apropriado?

À medida que debatíamos essa questão, as seguintes diretrizes surgiram:

1. Um suborno é normalmente dado antes do trabalho ser feito; um presente geralmente é dado depois.
2. Um suborno diz: "Por favor...". Um presente diz: "Obrigado!".
3. Há um elemento de coerção no suborno. Um presente é uma resposta do livre-arbítrio.
4. Em situações de suborno, a qualidade do serviço depende da qualidade do "presente". Quando a qualidade do trabalho não é ligada ao presente, mas é dada pela integridade do coração, então um presente de agradecimento deve ser aceito com gratidão.
5. O cristão é especialmente chamado para servir ao pobre que não pode dar, e deve fazer isso com compaixão e integridade.

Aqueles que fizeram parte da discussão acharam essas diretrizes úteis. Talvez elas possam lhe ajudar também. Se esse tipo de questão não é parte da sua experiência diária, então ore por aqueles que se deparam com dilemas éticos, todos os dias, em suas vidas profissionais.

Reflexão: "Graças a Deus por seu dom indescritível!" (2Co 9:15), concedido gratuitamente em nosso favor.

Leitura complementar: Salmo 15

Oração: Querido Senhor, que eu deixe a minha vida ser guiada e encontrada nos eternos princípios da Tua palavra, amém.

Peter Pattison

18 de abril

O MÉDICO *como servo*

*Jesus sabia que o Pai havia colocado todas as coisas
debaixo do seu poder, e que viera de Deus
e estava voltando para Deus; assim, levantou-se da mesa,
tirou sua capa e colocou uma toalha em volta da cintura.
Depois disso, derramou água numa bacia e começou a lavar
os pés dos seus discípulos, enxugando-os com a toalha
que estava em sua cintura.*
—JOÃO 13:3-5

O grande médico. Quantas vezes você já ouviu essa frase? Como médicos, suspeito que utilizamos sutilmente de nosso Senhor para glorificar nossa posição. Mas quantas vezes você viu um médico lavando os pés? São as enfermeiras que lavam os pés. Na cultura em que trabalho, os médicos são os mestres e os enfermeiros servos. Eles não têm *status*, realizam toda a limpeza inclusive das partes íntimas.

Quando os discípulos discutiram sobre qual deles era o mais importante, Jesus lhes falou sobre como o mundo funciona, mas ressaltou: "Não será assim entre vocês" (MT 20:26). Nem deveria ser. Você quer ser uma grande testemunha de Cristo? Seja servo como Ele. Ajude a fazer algumas camas, esvazie algum urinol e limpe algumas partes inferiores. Faça uma xícara de chá para suas enfermeiras atarefadas. Se você é estudante, comece desse jeito e continue quando estiver qualificado ou se tornar médico.

Esteja disponível aos seus pacientes. Onde eu trabalho, os médicos dificilmente se comunicam com seus pacientes ou suas famílias. É cultural. Ouça seus pacientes! Eles ficarão maravilhados. E sim, se você vir alguém da enfermagem lavando os pés, ajude!

Não queira ser senhor dos seus alunos. Seja humilde e admita erros. Ame, sendo um servo como o seu Mestre, porque isso é o que Ele fez e o que Ele é.

Leitura complementar: Filipenses 2:5-11

Oração: Senhor, tu és nosso exemplo em todas as áreas da vida. Tu não vieste para ser servido, mas para servir, mesmo sendo o Senhor o único que deveria ser servido. Graças por nos mostrares o caminho para que possamos nos tornar como tu foste — um exemplo de amor! Transforma nossos pensamentos e nosso coração e dá-nos a graça de sempre considerar as necessidades e interesses dos outros antes dos nossos. Ensina-me a servir, com humildade, os outros assim como tu serviste. Em Teu nome, amém.

Robin Fischer

19 de abril

NOS PASSOS de Jesus

*Para isso vocês foram chamados,
pois também Cristo sofreu no lugar de vocês,
deixando exemplo, para que sigam
os seus passos. Ele não cometeu pecado algum, e nenhum
engano foi encontrado em sua boca.*
—1 PEDRO 2:21-22

Na vida cristã, existem apenas duas maneiras de crescer. Uma é através das pessoas e outra é através da dor. Às vezes, crescemos através da influência dos outros. Sentamo-nos aos pés de professores, amigos, mentores, pastores e líderes talentosos que nos mostram o caminho a seguir. "Assim como o ferro afia o ferro, o homem afia o seu companheiro" (PV 27:17). Aprendemos muito com os livros, mas aprendemos mais com a vida. E o melhor tipo de ensino é o de perto e pessoal — vida na vida!

Aprendemos um pouco à distância; aprendemos mais à medida que nos aproximamos; aprendemos mais ainda quando nos encontramos face a face. Marcos diz que Jesus chamou os doze apóstolos "para que estivessem com ele, os enviasse a pregar" (MC 3:14). Primeiro eles deveriam estar com Ele e então seriam enviados para pregar, de modo que uma maneira de crescer é por intermédio de pessoas.

A outra maneira que crescermos é através do sofrimento. Às vezes, a dor vem pelas tristezas da vida. Essa dor é muitas vezes imerecida. Contudo, vem a nós de qualquer maneira, e não há nada que possamos fazer para impedi-la. Ser cristão é sofrer. Essa não é a verdade completa da vida cristã. Hoje, é comum falar sobre Jesus como aquele que resolve nossos problemas, melhora nossa autoestima e, acima de tudo, nos faz felizes. E é verdade que nosso Senhor disse: "Eu vim para que tenham vida e tenham plenamente" (JO 10:10).

De acordo com Pedro, seguir Jesus significa que, às vezes, sofreremos, mesmo quando não fizermos nada de errado. A maior honra para qualquer cristão é ser como Jesus. Quando sofremos injustamente, compartilhamos uma pequena porção do que aconteceu com Ele. Embora Ele não estivesse errado, Ele foi traído, tentado, negado e crucificado. Embora nunca tivesse pecado, Ele foi odiado pelos líderes judeus que planejaram matá-lo. O mesmo acontecerá conosco. As pessoas próximas a nós nos decepcionarão e algumas se voltarão contra nós.

Seguir a Cristo significa sofrer pacientemente. Essa é a verdadeira prova da nossa fé. Descobrimos no que realmente cremos quando os outros nos maltratam. Às vezes, o teste real de nossa fé é o que não fazemos. Às vezes, seremos cristãos melhores se não dissermos nada.

Luke Devapriam R

20 de abril

O MÉDICO *em missão*

Eu asseguro: "Quem ouve a minha palavra e crê naquele
que me enviou, tem a vida eterna
e não será condenado, mas já passou da morte para a vida".
—JOÃO 5:24

Muitos darão crédito a Jesus como um grande mestre e moralizador, mas não podem tolerá-lo afirmando ser o único caminho para Deus e para a vida eterna. Para eles, o evangelho de Cristo é apenas uma expressão a respeito da salvação. Como médicos que vivem numa sociedade secular, precisamos considerar quem é Jesus e como Suas reivindicações afetam nosso trabalho e se relacionam com nossos vizinhos e familiares.

A alegação de Jesus de ser o único caminho para Deus continua a ser o principal obstáculo para os incrédulos. Ainda assim, a Bíblia é enfática nessa questão. Há uma escolha que todos nós precisamos fazer em nossa caminhada com Deus e é baseada na pessoa de Cristo. Não pode haver meio termo sobre isso. Devemos explicar em amor o que Cristo significa para nós e Sua missão no mundo, pois Ele é o único meio para encontrarmos Deus e recebermos a vida eterna (JO 3:16).

C. S. Lewis argumentou sobre isso, ele escreveu: "Um homem que fosse somente um homem e dissesse as coisas que Jesus disse não seria um grande mestre da moral. Seria um lunático — no mesmo grau de alguém que pretendesse ser um ovo cozido — ou então o diabo em pessoa. Faça a sua escolha. Ou esse homem era, e é, o Filho de Deus, ou não passa de um louco ou coisa pior".*

Jesus limitou nossa capacidade de se comprometer com essa questão. A manutenção de nossa própria fé depende da nossa capacidade de explicar nossa própria posição de forma amorosa, mas fiel. Nós sempre precisamos estar prontos e dispostos a explicar nossa fé com espírito de "mansidão e respeito" (1PE 3:15-16). Como médicos, nós estamos em uma posição privilegiada, porém difícil, uma vez que somos ofendidos e recebemos reclamações. No entanto, a importância do nosso testemunho não pode ser subestimada. É uma questão de vida e morte (JO 3:18).

Reflexão: Leia todo o capítulo 3 de João e considere a verdade contida nessa passagem.

Leitura complementar: Livro de C. S. Lewis, *Cristianismo puro e simples* (Ed. Martins Fontes, 2005)

Oração: Querido Deus, acredito na Tua palavra. Aumenta em mim a fé que tu tens gerado e sustentado dentro de mim a fim de tornar-me sempre fiel a ti. Eu peço isso, por intermédio do Senhor Jesus, amém.

Raymond Givan

21 de abril

$\mathcal{O}\ \mathit{poder}$ DE SUAS PALAVRAS

A língua tem poder sobre a vida e sobre a morte;
os que gostam de usá-la comerão do seu fruto.
—PROVÉRBIOS 18:21

A mensagem desse versículo de Provérbios é: "Palavras matam, palavras vivificam; elas são venenosas ou bons frutos — você deve escolher". Em Mateus, Jesus afirmou: "Semelhantemente, toda árvore boa dá frutos bons, mas a árvore ruim dá frutos ruins. A árvore boa não pode dar frutos ruins, nem a árvore ruim pode dar frutos bons" (MT 7:17-18).

Como médicos, somos dotados de imenso poder nas palavras que dizemos aos nossos pacientes. Eu tenho ouvido diversos testemunhos de pacientes que se sentiram muito abençoados por terem se consultado com médicos que eram gentis e amáveis nas palavras que proferiam e no modo de se comunicarem.

Estudos apontam que uma pessoa fala em média entre 7 e 13 mil palavras por dia. Quantas destas estão cheias de esperança, bênção, louvor, ação de graças, amor, alegria paz, gentileza e bondade? Questiono-me sobre o efeito das palavras negativas, frequentemente por nós utilizadas em nossas conversas diárias.

Comecei a perceber que tudo aquilo que tem ocupado a mente, o coração e os pensamentos da pessoa é o que se traduzirá em palavras proferidas da sua boca. Se formos plenos pelo Espírito de Deus e estivermos em comunhão com o Espírito Santo constantemente, então nossas palavras serão inspiradas por essa comunhão.

Invista tempo e energia todos os dias para se achegar ao Pai e receber o maná diário, para que assim você possa pronunciar palavras de vida na vida das pessoas com as quais lida. Confie que o Deus vivo fará milagres em suas vidas.

Muitas vezes, dizemos aos nossos pacientes, "talvez isso não funcione", "não temos certeza do prognóstico", "pode ou não ser bem-sucedido". Eu sou desafiado, na minha própria vida profissional, a ter uma mistura de palavras que confrontam com a fé no Todo-Poderoso, ainda assim, me comunico com meu paciente com esperança e confiança. "Nós tratamos, mas Deus cura" é uma das declarações mais verdadeira na qual creio e uso frequentemente em minhas conversas com pacientes.

Reflexão: O que tem preenchido o seu coração hoje? São as palavras de vida, esperança, amor e fé? Então você pode ter certeza de que é o que suas conversas transmitirão. Elas serão um testemunho da sua constante comunhão com o Senhor Jesus Cristo.

Leitura complementar: Provérbios 15:4

Oração: Pai, ajuda-me a vigiar a minha língua e me ensina a falar somente palavras de vida. Em nome de Jesus, amém.

Gladwin

22 de abril

CONTE SUAS *bênçãos*

Deem graças em todas as circunstâncias...
—1 TESSALONICENSES 5:18

Vivendo num cenário de muita pobreza e sofrimento, continua a me surpreender como a ação de graça desempenha um papel tão importante na vida da igreja em Uganda. Uma oração comum pela manhã é: "Obrigado Deus, pois ainda estamos vivos". À primeira vista, isso pode refletir ingenuidade ou que o significado de estar vivo é ainda maior à medida que o risco de morte aumenta.

No entanto, se permitimos, o desafio é mais profundo. Muitos de nós, em situações semelhantes a essa, colocaríamos mais esforços em pedidos a Deus para nos manter vivos e intervir em nossos desafios. Tal intercessão é certamente sábia e necessária. Porém, fico impressionado por termos uma rotina muito menos significativa, em termos de possuir desafios ameaçadores. O que nos leva a passar mais tempo pedindo a ajuda de Deus do que agradecendo a Ele por Sua provisão.

Conheço muitos que têm desafios bem maiores, porém passam muito mais tempo agradecendo a Deus pelo o que têm. É claro que Deus quer que procuremos Sua ajuda e intervenção em nossas lutas diárias. Entretanto, bem ou mal, o "hoje" é o que mais importa. Vamos também prestar atenção ao conselho de Paulo e agradecer em todas as circunstâncias, sejam elas quais forem. Paulo sabia muito bem que agradecer não era apenas um truque para se sentir melhor ou uma receita para remover nossos problemas. Por sua experiência, ele sabia que ser grato em todas as circunstâncias era a melhor maneira de viver.

Este antigo hino de Johnson Oatman nos encoraja a contar nossas bênçãos. Proponho usá-lo como uma ferramenta para meditar sobre o que Deus tem feito por nós até hoje e para incentivar-nos a sermos gratos, em meio às bênçãos e desafios atuais.

> Conta as bênçãos, conta quantas são
> Recebidas da divina mão
> Uma a uma, dize-as de uma vez
> Hás de ver surpreso quanto Deus já fez.
> —*Cantor Cristão 329*

Leitura complementar: Colossenses 3:15-17

Oração: *Aba* Pai, eu conto minhas bênçãos cada dia. Agradeço-te e creio que toda a bondade que recebo provém da obra realizada por Jesus na cruz. Tu és meu Provedor, meu *Jeová-Jiré*. Oro para que eu veja a manifestação da Tua Graça em todas as áreas da minha vida enquanto eu ando em união contigo. Em nome de Jesus, amém.

Rory Wilson

23 de abril

A FAMÍLIA de Deus

Pois quem faz a vontade de meu Pai que está nos céus, este é meu irmão, minha irmã e minha mãe.
—MATEUS 12:50

Um sábio amigo, que tem viajado bastante e viveu em diferentes épocas em diferentes partes do mundo, fez uma observação interessante: em culturas distintas, a maneira como as pessoas se apresentam a estranhos é diferente e reflete o que essas culturas consideram como fatores importantes ou valiosos na formação da identidade pessoal. Ele disse que, no Ocidente, um homem se apresentará descrevendo sua profissão, local de trabalho e seu cargo ou posição. A maioria das pessoas da Ásia e da África indicará os nomes de sua família ou tribo, seus pais e sua aldeia ou cidade. Em cada caso, o indivíduo está estabelecendo o que o define e o que traz segurança e estabilidade à vida.

Quando falaram a Jesus que Sua mãe e Seus irmãos o buscavam, Ele perguntou: "Quem é minha mãe, e quem são meus irmãos?" (MT 12:48). Ele então deu uma nova definição de família, quando disse que qualquer um que faz a vontade de Seu Pai será Sua família. Muitas vezes, quando pensamos em nossas famílias, vemo-las como círculos fechados, com um limite definido. Podemos até desenhar esse círculo em torno do centro de Deus, mas sempre há um perímetro definido.

Quando Jesus define Sua família, Deus está no centro, mas não há limite externo. Qualquer um que esteja disposto a ser filho de Deus é bem-vindo. A maioria de nós concordará que esse é um conceito idealista e pode ser difícil de ser posto em prática, especialmente quando vivemos em sociedades divididas por diferenças raciais ou classe socioeconômica. Mesmo dentro de hospitais cristãos, às vezes tendemos a perpetuar as diferenças entre categorias de profissionais distintas ou entre departamentos. Na família de Deus, as pessoas não são necessariamente homogêneas, mas a diversidade deve ser vista como enriquecedora, e não causadora de divisão. Deus nos criou cada um como indivíduos únicos, mas espera que trabalhemos juntos, em harmonia, combinando nossas forças individuais e complementando as fraquezas uns dos outros.

Leitura complementar: 1 Coríntios 12

Oração: Senhor, concede-me graça para viver conforme Teus planos e propósitos para que eu seja parte da Tua família. Em nome de Jesus, amém.

Joyce Ponnaiya

24 de abril

Perdão

*Irado, seu senhor entregou-o aos torturadores,
até que pagasse tudo o que devia.
"Assim também fará meu Pai celestial a vocês se cada um
de vocês não perdoar de coração a seu irmão".*
—MATEUS 18:34-35

O que significa perdoar? Penso que às vezes a igreja tem feito parecer como se o perdão fosse dado com os dentes cerrados. Isso significa que a pessoa que pecou é deixada pendurada ou que o pecado é varrido para debaixo do tapete. E na verdade não é nenhuma dessas coisas. Perdão é libertar um cativo e descobrir que era você o cativo. É escolher entregar a pessoa que pecou a Deus e deixar que Ele seja o juiz dela. É escolher não segurar o pecado contra ela. É perfeitamente razoável perdoar alguém, e ainda assim entregá-lo à polícia ou às autoridades.

Nós também podemos perdoar e ainda assim corrigir os limites nos relacionamentos para proteger a nós e aos outros. Entretanto, perdoar pode ser muito difícil. Mas penso que não percebemos as implicações de não perdoarmos. Na parábola de Jesus, existe a implicação de que seremos "torturados" se não perdoarmos de todo coração. Raiva e amargura abrem a porta para o ataque de Satanás a nossa vida, a nossa mente e emoções.

O perdão tem implicações físicas. Tenho visto muitas pessoas fisicamente curadas após terem perdoado.

Lembre-se de que os princípios de Deus se aplicam a todas as pessoas e pode ser apropriado levantar o assunto do perdão também com nossos pacientes. Dessa maneira, poderemos ver milagres acontecerem na saúde deles, assim como na nossa.

Leitura complementar: Hebreus 12:15

Oração: Deus Pai, hoje obtive melhor compreensão sobre perdoar aos outros. Com Tua ajuda, eu perdoo completamente, de todo o coração, assim como tens me perdoado plenamente. Eu escolho perdoar (nome da pessoa) por (o que ela fez) — o que fez eu me sentir (conte a Deus como você se sente). Eu libero (a pessoa) para ti e peço que a abençoe. Em nome de Jesus, amém.

Mary Wren

25 de abril

Precioso, MAS DISPENSÁVEL

Parem de lutar! Saibam que eu sou Deus!
Serei exaltado entre as nações, serei exaltado na terra.
—SALMO 46:10

Eu não consigo contar o número de vezes que precisei me relembrar desse versículo bem conhecido. É fácil, em meio à correria do dia a dia, confundir estarmos ocupados, com fazer a vontade de Deus. Ninguém tinha um estilo de vida mais exigente do que Jesus. Ainda assim nos é dito que, mesmo quando Ele foi confrontado com multidões de pessoas necessitadas, Ele "retirava-se para lugares solitários e orava" (LC 5:15-16).

Outro erro que todos nós cometemos, com bastante frequência, é pensar que estamos contribuindo de alguma forma para a obra de Deus ao nos mantermos ocupados. A versão bíblica que usamos aqui (NVI) traduz a primeira parte do Salmo 46:10 como: "Parem de lutar". Isso nos lembra da necessidade de renunciar à autossuficiência.

A última parte desse versículo nos lembra que Deus será exaltado com ou sem qualquer ajuda da minha parte! Os planos do Senhor são tão maiores do que os nossos que sequer podemos imaginar (IS 55:9) que deveríamos nos centrar em quem Ele é, e em andar de acordo com Sua vontade. A única forma que podemos esperar alcançar isso é pelo trabalho do Espírito Santo em nossa vida. O tempo que passamos com Deus em oração é parte essencial disso.

Hoje, enquanto você faz sua rotina diária, tente se lembrar que Deus conta conosco não porque Ele precise, mas porque Ele quer. Isso nos torna preciosos e, ao mesmo tempo, dispensáveis!

Leitura complementar: Isaías 55:6-13; Lucas 5:15-16

Oração: Senhor, tu tens nos predestinado e chamado pelo nome para sermos sacerdócio real, uma nação santa e um povo que pertence ao ti, o que nos torna preciosos para ti, Pai. Muito obrigado pelo Teu amor incondicional por nós! Em nome de Jesus, amém.

Simon Stock

26 de abril

CONVIVENDO COM maus chefes

Louvado seja o nome de Deus para todo o sempre;
a sabedoria e o poder a ele pertencem.
—DANIEL 2:20

Durante meus 25 anos de profissão médica, tenho sido privilegiado em ter muitos bons superiores. Ainda assim, as poucas dificuldades ou até mesmo os maus chefes deixam memórias desagradáveis. O cirurgião que me bateu em uma passagem de visita porque ele estava irritado com a vida e eu era um alvo infeliz; o obstetra que arriscava a vida de mulheres e seus bebês por causa de seu desejo de brincar de herói salvando o dia em emergências, o que poderia ter sido evitado com uma abordagem menos arrogante. Esses e alguns outros não eram bons homens para se trabalhar, ou para ser seus pacientes.

Nabucodonosor também não era um chefe particularmente cuidadoso. Ele era cheio de caprichos em fazer exigências totalmente descabidas. Ele exigiu que seus funcionários declarassem o significado do que ele havia sonhado. Sem dúvida, isso é semelhante à forma com que muitos chefes esperam que seus inferiores leiam suas mentes o tempo todo. Nabucodonosor também tinha um temperamento difícil (DN 2:12). Essa falha não passa batida entre os chefes da área da saúde.

A forma como Daniel lidou com esses desafios é cheia de revelações e instruções para nós. Como um trecho, de certa forma irônico, registra: "Arioque, o comandante da guarda do rei, já se preparava para matar os sábios da Babilônia, quando Daniel dirigiu-se a ele com sabedoria e bom senso" (2:14). Ele havia praticado essas virtudes em sua rotina diária de forma que, numa crise, estaria pronto para agir instintivamente.

Na mesma hora, Daniel vai destemidamente ver o seu superior e, ao invés de falar o quão pouco razoável ele estaria sendo, algo que seus colegas haviam feito naquele momento de pânico (2:10), ele simplesmente roga por mais tempo para resolver o problema. Assim, ele pediu para que seus amigos de confiança orassem sobre a situação, como ele também o faria. Quando Deus respondeu, ele o agradeceu (2:20-23); e quando Daniel apresentou a solução para o rei, ele se certificou de dar o crédito a Deus publicamente pela vitória (2:28-45).

Neste momento, tenho um chefe que eu preferia não ter. Mas não posso mudar isso. Enquanto essa situação perdura, meu chamado é adotar a mesma abordagem de Daniel. Estar preparado para enfrentar, de forma mais razoável, as dificuldades com meu chefe. Eu preciso ir além do meu escopo para ajudá-lo, especialmente quando o bem-estar da equipe está em risco. Se você está numa situação semelhante, não se desespere! Ao invés disso, louve "o nome de Deus para todo sempre" (DN 2:20), porque Ele é o chefe do seu chefe assim como o seu. A situação está fundamentalmente no controle de Deus.

Leitura complementar: Romanos 13; Daniel 2

Trevor Stammers

27 de abril

VAMOS FAZER *de conta*

...Sejam todos humildes uns para com os outros...
—1 PEDRO 5:5

Crianças pequenas adoram se fantasiar. Na imaginação, elas se tornam enfermeiros, soldados ou astronautas. Pessoas mais velhas gostam de apresentar uma imagem diferente de si próprias. Algumas até se orgulham em usar túnicas longas e distintivas em suas igrejas, indicando sua autoridade para pregar.

Alguns de nós talvez se lembrem de seu primeiro dia. Vestimos, bem conscientes, um jaleco branco ou adentramos o centro cirúrgico trajados num uniforme pouco familiar. Para a maioria das pessoas, um estetoscópio pendurado no pescoço quer dizer "médico". Mas até mesmo isso pode ser parte de um teatro. Meu intérprete em Uganda conseguiu criar uma pequena clínica na cidade, tendo "emprestado" um avental branco e estetoscópio. Esse jogo foi descoberto quando ele pediu a um médico qualificado para assinar uma de suas prescrições. A verdadeira identidade pode ser escondida por trás de um disfarce convincente.

O próprio nome "hipócrita" vem de uma palavra grega para "ator". Jesus aplicou essa descrição àqueles que estavam orgulhosamente mostrando sinais exteriores de religiosidade, incluindo túnicas chamativas que indicavam o *status* social deles. O Senhor disse que, apesar da aparência de piedade, interiormente eles eram tão plenos de orgulho, ganância e hipocrisia, que eram como túmulos "bonitos por fora, mas por dentro [estavam] cheios de ossos e de todo tipo de imundície" (MT 23:27-28).

O discípulo de Jesus, Pedro, soube como era ter seu orgulho exposto. Após jurar para seu Senhor que seria fiel até a morte, negou por três vezes que sequer esteve na presença de Jesus. Sua deslealdade foi depois perdoada, após amargas lágrimas e um novo encontro com o Senhor ressurreto. Esta lição, foi uma das que ele ensinaria a outros, jovens e velhos e jovens, exortando a humildade independente de seu *status* e posição social. Anciões não deveriam se sentir "senhores" sobre os outros, jovens deveriam ser humildes e submissos. "...Deus se opõe aos orgulhosos, mas concede graça aos humildes" (1PE 5:5).

O diabo está sempre pronto para fazer qualquer um de nós tropeçar, mas os verdadeiramente humildes não terão medo de cair. Deus está sempre pronto para nos levantar, afirmando nossa verdadeira identidade como Seus filhos amados.

Leitura complementar: Marcos 14:66-72; João 21:15-19; 1 Pedro 5:5-9

Oração: Embora o que eu sonhe e o que faça
Em meus pobres dias são sempre coisas distintas.
Ajuda-me, mesmo oprimido pelas coisas por fazer,
Tu, Senhor cujo sonhos e ações foram um só.
—John Hunter

Janet Goodall

28 de abril

NÃO envergonhados!

Por isso, não abram mão da confiança que vocês têm; ela será ricamente recompensada. Vocês precisam perseverar, de modo que, quando tiverem feito a vontade de Deus, recebam o que ele prometeu.
—HEBREUS 10:35-36

Myaga era um cristão forte e diácono da igreja na comunidade da floresta no Congo equatorial. Sua família incrédula não estava feliz com seu casamento e ainda mais quando eles falharam em ter filhos. Eles encorajaram que se divorciasse de sua esposa, mas ele se recusou dizendo que isso não era certo.

Depois, Myaga e sua esposa puderam adotar e criar uma menininha. Anos depois, conheci essa garota, ao ser admitida no hospital com sangramento que provinha de uma gestação molar que desenvolveu um coriocarcinoma. Nos meses seguintes, ela foi readmitida em diversas ocasiões, enquanto piorava por causa da disseminação da doença. Parecia que a família de Myaga provava estar certa.

Eu fui chamado certo domingo à tarde quando Myaga decidiu levar sua filha para casa para morrer. Nós nos juntamos ao redor do leito, com os pais adotivos para orar por ela. Fora do hospital, a família incrédula, estava aos prantos. Colocamos a jovem numa cadeira de rodas e a levamos para sua aldeia. Quando abrimos a porta de sua casa, o som dos prantos ia aumentando gradativamente à medida que entrávamos. Myaga deu meia volta, saiu de casa e se pôs a cantar poderosamente por toda aldeia: "Eu não tenho vergonha de ter meu Senhor". Outros crentes se juntaram a ele em seu canto, abafando o som da lamúria.

O que eles tinham? Aparentemente fracasso total, mas um testemunho tão forte que deixou uma impressão poderosa em mim e naqueles que testemunharam aquilo. Como este versículo nos relembra: "Todos esses receberam bom testemunho por meio da fé; no entanto, nenhum deles recebeu o que havia sido prometido" (HB 11:39). Em que área da sua vida você precisa perseverar em fé?

Leitura complementar: Hebreus 11

Oração: Pai, perdoa-nos por nos envergonharmos do evangelho; perdoa-nos pelas vezes quando não compartilhamos a verdade salvadora. Nós nos arrependemos por todo o medo de testemunhar da nossa fé em Cristo. Que tenhamos tanto amor pelo evangelho, que possamos desejar ardentemente compartilhá-lo tanto em palavra como em ação, em nome de Jesus, amém.

Stephen Green

29 de abril

DÚVIDAS QUANTO AO
caminho para a glória

...Pare de duvidar e creia.
—JOÃO 20:27

Essas palavras foram a advertência de Jesus para Tomé quando Ele apareceu após a ressurreição. Daquela história, Tomé desenvolveu a má reputação como alguém que duvida. Mas todos os discípulos duvidavam. Todos eles fugiram quando Jesus foi preso, e pelos três dias seguintes, eles viveram sob o medo. Em Sua primeira aparição para aos dez, depois de Sua ressurreição, Jesus também os advertiu quanto às dúvidas deles (LC 24:38). Os próprios homens em quem Jesus havia investido tanto tempo ensinando eram os mesmos que tinham manifestado dúvida.

Mas não são só eles. Nós também lutamos com as dúvidas. Lutamos para acreditar em coisas que não podemos ver. Podemos confiar que Deus é quem Ele diz que é?

Satanás usará dúvidas como ferramenta para ferir nosso relacionamento com Deus (GN 3). Mas a dúvida também é um estado natural do homem que precisa ser continuamente superado para que possamos crescer no relacionamento com Deus. Muito frequentemente, corremos da dúvida com medo de que seja pecado. Mas a dúvida só é pecado quando isso leva à negação ou à desobediência. Pelo poder de Deus que vive em nós, podemos evitar essas consequências. Quando aceitamos ocasiões de dúvida como oportunidades, crescemos em fé.

A propensão de todas as pessoas, particularmente aquelas treinadas nas ciências da saúde, é pensar que podemos superar a dúvida através do conhecimento. Pedimos que Deus nos permita andar por vista, enquanto Ele continuamente nos convida a andar pela fé. Conhecer a Deus e Seus caminhos é útil, mas não é a solução definitiva para a dúvida. "Assim como os céus são mais altos do que a terra, também os meus caminhos são mais altos do que os seus caminhos; e os meus pensamentos, mais altos do que os seus pensamentos" (IS 55:9). Nós não podemos confiar no intelecto para resolver a nossa dúvida.

A solução para a dúvida é a fé. "A fé vem pelo ouvir a mensagem, e a mensagem é ouvida mediante a palavra de Cristo" (RM 10:17). E essa fé cresce, à medida que experimentamos um relacionamento com nosso Pai celeste, que é fidedigno. Quando a dúvida surge, é uma oportunidade para a fé crescer. As incertezas se transformam em fé enquanto passamos tempo com a Palavra de Deus e na Sua presença.

Oração: Pai eterno, guarda meu coração pelo poder do Espírito Santo. Protege a minha fé e a prova genuinamente em minha vida. Elevo meu coração a ti e escolho alegrar-me por saber que tu aumentarás minha fé! Em nome de Jesus, amém.

Gene Rudd

30 de abril

Pacificando

**Bem-aventurados os pacificadores,
pois serão chamados filhos de Deus.**
—MATEUS 5:9

Diz-se que, em 3100 anos de história mundial registrada, o mundo usufruiu de paz somente 8% desse tempo. A Força Indiana de Manutenção da Paz (IPKF) era o contingente militar indiano que foi enviado ao Sri Lanka, com a intenção de manter paz nas províncias do norte, com dificuldades durante os anos de 1987–90. Inicialmente, havia muita esperança de que a paz e harmonia iriam ser estabelecidas através do IPKF, pelos termos do acordo Indo-Sri Lanka, mas assim que a IPKF foi atraída para o conflito, foi apelidada como Força Indiana de Destruição da Paz.

A paz nunca pode ser imposta através da força. O termo bíblico para paz é *Shalom*. É mais do que meramente ausência de conflito ou discórdia. *Shalom* significa completude, solidez, harmonia e bem-estar em todos as áreas da vida.

Durante algumas horas muito escuras da história de Israel, Deus se relevou a Gideão como *Jeová-Shalom*. Os israelitas estavam vivendo em fendas na montanha e cavernas porque estavam assustados com os exércitos invasores de Midiã. Gideão estava com medo deles e estava debulhando trigo em um lagar para mantê-lo longe dos midianitas. Naquela situação, o Senhor apareceu para Gideão e declarou: "Paz seja com você! Não tenha medo". Gideão construiu um altar "em honra ao Senhor e lhe deu este nome: O Senhor é Paz [*Jeová-Shalom*]" (JZ 6:23).

A paz tem duas dimensões. Uma é vertical, pois tem a ver com o nosso relacionamento com Deus. A outra é horizontal, pois refere-se ao nosso relacionamento com os seres humanos.

Quanto ao aspecto vertical, Deus teve a iniciativa de restaurar o relacionamento com cada um de nós através da morte e ressurreição de Seu filho Jesus Cristo (RM 5:1). A compreensão de que nós fomos reconciliados com nosso Deus nos dá um grande senso de satisfação e confiança.

A segunda, o aspecto horizontal, é mais difícil de atingir. Deus nos instrui: "Façam todo o possível para viver em paz com todos" (RM 12:18). Isso é humanamente impossível. Mas Deus nos ajuda com isso, "Pois ele é a nossa paz..." (EF 2:14).

Homens e mulheres fazem uma variedade de tentativas para obter paz, incluindo rituais, sacrifícios, meditação etc. Entretanto, a verdadeira paz que perdura pode ser alcançada apenas por meio de Cristo. "E a paz de Deus, que excede todo o entendimento, guardará o coração e a mente de vocês em Cristo Jesus" (FP 4:7).

Reflexão: O que nós podemos fazer para sermos pacificadores, especialmente em nossos locais de trabalho?

Leitura complementar: Juízes 6:11-24

Balmugesh

Aprendizado DO MÊS

Os Scudders: UMA FAMÍLIA COMPROMETIDA COM A MISSÃO MÉDICA

Dorothy Jealous Scudder, em seu livro *A Thousand Years in Thy Sight* (Mil anos aos teus olhos), publicada em 1984, registra que 42 membros de quatro gerações da família Scudder contribuíram mais do que 1.100 anos de serviço para missão médica na Ásia.

REV. DR. JOHN SCUDDER (1793–1855)

Ele foi o primeiro missionário médico na Índia. Graduado em Teologia e Medicina de *Princeton* e *Colégio Nova-Iorquino de Médicos e Cirurgiões*, ele começou seu serviço missionário em Panditeripo, em Jaffna, distrito de Ceilão (agora Sri lanka). Por quase 20 anos, serviu como pastor e médico, deu início a um grande hospital missionário e várias escolas. Ele então se mudou para o sul da Índia para abrir uma editora que disponibilizou as Escrituras na língua Tâmil. Continuou a ser ativo no trabalho missionário no sul da Índia, até sua morte em 1855.

Todos os seus seis filhos também se tornaram missionários:

Henry Martyn Scudder (1822–95) trabalhou no sul da Índia e estabeleceu a missão Arcot. Assim como seu pai, ele também era médico e pastor. Ele publicou literatura cristã nas línguas Tamil, Telugu e Sânscrito. Também estava envolvido na tradução do Bíblia em Tâmil. Voltando para os Estados Unidos, por causa de problemas de saúde, ele serviu como pastor em São Francisco por cerca de 20 anos. Então foi para o Japão como missionário por dois anos.

Rev. William Scudder era um pastor que trabalhou na Índia por 22 anos antes de retornar aos Estados Unidos. Jared Waterbury Scudder também era pastor e médico. Ele também serviu na missão Arcot.

Dr. Silas Downer Scudder começou o trabalho médico num pequeno hospital em Ranipet no sul da Índia em 1860, inaugurando o hospital em 1866. Impressionado por seu trabalho, o governo do estado lhe confiou a administração da unidade de saúde local (dispensário). O hospital e o dispensário forneciam cuidados médicos gratuitos e alimentos aos pacientes. Seu irmão, Dr. John Scudder Jr, assumiu o hospital em 1872. Após 13 anos de serviço, o Dr. Silas retornou aos Estados Unidos devido problemas de saúde.

William Waterbury Scudder, Joseph Scudder, Ezequiel Carman Scudder, Harriet Scudder e Louisa Scudder também serviram a Missão Arcot em várias especialidades.

Rev. Dr. John Scudder Jr. era o filho mais novo do Dr. John Scudder. Ele e sua esposa, Sophia Weld também serviram na Missão Arcot de 1860 a 1900.

Ida Sophia Scudder a terceira geração da família, filha de John e Sophia, nasceu em 1870. Ela começou seu trabalho em Vellore no sul da Índia em 1900, em uma clínica com somente uma cama hospitalar. Ela se sentiu chamada para servir mulheres da região, pois os costumes locais não permitiam que fossem tratadas por médicos homens, incluindo seu pai. A partir desse singelo começo, o trabalho de Ida S. Scudder culminou na renomada Faculdade de Medicina Cristã em Vellore que, nos seus 115 anos de existência, estabeleceu uma reputação de excelência no serviço médico, educação e pesquisa.

O Dr. Henry Martyn Scudder Jr. trabalhou no Hospital de Ranipet por alguns anos. Ele era um especialista em transfusão sanguínea, que trabalhava com coleta de plasma para ser utilizado nos feridos de guerra na Grã-Bretanha. Lewis Rousseau Scudder e sua esposa Ethel também trabalharam como missionários da Igreja Reformada da América. Sua filha Ethel Talcott Scudder e seu marido Dr. William Wells Thoms, passaram a maior parte da vida como missionários no Oriente Médio (Irã, Bahrein e Omã). Dr. Lewis R. Scudder e sua esposa Dorothy que era enfermeira, também seguiram o mesmo caminho.

A quarta geração de Scudders incluiu a Dra. Ida B (Belle) Scudder, que seguiu sua tia Ida Sophia Scudder para a Índia. Qualificada como radiologista, ela foi fundamental na criação dos serviços de radiologia diagnóstica e radioterapia em Vellore. Ela também serviu em Miraj no oeste da Índia por alguns anos.

Dra. Marilyn Scudder (1939–2005), filha do Dr. Lewis Scudder foi uma oftalmologista reconhecida por seu trabalho humanitário de destaque na Tanzânia. Seu irmão, Dr. Galen Fisher Scudder trabalhou no Hospital de Ranipet por muitos anos, e foi responsável por melhorar e expandir o hospital até o atual Scudder Memorial Hospital em Ranipet. Seu outro irmão, o Rev. Lewis R. Scudder III serviu em vários países do Oriente Médio.

A quinta geração de Scudders está apenas começando suas carreiras. Através da Associação Scudder, eles continuam a apoiar missões médicas na Índia e em outras partes do mundo.

A extraordinária contribuição da família Scudder para a serviço missionário através da saúde, educação, pastoreio e evangelismo, é verdadeiramente inspiradora. É um testemunho do fato de que Deus abençoa e continuará a abençoar os esforços daqueles que responderem ao Seu chamado.

ESPÍRITO, ESPÍRITO DE TERNURA

Espírito, espírito de ternura, sopre pela imensidão,
Chamando e libertando.
Espírito, espírito de inquietação, move-me da placidez,
Como o vento sopra ao mar.
Andastes sobre as águas, descestes ao abismo.
Temestes as montanhas do vale da morte
E sobre a eternidade, nomeastes todas as coisas,
"Desperta do Teu sono e ergue Tuas asas".
Pelo deserto nos guiaste, nos livrando dos males.
E deu ao Teu povo a lei e a terra.
E quando estávamos cegos com nossos ídolos e mentiras,
Falastes pelos profetas e nossos olhos assim abriram.
Num estábulo cantastes e numa colina chorastes.
Então bem baixinho sussurrastes, quando o mundo inteiro se silenciava.
Abaixo na cidade, chamastes de novo,
Quando soprastes em Teu povo pelo correr do vento.
Do amanhã tu chamas, quebras métodos antigos.
Da escravidão do pesar, os cativos têm sonhos,
Nossas mulheres têm visões, nossos homens limpam seus olhos,
Com novas decisões corajosas, nosso povo se levanta.

—James K Manley
Pastor da Igreja Unida de Cristo e escritor de hinos

1.º de maio

UM ANTIGO MÉDICO DIZ...
Cura

***Não a nós, Senhor, nenhuma glória para nós,
mas sim ao teu nome, por teu amor e por tua fidelidade!***
—SALMO 115:1

Ambroise Paré (1510–90), o cirurgião francês, disse: "Ponho ataduras em seus ferimentos, mas é Deus quem cura".

Ao longo dos anos, estudantes de medicina e médicos aprendem essas famosas palavras, mas quantos de nós realmente acreditam nelas em nosso coração? Afinal de contas, nós trabalhamos e estudamos duro para acumular conhecimento, habilidades, experiência que aplicamos à nossa prática e cuidado com os pacientes. Nós devemos, de fato, levar algum crédito?

Algum crédito, sim. O paciente pode ser curado pela medicação prescrita pelo médico, pelas palavras do psiquiatra, pela broca do dentista, pelo bisturi do cirurgião etc. No entanto, nós damos o crédito pela cura ao bisturi do cirurgião ou ao seu escopo? Nós dizemos que o cirurgião curou o paciente por meio de seu bisturi, não que o bisturi curou o paciente. Pela mesma razão, o cirurgião é apenas um instrumento nas mãos de Deus, como o bisturi é apenas um instrumento nas mãos dele. O cirurgião não pode reivindicar ser o autor da cura, assim como o bisturi não pode.

O fato é que Deus é o autor de toda cura. Como é fácil reivindicar que eu, o médico, curo! Por certo, eu, o médico, sou apenas uma ligação, um instrumento, no processo de cura de Deus. Isso nos torna humildes, ao ponderarmos sobre isso.

Reflexão: "Comer mel demais não é bom, nem é honroso buscar a própria honra" (Pv 25:27). "Não estou buscando glória para mim mesmo" (Jo 8:50). Essas são palavras de Jesus, o Médico dos médicos.

Oração: Senhor, eu sei que eu sou apenas um instrumento na missão médica e que a cura vem de ti, Senhor. Se existe orgulho em mim, remova-o. Toda glória e honra pertencem a ti somente. Em nome de Jesus, amém.

Loy Tung Tak Tony

2 de maio

UM MÉDICO ANTIGO DIZ...
Conhecimento médico

Não seja sábio aos seus próprios olhos; tema ao Senhor e evite o mal.
—PROVÉRBIOS 3:7

O conhecimento médico avança em um ritmo fenomenal, especialmente desde o advento da internet. Até revistas impressas ficaram para trás, quanto mais livros didáticos impressos. Médicos que desejam manter-se atualizados muitas vezes se restringem a ler resumos, artigos de revisão ou apenas navegar na internet. Um exemplo perfeito é o autor que se formou cerca de 10 anos antes do uso clínico da dosagem de HbA1C como marcador de diabetes. Tendo passado mais de 40 anos na especialidade cirúrgica mecânica, ele de repente encontrou a HbA1C mencionada nas propagandas de transporte público e não sabia quase nada sobre isso. A educação médica continuada é importante para todos nós, desde os especialistas clínicos até os médicos missionários.

O fato é que o médico não é um "sabe-tudo". Ele é apenas outro ser humano para o paciente, que pode vir armado com uma lista de impressões da internet sobre o que ele/ela percebe como o problema. Diversas vezes, esta é uma experiência boa, mas humilhante para consulta médica. Na Grécia Antiga, o médico era visto como tendo três faces: na doença, ele aparecia como um deus; no bem-estar, como homem; e em cobrar taxas, como o diabo! Hoje em dia nenhum médico pode achar que é um deus. Mas o sentimento de superioridade paternalista muitas vezes permanece e, ocasionalmente, um relacionamento paternalista pode até ser esperado pelo médico e pelo paciente.

O velho médico fala com experiência. Não porque ele é necessariamente mais sábio, mas porque ele falhou muito mais vezes. Em meio a tantas falhas, ele aprendeu uma dura lição: os médicos e a prática médica são limitados, mesmo nos dias de hoje, em tempos de cientificismo e alta tecnologia. A cura, afinal, está nas mãos do Todo-poderoso.

Reflexão: Quantas vezes eu reconheci diante dos meus pacientes que Deus é o verdadeiro médico?

Oração: Deus, nós te agradecemos pela sabedoria e conhecimento que nos deste como médicos profissionais. Nós te agradecemos por nos usares cada dia para ajudar no processo de trazer cura e saúde à vida das pessoas. Somente tu és o verdadeiro médico. Não há verdadeira cura sem ti. Em nome de Jesus, amém.

Loy Tung Tak Tony

3 de maio

Nunca é TARDE DEMAIS!

***Todo o que o Pai me der virá a mim,
e quem vier a mim eu jamais rejeitarei.***
—JOÃO 6:37

Não é fácil desistir de falar de Jesus quando as pessoas não parecem interessadas?

Por muitos anos, visitei uma paciente com esclerose múltipla em deterioração constante. Seu marido cuidava dela amorosamente, mas estava irritado com o que tinha acontecido a ela e como isso tinha afetado sua vida também. Ao longo dos anos, nós nos conhecemos e, quando foram para consultas perto do Natal e da Páscoa, ele descobriu o que eu cria em Deus e Jesus. Ele costumava dizer coisas como: "Eu nunca poderia acreditar em um Deus assim — não depois do que aconteceu com a minha esposa".

Depois de um tempo, ele desenvolveu um agressivo câncer de pulmão. Sua saúde se deteriorou rapidamente. Tanto ele como sua esposa tiveram que ir para uma casa de repouso para cuidados em tempo integral. Ao visitá-lo na casa de repouso, lembro-me de estar ocupado com anestesia e oxigenoterapia e de pensar que sua condição física era sempre angustiante, mas eu não tinha qualquer lembrança particular de falar com ele sobre o Senhor naquele momento.

Algumas semanas depois, ele faleceu durante a noite, e fui chamado para ver sua esposa e confirmar a morte. Eu estava apenas começando a expressar minhas condolências e perguntei para ela sobre seus últimos momentos, quando ela me interrompeu e disse: "Doutor, antes de morrer, ele me disse: 'Tenha certeza de dizer ao médico que estou pronto para ir agora' — ele me fez prometer que eu contaria isso a você".

Que momento glorioso!

Embora ela tivesse acabado de ver seu marido morrer, havia uma serenidade notável no seu rosto. Que encorajamento para mim que meu paciente agora estava pronto para encontrar o Senhor e que ele queria que eu o soubesse, porque, de alguma forma, algo que eu lhe havia dito, ao longo do caminho, ajudou e o preparou para esse momento!

Reflexão: Com que facilidade eu desisto de falar sobre Jesus porque a pessoa para quem falo não aparenta responder positivamente?

Oração: Querido Senhor, capacita-nos para contar as boas-novas. Oro para que façamos uso de todas as oportunidades que nos forneces para compartilhar a Tua palavra. Obrigado! Em nome de Jesus, amém.

Kevin Vaughan

4 de maio

Conflitos: CAUSA E PREVENÇÃO

Vocês cobiçam coisas, e não as têm...
—TIAGO 4:2

Talvez seja só eu, mas suspeito que você tenha este problema também. Quando temos conflito com alguém, geralmente nos concentramos no que está errado com o outro; porém as palavras de Tiago sugerem o seguinte: encontraremos a raiz do problema dentro de nós mesmos.

O versículo 1 nos diz que o problema vem dos desejos em nosso interior — desejos não satisfeitos. O desejo pode até ser bom, mas muitas vezes são desejos egoístas. Quando nós queremos alguma coisa e não a conseguimos, o conflito surge. É simples assim! Não devemos considerar o que pode estar errado com a outra pessoa até que tenhamos examinado nossos desejos e motivações. E, como esta é a raiz do conflito entre indivíduos, da mesma forma é entre grupos e nações.

No versículo 2, Tiago relaciona o matar com a cobiça. Essas são as consequências de não conseguir o que desejamos. Cobiçar significa simplesmente querer alguma coisa que não é nossa por direito. Cobiça pode ser relacionada a cada um dos outros Dez Mandamentos.

Todavia, Tiago nos dá uma solução: devemos levar nossos desejos a Deus (v.2). Porém isso apresenta um problema: pedimos a Deus com o motivo errado (v.3). Não pedimos pelo bem dos outros ou pelo bem do Seu reino; pedimos pelos nossos próprios interesses egoístas. Em seguida, Tiago relaciona esses desejos, conflitos e motivos errados com a raiz do problema — o orgulho (v.6). A solução envolve submissão a Deus, resistir ao diabo, aproximar-se de Deus e perseverar em santidade (vv.7-8). Essa não é uma tarefa fácil. Ela não pode ser feita com a nossa própria força. Mas, quando nos humilhamos, Deus nos exalta (v.10).

O conceito de submissão é a chave. Ele não somente é o primeiro passo para resolver o conflito, mas é o meio de prevenir o conflito. Paulo deixa isso claro quando ele nos desafia: "Sujeitem-se uns aos outros, por temor a Cristo" (EF 5:21).

Por fim, aqui está uma ferramenta prática para nos ajudar na submissão. Simplesmente pergunte: "Como posso ajudá-lo?". A oferta deve ser genuína, mas pode ser motivada por disciplina e não por emoções positivas. Isso virá mais tarde e devemos estar dispostos ao sacrifício. Recordando o Seu sacrifício por nós, fazemos isso "por temor a Cristo".

Leitura complementar: Colossenses 3:17

Gene Rudd

5 de maio

A proximidade DO SENHOR – PARTE 1

...Perto está o Senhor.
—FILIPENSES 4:5

Tendo encorajado os filipenses a se alegrarem sempre no Senhor e a exercitarem a gentileza nos seus relacionamentos, Paulo finaliza com esta pequena frase: "Perto está o Senhor". Paulo queria dizer que o Senhor está próximo no espaço ou no tempo? Ou devemos nos alegrar nessa ambiguidade e abraçar ambas as ideias?

R. P. Martin prefere a definição de que o Senhor está próximo no tempo, embora ele primeiro forneça evidência de que o Senhor esteja próximo no espaço. Ele cita o Salmo 145:18 — "O SENHOR está perto de todos os que o invocam, de todos os que o invocam com sinceridade". Isso é reforçado pelo Salmo 119:151 — "Tu, porém, SENHOR, estás perto e todos os teus mandamentos são verdadeiros". Conforme esse versículo, podemos nos alegrar no Senhor, pois Ele está perto. De fato, a companhia do Senhor é um tema comum nos salmos; não devemos temer "um vale de trevas e morte" porque o Senhor está conosco (SL 23:4). A presença do Senhor guiou Israel pelo deserto. Moisés insistiu com Deus para garantir que Ele não retiraria Sua presença do Seu povo. Ele recebeu do Senhor essa maravilhosa promessa: "...Eu mesmo o acompanharei, e lhe darei descanso" (ÊX 33:14).

No Novo Testamento, o outro nome de Jesus, Emanuel, significa "Deus conosco". Um dos curtos resumos de Paulo sobre o evangelho é: "Cristo em vocês, a esperança da glória" (CL 1:27). Deus agora habita entre o Seu povo por meio do Espírito Santo, que foi derramado sobre a Sua Igreja e sobre os indivíduos na igreja no Pentecostes. A presença de Deus nas nossas interações diárias com pacientes e colegas é um grande recurso de equilíbrio e conforto. Ele nos permite alegrarmos e sermos gentis com todos.

Reflexão: Viva a presença do Senhor no seu escritório, estudos, cirurgias, sala de aula, laboratório e em seus plantões.

Leitura complementar: Salmo 23

Oração: Senhor, tu me permites conhecer o caminho da vida; tu me enches de alegria na Tua presença com prazeres eternos na Tua destra. Obrigado, Senhor, por estares perto de mim. Em nome de Jesus, amém.

Alan Gijsbers

6 de maio

A proximidade DO SENHOR – PARTE 2

...Perto está o Senhor.
—FILIPENSES 4:5

Tendo estudado a intimidade de Deus com o Seu povo como uma proximidade física, R. P. Martin desenvolve evidência para justificar a interpretação dessa afirmação como uma declaração escatológica (referente ao fim dos tempos). Ele argumenta que "Perto está o Senhor" refere-se à proximidade do fim dos tempos, quando Jesus voltar. Esse tempo está próximo. Os cristãos clamam "Maranata — vem, Senhor Jesus". O Senhor e Sua recompensa estão próximos. Esse é um tema comum no Novo Testamento, especialmente para uma Igreja perseguida, e traz urgência para o trabalho da Igreja Primitiva. Paulo lança mão desse tema em Romanos 13:11. A salvação está mais próxima agora do que quando nós, pela primeira vez, acreditamos. A noite está distante, o dia está próximo. Portanto, coloquemos de lado as obras das trevas e nos vistamos da armadura de luz. Estamos prontos para a Sua volta e, quando Ele voltar, nós o receberemos alegremente.

A esperança cristã da volta do Senhor não nos torna tão "celestiais" a ponto de não sermos mais úteis na Terra, mas, pelo contrário, fortalece o nosso comprometimento para fazer o certo de modo a estarmos prontos para a Sua volta. Este é o porquê de nos excedermos no trabalho do Senhor, pois sabemos que no Senhor nenhum trabalho é inútil (1CO 15:58).

Mas, afinal, precisamos escolher entre proximidade de lugar ou de tempo? Por que não nos regozijamos na presença do Senhor no nosso trabalho diário e olhamos para frente com grande expectativa de que o Senhor voltará em breve? Estejamos ocupados para o Senhor, que está conosco e que voltará em breve.

Reflexão: Na volta iminente do Senhor. Como isso muda a maneira como cuidamos dos pacientes e fazemos nosso trabalho?

Leitura complementar: 1 Coríntios 15

Oração: Querido Deus, ajuda-nos a ter a humilde força para nos aproximarmos de ti hoje, pois entendemos que o fim de todas as coisas está próximo. Ensina-me a vigiar e orar e, ao fazê-lo, deixa-me ser o vigia que tu pretendes que eu seja. Em nome de Jesus. Amém.

Alan Gijsbers

7 de maio

LIDERANÇA servil

*...e quem quiser ser o primeiro entre vocês,
que seja servo de todos.*
—MARCOS 10:44 NAA

Certa vez, meu filho pequeno disse que ele não poderia ter um empregado quando crescesse, então perguntei a ele por quê. Ele respondeu: "Porque meu professor de Escola Bíblica Dominical me disse que, para eu ser grande, eu devo ser um servo". De fatos, esse é o conceito bíblico de liderança; enquanto o mundo a vê como uma oportunidade para ser autoritário, as Escrituras dizem que é uma oportunidade para servir.

Um líder servo lidera servindo aos outros. Em outras palavras, líderes servos colocam o interesse e as necessidades dos seus seguidores à frente dos seus próprios interesses e necessidades. Isso coloca a liderança em uma posição de sacrifício. No final de Seu ministério terreno, vimos Jesus lavando os pés dos Seus discípulos para deixar claro que isso é um chamado para o ministério. É um chamado para a humildade. Ele poderia, em vez disso, ter retirado o lixo ou limpado a mesa como forma de dar um exemplo de serviço. Nosso Senhor exige daqueles que estão em uma posição superior que se comportem modesta e humildemente para não dominar aqueles que estão abaixo dele.

Um líder servo valoriza outras opiniões e não vê as suas ideias como definitivas. Certa vez, Jesus perguntou aos discípulos: "Quem os outros dizem que o Filho do homem é?" (MT 16:13). Esse atributo realmente ajuda um líder a avaliar o impacto do seu trabalho.

Desenvolver os outros, cultivar uma cultura de confiança, pensar sobre o liderado e não apenas em si são os outros atributos que caracterizam a liderança servil. Ele é aquele que prefere vender suas ideias ao invés de as impor, ou seja, o oposto de um ditador. Ele persuade ao invés de ordenar.

Liderança servil é o que fomos chamados para fazer. Ela é o único caminho para o topo, e devemos entender isso se temos o topo em vista.

Reflexão: No exemplo de Jesus como líder servo.

Leitura complementar: Marcos 10:42-47

Oração: Senhor, enquanto entendemos o significado do Teu chamado para uma liderança servil, ajuda-nos a reconhecer os Teus caminhos para ministrarmos através da nossa vida. Inspirados pelo conhecimento da Tua presença duradoura, que tenhamos a coragem de alcançar e amparar uns aos outros, nos diminuir quando os outros crescerem e de liderar com visão e compaixão, como fiéis seguidores de Jesus, em Teu nome, Amém.

Asemota Osemwen

8 de maio

Sendo quem VOCÊ REALMENTE É

*Já não os chamo servos, porque o servo não sabe
o que o seu senhor faz. Em vez disso,
eu os tenho chamado amigos, porque tudo o que ouvi
de meu Pai eu tornei conhecido a vocês.*
—JOÃO 15:15

Recentemente, eu tive que passar por um período de "incubação" divina, durante o qual a realidade de quem eu sou em Cristo Jesus se tornou clara para mim. No decorrer do tempo, algumas portas se fecharam em minha vida as quais ninguém, senão Deus, poderia abrir, e outras foram abertas pelo próprio Senhor. Esse campo de treinamento foi a base sobre a qual um processo de preparação foi conduzido para que eu cumprisse com excelência o chamado que Deus colocou sobre a minha vida. As circunstâncias existentes não foram sempre agradáveis para mente natural. Eu fui levado a dar alguns passos para trás como médico para que eu pudesse obter uma perspectiva celestial da incrível identidade que pertence aos filhos de Deus, ao serem contados como parceiros do Grande Médico.

"Então disse aos seus discípulos: 'A colheita é grande, mas os trabalhadores são poucos. Peçam, pois, ao Senhor da colheita que envie trabalhadores para a sua colheita'" (MT 9:37-38).

Você não pode viver fielmente uma identidade que não conhece. Como você pode obter as recompensas de ser amigo de Deus se você escolhe se limitar apenas ao reino de "servidão"? Para que você seja eficaz como um condutor da cura divina no reino do Mestre, você precisa aceitar o Seu convite de colocar o ouvido no Seu peito e meditar no ritmo do Seu coração. Cada batimento irradia ondas de inspiração de vida que vão estimular você a cada dia. Consequentemente, você receberá "downloads" de estratégias celestiais que substituirão o alcance limitado da sabedoria humana.

Então cabe a mim e a você, a cada momento, respirarmos a abundante vida que Jesus gratuitamente nos dá e, ao fazê-lo, irradiaremos sua fragrância de vida em qualquer circunstância que possamos encontrar.

Leitura complementar: Apocalipse 3:20; Atos 17:28; 1 Pedro 2:9

Livro: O poder sobrenatural de uma mente transformada (Ed. Chara, 2018), autor Bill Johnson.

Oração: Querido Senhor, eu rendo minha vida a ti. Eu te peço: envia-me para a colheita, que é abundante. Em nome de Jesus, amém.

Mary Ojo

9 de maio

LIÇÕES DE *jardinagem*

***Amado, oro para que você tenha boa saúde e tudo corra bem,
assim como vai bem a sua alma.***
—3 JOÃO 1:2

Eu amo o trabalho investigativo de um médico. Acho incrível que as pessoas venham e compartilhem os seus mais profundos segredos, medos e preocupações comigo; coisas que elas nunca disseram a ninguém. Eu tenho aprendido que o processo de investigação é realmente importante. Você sabe como é com as ervas daninhas no jardim? Se você não as tirar pela raiz, elas crescerão de novo.

Muitas vezes, pacientes e médicos enganam-se em pensar que eliminar os sintomas é o suficiente; porém, se a raiz permanece, os problemas virão à tona em outro lugar. Uma área realmente interessante para mim é o grupo de doenças autoimunes. O sistema imunológico é um maravilhoso presente dado por Deus contra invasores. Ainda assim, nessas doenças, ele aparentemente ataca partes diferentes do corpo. Por exemplo, na colite, o corpo se volta contra o intestino; na tireoidite, o corpo se volta contra a tireoide; no diabetes tipo 1, o corpo se volta contra o pâncreas. Por quê? Nós geralmente não perguntamos por quê.

Há uma pesquisa interessante na América que mostra que a raiz disso pode ser a falta de amor próprio. "Eu disse 'pode ser', e não 'é'!" Eu achei fascinante pensar sobre isso: se não nos amarmos como pessoa em um nível profundo, nosso corpo físico pode seguir o exemplo e se voltar contra ele mesmo de algum jeito. Deus nos ama completamente. Ele nos projetou e nos criou à Sua imagem e semelhança. Então, se começarmos a nos odiar ou nos condenar, estamos indo contra o que Ele diz a nosso respeito.

Somos todos diferentes. Cada um possui uma história diferente. Mas há algumas chaves que Deus nos dá que podem nos ajudar. No versículo de 3 João, parece haver uma ligação entre a saúde física e a saúde de nossa alma. Tiago exorta: "Portanto, confessem os seus pecados uns aos outros e orem uns pelos outros para serem curados" (TG 5:16). Algumas vezes a nossa cura física depende de "ajustes nas camadas mais profundas".

Podemos aprender isso com a jardinagem. Podemos ficar tão focados na aparência da planta a ponto de esquecermos das raízes. Podemos ficar tão focados na cura física que esqueçamos do estado da nossa alma, mente, emoções e vontade. Deus quer que sejamos inteiros. O trabalho duro da jardinagem vale a pena.

Leitura complementar: 3 João

Mary Wren

10 de maio

DANDO EXEMPLO às crianças

Instrua a criança segundo os objetivos que você tem para ela, e mesmo com o passar dos anos não se desviará deles.
—PROVÉRBIOS 22:6

"Ah, não! Você de novo não!" Esse não era o tipo de saudação que eu esperava quando elogiei minha colega no estacionamento cirúrgico. Tessa veio em minha direção fazendo caretas e com a mão na testa. "Desculpa! É que eu me senti muito culpada depois da nossa última conversa e estava temendo encontrá-la de novo." Sobre o que tínhamos conversado mesmo?

Tessa é cristã. O seu marido é cristão. Eles foram abençoados com cinco crianças talentosas. Eu lembrei da nossa conversa: "Como vai a família?". Assim como muitos filhos brilhantes de médicos, os filhos de Tessa se destacavam na escola, na orquestra e no campo dos esportes. "Que ótimo!", disse eu. "E como vão as coisas na igreja?" "Ah... é... uhm... bem, veja bem, não vamos mais à igreja porque domingo de manhã o Jake tem natação, e o Tobby tem *rugby*, e a Alison tem coral juvenil, e...".

Eu me esbarrei com Tessa alguns anos depois. "Como vão as crianças?" Vão bem. Elas já são adultas agora, ainda brilhando e conquistando. Porém Tessa me disse que é doloroso para ela que nenhum deles esteja caminhando com o Senhor.

Agora, todos nós sabemos pelas Escrituras (e pela vida) que pais bons e piedosos podem ter crianças rebeldes. Sabemos também que cada família deve tomar suas próprias decisões quanto à observância do domingo — não somos todos sabáticos rigorosos. Mas que lição essas crianças aprenderam enquanto cresciam? Elas aprenderam que as suas proezas no tênis, no futebol e no clarinete eram mais importantes do que juntar-se à Igreja de Cristo para adorar a Deus. Deveria nos surpreender que eles rejeitem tal fé, tal igreja, tal Deus, tão irrelevantes na rotina dos pais?

É difícil organizar as demandas do trabalho, da igreja e da família, mas temos a responsabilidade, se abençoados com crianças, de criá-las "segundo a instrução e o conselho do Senhor" (EF 6:4). Crianças de outras famílias também estão observando o nosso exemplo e estão conscientes das nossas prioridades. Que, com a ajuda de Deus, vivamos "de maneira digna da [nossa] vocação" (EF 4:1) e tenhamos prioridades divinas, tanto para os jovens quanto para nós.

Leitura complementar: Marcos 8:36; Mateus 6:33; Hebreus 10:24-25

Ruth Eardley

11 de maio

Livre DO MEDO

Pois vocês não receberam um espírito que os escravize
para novamente temerem,
mas receberam o Espírito que os torna filhos por adoção,
por meio do qual clamamos: "Aba, Pai".
—ROMANOS 8:15

Pois Deus não nos deu espírito de covardia,
mas de poder, de amor e de equilíbrio.
—2 TIMÓTEO 1:7

Com quem estou me associando? Eu estava discutindo porque algumas pessoas decidem se agarrar nos seus problemas ao invés de adentrar na liberdade que Cristo já conquistou para elas. Naquela noite, eu acordei para o desafio: "por que você está se associando com o medo?". Então eu fiz o que era preciso: arrependi-me por permitir que o medo sufocasse a minha vida em tantas áreas. Eu recebi o maravilhoso perdão que vem através da cruz.

Algumas semanas depois, eu estava dentro de um carro, serpenteando em um caminho atormentador de uma alta montanha com o motorista pisando fundo. Eu estava me sentindo muito nervoso, quando me lembrei da oração acima. O medo não ajudaria e não poderia evitar que o carro despencasse colina abaixo. Então, mais uma vez, eu disse para o medo me deixar e aproveitei o resto do passeio de montanha-russa em segurança.

Eu ainda estou praticando, mas as mudanças são grandes enquanto eu abraço o desafio: "Como é uma vida sem medo?".

- *Tentar coisas novas;*
- *Aderir às mudanças;*
- *Ter um coração aberto para as pessoas;*
- *Falar com estranhos;*
- *Escalar montanhas íngremes;*
- *Aprender coisas novas em medicina;*
- *Não recuar de problemas difíceis.*

Sua lista pode ser diferente, mas o poder que temos é o mesmo: o poder do Espírito Santo dentro de nós, através da morte de Jesus na cruz.

Viva sem medo!

Leitura complementar: 2 Timóteo 1

Oração: Senhor, tu me chamaste para ser forte e corajoso. Que o Espírito Santo me capacite e me ajude a proclamar Teu nome com ousadia. Em nome de Jesus, amém.

Simon Stock

12 de maio

A fidelidade
SUPERA OS RESULTADOS

Acaso tem o S<small>ENHOR</small> *tanto prazer em holocaustos e em sacrifícios quanto em que se obedeça à sua palavra? A obediência é melhor do que o sacrifício...*
—1 SAMUEL 15:22

Era o meu segundo ano no hospital missionário. As coisas não estavam acontecendo como eu havia previsto, e eu estava me desentendendo com a administração local. Eu estava ficando frustrado e deprimido e me perguntando o que estava fazendo ali. Minha esposa e eu estávamos certos do nosso chamado, e nós e as crianças estávamos felizes. Mas eu estava sentindo que não estava realizando nada.

Ponderando sobre outra discussão com a administração em uma manhã, algumas palavras vieram até mim de repente, como se fosse o próprio Deus falando comigo: "Eu não o chamei para ser bem-sucedido, eu o chamei para ser obediente. Os resultados são por minha conta".

Meu coração disparou. Imediatamente, os meus pensamentos foram para o ministério de Jesus. Se alguém foi realmente bem-sucedido, foi o Filho de Deus! E mesmo assim, aos olhos do mundo, Ele terminou como um fracassado. Eu imagino o olhar de triunfo no rosto de Satanás quando Jesus finalmente entregou o Seu Espírito. E como esse olhar então mudou para desespero total quando ele entendeu as últimas palavras de Jesus: "Está consumado!" (JO 19:30). Nesse ponto, Satanás percebeu que o aparente fracasso de Jesus na verdade era Seu sucesso total.

Há muita pressão sobre nós para sermos bem-sucedidos, mesmo no serviço missionário. Eu percebi que Deus quer minha obediência e fidelidade; os resultados ficam a encargo dele! Pelo que estou me esforçando? Será que estou sendo fiel e obediente a Deus?

Leitura complementar: 2 Coríntios 11:22-30

Oração: Senhor, que o meu desejo seja ouvir de ti: "Muito bem, servo bom e fiel"; que nada mais tome prioridade e altere o foco para além do Teu reino. Em nome de Jesus, amém.

Stephen Green

13 de maio

VIVENDO em negação

Se alguém quiser acompanhar-me, negue-se a si mesmo, tome diariamente a sua cruz e siga-me. Pois quem quiser salvar a sua vida a perderá; mas quem perder a vida por minha causa, este a salvará. Pois que adianta ao homem ganhar o mundo inteiro, e perder-se ou destruir a si mesmo? Se alguém se envergonhar de mim e das minhas palavras, o Filho do homem se envergonhará dele quando vier em sua glória e na glória do Pai e dos santos anjos.
—LUCAS 9:23-26

Recentemente, eu estava assistindo na TV uma celebridade bem conhecida do Reino Unido fazendo o seu papel quando ele revelou ao vivo na frente de toda audiência que era homossexual. Ele contou o quanto lamentou ter negado essa parte de si mesmo por tantos anos e como era bom não viver mais em negação.

Claro que é importante chegar a um acordo com os elementos de nossa personalidade sobre os quais podemos sentir conflito, mas assumir que negar a indulgência das nossas paixões e desejos é sempre prejudicial vai contra diversos ensinamentos da Bíblia. Na nossa leitura de hoje, Jesus enfatiza que a abnegação é uma característica essencial do nosso discipulado.

A conversão pode ser um processo instantâneo, mas a santificação leva uma vida toda. Quanta miséria e patologias vemos na vida dos nossos pacientes porque eles "não podem negar" a si mesmos outra bebida, outra tragada, outro parceiro sexual, outra agulhada, outra mentira? A ideia de que somos prisioneiros das nossas paixões não é nova — o célebre filósofo escocês, David Hume, certamente a propagou no século 19. Mas isso não é verdade para aqueles que acreditam em Deus de acordo com a Sua Palavra.

Leitura complementar: Se você está lutando para negar os desejos que a Bíblia claramente nos exorta a resistir, meditar nos versículos seguintes o ajudará hoje — Efésios 2:3-5; 2 Coríntios 10:5.

"Amados, insisto em que, como estrangeiros e peregrinos no mundo, vocês se abstenham dos desejos carnais que guerreiam contra a alma" (1Pe 2:11).

"Pelo contrário, revistam-se do Senhor Jesus Cristo, e não fiquem premeditando como satisfazer os desejos da carne" (Rm 13:14).

Trevor Stammers

14 de maio

SEM arrependimentos

*Que o amado do Senhor descanse nele em segurança,
pois ele o protege o tempo inteiro,
e aquele a quem o Senhor ama descansa nos seus braços...*
—DEUTERONÔMIO 33:12

À s vezes eu me pergunto: "Quem sou eu? O que eu estou fazendo aqui? Por que razão estou jogando fora uma boa carreira médica? Trabalhar com pessoas que nem mesmo valorizam o fato de eu ter desistido de muito por elas? Comer comida que eu não gosto? Eu tenho certeza de que os insetos não foram criados para consumo humano. Que tipo de Deus esperaria que Seus filhos fizessem tais coisas?".

Estou um pouco triste por confessar que eu tive tais pensamentos sobre meu Pai, meu Pai incrivelmente amoroso. Que em Seu amor tem me dado a oportunidade de conhecê-lo e de conhecer a Sua misericórdia em uma terra estrangeira. Viver em um lugar onde eu preciso dele desesperadamente e, então descobrir, a partir das mais difíceis circunstâncias, que me apaixonei por Ele ainda mais.

Não posso dizer o suficiente sobre o quão bom Ele é!

Relacionamentos terminaram, acusações, mal-entendidos, amor não correspondido, esperança adiada — este não foi um bom ano e piorou! Uma vida de fé não é para os fracos, mas a doçura de Seu poder me permite perdoar, curar e restaurar. A intimidade de Seu amor e aceitação levam a uma nova alegria que vem depois do choro!

É claro que é preciso obedecer ao chamado de Deus; para a China, África, Nepal, Índia — ou para a sua clínica e hospital local. Mas, antes de fazer qualquer coisa por Ele, ouça-o chamar seu nome: "Meu amado, meu filho". Então, onde quer que ele o faça trabalhar, é um lugar para se apaixonar.

Sem arrependimentos! Uma vida arriscada, mas sem arrependimentos por hesitar. Seu amor é grande demais para perder. Pare, fique quieto e sinta novamente Seu abraço e ouça-o sussurrar: "Amado".

Oração: Pai, peço que tu renoves minhas forças para que eu possa esperar pacientemente em ti. Peço que meus ouvidos e olhos sejam abertos para que eu possa ver, ouvir, conhecer e entender Tua Palavra e assim eu possa caminhar em obediência aos Teus mandamentos e compartilhar com outros. Peço-te que me tornes alerta, desperto e atento em Teus pensamentos e caminhos, para que eu não seja facilmente enganado pelo inimigo. Rogo-te que me ajudes a ser disciplinado e um bom mordomo de tudo o que me confiaste para abençoar outros e propósito do Reino. Oro em ação de graças, em nome de Jesus, amém.

Simon Stock

15 de maio

ELES TAMBÉM SERVEM
a quem só espera e ora

**Assim, os últimos serão primeiros,
e os primeiros serão últimos.**
—MATEUS 20:16

Qual é o significado da parábola intrigante de Jesus sobre os diferentes operários em uma vinha? Por que os que se juntaram à força de trabalho na última hora foram pagos da mesma forma que aqueles que trabalharam o dia todo? Mateus conclui a parábola com este comentário vindo de Deus: "os últimos serão os primeiros". Os valores de Jesus não eram orientados pelo mercado.

Imaginando a cena, vemos o empregador indo ao mercado no início da manhã. Ele primeiro seleciona aqueles que parecem capazes de trabalhar durante um dia quente. Os menos capazes, idosos ou incapacitados são deixados de lado. No entanto, eles não perdem a esperança, pois esperam ser úteis mais tarde.

O dia passa. Por horas, trabalhadores fortes e capazes, com um bom alcance dos braços e equilíbrio perfeito, continuam colhendo cachos de uvas. Ainda restam tarefas importantes que são mais adequadas para os menos ágeis, mas ainda fortes. Entre eles, dois nessa categoria podem transportar as cestas cheias. O restante deve ser capaz de separar um fruto bom de um ruim, ou limpar as folhas caídas. O mestre convoca cada grupo por vez para executar o que eles conseguem fazer. Sua paciência e seus esforços foram finalmente recompensados.

Alguns de nossos pacientes, e até alguns de nós, podem, por várias razões, se sentir bastante inúteis. Não podemos mais fazer o que fazíamos facilmente. Vemos outros trabalhando duro em empregos que uma vez amamos. No entanto, uma palavra constantemente recorrente nas Escrituras é "Espere no Senhor". Enquanto a vida durar, nosso Mestre nos mostrará tarefas adequadas à nossa habilidade atual. Talvez nos tornemos alguém que ora por Seus servos no trabalho "pesado", em todo o mundo.

Nós sempre estaremos de plantão para Senhor, nunca estaremos aposentados. João, já idoso, teve uma revelação da vida por vir. Embora, no momento da sua visão, esse discípulo tivesse sido posto de lado de suas atividades anteriores, ele gravou para os outros as maravilhas que ele havia visto. Se algum leitor se sente marginalizado, tome coragem e seja paciente. Nossa esperança está ancorada no Senhor, e Ele ainda não terminou o Seu trabalho em nós.

Leitura complementar: Mateus 24:44-47; Isaías 40:28-31; Apocalipse 22:3-5

Oração: Usa-me, Senhor; usa-me realmente para as tarefas que tu tens para mim. Da maneira como tu queres, onde e quando; até que eu veja a Tua face abençoada. Em nome de Jesus, amém.

Janet Goodall

16 de maio

MANTENHA ISSO simples

Parem de lutar! Saibam que eu sou Deus!
Serei exaltado entre as nações, serei exaltado na terra.
—SALMO 46:10

Recentemente, voltei de um acampamento de férias de verão nas montanhas austríacas. É uma grande mudança ir para o meio do nada, cercado de beleza natural e sem acesso à tecnologia. Não havia internet, telefone, notícias ou outros ingleses. A população local parecia viver uma vida muito simples — agricultura, reunião na praça da aldeia para conversar e satisfação com uma gama limitada de alimentos e produtos nas lojas. Todos pareciam ser muito saudáveis!

Com o passar dos dias, me senti relaxada. Meu cérebro estava menos cheio de informações, as refeições eram simples, passávamos o tempo conversando com as pessoas enquanto lavávamos os pratos. Houve tempo para apreciar a beleza circundante. Eu dormi bem, minha indigestão melhorou, meu corpo se sentiu mais forte, e eu não tive dores de cabeça. Comecei a pensar sobre os benefícios da simplicidade para a saúde e o quão complicadas e ocupadas as nossas vidas podem ser.

Nós nos acostumamos a estar sempre acessíveis. Atendemos chamadas telefônicas, verificamos e-mails e nos comunicamos tecnologicamente dia e noite. Somos bombardeados com notícias de todo o mundo e informações sobre a vida das pessoas nas redes sociais. Trabalhamos o dia inteiro e nos sentimos responsáveis por nossos pacientes e funcionários também. Chegamos em casa e tentamos encaixar igreja, amigos e familiares. Não percebemos o quanto é cansativo até não termos isso.

O desafio é aplicar o que eu aprendi em um feriado como esse ao voltar para casa! Então eu decidi verificar menos as redes sociais e meu telefone e ler o resumo das notícias apenas uma vez por dia. Decidi tirar um tempo para apreciar as folhas de outono, parar para conversar com meu vizinho por alguns minutos e preparar comidas mais simples. Principalmente, eu decidi lembrar que a ordem de Deus é melhor; minha ordem de prioridades precisa refletir isso.

Deus deve ser meu primeiro amor, daí então meu marido e depois meus filhos. Na sequência, vem o resto da minha família e, então, amigos. As atividades da igreja e o trabalho devem estar bem abaixo na lista.

Simplicidade tem grandes benefícios, incluindo para nossos corpos e emoções, nossos relacionamentos e comunidades. Tire algum tempo para se aquietar e ouça Deus sussurrando Suas palavras e Seus caminhos para você, então faça o que Ele diz.

Leitura complementar: Salmo 46

Mary Wren

17 de maio

PENSAMENTOS E *vozes*

*...e levamos cativo todo pensamento,
para torná-lo obediente a Cristo.*
—2 CORÍNTIOS 10:5

Você já pensou de onde vêm os pensamentos que temos ou as vozes que estamos ouvindo? Às vezes, atendo pacientes que me dizem que estão ouvindo vozes. Pode ser a voz de alguém que conhecem, a voz de Deus ou a sua própria "conversa consigo mesmo". Podem até ser demônios. Na psiquiatria, geralmente não se considera que o mundo espiritual existe e, portanto, a ideia de conversar com os demônios é ignorada.

Como cristãos, não gostamos de pensar que podemos estar ouvindo demônios, mas cheguei à conclusão de que a maioria de nós o faz. As vozes que condenam, ou que são violentas, ou que ameaçam de morte não são de Deus. A Bíblia nos diz que Satanás é o "acusador dos nossos irmãos" (AP 12:10). Ele está diante do trono de Deus acusando-nos dia e noite. Ele vem para roubar e matar e destruir. Ele é o Pai da mentira. Então, também nos é dito para levarmos "cativo todo pensamento, para torná-lo obediente a Cristo". Alguns pensamentos precisam ser capturados!

Há dez anos, eu estava lutando com um problema de batimento cardíaco irregular que fazia eu me sentir fraco e doente. Na minha cabeça, eu podia ouvir uma voz dizendo que eu ia morrer. Isso me deixou muito assustada. Minha vida ficou restrita e fechada. Agora, de quem era essa voz? Definitivamente não era Deus — eu sabia disso no meu coração. Não era minha voz, nem de mais ninguém. As características se encaixavam perfeitamente com algo maligno.

Comecei a aprender que nem toda voz que eu ouvia ou pensava era de mim mesmo ou de Deus. A maior batalha que temos está em nossas cabeças. Eu percebi que eu tinha que levar meus pensamentos cativos e alinhá-los de acordo com a verdade de Deus. Quando escolhi concordar com a verdade e falar sobre mim mesma, as vozes diminuíram. Quando comecei a agir na verdade e a fazer as coisas apesar do medo, diminuíram ainda mais. Elas quase nunca aparecem agora e, quando elas aparecem, eu conheço a autoridade que tenho em Cristo para dizer-lhes para irem embora.

Então, se você ou um paciente estão lutando com pensamentos ou vozes, pergunte a Deus quem são e por que elas têm permissão para estar lá. Pode ser que você precise se arrepender por concordar com elas. Conte a alguém de sua confiança e ore junto. Concentre-se na verdade da palavra de Deus: pense sobre quem Cristo é e sobre quem você realmente é em Cristo. Você escolhe quais pensamentos e vozes permitem que fiquem com você. Nós temos a mente de Cristo.

Leitura complementar: 2 Coríntios 10

Mary Wren

18 de maio

O QUE nos define?

Vocês, porém, são geração eleita, sacerdócio real, nação santa, povo exclusivo de Deus, para anunciar as grandezas daquele que os chamou das trevas para a sua maravilhosa luz. Antes vocês nem sequer eram povo, mas agora são povo de Deus; não haviam recebido misericórdia, mas agora a receberam.
—1 PEDRO 2:9-10

Uma médica cristã estava em licença maternidade e decidiu dar uma chance ao grupo da comunidade de "mães e bebês". Como foi? "Terrível! Perdi minha identidade completamente! Eu fui apresentada como 'a mãe do Lucas'. Um agente de saúde aposentado disse sobre mim: 'Esta é Claire; ela costumava ser médica!'. Costumava ser? Já é ruim o suficiente você perder sua identidade e sua liberdade, mas agora eu havia perdido meu *status* e meu trabalho também!".

Talvez possamos simpatizar com a nossa amiga — ela se sentiu rebaixada e destituída de seu status. Mas, na realidade, ela estava mais preocupada com a posição social do que com sua verdadeira identidade em Cristo.

Sim, somos indivíduos; nós temos diferentes nacionalidades, habilidades e tentações. Temos nossa própria família, amigos e posses. Mas isto não nos define. Nem nosso título de trabalho.

A Bíblia diz que somos "peregrinos dispersos" no mundo (1PE 1:1). Assim como o povo antigo de Deus foi descrito como "estrangeiros" e "peregrinos" (HB 11:13), Pedro lembra aos seus leitores que eles são estrangeiros, espalhados pela perseguição (1PE 2:11), mas também cidadãos do reino dos Céus. Os cristãos devem se identificar com o peregrino, o imigrante e o refugiado, pois nós também estamos longe de casa. Somos residentes temporários. Nossas prioridades, valores e estilos de vida deveriam nos tornar radicalmente diferentes da cultura ao nosso redor: "Eles acham estranho que vocês não se lancem com eles na mesma torrente de imoralidade, e por isso os insultam" (1PE 4:4).

Leia novamente os versículos de 1 Pedro 2:9-10. Quem sou eu? Um médico? Uma enfermeira? Uma parteira? Não acima de tudo. Se sou um cristão e estou em Cristo, sou escolhido, um sacerdote real, um membro de uma nação santa, uma pessoa exclusiva de Deus. Recebi misericórdia; recebi luz; tenho uma nova cidadania e tenho um propósito — anunciar as grandezas de Deus. Aleluia!

Leitura complementar: Filipenses 3:20; Hebreus 13:14

Ruth Eardley

19 de maio

Sabedoria

*O conselho da sabedoria é: procure obter sabedoria;
use tudo que você possui
para adquirir entendimento. Dedique alta estima à sabedoria,
e ela o exaltará; abrace-a, e ela o honrará.*
—PROVÉRBIOS 4:7-8

Eu ouvi pela primeira vez a história do rei Salomão na Escola Bíblica Dominical quando eu era criança. Lembro-me de pensar quão fácil a vida deve ter sido para Salomão. Ele tornou-se sábio apenas pedindo sabedoria a Deus e, depois disso, tudo o que ele fez deu certo! Apenas alguns anos depois, percebi que Salomão também tomou decisões erradas. No final de sua vida, enquanto olhava para trás, havia escolhas e decisões das quais ele se arrependia. Como um homem que começou com as bênçãos de Deus e intenções tão nobres pôde errar? A resposta é que, mesmo com a oração, as boas intenções e as bênçãos de Deus, as escolhas finais feitas por Salomão baseavam-se em suas próprias ambições e desejos egoístas.

Deus espera que exercitemos nossas mentes e estudemos nossos próprios motivos e intenções antes de tomar decisões. Quando oramos por orientação, estamos olhando esses motivos e intenções através dos olhos de Deus. No livro de Provérbios, Salomão descreve a busca da sabedoria nestas palavras: "Se der ouvidos à sabedoria e inclinar o coração para o discernimento; se clamar por entendimento e por discernimento gritar bem alto, se procurar a sabedoria como se procura a prata e buscá-la como quem busca um tesouro escondido, então você entenderá o que é temer o SENHOR e achará o conhecimento de Deus" (PV 2:2-5). O processo de crescimento em sabedoria é um exercício ativo e não passivo. E a própria sabedoria é descrita como "temer o SENHOR" e "conhecimento de Deus".

Ao orar cada dia pela sabedoria, precisamos lembrar que, de fato, estamos convidando Deus a desafiar-nos, levando-nos a situações e pessoas que nos obrigam a orar e a pensar antes de agirmos. A sabedoria é a aprendizagem que sai da experiência. Mesmo quando nossas decisões não dão os resultados que esperamos, há lições aprendidas que aumentam nossa sabedoria. A maior lição disso é saber que Deus está conosco, tanto no sucesso quanto no fracasso.

Reflexão: Quais são as situações ou pessoas que mais me desafiam no meu atual local de trabalho? Como Deus quer que eu responda? Leia os capítulos 2 e 3 de Provérbios.

Oração: Pai, inclina o meu ouvido para ouvir Tua voz e me corrija quando eu me desviar, em nome de Jesus, amém.

Joyce Ponnaiya

20 de maio

NOSSAS IGREJAS
são acolhedoras?

Mas aquele a quem pouco foi perdoado, pouco ama.
—LUCAS 7:47

Muitos oraram junto comigo pela minha irmã, por mais de vinte anos. Embora cristã desde o início da adolescência, ela se divorciou aos vinte e poucos e gradativamente outros espíritos fortes, ao invés do Espírito Santo, se tornaram seu consolador. Ela se entregou ao alcoolismo e à negação.

Então, de repente, não muito tempo atrás, senti um forte impulso para confrontá-la em um telefonema. Isso não terminou bem, e o habitual recuo para o silêncio e a defensiva lacrimejante se seguiram. Então veio um texto. Fiquei chocado a princípio, mas tive tanta certeza de seu significado que o salvei. Eu ainda tenho esse texto no meu telefone. "Oi, eu dei um passo certo ontem. Fui a uma reunião do AA. Que grupo incrível de pessoas eu encontrei lá! Isso me fez perceber que eu realmente sou alcoólatra e preciso parar completamente. Esse é meu objetivo agora, assim como também retornar para Jesus".

Ela fez isso e está fazendo um progresso bom e estável. Pouco depois, ela me contou sobre a recepção que recebeu na primeira reunião do AA. Foi tão calorosa, amparadora e genuína. Isso a fez se perguntar por que a igreja quase não se empenha em receber afetuosamente. Um grande contraste. Eu sugeri: "Talvez seja porque a maioria das pessoas da igreja nunca pecou propriamente em toda a vida".

Isso certamente se relaciona com a questão que Jesus está levantando em nossa leitura. Toda pessoa em uma reunião de AA sabe por que eles estão lá. Eles não estariam lá se não soubessem que seu vício tomou conta de sua vida a ponto da destruição. Eles compreendem a vulnerabilidade e fraqueza uns dos outros. Na igreja, mesmo que existam alguns que foram visivelmente salvos por Jesus há pouco tempo de um desastre iminente, a maioria tem sido cristã por anos. Eles tendem a pensar que estão mais do que ótimos em seu aconchegante casulo-igreja. Os "de fora" podem ser vistos como um distúrbio para esse conforto, em vez de serem abraçados e acolhidos.

Qual é a nossa atitude para os recém-chegados à igreja? Como profissionais de saúde, é provável que tenhamos o dom para lidar com todos os tipos de pessoas e estejamos entre os mais talentosos das "pessoas que gostam de pessoas". Estamos alertas e despertos o bastante, espiritualmente, para receber os visitantes? É o mínimo que podemos fazer como aqueles que afirmam seguir Jesus.

Leitura complementar: Lucas 7:36-50

Trevor Stammers

21 de maio

Tragédia PODE ACONTECER!

O Senhor vê com pesar a morte de seus fiéis.
—SALMO 116:15

Não seria bom se tudo terminasse bem? Não é fácil lidar com as coisas quando elas dão errado especialmente se a tragédia chegar de repente e inesperadamente.

Um paciente meu, alcoólatra — vamos chamá-lo de João —, respondeu ao chamado de Cristo e começou a se envolver muito em sua igreja, particularmente com o grupo de louvor. Havia uma senhora idosa na igreja que via João frequentemente e desenvolveu um interesse especial por ele, passando a orar regularmente pelo rapaz. Eu estava envolvido em sua recuperação e reabilitação e, após uma breve recaída, ele pareceu estável por alguns anos, cresceu na fé e começou a procurar formas de ajudar aos outros.

De repente, um dia eu ouvi que João havia morrido na cela da delegacia de polícia local. Essa era uma notícia devastadora para todos que o conheciam e estavam ligados a ele. Quando tive oportunidade de descobrir o que aconteceu, ouvi dizer que um velho amigo que João não via há vários anos apareceu inesperadamente e o convidou para tomar uma bebida. Após beber por algumas horas, depois de alguns anos de abstinência, João acabou bêbado e desamparado na rua e foi encontrado na sarjeta pela polícia, que o manteve na cela para interrogatório na manhã seguinte. Infelizmente, ele morreu na cela durante a noite.

Como reagimos a notícias como essas? Há algo dentro de mim que quer gritar, mas quase não consigo dizer nada. Não há respostas fáceis para as perguntas que eu quero fazer. E ainda assim...

Eu não vou desistir. Jesus, que morreu e ressuscitou, ainda está no trono. Ele levou João para estar com Ele para sempre. Eu espero encontrar João na eternidade, mesmo que ele tenha terminado esta vida cometendo um erro terrível. Ainda tenho esperança para o próximo paciente alcoólatra que atravessar minha porta.

Reflexão: Eu realmente tenho uma perspectiva eterna?

Oração: Senhor de toda compaixão, oramos por todos aqueles que foram capturados no meio de tragédia ou desastre. Senhor, tenha misericórdia; em nome de Jesus oramos, amém.

Kevin Vaughan

22 de maio

PRECISAMOS DO AMOR DE DEUS
e Ele procura o nosso

Nós amamos porque ele nos amou primeiro.
—1 JOÃO 4:19

"Eu não consigo parar de olhar para ele." Mesmo enquanto falava, o olhar amoroso da jovem mãe estava em seu pequeno bebê, adormecido nos braços de seu pai. Outra nova mãe comentou: "Agora sei o que é estar disposta a dar vida por outra pessoa". Serem amados ajuda os bebês a se desenvolverem. Desde o início, eles olham de volta para um rosto amoroso, fortalecendo o crescimento do afeto bidirecional.

Mas nem sempre é assim. Uma criança ugandense com Kwashiorkor virou a cabeça para evitar os olhos simpáticos do visitante. Depois de ter sido amamentada por mais de um ano, ela foi desmamada abruptamente por ter sido mandada para longe de sua mãe. Os olhos do bebê desabrigado, uma vez reluzentes, se encheram de perplexidade ferida. A desnutrição se instalou e as barreiras aumentaram. Era muito cedo para arriscar amar novamente. Alguém descreveu os olhos fixos e insensíveis dessas crianças machucadas como "pequenas lâmpadas com a luz apagada". Muitos deles procuram aliviar sua dor interior se balançando incessantemente, batendo a cabeça ou, mais tarde, buscando atenção.

Jesus amava os não-amados. Seu amor autodoado o fez entregar Sua vida para salvá-los e remover todas as barreiras para um relacionamento novo e pleno com Seu Pai. Deus aceitou a oferta, trazendo Jesus de volta à vida. No entanto, aqueles que nem sabem nem respondem a esse amor tentam, em vão, como as crianças machucadas, preencher o vazio de maneiras que não podem satisfazer. Quando voltamos os olhos para Jesus, encontramos Seu olhar amoroso. Nós o amamos porque Ele nos amou primeiro. Em troca, Ele nos diz para amarmos completamente o Senhor nosso Deus e nosso próximo, tanto quanto amamos a nós mesmos. Esse amor vem do Seu Espírito, que nos ajudará a canalizar o amor de Deus para os não--amados de todas as idades, onde quer que os encontremos.

Antes de deixá-los, Jesus disse a Seus discípulos para irem pelo mundo inteiro com Sua mensagem de amor, encorajando os outros a responderem a Ele. Suas instruções ainda são válidas. Ao obedecermos, às vezes podemos observar os olhos brilhantes de filhos recém-nascidos de Deus que tiveram seu vazio preenchido pelo amor. Conhecer o amor de Deus é descobrir que Ele nunca nos deixará ou abandonará. Que nós também nunca abandonemos a Deus.

Leitura complementar: Marcos 16:15; João 1:9-14; Hebreus 13: 5

Janet Goodall

23 de maio

PROFISSIONAIS DA SAÚDE
como carregadores de fardos

Levem os fardos pesados uns dos outros e, assim, cumpram a lei de Cristo.
—GÁLATAS 6:2

"Escândalo de gravidez fantasma". A manchete do jornal chamou minha atenção na fila do caixa do supermercado. "Futuro papai apresenta enjoos matinais". Já ouviu falar da síndrome de Couvade? Nem eu. Mas esse foi o diagnóstico quando um guarda de segurança de 29 anos caiu ao chão com dores nas costas e náuseas. Harry Ashby, cuja noiva Charlotte estava esperando um filho seu, ficou um tempo afastado do trabalho devido sintomas de náuseas e ganho de peso; ele foi denunciado por estar "tomando medicação". Os jornais britânicos estavam cheios de notícias sobre a Duquesa de Cambridge, que acabara de anunciar sua segunda gravidez e estava faltando aos compromissos reais oficiais devido hiperêmese gravídica. Harry disse que sentia empatia pela Duquesa: "Eu sei como ela se sente".

Aqueles que atuam na área da saúde são profissionais "carregadores de fardos" e devemos ter cuidado para não estarmos tão envolvidos emocionalmente com nossos pacientes a ponto de ficarmos doentes. Quanto Harry pode ser útil quando sua companheira se sente mal? A cabeleireira Charlotte disse: "Fico cansada de ter que cuidar de Harry quando, na verdade, ele é quem deveria estar cuidando de mim".

Então, precisamos de um certo desapego para permanecermos práticos e solidários e precisamos de resiliência para lidar com o sofrimento e a morte. Mas precisamos de um equilíbrio — muito investimento emocional no trabalho pode nos adoecer, ao passo que pouco envolvimento nos distancia dos pacientes e faz nos importarmos menos. Não precisamos de uma experiência pessoal com todas as doenças para sermos empáticos — "Cada um cuide, não somente dos seus interesses, mas também dos interesses dos outros" (FP 2:4). Harry teve uma "gravidez empática", que foi um pouco irritante para a sua companheira, mas ela revelou que estava satisfeita por ele estar compartilhando de sua experiência e se identificando com ela.

O quanto somos empáticos com os outros? Transmitimos empatia na consulta, mas cuidando também dos nosso coração? Podemos às vezes parecer estar preocupados, mas Deus vê a verdade. Seu próprio Espírito pode nos proteger da fadiga da compaixão; Seu poder é capaz de nos manter ativos com bondade e integridade.

Leitura complementar: Filipenses 2:1-11

Oração: Senhor, ajuda-nos a ter saúde física, mental e espiritual a fim de que possamos cuidar dos nossos pacientes. Em nome de Jesus, amém.

Ruth Eardley

24 de maio

VIVENDO paradoxalmente

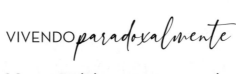

*O SENHOR estabeleceu o seu trono nos céus,
e como rei domina sobre tudo o que existe.*
—SALMO 103:19

Você assiste a seriados médicos na televisão? Previsíveis, não são? Aqui vem a sequência inicial — ó minha nossa, um homem no alto de uma escada extensível que não faz parte do elenco original. Agora, eu me pergunto o que vai acontecer com ele? Seja qual for o incidente, o paciente infeliz mostrará um pouco de medo na televisão. Mesmo que ele tenha uma parada cardíaca, ele será ressuscitado com sucesso por jovens médicos bonitos com dentes brilhantes. Verdade, pode haver alguns momentos tensos enquanto eles pulam em seu tórax com o desfibrilador, mas em segundos ele estará sentado e pedindo uma xícara de chá.

Sabemos que a vida real não é assim. Quando estava na residência médica, no rodízio de traumas, senti-me chateado quando tentamos uma ressuscitação e falhamos. Eu estava conversando com meu pai sobre esse dia e ele ficou intrigado. "Não vejo por que você pensa isso", ele disse. "Você não fez seu melhor? Você não agiu adequadamente e fez o que podia? Mas é Deus quem dá vida e Deus que a toma."

A soberania de Deus é uma pedra de tropeço para os incrédulos. Nós também podemos lutar com o paradoxo da responsabilidade humana e da soberania divina. Quão fácil é cantar: "Aleluia! Porque o Senhor, nosso Deus, o Todo-poderoso reina!" no domingo, e na segunda-feira voltar a trabalhar pensando que somos a autoridade final. Os médicos certamente têm um tremendo dever de cuidar, mas não devemos carregar esse fardo sozinho. Cumpra seus deveres profissionais da melhor forma possível, mas não se apegue à responsabilidade pessoal, especialmente em crises de vida e morte. Seja honesto com os erros, mas nunca se esqueça de Quem está no controle.

O rei Davi reconheceu a onipotência e o domínio de Deus em uma oração no final de sua vida: "Teus, ó SENHOR, são a grandeza, o poder, a glória, a majestade e o esplendor, pois tudo o que há nos céus e na terra é teu. Teu, ó SENHOR, é o reino; tu estás acima de tudo" (1CR 29:11).

Ore para que você possa reconhecer a soberania de Deus, especialmente em situações sombrias. Lembre-se de Jó, que não pecou contra Deus, acusando-o de uma transgressão, mas disse: "O SENHOR o deu, o SENHOR o levou; louvado seja o nome do SENHOR" (JÓ 1:21).

Leitura complementar: Provérbios 16:33; João 19:10-11; Apocalipse 19:6

Oração: Deus, permita-me reconhecer a Tua soberania, especialmente em situações sombrias, e lembrar que tu farás um caminho e que és bom todo o tempo, em nome de Jesus, amém.

Ruth Eardley

25 de maio

DEUS PLANEJOU TUDO
para um propósito maior

Agora, não se aflijam nem se recriminem por terem me vendido para cá, pois foi para salvar vidas que Deus me enviou adiante de vocês.
—GÊNESIS 45:5

José enfrentou muita injustiça em sua vida, particularmente quando foi vendido por seus irmãos ao Egito. Era aceitável e justificável guardar ódio, raiva e vingança contra seus irmãos. Também era compreensível se ele tivesse queixas e dúvidas sobre Deus.

No entanto, José deu ao seu filho primogênito o nome Manassés, que significa "esquecer seus problemas". Nomeou o segundo filho Efraim, que significa "prosperidade na terra do sofrimento". Ele escolheu esquecer, perdoar e gozar de prosperidade no meio de seu sofrimento. Ele tinha até uma compreensão mais profunda do plano de Deus. Ele reconhecia que Deus tinha a intenção de, por meio de seus sofrimentos, danos e injustiças, guiá-lo a um propósito maior de preservar a vida de muitas pessoas.

Podemos enfrentar muita injustiça em nosso lugar de trabalho especialmente em grandes instituições acadêmicas ou hospitais. Somos prejudicados por comparação, competição e críticas de nossos colegas. Nós nos tornamos frustrados e deprimidos. Às vezes, nossa vocação e nossa paixão inicial por testemunhar nossa fé em nossa profissão médica também podem ter esfriado ou até mesmo morrido. Perdemos a nossa esperança no trabalho e amor pelos nossos colegas e pacientes.

Nossa fé, amor e esperança devem ser reconstruídos em oração ao buscar uma compreensão mais profunda da intenção de Deus para um propósito bom e maior em meio ao nosso sofrimento e injustiça.

Reflexão: Essa fé resoluta em Deus é mais bem ilustrada pelo missionário americano que esperava trabalhar com os muçulmanos na China. No entanto, ele morreu no Egito aos 25 anos enquanto estudava árabe. Em sua Bíblia, encontramos as seguintes palavras encorajadoras: "Sem reservas, sem desistências, sem arrependimentos".

Oração: Senhor, como os Céus são mais altos do que a Terra, assim são os Teus caminhos mais altos do que os meus caminhos e os Teus pensamentos mais altos do que os meus pensamentos. Ajuda-me a perceber que qualquer coisa que trazes em minha vida e qualquer coisa que me reveles é para o meu bem. Concede-me um espírito de aceitação e um coração aberto a Tua mudança na minha vida. Em nome de Jesus, amém.

Sitt Hung Edward

26 de maio

O SENHOR *está conosco*

> *O SENHOR estava com José, de modo que este prosperou e passou a morar na casa do seu senhor egípcio.*
> —GÊNESIS 39:2

> *Mas o SENHOR estava com ele e o tratou com bondade, concedendo-lhe a simpatia do carcereiro.*
> —GÊNESIS 39:21

Depois que José foi vendido para o Egito, é mencionado duas vezes que o Senhor estava com ele. O Senhor estava com ele enquanto servia ao mestre egípcio. O mestre observou que o Senhor estava com ele e que o Senhor fez com que tudo o que José fazia fosse bem-sucedido. Quando José foi enviado à prisão, depois de ter sido acusado injustamente de cometer um crime contra a esposa de Potifar, o Senhor estava com ele.

Deus estava com José nos seus altos e baixos, como Ele está conosco. Nossa vida cotidiana consiste em altos e baixos. À medida que subimos altas montanhas em nossa vida, como trabalho, família, status, conquistas acadêmicas e situações financeiras, estamos fadados a cair nos vales, pois é uma paisagem e natureza normais da vida.

Oramos para que nosso orgulho e arrogância não se elevem nos nossos tempos de sucesso. Lembramos de Deus e o louvamos com um coração agradecido por todo nosso sucesso. Não esqueceremos que Deus está conosco em nossos tempos difíceis. Ele nos protegerá contra dores, nos dará força, nos orientará no caminho certo e nos capacitará com confiança para superar as dificuldades. Ele promete caminhar conosco em nossas dificuldades e em nosso sofrimento. Oramos para que nossa união com Deus seja evidenciada por outras pessoas para que o nome de Deus seja glorificado e proclamado.

> *Reflexão:* "Não aconteça que, depois de terem comido até ficarem satisfeitos, de terem construído boas casas e nelas morado, de aumentarem os seus rebanhos, a sua prata e o seu ouro, e todos os seus bens, o seu coração fique orgulhoso e vocês se esqueçam do SENHOR, do seu Deus, que os tirou do Egito, da terra da escravidão" (DT 8:12-14).
>
> "Mas, lembrem-se do SENHOR, do seu Deus, pois é ele que lhes dá a capacidade de produzir riqueza, confirmando a aliança que jurou aos seus antepassados, conforme hoje se vê" (DT 8:18).
>
> *Oração:* Pai celestial, adoro a ti. Como José, deixa-me experimentar a Tua presença na minha vida. Que todas as coisas sejam de acordo com a Tua vontade, em nome de Jesus, Amém.

Sitt Hung Edward

27 de maio

ESTAR EM *comunidade*

Sem mais, irmãos, despeço-me de vocês! Procurem aperfeiçoar-se, exortem-se mutuamente, tenham um só pensamento, vivam em paz. E o Deus de amor e paz estará com vocês. Saúdem uns aos outros com beijo santo. Todos os santos lhes enviam saudações. A graça do Senhor Jesus Cristo, o amor de Deus e a comunhão do Espírito Santo sejam com todos vocês.
—2 CORÍNTIOS 13:11-14

Uma noite em um pequeno grupo de estudo bíblico, voltamos nossos pensamentos a 2 Coríntios 13, particularmente os versículos de 11 a 14. Nós apreciamos a exortação de Paulo a cultivar comunidade e unidade uns com os outros como crentes (v.11); e no nosso caso, como médicos crentes, refletir a unidade da divina Trindade (v.14).

Isso me lembrou das maravilhosas virtudes de estar sob um mesmo jugo com outros crentes de uma mesma, ou de outra, comunidade, enquanto realizamos a caminhada cristã com autenticidade, juntos no ICMDA. O versículo 11 indica que a paz de Deus é um dos resultados. E isso é um elemento que precisamos todos os dias: que a paz de Deus permeie entre nós, enquanto nos aproximamos de Seus filhos, os pacientes. Muitas vezes, cada indivíduo no hospital, sala de exame, ou consultório precisa de uma ajuda/serviço tamanho "porção-dosada" ou tamanho "porção-eterna" da paz de Deus.

Que cultivemos a paz de Deus para nós e uns com os outros para que possamos transmiti-la diariamente no trabalho, no lazer e em nossos lares!

Leitura complementar: Salmo 133

Oração: Obrigado, Deus, por me dares outro dia, outra chance de me tornar um indivíduo melhor, outra chance de dar e experimentar o amor. Deus, mostra-me como amar aos outros. Deus, faz-me um canal de bênçãos para os outros. Agradeço a Deus, em nome de Jesus, amém.

Sherry Ann Brown

28 de maio

Incentivar A ESPERANÇA

Instrua a criança segundo os objetivos que você tem para ela, e mesmo com o passar dos anos não se desviará deles.
—PROVÉRBIOS 22:6

Certa manhã, visitei uma senhora de 74 anos. Após a saudação inicial, notei um livro sobre sua mesa. Na capa do livro estava escrito: *A Bíblia em um ano*. Perguntei: "Então, a senhora lê este livro a cada ano?". Ela respondeu: "Na verdade sim!". Ela abriu a capa e me mostrou onde dizia que ela tinha começado a usar aquela Bíblia em 2000, depois de adquiri-la. Nós conversamos sobre como reler as mesmas Escrituras de novo e de novo pode ser revigorante, como Deus sempre tem algo novo a nos mostrar e sobre o fato de que se sentar na igreja muitas vezes nos dá a oportunidade de deixar o pregador e aqueles em torno de nós confirmarem o que Deus estava nos mostrando através de Sua palavra.

Nós conversamos sobre como seus filhos inicialmente não seguiam ao Senhor quando se tornaram adultos. Ela me contou do testemunho de sua filha, que passou por uma experiência assustadora, que a levou a considerar seriamente o papel de Deus em sua vida e como isso a trouxe de volta a Cristo. Eu a encorajei dizendo: "Instrua a criança segundo os objetivos que você tem para ela, e mesmo com o passar dos anos não se desviará deles". Seus filhos não se afastaram permanentemente. Ela concordou com isso. Ela me disse: "Fico emocionada ao ouvi-la falar assim".

Eu respondi: "Sou eu que estou emocionada ao ouvi-la falar assim!". Eu ofereci para visitá-la para conversar sobre a fé ou para uma oração quando ela quisesse. Minha conversa com ela me lembrou da infinitude de Deus, Sua fidelidade inabalável e de que Deus é maior, mais significativo e mais divino do que qualquer coisa que possamos enfrentar. Estamos satisfeitos em saber que Ele chama, equipa, capacita, prepara e nos destaca.

Podemos continuar a nos destacar como Seus embaixadores onde quer que Ele nos leve!

Leitura complementar: Hebreus 4:12-13

Oração: Pai celestial, eu, Teu humilde servo, venho perante a ti precisando de esperança. Há momentos em que me sento indefeso e fraco. Oro por esperança. Ajuda-me a andar na Tua luz e ser embaixador do Teu reino, em nome de Jesus eu oro, amém.

Sherry Ann Brown

29 de maio

APROVEITANDO AO MÁXIMO
as oportunidades

O seu falar seja sempre agradável e temperado com sal, para que saibam como responder a cada um.
—COLOSSENSES 4:6

Nenhuma palavra torpe saia da boca de vocês, mas apenas a que for útil para edificar os outros, conforme a necessidade, para que conceda graça aos que a ouvem.
—EFÉSIOS 4:29

Você acha que seu discurso é um testemunho de Deus somente quando você está falando abertamente do evangelho? Gostaria de lhe mostrar que suas palavras e atitudes falam muito mais do que você pode perceber. Quando falamos gentilmente com os que sofrem, pacientemente com os que estão batalhando para entender e suavemente com os que estão com raiva, muitos ouvirão a mensagem que tratamos todas as pessoas com dignidade e respeito. A mensagem se espalhará com muito mais clareza do que se nós simplesmente falássemos: "Todas as pessoas são feitas à imagem de Deus e devem ser tratadas como tal". Por outro lado, podemos falar muitas vezes de verdades bíblicas, mas transmitir impaciência, arrogância, grosseria ou apatia através do nosso discurso diário e nossas ações.

Frequentemente quando você pergunta a alguém como ele se achegou à fé, ele descreverá um relacionamento com alguém que demonstrou um verdadeiro amor por Jesus que permeava todos os aspectos de sua vida. Às vezes é a maneira como um cristão responde a provações que prova a genuinidade de sua fé àqueles que um dia foram cínicos. Quando tinha 17 anos, passei um verão trabalhando com missionários. Foi o amor, a alegria e a esperança que eles me transmitiram que me fez perceber que a fé deles era real e algo que me faltava. Foi através do dia a dia, das conversas sobre muitas coisas diferentes que eu vim a conhecer Jesus e tive o desejo de ler a Bíblia por conta própria e descobrir mais. Recentemente, alguém me contou como algo que eu tinha dito em uma conversa casual o havia ajudado a entender mais sobre Deus e tomar uma decisão importante. Nem me lembrava da conversa. O que pode ter parecido um comentário superficial para mim tinha claramente exercido um forte impacto sobre outra pessoa.

Hoje, seja o que for que esteja fazendo (clinicando, passando visita, listas de operação, pesquisa, ensino ou até mesmo serviços administrativos), deixe-me encorajá-lo: através de suas palavras e atitudes, você pode ilustrar a verdade sobre Cristo para aqueles que não o conhecem.

Leitura complementar: 2 Reis 5:2-3

Catriona Wait

30 de maio

CUIDADO COM *compaixão*

"Aquele que teve misericórdia dele", respondeu o perito na lei. Jesus lhe disse: "Vá e faça o mesmo".
—LUCAS 10:37

Quando Jesus foi testado por um especialista em direito religioso sobre a herança da vida eterna, ele contou a parábola do bom samaritano.

Um sacerdote e um levita passavam pela mesma estrada, mas, quando viram um homem ferido, passaram pelo outro lado. Um samaritano que viajava na mesma estrada se achegou ao homem ferido e, quando o viu, sentiu compaixão dele. Ele cuidou de suas feridas, derramando óleo, vinho e colocando ataduras sobre elas.

O sacerdote, o levita e o samaritano viram o homem ferido na estrada. Os dois primeiros passaram do outro lado e apenas o samaritano parou para cuidar das feridas. Qual a diferença em seu comportamento? O levita e o sacerdote decidiram partir depois de uma avaliação racional da situação. É uma questão de dar importância a si mesmo em vez dos outros. Eles partiram, pois assim evitariam algum inconveniente ou mesmo um desastre a eles mesmos, ao invés de se concentrarem na vida e nas necessidades do homem ferido. O samaritano ficou, pois seu coração estava cheio de compaixão e misericórdia pelo homem ferido.

Nós também enfrentamos muitos dilemas ao tomar decisões com nossos pacientes. O que guia nossas decisões? Nossas próprias prioridades ou o benefício do paciente? Nosso pensamento racional ou nossa compaixão por nossos pacientes? Todos os dias, vemos as necessidades dos pacientes e os ajudamos a tomar decisões a respeito de suas terapias. Oramos para que nossa compaixão para com os pacientes seja a nossa principal motivação em seus cuidados.

Reflexão: Respondeu Jesus: "O mais importante é este: 'Ouve, ó Israel, o Senhor, o nosso Deus, o Senhor é o único Senhor. Ame o Senhor, o seu Deus de todo o seu coração, de toda a sua alma, de todo o seu entendimento e de todas as suas forças'. O segundo é este: 'Ame o seu próximo como a si mesmo'. Não existe mandamento maior do que estes" (Mc 12:29-31).

Oração: Senhor, desejo tanto ser compassivo! Quero ser sensível aos necessitados. Quero ter meios para ajudá-los. Ajuda-me a dar àqueles que não são tão privilegiados como sou. Usa-me, Senhor, como um recipiente de compaixão para um mundo em necessidade, em nome de Jesus, amém.

Sitt Hung Edward

31 de maio

Gratidão E COMPARTILHAMENTO

Enquanto comiam, Jesus tomou o pão,
deu graças, partiu-o, e o deu aos seus discípulos, dizendo:
"Tomem e comam; isto é o meu corpo".
—MATEUS 26:26

Na Ceia do Senhor, Jesus tomou o pão e, dando graças (abençoando), partiu-o e deu aos Seus discípulos. Segundo Eugene Peterson, estes quatro verbos — tomar, abençoar, partir e dar — significam quatro ações simbólicas com significados específicos. Esses quatro verbos também são encontrados em outras passagens, incluindo a alimentação dos quatro mil, dos cinco mil e no encontro no caminho de Emaús.

O pão simboliza o corpo de Jesus. Partir o pão simboliza o tremendo sacrifício de Jesus na cruz. Jesus disse: "Isto é o meu corpo, que é dado em favor de vocês; façam isto em memória de mim" (1CO 11:24). "Porque, sempre que comerem deste pão e beberem deste cálice, vocês anunciam a morte do Senhor até que ele venha" (1CO 11:26). Como Jesus morreu por nós na cruz, Ele espera que nós sigamos Seu testemunho, à medida que também doamos nossas vidas.

Como médicos, somos treinados e equipados com técnicas de cura. Estes dons médicos e habilidades são dadas por Deus. Devemos usar nossos dons de cura com gratidão de coração. Nossas realizações médicas não são por causa de nossos talentos ou trabalho árduo, mas apenas pela graça de Deus.

Nossa profissão é uma vocação, um chamado para servir nossos pacientes com todo o nosso coração, habilidade e esforço. É um compromisso da nossa vida colocar todos os benefícios em favor de nossos pacientes como a maior prioridade antes de buscar nosso próprio bem. É um mandamento de Deus compartilhar o que aprendemos com os doentes e necessitados até os confins da Terra.

Reflexão: Um coração sacrificial é bem ilustrado na vida do missionário americano Jim Elliot, que foi morto no Equador aos 35 anos. Ele disse: "Não é tolo aquele que abre mão do que não pode reter para ganhar o que não pode perder".

Oração: Obrigado, Senhor, por Teu amor e sacrifício que demonstraste a nós. Obrigado pela Tua incrível graça. Oramos para que partilhemos estas bênçãos com outros, em nome de Jesus, amém

Sitt Hung Edward

Aprendizado DO MÊS

Peter PARKER (1804-88)

Primeiro médico missionário na China

Peter Parker nasceu em Framington, Massachusetts, EUA. Ele estudou medicina e teologia em Yale. Foi ordenado pela Igreja Presbiteriana e em 1834 foi enviado para China pelo ABCFM *(Conselho Americano de Comissionados para Missões Estrangeiras).*

Ele começou seu trabalho em Cantão e tornou-se conhecido como um cirurgião habilidoso e oftalmologista. Exerceu um papel importante na formação da Sociedade Médica Missionária na China, apoiada por colegas missionários da América e Grã-Bretanha, bem como por empresários chineses. A sociedade foi fundada em 1838.

Obrigado a deixar a China durante a Primeira Guerra do Ópio (1840-42), Parker passou esses anos consolidando apoio na América, França, Inglaterra e Escócia para seu trabalho na China. Em 1842, voltou para a China com sua esposa Harriet, onde continuou o trabalho médico, evangelístico e foi secretário em tempo parcial para a missão. Também foi chamado pelo governo para servir como intérprete de várias delegações diplomáticas que visitavam. Em 1847, sua nomeação junto à missão foi encerrada, com a desculpa de não ser envolvido o suficiente com evangelismo e mais comprometido com o trabalho médico e diplomático.

Ele continuou a trabalhar em Cantão e acredita-se ter tratado mais de 50.000 pacientes em duas décadas de serviço. Depois de um breve regresso ao lar em 1855, voltou à China como Comissário Plenipotenciário dos EUA, por dois anos. Ele se aposentou em 1859.

A contribuição mais valiosa de Peter Parker, conforme mencionado por Christopher H. Grundmann em *Biographical Dictionary of Christian Missions* (Dicionário Biográfico de Missões Cristãs — tradução livre), foi a reinvindicação dos serviços médicos prestados, para a Missão.

ORAÇÃO DO MÉDICO (MAIMÔNIDES)[*]

Ó Deus, Tu formaste o corpo do homem com infinita bondade; Tu reuniste nele inumeráveis forças que trabalham incessantemente como tantos instrumentos, de modo a preservar em integridade esta linda casa que contém sua alma imortal, e estas forças agem com toda a ordem, concordância e harmonia imagináveis. Porém se a fraqueza ou paixão violenta perturba esta harmonia, estas forças agem umas contra as outras e o corpo retorna ao pó de onde veio. Tu enviaste ao homem Teus mensageiros, as doenças que anunciam a aproximação do perigo, e ordenas que ele se prepare para superá-las.

A Eterna Providência designou-me para cuidar da vida e da saúde de Tuas criaturas. Que o amor à minha arte aja em mim o tempo todo, que nunca a avareza, a mesquinhez, nem a sede pela glória ou por uma grande reputação estejam em minha mente; pois, inimigos da verdade e da filantropia, eles poderiam facilmente enganar-me e fazer-me esquecer meu elevado objetivo de fazer o bem a Teus filhos.

Concede-me força de coração e de mente, para que ambos possam estar prontos a servir os ricos e os pobres, os bons e os perversos, amigos e inimigos, e que eu jamais enxergue num paciente algo além de um irmão que sofre. Se médicos mais instruídos que eu desejarem me aconselhar, inspira-me com confiança e obediência para reconhecê-los, pois notável é o estudo da ciência. A ninguém é dado ver por si mesmo tudo aquilo que os outros veem.

Que eu seja moderado em tudo, exceto no conhecimento desta ciência; quanto a isso, que eu seja insaciável; concede-me a força e a oportunidade de sempre corrigir o que já adquiri, sempre para ampliar seu domínio; pois o conhecimento é ilimitado e o espírito do homem também pode se ampliar infinitamente, todos os dias, para enriquecer-se com novas aquisições. Hoje ele pode descobrir seus erros de ontem, e amanhã pode obter nova luz sobre aquilo que pensa hoje sobre si mesmo.

Deus, Tu me designaste para cuidar da vida e da morte de Tua criatura: aqui estou, pronto para minha vocação.

---

[*] A Oração de Maimônides (Mose Ben Maimon, 1135–1204. Médico, poeta e humanista, trabalhou durante o período áureo da chamada Medicina Arabesca) é o modelo de compromisso pessoal do Médico.

1.º de junho

Sigam-me

*E disse Jesus: "Sigam-me,
e eu os farei pescadores de homens".*
—MARCOS 1:17

Nosso filho estava se graduando no Ensino Médio e em breve estaríamos com o ninho vazio. Finalmente, chegava o tempo em que poderíamos deixar nossas responsabilidades habituais e servir a Deus de forma mais completa. Quando poderíamos começar? O que Deus quer que façamos? Como poderemos servi-lo com todos nossos laços com a rotina? Em que direção Deus vai nos levar? E se nossa renda de aposentadoria não for suficiente, será que devemos esperar um pouco?

Minha esposa e eu provamos um período de incertezas, sondando a Deus para que respondesse nossas perguntas para que assim pudéssemos cumprir Seu chamado. Cada sondagem voltou vazia até que nos tornássemos pessoas diferentes, e então Deus escancarou as portas.

Muitos de nós, às vezes, sentimo-nos inquietos com nossa vida, e começamos a ter dificuldades para ouvir o sussurro de Deus. Quando Ele vem, pensamos estar prontos para segui-lo onde quer que Ele nos leve e então começamos os questionamentos. Seguir a Deus sempre envolve mudanças. Sejam quais forem essas mudanças, antes de segui-las, geralmente, queremos saber como podemos colocá-las em prática, para que possamos fazer o melhor para Deus (e minimizar os danos a nós mesmos). Nós olhamos sob nossa perspectiva de mundo e as perguntas começam a fluir.

Quando? O quê? Como? Qual? E se...?

Tais questões são legítimas, mas elas podem se tornar os pregos que fixam nossos pés ao chão, quando Deus nos chama para seguirmos adiante.

Como médicos, estamos acostumados a avaliar e compreender o problema antes de sairmos para resolvê-lo. Nossa incapacidade de compreender nosso futuro às vezes nos dificulta a adentrarmos no futuro de Deus. Às vezes, podemos ficar estáticos com nossos questionamentos a Deus. As perguntas de Deus para nós são diferentes. São elas:

Confiará em mim, haja o que houver?
Você me obedecerá, seja qual for a situação?

Geralmente, as perguntas de Deus não são respondidas apenas com o intelecto; normalmente, elas requerem ação. Muitas vezes, a única maneira de responder às perguntas de Deus é adentrar a escuridão das incertezas na direção de onde o ouvimos chamando.

Oração: Querido Deus, o que for, quando for, onde for, como for... amém!

Gene Rudd

2 de junho

ANDANDO, SALTANDO E louvando a Deus

> *E de um salto pôs-se de pé e começou a andar.*
> *Depois entrou com eles no pátio do templo,*
> *andando, saltando e louvando a Deus.*
> —ATOS 3:8

O milagre da cura do homem que era coxo, desde o nascimento, que vivia sentado mendigando junto porta do templo chamada Formosa, nos fornece muitos elementos para reflexão.

Primeiro, aprendemos com esse milagre a nos identificar com Pedro, para nos equipar com discernimento sobre nossos pacientes. Embora eles cheguem a nós com queixas e sintomas específicos, devemos ter a sensibilidade e objetividade para enxergar os verdadeiros problemas e necessidades físicas por trás das queixas.

Segundo, devemos ter compaixão pelos nossos pacientes e agir de acordo com nosso coração. Pedro pegou a mão direita do homem coxo e o levantou. Aquele toque corporal não só expressou calor, mas também transmitiu o sentimento de aceitação e reconstruiu a autoestima do enfermo. Pedro teve que se abaixar para tocar a mão direita do homem. Isso nos lembra de sermos humildes e empáticos com nossos pacientes. Isso também nos lembra que, para ter cura holística, devemos estar cientes da necessidade psicológica dos nossos pacientes.

Por último, o coxo andou, saltou e louvou a Deus. Isso nos encoraja a transmitir as boas-novas de Deus aos nossos pacientes.

Todos nós já experimentamos a cura holística de Deus como o homem coxo o fez. Todos nós recebemos o toque caloroso e divino do nosso Deus. A menos que recordemos sempre de nossas fraquezas, com um coração agradecido pela graça salvadora de Deus, não teremos a motivação para tratar nossos pacientes com compaixão, de modo que eles e seus parentes fiquem surpresos e maravilhados com nosso amor proveniente de Deus, e o nome de Deus seja assim glorificado.

Reflexão: "Portanto, se alguém está em Cristo, é nova criação. As coisas antigas já passaram; eis que surgiram coisas novas! Tudo isso provém de Deus, que nos reconciliou consigo mesmo por meio de Cristo e nos deu o ministério da reconciliação" (2Co 5:17-18).

Oração: Senhor, percebo que, às vezes, estou cego para enxergar o caminho; surdo ao chamado para arrependimento; muitas vezes com medo para obedecer quando estou no limite da ofensa. Em tais momentos, cura-me e faze-me completo, Senhor. Em nome de Jesus, amém.

Sitt Hung Edward

3 de junho

JUGO *igual*

***Não se ponham em jugo desigual com descrentes.
Pois o que têm em comum a justiça e a maldade?
Ou que comunhão pode ter a luz com as trevas?***
—2 CORÍNTIOS 6:14

Minha terceira paciente pela manhã era uma senhora de 63 anos, que estava irritada por não ser capaz de lembrar sua senha na *App Store*.

Ela disse: "Eu tenho feito meus estudos bíblicos neste laptop, e estou tentando comprar uma concordância que acompanha minha Bíblia aqui, mas não consegui me lembrar da senha!".

"Bem", comecei: "O tempo está do seu lado, enquanto está aqui no hospital. Você terá tempo de sobra para se lembrar! O que a senhora gostaria de olhar na concordância?".

Então ela respondeu: "Meu amigo e eu estávamos tentando desvendar, se é 'jugo igual' ou 'jugo desigual'". Respondi a ela: "Ah, nessa eu posso ajudá-la! Tenho certeza de que é 'jugo desigual'"!

Conversamos sobre o conceito de animais sob o mesmo jugo naquela época. Falamos sobre estar sob um mesmo jugo em relacionamentos, no casamento e sobre estar na mesma página, espiritualmente e de outras maneiras. Em seguida, conversamos sobre estar na mesma página com seus cuidados médicos.

Após uma visita adorável, desejei a ela um dia abençoado e fui ver mais pacientes.

O tempo estava do meu lado para que eu pudesse ter aquela adorável visita com minha paciente, que, na verdade, não é minha. Ela não é de ninguém, mas de Deus. E Deus escolhe nos dar oportunidades de sermos mordomos de Seus filhos como nossos pacientes.

Que possamos sempre ser sensíveis aos estandartes de fé, pois o Deus do tempo está sempre ao nosso lado, enquanto estivermos de todo coração ao Seu lado!

Leitura complementar: Atos 8:26-38

Oração: Senhor, ajuda-me a ser sensível ao Teu Espírito. Que eu saiba falar cada palavra no tempo apropriado. Em nome de Jesus, amém.

Sherry Ann Brown

4 de junho

DEFENDENDO OS necessitados

Erga a voz em favor dos que não podem defender-se, seja o defensor de todos os desamparados. Erga a voz e julgue com justiça; defenda os direitos dos pobres e dos necessitados.
—PROVÉRBIOS 31:8-9

Não importa em qual país vivamos ou o tipo de medicina pratiquemos. Todos nós podemos pensar em histórias semelhantes de pessoas que precisam de alguém que os defenda. Penso na menininha deixada num orfanato depois que seus pais morreram num desastre natural. Existe o homem com paralisia cerebral cuja única família é a equipe de cuidadores em uma casa de apoio. E quanto à mulher que recebeu alta todas as vezes que foi em busca de medicamentos para dor e que, no fim das contas, tinha um câncer não diagnosticado que encurtou sua vida?

Como médicos, temos recebido a oportunidade de trabalhar com muitos pacientes e seus familiares. Devemos considerar isso como um privilégio. Deus nos confiou a missão de alcançar e cuidar dos doentes e dos vulneráveis. Temos um papel a desempenhar em suas vidas, mas essa não é uma tarefa fácil. Felizmente, não nos resta fazer isso sozinhos. Nós podemos colocar nossa fé naquele que nos sustenta.

Deus, em última análise, não exige que façamos Sua obra, mas Ele nos convida a participar. Como seguidores de Cristo, somos chamados a ser obedientes a Deus, fazer a nossa parte e confiar nele para realizar o restante, de acordo com a Sua vontade.

Leitura complementar: Salmo 146

Oração: Louvamos-te ó Deus por Tua soberania e Tua graça sobre cada um de nós. Mostra-me como posso fazer minha parte para demonstrar amor e compaixão aos que são vulneráveis e defender os necessitados, em nome de Jesus, amém.

Autoria desconhecida

5 de junho

Fazendo O QUE DEUS ORDENA

Lavem-se! Limpem-se! Removam suas más obras para longe da minha vista! Parem de fazer o mal, aprendam a fazer o bem! Busquem a justiça, acabem com a opressão. Lutem pelos direitos do órfão, defendam a causa da viúva.

—ISAÍAS 1:16-17

Alguns na igreja se perguntam se os cristãos devem se engajar em políticas públicas, preocupando-se que qualquer momento gasto na política significa menos tempo investido na Grande Comissão. Os oponentes dos valores cristãos deixam claro: fiquem de fora!

Mas o que exatamente Jesus nos comissionou a fazer? "Portanto, vão e façam discípulos de todas as nações, batizando-os em nome do Pai e do Filho e do Espírito Santo, ensinando-os a obedecer a tudo o que eu ordenei a vocês..." (MT 28:19-20).

Devemos guiar todas as nações a Jesus — que é o caminho —, ensinando-os a viver como Ele nos ordenou a viver. Isso significa ensinar às nações como cuidar dos pobres, respeitarem o valor e a dignidade de cada pessoa e, nas palavras inspiradas por Deus ao profeta Isaías: "aprendam a fazer o bem! busquem a justiça, acabem com a opressão. Lutem pelos direitos do órfão, defendam a causa da viúva" (v.17).

As Escrituras ensinam que Deus estabeleceu a autoridade como "serva de Deus para o seu bem. Mas se você praticar o mal, tenha medo, pois ela não porta a espada sem motivo. É serva de Deus, agente da justiça para punir quem pratica o mal" (RM 13:4). A verdade bíblica é que Deus e autoridades (governos) não estão separados. Isso significa que não devemos excluir o governo da nossa busca e avanço do Reino de Deus. Então, junto ao governo, nós "buscamos justiça", "acabamos com a opressão", "lutamos pelos direitos do órfão" e "defendemos a causa da viúva".

Sim, podemos e devemos também perseguir esses objetivos, além de governo, mas Deus estabeleceu o governo aqui na Terra como uma agência primária para prover justiça e restringir o mal. A ausência de influência cristã faz o governo sucumbir a um poder impiedoso e ao desrespeito por aqueles que não apoiam ou não podem apoiar seu poder. Nós nos envolvemos com o governo, não para ter poder, mas para defender e proteger aqueles que não têm nenhum.

Reflexão: Considere as maneiras pelas quais podemos influenciar a vida pública e política com os valores que Jesus ensinou.

Leitura complementar: Mateus 12:13-17

Oração: Senhor, "venha o teu reino e seja feita a tua vontade, assim na terra como é no céu". Ajuda-me a propagar o Teu reino e Teus valores aonde quer que eu vá. Em nome de Jesus, amém.

Jonathan Imbody

6 de junho

Vivendo NESTES TEMPOS

Façam isso, compreendendo o tempo em que vivemos. Chegou a hora de vocês despertarem do sono, porque agora a nossa salvação está mais próxima do que quando cremos. A noite está quase acabando; o dia logo vem. Portanto, deixemos de lado as obras das trevas e revistamo-nos da armadura da luz.
—ROMANOS 13:11-12

À luz da volta de Cristo e do avançar do tempo, como devemos viver? Os versículos acima sugerem três respostas a tal pergunta.

Primeiramente, de que "tempo" Paulo está falando nesses versículos? A que "hora" ele se refere? Ele quer dizer que a geração "desta presente era [é] perversa" (GL 1:4), tenebrosa e finalmente perecerá. Por que Paulo diz que a longa noite acabou e o dia chegou? Porque a chegada do Senhor está próxima. Quão perto está? Está de fato muito perto.

Segundo, algo que devemos abandonar: "A noite está quase acabando; o dia logo vem. Portanto, deixemos de lado as obras das trevas e revistamo-nos da armadura da luz. Comportemo-nos com decência, como quem age à luz do dia, não em orgias e bebedeiras, não em imoralidade sexual e depravação, não em desavença e inveja" (RM 13:12-13).

Em terceiro lugar, algo que devemos vestir: "Ao contrário, revistam-se do Senhor Jesus Cristo, e não fiquem premeditando como satisfazer os desejos da carne" (RM 13:14). O que os cristãos bem vestidos vestem? Eles se revestem do Senhor Jesus Cristo. O que devemos usar para trabalhar amanhã de manhã? Depois de colocarmos nossas roupas, devemos nos certificar de nos vestir de Jesus! Ele é apropriado para todas as ocasiões. Vista Sua santidade; vista Sua beleza; vista Sua humildade; vista Sua pureza; vista Sua compaixão; vista Sua sabedoria; vista Seu perdão; vista Sua justiça; vista Seu zelo; vista Sua paciência; vista Seu amor. Vistamo-nos com Jesus no início da manhã e ficaremos bem vestidos durante todo o dia.

Porém, há algo que precisamos saber: Cristo deve estar em nós antes de estar disponível para nós. Ele deve viver em nossos corações como Senhor e Salvador antes de podermos levá-lo conosco para o trabalho. Não é suficiente que saibamos sobre Jesus: devemos conhecê-lo de todo coração e confiar nele como nosso Salvador e Senhor.

Oração: Pai, habilita-nos a ter a mente pura. Ajuda-nos a viver com sabedoria e propósito. Que possamos nos concentrar em Tua preciosa Palavra para definir nosso pensamento e tomar decisões. Desejamos ter uma vida de orações poderosas e cheias do Espírito, as quais te renderão glória nestes últimos dias. No nome de Jesus pedimos, amém.

Luke Devapriam R

7 de junho

Somos médicos
ATENCIOSOS E CUIDADOSOS?

Assim, permanecem agora estes três:
a fé, a esperança e o amor. O maior deles, porém, é o amor.
—1 CORÍNTIOS 13:13

Como pessoas comuns, de que maneira vemos os médicos hoje em dia? Que imagem temos deles em nossas culturas na contemporaneidade? É óbvio que, na indústria da saúde de hoje, os médicos trabalham sob pressão e num ritmo acelerado, o que ajuda a gerar renda à medida que "produzimos saúde". No entanto, isso ocorre, prejudicando o desenvolvimento de um relacionamento pessoal e cuidadoso com a pessoa doente e necessitada.

Essa maneira de trabalhar é um fracasso quando se cuida de pessoas que sofrem. Ela cria frustração, tanto no médico quanto nos pacientes, que sentem que não são atendidos e respeitados como indivíduos. Atualmente esta é a real situação — médicos que trabalham como parte de um sistema de produção, numa perspectiva puramente científica e econômica, na qual "tempo é dinheiro".

Essa é uma medicina que trata o paciente como cliente em vez do próximo necessitado. Uma medicina que cria um "vazio existencial", como observa neuropsiquiatra Dr. Victor Frankl. Tal situação conduz a pessoa, ao final, à frustração, ao estresse e à depressão.

De que maneira atuamos como profissionais cristãos? Nós nos diferenciamos dos outros? Somos pessoas misericordiosas e atenciosas, que cuidam do próximo que está sofrendo? Jesus nos chamou para sermos médicos, essa é a nossa vocação, mas devemos trabalhar primeiramente como cristãos e, em segundo lugar, como médicos. É bom podermos usar nossa profissão para servir ao próximo necessitado e, ao mesmo tempo, servir a Deus.

Leitura complementar: Provérbios 11:25

Oração: Querido Pai, ensina-me a amar meus pacientes como a próximos necessitados, para que eu possa cuidar deles com consideração. Ensina-me a ser médico cristão, colocando o meu amor por ti e por meus semelhantes acima do conhecimento técnico. Oro em nome de Jesus, amém.

Ricardo Zandrino

8 de junho

Você está NA PALAVRA DE DEUS?

Jesus respondeu: "Está escrito: 'Nem só de pão viverá o homem, mas de toda palavra que procede da boca de Deus'".
—MATEUS 4:4

Você conhece a frase: "Se você pudesse ver meu extrato bancário, saberia o que é importante em minha vida". Suspeito que também é verdade que, se você pudesse ver minhas leituras da Bíblia, também saberia algo sobre a minha vida espiritual. Eu não sei quanto a sua, mas posso dizer-lhe que a minha vida espiritual não é como deveria ser. Com base na quantidade de tempo que gastei na academia, ocorreu-me que eu estava mais preocupado com minha saúde física do que com minha saúde espiritual.

Permita-me desafiá-lo, como desafiei a mim mesmo. A sua leitura da Bíblia está nos bastidores? Enquanto você está no campo de jogo da vida e um dos seus mecanismos de sobrevivência falha, você traz um jogador substituto — a leitura das Escrituras? Talvez ela seja a última coisa na sua lista de coisas para fazer. A leitura da Bíblia é apenas uma opção, não uma necessidade?

Um dos colaboradores do nosso devocional, o Dr. Andy Sanders, observa que foi uma pequena mudança na vida das pessoas que as moveu da autossatisfação com suas vidas para estar com fome do próprio Deus. Essa pequena mudança era o tempo na Palavra.

A Bíblia está cheia de percepção sobre o valor da Palavra de Deus para a nossa vida. O Salmo 119, por si só, contém mais de 30 referências à Palavra. Nele lemos: "Guardei no coração a tua palavra para não pecar contra ti" (v.11). Por que guardá-la é importante? Porque todos os dias enfrentamos a mesma pergunta feita no Jardim do Éden: "Foi isto mesmo que Deus disse...?" (GN 3:1).

O salmista também afirma: "A tua palavra é lâmpada que ilumina os meus passos e luz que clareia o meu caminho" (v.105). Tomamos decisões todos os dias, as quais podem não ser decisões morais, mas se tornarão parte do nosso destino e do destino daqueles que cruzam a nossa vida. Consequentemente, quanto mais tempo dedicarmos à leitura da Palavra de Deus, mais seremos capazes de tomar decisões que honrem a Deus.

Leitura complementar: Salmo 119

Oração: Pai celestial, obrigado por enviar o Teu Filho, nosso Senhor Jesus Cristo, para ser o Pão da Vida para o mundo. Perdoa-nos por elevar os desejos terrenos acima da devoção ao Senhor. Alimenta-nos com o conhecimento de Cristo para que reconheçamos o nosso pecado e alegremente nos arrependamos, no nome de Teu Filho, amém.

Richard E. Johnson

9 de junho

JESUS: EXEMPLO DE relacionamento médico-paciente

Logo depois, Jesus foi a uma cidade chamada Naim, e com ele iam os seus discípulos e uma grande multidão. Ao se aproximar da porta da cidade, estava saindo o enterro do filho único de uma viúva; e uma grande multidão da cidade estava com ela. Ao vê-la, o Senhor se compadeceu dela e disse: "Não chore". Depois, aproximou-se e tocou no caixão, e os que o carregavam pararam. Jesus disse: "Jovem, eu digo, levante-se!". O jovem sentou-se e começou a conversar, e Jesus o entregou à sua mãe.
—LUCAS 7:11-15

O relacionamento íntimo entre médico e paciente é continuamente ameaçado por muitos avanços na medicina moderna — subespecialidades, medicina de grupo, prática hospitalar, prontuário médico eletrônico etc. Fundamentalmente, um relacionamento individual e compassivo, é modelado pelo Médico dos médicos em Sua interação com a viúva de Naim.

- "Ao vê-la": Primeiro, o Senhor a viu, Jesus percebeu a situação e reconheceu o sofrimento emocional e social da viúva. Devemos estar conscientes e sensíveis ao sofrimento em nossas clínicas e escritórios, mesmo quando não estamos vestindo nossos jalecos brancos.
- "O Senhor se compadeceu": O coração do Senhor foi ao encontro dela. Ele não só viu a situação como era, mas também sentiu a angústia da viúva. A "queixa principal" que me ensinaram a procurar na faculdade de medicina não é suficiente. Uma vez que a angústia do paciente é reconhecida, devemos ser compassivos, ou seja: sofrer junto.
- Ele disse "não chore": oferecendo conforto. Uma coisa simples. Em vez de apenas obter a história do paciente, devemos parar e dizer algo como: "Sinto muito que isso tenha acontecido com você", ou outro reconhecimento apropriado que desejamos tentar para melhorar a situação.
- Ele tocou o caixão e disse ao jovem "levante-se": O Senhor realizou o Seu ato de cura. Uma vez que tenhamos diagnosticado a situação, sentido a angústia do paciente e oferecido conforto, podemos prosseguir com nossos atos curativos: exame, investigação e tratamento.

Podemos não ter em nosso arsenal os poderes sobrenaturais de Jesus, mas temos o poder e a capacidade de ver, sentir, confortar e alcançar os nossos pacientes.

Oração: Senhor, quem mais além de ti, o Maravilhoso Médico, pode me ensinar as nuances do ministério de cura? Lidera-me e eu te seguirei. Em nome de Jesus, amém.

Robert D. Orr

10 de junho

SUA PRESENÇA *palpável*

Não andem ansiosos por coisa alguma, mas em tudo, pela oração e súplicas, e com ação de graças, apresentem seus pedidos a Deus. E a paz de Deus, que excede todo o entendimento, guardará o coração e a mente de vocês em Cristo Jesus.
—FILIPENSES 4:6-7

Eu me agachei na frente de uma paciente e perguntei como ela estava lidando com o seu novo diagnóstico. "Acho que estou em negação", ela respondeu. Assegurei a ela que aquilo era normal e que ela passaria por muitas outras emoções. Ela me disse que sua família e seus amigos eram o seu apoio. Nós nos viramos e sorrimos para os familiares dela, assentados no sofá, que assentiram em resposta. Eles me informaram que a igreja local deles estava orando por ela. Eu disse a ela que a adicionaria à minha lista de orações também.

Então perguntei: "A igreja e a fé desempenham um papel importante na sua vida?". Ela disse que sim, mas que não tinha sido capaz de ir à igreja recentemente, por trabalhar aos domingos.

Eu ofereci apoio de todas as maneiras que podíamos, incluindo serviços de capelania. Mais tarde, naquele dia, o seu rosto se iluminou quando me ofereci para orar com ela também.

O que mais a preocupava era morrer e deixar os seus dois filhos para trás. Ela levantou a cabeça lentamente e olhou para mim. Nós seguramos as mãos e oramos sobre a morte de Jesus na cruz, depois de sofrer, e sobre como Deus compreende tudo isso. Então orei para que a paz do Senhor, que transcende todo entendimento, guardasse o coração e a mente dela, em nosso Senhor Jesus Cristo.

A paz e a presença de Deus eram palpáveis no quarto naquele dia. Ela sorriu posteriormente e disse: "Obrigada por voltar". Eu a encorajei a orar pela paz do Senhor todos os dias, independente do que acontecesse. Saí do quarto dela cheia de felicidade, porque fui usada por Deus para o cuidado espiritual de um segundo paciente naquele dia. Que ela descanse no Seu abraço. Que todos nós sejamos encorajados a nos disponibilizar para atender as necessidades espirituais!

Oração: Jesus, eu venho à Tua presença agora e peço que o Senhor me envolva. Achego-me sob Tua autoridade e Tua propriedade sobre a minha vida. Eu me entrego a ti — meu corpo, alma e espírito. Permite que o Teu rosto brilhe em mim, Senhor, em nome de Jesus. Amém.

Sherry Ann Brown

11 de junho

PODER *pra salvar*

Quanto ao mais, tenham todos o mesmo modo de pensar, sejam compassivos, amem-se fraternalmente, sejam misericordiosos e humildes.
—1 PEDRO 3:8

A letra da música "Poder pra salvar" (*Mighty to Save* - Hillsong, 2006) soa verdadeira para mim, sobretudo nesta semana.

"Todos necessitam de um amor perfeito, perdão e compaixão": estou reaprendendo o fato de que meus colegas médicos e enfermeiros, pacientes e membros da igreja, familiares e amigos – *todos* precisam de compaixão. Mesmo quando não sabemos como falar com alguém ou com quem conversar, há sempre alguém com compaixão esperando para ouvir e disposto a cuidar. Assim, quando nos viramos e os ouvimos, percebemos que eles também precisam de compaixão, e isso nos dá a oportunidade de compartilhar a bondade do nosso Salvador uns com os outros.

"Todos necessitam de graça e esperança, de um Deus que salva": temos pacientes de diferentes origens e nações. Temos uma rica herança em nossas próprias vidas. Todos nós cometemos erros. Todos precisamos de perdão, e ele está disponível quando buscamos.

"E tem poder *pra* salvar": não podemos nos salvar da imperfeição nem podemos verdadeiramente salvar os nossos pacientes. Deus nos dá habilidade, capacitação, talento e sabedoria para usar a medicina. Apesar disso, é Deus quem alcança o coração, a alma e a mente dos pacientes e os atrai para si a fim de efetuar mudanças eternas.

"Me aceitas com meus medos, falhas e temores": continuemos sendo verdadeiros quando nos entregarmos a Deus e aos nossos pacientes, embora não inteiramente da mesma maneira. À medida que nos aproximarmos de quem Deus e nossos hospitais e clínicas querem que sejamos, podemos confiar no Senhor para cuidar de nós.

"Possa o mundo ver brilhar a Luz": assim como Moisés viu a sarça ardente, que os outros nos olhem e vejam apenas a luz de Cristo. Que saiamos e brilhemos por Deus!

Oração: Senhor, que a luz do Teu amor brilhe no meio da escuridão. Jesus, Luz do Mundo, brilhe sobre nós e liberta-nos pela Verdade que agora o Senhor nos traz. Senhor, brilha em mim para que eu possa sair e resplandecer para ti. Oro no precioso nome de Jesus, amém.

Sherry Ann Brown

12 de junho

O BOM SENHOR
dá e toma

*"Porque sou eu que conheço os planos que tenho para vocês",
diz o SENHOR, "planos de fazê-los prosperar e não
de causar dano, planos de dar a vocês esperança e um futuro".*
—JEREMIAS 29:11

Certa manhã, um paciente disse: "Minha cabeça realmente dói e temo que irei morrer". Puxei uma cadeira e me sentei ao lado da cama dele. Perguntei-lhe se estava com medo do que estava acontecendo no seu cérebro, ou se ele tinha medo do que os médicos poderiam fazer. Ele mencionou que estava com medo de morrer na cirurgia. E continuou: "Eu sei que eles são bons médicos. Eu só... estou com medo de morrer". Perguntei-lhe o que o ajudava a superar momentos difíceis e, na vida, o que lhe dava esperança. Ele disse: "Se o Senhor escolher me levar, quando a hora chegar, Ele me levará. Estou pronto, mas tenho medo de morrer".

Ele me disse que Deus desempenhava um importante papel na vida dele. Compartilhei com ele que queríamos apoiá-lo de todas as maneiras que pudéssemos. Ofereci serviços de capelania e oração. Sem saber se os neurocirurgiões o levariam para a sala de cirurgia antes do meu retorno, o paciente e eu fechamos os olhos e oramos. Orei agradecendo a Deus por Sua misericórdia, graça, amor e presença. Também agradeci a Deus porque toda a equipe do hospital estava em Suas mãos, e porque Ele nos conduz enquanto cuidamos daqueles que Ele traz para nós. Orei por uma paz especial, que é maior do que podemos entender, para envolver o paciente. Ele apreciava a oração, e sua enfermeira sorria e assentia, tendo estado no quarto fazendo as tarefas diárias.

Posteriormente, voltei para visitar o paciente. Um capelão estava com ele. A enfermeira e eu sorrimos em acordo. Que bela vista. Que linda forma de cuidar do nosso paciente, naquele dia, antes de sua cirurgia.

Oração: Senhor, ajuda-nos a encorajarmos uns aos outros com Tuas palavras de vida. Em nome de Jesus, amém.

Sherry Ann Brown

13 de junho

PRECISAMOS UNS *dos outros*

Todos os dias, continuavam a reunir-se no pátio do templo. Partiam o pão em suas casas, e juntos participavam das refeições, com alegria e sinceridade de coração.
—ATOS 2:46

Cuidar de adolescentes portadores de HIV é uma alegria e um desafio. A alegria está em ajudar os adolescentes que perinatalmente adquiriram a infecção de suas mães quando não havia intervenções estabelecidas. O desafio tem a ver com o gerenciamento de uma doença que é estigmatizante.

Os adolescentes em minha clínica estão em diferentes níveis escolares — principalmente nos primeiros anos do Ensino Fundamental e no Ensino Médio. O maior problema é tomar comprimidos antirretrovirais diariamente pelo resto de suas vidas. Isso envolve múltiplos medicamentos que, na maioria das vezes, devem ser tomados duas vezes ao dia, ocultando os comprimidos para que ninguém veja e enfrentando os efeitos colaterais das drogas.

Outro grande obstáculo é a ausência à escola para ir às consultas e realizar exames sanguíneos para monitorar o progresso clínico. Isso é agravado pelo fato de que a maioria dos adolescentes perde os pais biológicos e são sustentados por famílias financeiramente instáveis. Por essa razão, é muito comum que eles percam o seguimento clínico e laboratorial por até dois anos, o que traz uma grave implicação para o controle da adequação do tratamento.

Assim, foi uma agradável surpresa quando estudantes de medicina cristãos, membros do *Christian Medical Fellowship* (CMF) — Gana, alternavam-se pela clínica. Eles tomaram para si a tarefa de arrecadar fundos para sustentar adolescentes portadores do HIV. Os estudantes de medicina organizaram um espetáculo de música gospel, que levantou o capital inicial para constituir o apoio aos pacientes.

Pouco se esperava dos estudantes de medicina, os quais são, eles próprios, desafiados financeiramente. Com unidade no Espírito e foco, eles conseguiram apoiar uma clínica gerida pelo preceptor deles.

Todos são importantes na construção do reino de Deus entre os homens. A oferta da viúva (LUCAS 21:1-4) é muito significativa para um grupo marginalizado, como os adolescentes portadores do HIV.

Reflexão: Assim como as partes do corpo, todos importam. Vamos nos unir para trabalharmos juntos no ministério de Jesus.

Oração: Pai celestial, obrigado por enviar o Teu Filho. Perdoa-nos por colocar os desejos terrenos acima da devoção ao Senhor. Alimenta-nos com o conhecimento de Cristo, com a maneira de como Ele serviu e do modo como Ele cuidou dos necessitados. Em nome de Jesus, amém.

Antony Enimil

14 de junho

EU NÃO IREI com vocês

"Vão para a terra onde manam leite e mel.
Mas eu não irei com vocês, pois vocês são um povo obstinado,
e eu poderia destruí-los no caminho". [...] Respondeu
o Senhor: "Eu mesmo o acompanharei, e lhe darei descanso".
—ÊXODO 33:3,14

Moisés havia acabado de passar 40 dias no monte Sinai, falando com o Senhor. Deus revelou a Sua lei e escreveu os Dez Mandamentos nas placas de pedra com o Seu dedo. Enquanto isso, os israelitas ficaram inquietos. Então Arão recebeu as joias do povo e fez um bezerro de ouro. Eles dançaram, gritaram e proclamaram: "Eis aí os seus deuses, ó Israel, que tiraram vocês do Egito!" (ÊX 32:4). Ofereceram sacrifícios ao bezerro de ouro e começaram a se envolver em orgias.

O Senhor sabia de tudo e disse a Moisés que destruiria Israel e começaria uma nova nação, a qual o adoraria e não se voltaria a ídolos. Mas Moisés intercedeu pelo povo rebelde e orgulhoso. Ele lembrou o Senhor da promessa que fizera a Abraão e argumentou que os pagãos diriam que Ele havia trazido os israelitas ao deserto apenas para matá-los. Então Deus cedeu e não os destruiu.

Quando Moisés desceu do monte, ele tratou severamente aqueles que abandonaram o Senhor. Três mil pessoas morreram naquele dia. Depois, Moisés clamou a Deus por perdão para o povo. Ele até pediu que Deus riscasse o seu nome do livro dele com o objetivo de salvar os israelitas. O Senhor disse a ele para conduzir o povo à Terra Prometida, com uma condição significativa: "Mas eu não irei com vocês, pois vocês são um povo obstinado, e eu poderia destruí-los no caminho" (ÊX 33:3).

Que castigo terrível! Ter que ir para o desconhecido sem estar acompanhado por Deus. Isso ocorre com mais frequência do que pensamos. Em nossa pressa de continuar vivendo, assumimos o controle da situação, e os resultados nunca funcionam como esperamos. A tragédia de continuar sem o Senhor é que geralmente não descobrimos isso até que seja tarde demais para fazer algo a respeito. Decisões erradas nem sempre podem ser desfeitas.

Então Moisés intercedeu novamente pelo povo, e disse ao Senhor: "Se não fores conosco, não nos envies" (v.15). Essa é a atitude certa a ser tomada. Se Deus nos conduzir para fora do Egito, é melhor não o abandonar no monte Sinai. Nós precisaremos da Sua ajuda para transitar por regiões inóspitas.

Mais uma vez, Deus cedeu e assegurou a Moisés que a presença dele acompanharia os israelitas à Terra Prometida. Essa é a mesma promessa que Ele nos oferece hoje. Se confessarmos nossos erros e realmente procurarmos mudar, Ele nos perdoará e continuará a caminhar conosco.

Oração: Senhor, obrigado por continuares conosco. Ajuda-nos a buscar a Tua graça em tudo o que fazemos. Em nome de Jesus, amém.

Luke Devapriam R.

15 de junho

A glória DE DEUS

***Então disse Moisés:
"Peço-te que me mostres a tua glória".***
—ÊXODO 33:18

Moisés orou para que o Senhor lhe mostrasse a Sua glória. Ele orou assim depois de ter quebrado as tábuas dos Dez Mandamentos, depois que três mil israelitas morreram e após interceder pelo povo várias vezes. Essa oração também foi feita depois que Moisés salvou a nação da destruição e de ter recebido a promessa de que Deus não abandonaria o Seu povo.

A resposta de Deus é um sim condicional. Ele disse: "...farei passar toda a minha bondade e diante de você proclamarei o meu nome: o Senhor [... mas] não poderá ver a minha face" (ÊX 33:19-20). Moisés veria a bondade de Deus, mas não a Sua face. Isso era mais do que qualquer homem tinha visto. Era o máximo que Moisés poderia ver.

Em certo sentido, Moisés não tinha ideia do que estava pedindo. Ele queria ver a glória de Deus, mas isso significava ver Deus em Sua essência. Nenhum homem pode ver a essência de Deus e viver. A luz nos cegaria e depois nos consumiria. Então Deus falou a Moisés que o esconderia na fenda da rocha para que ele pudesse ver as costas do Senhor.

Às vezes, quando oramos, pedimos coisas que não podemos suportar sozinhos. Queremos certas bênçãos, mas não temos ideia do custo envolvido. Certamente quando oramos: "Senhor, mostra-me a Tua glória", como Moisés, estamos pedindo algo que vai além das nossas limitadas habilidades para receber.

Isto é verdade para todos nós: dizemos que queremos conhecer melhor o Senhor, queremos nos aproximar dele em oração, crescer em graça, esperamos avançar em nossa jornada espiritual, mas há um preço a pagar. Não há ganho sem dor. Devemos ver nossa fraqueza de maneira pessoal antes de poder contemplar a glória de Deus.

Existe um grande encorajamento para todos nós a partir dessa antiga história. Em um momento de crise, Moisés ousou fazer uma esplêndida oração ao Senhor. Ele pediu mais do que qualquer homem havia pedido e recebeu mais do que qualquer homem havia recebido. Todavia, tanto a oração quanto a resposta vieram num momento de crise, por meio de uma revelação da fraqueza de Moisés.

Isso é tudo para nosso encorajamento. Nossas provações não são para nos destruir. Deus quer que usemos os tempos difíceis para nos aproximarmos dele. Se estivermos dispostos a nos tornarmos fracos, aprenderemos coisas sobre o Senhor que nunca conheceríamos quando estamos fortes. Esse é o método do Senhor. Os fortes não precisam de Deus — ou não acham que precisam. Mas os fracos estão escondidos na fenda da rocha — e são eles que realmente veem Deus.

Luke Devapriam R.

16 de junho

POR CAUSA *Dele*

*Sei que a bondade e a fidelidade me acompanharão
todos os dias da minha vida,
e voltarei à casa do SENHOR enquanto eu viver.*
—SALMO 23:6

Por causa DELE, o Único,
Que colocou todos os mundos em movimento
Que falou e tudo veio a existir
Que criou todos os seres vivos
Que fez todas as coisas boas.

Por causa DELE,
A fonte do amor
Amor que deu tudo,
Seu próprio Filho para a vida do mundo.
Aquele chamado de "Bom Mestre",
(Mas ninguém é bom senão o próprio Deus).

Por causa DELE
Nós fomos escolhidos
Antes da fundação do mundo,
Predestinados a conhecer
A esperança em Cristo
E a enaltecer a Sua glória!

Por causa DELE
Nós ouvimos a Palavra da Verdade
E fomos incluídos em Cristo.
Tendo acreditado, fomos marcados com um selo,
O Seu próprio Espírito,
O Espírito da bondade e da misericórdia!

Por causa DELE
E somente DELE
A bondade e a misericórdia nos seguirão
Todos os dias das nossas vidas.
Habitaremos na casa do Senhor para sempre
E Ele habitará em nós!

Shari Falkenheimer

17 de junho

PORQUE *Ele vive*

Então ele chamou a multidão e os discípulos e disse:
"Se alguém quiser acompanhar-me,
negue-se a si mesmo, tome a sua cruz e siga-me.
Pois quem quiser salvar a sua vida,
a perderá; mas quem perder a sua vida por minha causa
e pelo evangelho, a salvará".
—MARCOS 8:34-35

Certa manhã, aguardava no semáforo, quando um homem atravessou a rua apressadamente. Um grande caminhão se dirigia rapidamente em direção a ele, mas ele conseguiu atravessar em segurança. Uma mulher exclamou: "Eu dou muito valor à minha vida!".

Espiritualmente, Deus quer que valorizemos a Sua vida, não a nossa. Ele quer que entreguemos a nossa vida a Ele e tenhamos Cristo vivendo em nós. Ele também quer impactar outras vidas por nosso intermédio. Como médicos em Cristo, temos o privilégio distinto e a honra de impactar a vida dos nossos pacientes. Isso inclui pacientes que enfrentam um futuro incerto, para os quais não podemos prever um resultado favorável além de alguns meses ou anos.

Um desses pacientes era um homem de oração, assim como a sua esposa. Quando eu arrumava algum tempo entre as atividades diárias para me sentar e conversar com esse casal, eles me faziam uma série de perguntas médicas e lançavam um ou outro comentário sobre confiar em Deus.

Um dia a esposa disse: "Querido, qual hino estávamos cantando no domingo quando eu apertei a sua mão, chorando?". Ele sorriu e sussurrou: "Porque Ele vive". "Isso mesmo", disse ela. "Porque Ele vive, posso crer no amanhã." Nossa vida está nas mãos do Senhor. Nós fazemos o nosso melhor. Ele faz o restante.

Saí do quarto do paciente cantarolando: "Porque ele vive...". Entrei no quarto alguns dias depois para liberar o paciente. Sua esposa interrompeu: "Depois que terminar, podemos orar antes que saia?". Meu coração cantou com alegre surpresa. Contei a ela o quanto seu espírito, pela liderança de Deus, ministrou ao meu.

Ao buscarmos a santidade com toda confiança e dependência de Deus, entregamos a nossa vida a Ele e aos nossos pacientes. Podemos cantar o Seu louvor em nossos espíritos a cada dia!

Oração: Senhor, ouvir com o meu coração, ver com a minha alma, ser guiado pela mão que não posso segurar, confiar de maneira que não posso ver — a fé deve ser assim. Eu oro, Senhor, em nome de Jesus, amém.

Sherry Ann Brown

18 de junho

NÃO inveje

O amor é paciente, o amor é bondoso.
Não inveja, não se vangloria, não se orgulha.
—1 CORÍNTIOS 13:4

Você celebra quando os outros recebem boas notícias? Quando um amigo é aprovado em um exame no qual que você acabou de falhar pela terceira vez? Quando a sua irmã conquista o trabalho dos sonhos dela, embora você ainda não tenha sido selecionado para a especialidade escolhida? Quando o outro residente do seu setor tem um pedido de subsídio bem-sucedido, enquanto você luta para formular uma pergunta científica? Devo confessar que há momentos em que não senti vontade de comemorar com um amigo, mas, ao invés disso, senti uma mistura de inveja e autopiedade, que podem levar a um espiral descendente de pensamento não bíblico.

A inveja muitas vezes leva à amargura e não rende glória a Deus. "Cuidem que ninguém se exclua da graça de Deus; que nenhuma raiz de amargura brote e cause perturbação, contaminando muitos" (HB 12:15). Refletindo a respeito, percebo que, quando tive problemas com a inveja, não apreciei a graça de Deus na minha própria vida. Questionei a Sua provisão e me sentia sobrecarregado de certa forma.

Quando Salomão contemplou a futilidade das conquistas terrenas, ele concluiu: "Assim, descobri que o melhor e o que vale a pena é comer, beber, e desfrutar o resultado de todo o esforço que se faz debaixo do sol durante os poucos dias de vida que Deus dá ao homem, pois essa é a sua recompensa" (EC 5:18). Como um residente, você provavelmente se identifica com a expressão "trabalho pesado". É fácil olhar para os outros que parecem obter as coisas mais facilmente, ter melhores oportunidades, ter preceptores que dão mais suporte. Mas confie em Deus! Ele conhece a sua situação e o seu fardo.

Se a leitura de hoje ressoa em você, ore para que Deus o ajude a ver a provisão dele em sua vida. Ore para que você perceba novamente a abundante graça que Ele derramou sobre você, de modo que não inveje as bênçãos e os privilégios de outras pessoas.

Leitura complementar: 1 Pedro 2:1-2; Romanos 12:15

Oração: Senhor, tu sabes que há momentos em que eu me sinto invejosa, ao invés de alegre, quando amigos e colegas desfrutam de sucesso. Por favor, perdoa minha atitude egocêntrica. Obrigado por tudo o que o Senhor me deu e porque os Teus planos são perfeitos. Ajuda-me a me alegrar, mesmo nas provações, e a me regozijar verdadeiramente com aqueles que se regozijam. Em nome de Jesus, amém.

Catriona Wait

19 de junho

Gratidão

***Dando graças constantemente a Deus Pai por todas as coisas,
em nome de nosso Senhor Jesus Cristo.***
—EFÉSIOS 5:20

Quando os israelitas estavam na tormenta, eles temeram e murmuraram, reclamaram. Eles não gostavam da liderança de Moisés, estavam cansados de comer maná. Naquele momento, eles queriam voltar para o Egito, onde eles eram forçados a fazer trabalhos como escravos.

Os israelitas pensavam que os seus inimigos eram a razão pela qual não podiam ter a Terra Prometida, mas foram suas atitudes que os mantiveram longe de alcançá-la e passar pelas tormentas no deserto (NM 11:4-6). Foi a atitude ingrata que os manteve longe de Deus e de receber a perfeita vontade do Senhor para eles.

Reclamar abre a porta para o inimigo agir em nossa vida. Nós precisamos ser gratos a Deus em todas as coisas. Vamos falar dos momentos no mar Vermelho. Lembremo-nos do maná que Ele nos deu na semana passada. Lembremo-nos das ressuscitações que Ele concedeu em nossa vida. A Bíblia diz para ocuparmos a nossa mente com "tudo o que for verdadeiro, tudo o que for nobre, tudo o que for correto, tudo o que for puro, tudo o que for amável, tudo o que for de boa fama, se houver algo de excelente ou digno de louvor" (FP 4:8).

"Deus age em todas as coisas para o bem" (RM 8:28). Isso significa 100%, garantia total, não importa o quão bagunçadas nossas vidas estejam, Deus sempre fará algo bom delas. Caso você consiga ser grato em todas as situações, realmente acreditando que Deus está trabalhando em todas as coisas para o nosso bem, então você sempre terminará com vitória todas as vezes.

Nós somos solicitados para, constantemente e em todo tempo, oferecermos sacrifícios de louvor (HB 13:15). Em todo tempo, é um sacrifício, pois às vezes não sentimos vontade para fazer isso, mas se nós aprendermos a focar no que nós buscamos para sermos gratos, nós podemos glorificar a Deus em quaisquer sejam as nossas circunstâncias. É tão fácil esquecer o quão abençoados somos! Manter uma atitude de gratidão é algo que temos que fazer, perseverar e nos empenhar para conseguir.

Por que é tão importante ser grato? Para começar, ser grato de coração é necessário para receber as bênçãos do Senhor em nosso viver. Segundo, escolher uma atitude de louvor e gratidão não apenas honra a Deus, mas é bom para nós, pois recarrega a nossa alma. Qualquer um que é grato está focando em quão bom o Senhor é, afinal tudo que é bom procede de Deus. Isso significa que uma pessoa grata está alinhada com o Criador do Universo e busca a sua força nele.

Reflexão: Quais são os diferentes modos de demonstrar gratidão a Deus?

Leitura complementar: Salmo 47:7-11

Bina Isaac

20 de junho

Hospitalidade

***Não se esqueçam da hospitalidade;
foi praticando-a que, sem o saber alguns acolheram anjos.***
—HEBREUS 13:2

A hospitalidade é uma das expressões fundamentais do amor que nós temos para o nosso Criador. Tanto no Antigo, como no Novo Testamento, a Bíblia encoraja as pessoas de Deus a mostrarem hospitalidade ao próximo. A importância da hospitalidade é mostrada positivamente na história de Abraão (GN 18). E na época do Novo Testamento, a hospitalidade era uma questão prática. Cristãos que viajavam dependiam de outros fiéis para hospedagem e comida.

A médica Christine Poh diz: "Frequentemente nós mantemos limites significantes, quando se trata de oferecer ajuda a pessoas com necessidades. Muitas igrejas preparam e servem comidas para vizinhos famintos, mas muitos membros destas, acham difícil ir se sentar com aqueles que precisam de uma refeição. Quando as pessoas são muito diferentes de nós, achamos mais confortável cozinhar e limpar para elas do que compartilhar uma refeição num bate-papo. Nós nos familiarizamos com papéis de ajudantes, mas não nos colocamos na posição de igualdade para comermos juntos. Muitos de nós lutamos com o simples fato de sermos presentes para as pessoas com necessidades; nosso papel de ajuda nos define no relacionamento e, na maioria das vezes, nós decidimos que ele deve ser mantido de forma hierárquica".

No entanto, Jesus levou graça aos desprezados ao comer e compartilhar a mesa com eles. Assim, o Senhor nos deixou um exemplo poderoso sobre como levar a graça de Deus aos outros — hospitalidade — nosso desejo de compartilhar uma refeição com pessoas carentes de amor.

Quando compartilhamos uma refeição, algo acontece. Certamente muitas coisas podem acontecer durante um café, mas há uma interação ainda maior durante uma refeição em casa. Compartilhar uma refeição em casa é dizer à outra pessoa que desejo permitir que entre no meu ciclo mais íntimo e que eu quero que você seja meu amigo. Muito mais do que alcançar a outros, a hospitalidade permite que Deus nos alcance. Um golpe mortal para nosso ego, uma hospitalidade generosa é graça em ação. É parecer-se com Jesus. É a expressão poderosa de amor da pessoa que entende verdadeiramente o significado da palavra graça.

Leitura complementar: Gênesis 18:1-8

Oração: Senhor, enquanto eu me entrego a ti hoje, faze as águas vivas fluírem de mim como tu planejaste, que eu siga Teus passos, em nome de Jesus, amém.

Ronald Carey

21 de junho

VALORES do *Reino*

> *Não se preocupem com sua própria vida,*
> *quanto ao que comer ou beber; nem com seu próprio corpo,*
> *quanto ao que vestir. Não é a vida mais importante*
> *do que a comida, e o corpo mais importante do que a roupa?*
> *[...] Quem de vocês, por mais que se preocupe,*
> *pode acrescentar uma hora que seja à sua vida? [...].*
> *Busquem, pois, em primeiro lugar o Reino de Deus*
> *e a sua justiça, e todas essas coisas serão acrescentadas*
> *a vocês. [...] Basta a cada dia o seu próprio mal.*
> —MATEUS 6:25-34

O mundo de hoje está preso em uma armadilha de acumular riqueza, posses e adquirir conhecimento. Nesse ângulo, nos esquecemos da verdadeira fonte da qual nós devemos nos alimentar. Existe uma cantiga infantil que diz assim:

Gatinho, gatinho, por onde estava? / Fui para Londres ver a rainha.
Meu gatinho, meu gatinho, o que foi fazer lá? / Um ratinho eu fui incomodar!
MIAUUUUU!

Esse gatinho tinha o privilégio de estar na presença da rainha e experimentar a hospitalidade do seu palácio. Ele poderia ter mantido sua atenção na rainha, e não ter se incomodado com o rato que estava ali. Antes do convite para o palácio, ele possivelmente passou sua vida na função de caçar ratos. O convite para o palácio também significava que ele poderia parar de se esforçar para prover comida para si. Mas ele, de qualquer maneira, manteve seu hábito de continuar caçando ratos, e se esqueceu da rainha que era soberana sobre os ratos.

Da mesma forma, fomos chamados para estar na presença do Rei. Somos chamados para buscar a Deus e Seu reino, e todas as demais coisas serão providas em Seu tempo, segundo a Sua sabedoria. Achegarmo-nos a Deus não significa parar de trabalhar e de nos esforçar, mas termos paz e propósito em nosso trabalho e esforços. Devemos simplificar nosso zelo, ver as bênçãos que Deus preparou para nós e viver de acordo com Seus valores e propósitos. Quando isso acontece, verdadeiramente, temos resultados muito melhores em tudo.

Reflexão: Creio que Deus está comigo no meu trabalho? Sua presença está sendo refletida em minhas palavras e ações?

Oração: Senhor, que aprendamos as lições do: "Dá-nos hoje o nosso pão de cada dia". Ajuda-me a depender de ti, Pai, em todas as minhas necessidades. Ajuda-me a compartilhar das bênçãos que tu me concedes, em nome de Jesus. Amém.

Deepak Abraham

22 de junho

DEMONSTRANDO *amor maior*

***Alegrem-se com os que se alegram;
chorem com os que choram.***
—ROMANOS 12:15

Você precisa ter uma experiência pessoal de dor e profundo sofrimento para ser capaz de chorar "com os que choram", ou para ajudar pessoas a atravessarem suas próprias tempestades? Quando a minha filha morreu, muitas pessoas chegaram para mim e disseram: "Eu não posso sequer imaginar as circunstâncias pelas quais você está passando". Eu frequentemente me questionava sobre o que essas palavras significavam. Talvez: "Eu não quero imaginar como são essas coisas, porque é um território muito doloroso". De fato, era uma ocasião rara para alguém procurar entender e discutir o assunto mais a fundo. O isolamento era, e continua sendo, difícil e doloroso.

Em nossa vida profissional, frequentemente nos deparamos com pacientes cujas situações não podemos compreender completamente, mas podemos tentar entendê-las melhor. Nós podemos ouvir e perguntar questões abertas. Geralmente os pacientes recebem bem as perguntas que nos ajudam a entender melhor a situação, e eles nos fazem saber se realmente não desejarem falar. Eu já conheci pacientes idosos depressivos que, ao se abrirem, enchem-se de luz ao conversar sobre um evento da sua juventude, ou viúvas que adoram descrever como elas eram cortejadas na época da guerra, ou mulheres na meia-idade que se alegram ao relembrar da sua casa cheia de crianças e outras pessoas que a frequentavam.

Conversar sobre a vida de uma pessoa nem sempre é confortável. Às vezes, pode haver confissões catárticas seguidas por expressões de gratidão, por termos nos importado. Ao ouvirmos o paciente, poderemos entendê-lo como um ser integral: compreendê-lo e buscar demonstrar a ele maior amor e compaixão. Isso nem sempre é confortável. Pode haver tempos em que literalmente nós "vamos chorar com aqueles que choram". Esta partilha é um grande privilégio. À medida que ouvirmos, oremos para que possamos levar a luz de Cristo à pessoa que está diante nós.

Oração: *Façamos a oração de São Francisco de Assis:*
Senhor, fazei-me instrumento de vossa paz. [...]
Ó Mestre, fazei que eu procure mais:
Consolar, que ser consolado;
Compreender, do que ser compreendido;
Amar, do que ser amado.
Pois é dando que se recebe.
É perdoando que se é perdoado.
E é morrendo que se vive para a vida eterna. Amém!

Catriona Wait

23 de junho

Graça

Pois vocês são salvos pela graça,
por meio da fé, e isto não vem de vocês, é dom de Deus;
não por obras, para que ninguém se glorie.
—EFÉSIOS 2:8-9

O conceito de graça é indiscutivelmente um aspecto importante da fé cristã. Muitas religiões enfatizam a conseguir conquistar a salvação, como um direito, através de boas obras e penitências, mas a Doutrina do cristão de Graça é contraintuitiva. Deixe-me explicar isso contando uma história do livro de C. S. Lewis *O grande abismo* (Ed. Vida, 2006).

Uma linha de ônibus que fazia o trecho do Inferno ao Céu consistia em fantasmas (seres transparentes) que esperavam migrar, se, claro, gostassem de lá. Conheceram ali diversos cidadãos "sólidos" do Céu. Um dos fantasmas viu e reconheceu um cidadão celestial que foi julgado culpado, condenado e executado na Terra. Surpreso e indignado, o espírito gritou: "O que você está fazendo aqui, todo alegre. Você, um miserável assassino, enquanto eu fiquei andando pelas ruas lá embaixo e vivendo num chiqueiro todos esses anos?". O homem enquanto explicava que fora perdoado disse: É um "pouco difícil de compreender no começo. Mas tudo acabou agora. Você vai ficar contente com o que aconteceu afinal". O fantasma não pôde aceitar este disparate da justiça. Ele gritou: "Tenho de ter os meus direitos do mesmo modo que você", acreditando obviamente que ele merecia o Céu. O homem que foi perdoado explicou e disse: "Não tenho direitos. Caso contrário não estaria aqui. Você também não irá obter os seus. Vai ganhar algo muito melhor. Não tenha medo".

Duas outras coisas precisam ser mencionadas aqui. Não há quem mereça o Céu, todos nós estamos em falta. Como a Bíblia afirma: "Não há nenhum justo, nem um sequer" (RM 3:10). No entanto, quando nós somos humilhados, ou compreendemos verdadeiramente que nós não merecemos o Céu e, depois, clamamos pela misericórdia de Deus, a graça nos é demonstrada. Na verdade, a qualquer um que clamar por ela, não interessa o quão pecador se possa ser. A graça liberta a pessoa da escravidão do legalismo. Nós somos libertos pela graça de Deus para amar e servir a Deus e ao próximo. À medida que o dia de hoje passa, celebre essa liberdade e sinta-se envolto pela alegria.

Leitura complementar: Romanos 5:1-5

Oração: Senhor, dá-nos a graça para expulsar o velho homem, que é corrupto, cheio de desejos detestáveis, e sermos novas criaturas, criadas à Tua semelhança, em verdadeira justiça e santidade, em nome de Jesus, amém.

Vinod Shad

24 de junho

O ESPÍRITO DE CRISTO
habitando em mim

> *E, se o Espírito daquele que ressuscitou Jesus dentre os mortos habita em vocês, aquele que ressuscitou a Cristo dentre os mortos também dará vida a seus corpos mortais, por meio do seu Espírito, que habita em vocês.*
> —ROMANOS 8:11

Um zumbi é um ser humano sem vontade que está morto, mas controlado por forças sobrenaturais. O filme *Extermínio* (2002), como o título já sugere, fala de devastação. Ele narra como um vírus transforma humanos em zumbis, e consiste na luta de quatro sobreviventes para lidar com a destruição da vida que um dia eles conheceram.

As formigas carpinteiras podem ser "zumbificadas" e controladas por um fungo parasítico, *Ophiocordyceps*, através da liberação de agentes químicos capazes de controlar cérebro. O fungo usa essa habilidade para forçar o inseto a se prender a uma planta úmida, onde o pequeno animal morre. O *Ophiocordyceps* pode então se espalhar pelo corpo da formiga morta e para a vegetação, onde pode se reproduzir e liberar esporos, infectando outras formigas.

Todos esses fatos de zumbis parecem interessantes, até que alguém se dá conta de que isso é exatamente uma parábola da condição humana. Os seres humanos, via de regra, são parasitados pelo espírito do mundo, que os "zumbifica" até que estejam espiritualmente mortos e não possam mais escolher livremente a sua vida. De qualquer forma, quando a pessoa escolhe ser habitada pelo Espírito de Deus, Ele, gradativamente e de modo certeiro, vai trazendo a pessoa de volta à vida, restaurando completamente a sua liberdade.

Deus, durante o êxodo, viveu no meio do acampamento com Seu povo. Depois, Ele habitou no Santo dos Santos no Templo, em Jerusalém, novamente no meio do Seu povo. Agora, o Deus vivo habita em nós por meio do Seu Espírito, ajudando o "eu" a morrer e, assim, ressuscitar-nos para uma nova vida e liberdade. De qualquer forma, para que isso possa acontecer, uma escolha precisa ser feita.

Oração: Espírito de Deus, vem sobre meu coração,
Retira-o da Terra, com o movimento de suas batidas.
Olha para a minha fraqueza, poderoso como és,
E permita-me te amar como devo amar-te.
—*George Croly* (1780–1860)

Vinod Shad

25 de junho

Servindo OU LUTANDO?

Respondeu o Senhor: "Marta! Marta! Você está preocupada e inquieta com muitas coisas; todavia apenas uma é necessária. Maria escolheu a boa parte, e esta não lhe será tirada".
—LUCAS 10:41-42

Jesus corrigiu a atitude de Marta e parabenizou a Maria por sua escolha. Pelas convenções profissionais, Jesus Cristo estaria sendo injusto. Afinal, não estava Marta genuinamente estressada, por que Maria deveria ajudá-la? Talvez tivesse muitas visitas e, se não houvesse hospitalidade na casa, o que pensariam? Enfim, uma boa dona de casa deve ser trabalhadora e diligente (Pv 31).

Jesus, entretanto, não estava impressionado com os afazeres de Marta. Ele podia ver além da superfície, nas profundezas do coração de Marta, e detectou um senso de competitividade ou autocomiseração. Marta colocou a confiança em seu bom trabalho para agradar a Jesus, mais do que depositando sua Fé naquele que podia saciar todas as necessidades. Já Maria havia colocado suas prioridades em buscar o Mestre, quando Ele se fez disponível. Por isso, Jesus disse que Maria escolheu a melhor a parte.

Diariamente, em nossa vida, sentimos que somos obrigados a atingir várias metas e cumprir altas expectativas que nós e outros estabelecemos. Neste processo, normalmente, deparamo-nos com a sútil necessidade de provar a nós mesmos que podemos ser melhores ou mais inteligentes e mais capazes do que outros. Podemos pensar que estamos glorificando a Deus através do nosso trabalho, mas Deus não está satisfeito quando não dependemos dele para realizar o que Ele nos mandou fazer.

Através do incidente na vida dessas irmãs, Deus nos lembra de confiar em Sua habilidade de suprir todas as nossas necessidades, incluindo as nossas preocupações profissionais. Mesmo com nossos horários lotados, Deus deseja que nosso ansioso coração se acalme em Sua presença.

Reflexão: O que significa fazer "a obra de Deus" ou "a forma de Deus agir"? Como lidar com a autocomiseração no ambiente de trabalho?

Leitura complementar: Lucas 10:38-42

Oração: Senhor, que eu possa avançar em minhas tarefas diárias, consciente da habilidade que eu tenho para vir de encontro a cada demanda. Observando o significado mais profundo das pequenas coisas, encontrando beleza e amor em todos os lugares e ao sentir a Tua presença. Senhor, que eu possa caminhar através do tempo respirando uma atmosfera de amor, muito mais do que de luta ansiosa. *

* Extraído da oração favorita da Drª Ida Scudder

Rabin Chacko

26 de junho

DESAFIOS DA missão cristã

*O Espírito do Senhor está sobre mim,
porque ele me ungiu para pregar boas-novas aos pobres.
Ele me enviou para proclamar liberdade aos presos
e recuperação da vista aos cegos, para libertar os oprimidos e
proclamar o ano da graça do Senhor.*
—LUCAS 4:18-19

Jesus começou o Seu breve ministério terreno, de 3 anos, levantando-se numa sinagoga e lendo essas palavras do livro de Isaías, o profeta. Essa foi, com efeito, a declaração de Sua missão, Seu estatuto missionário. Durante os três anos seguintes, Ele mostrou como essas palavras puderam ser vividas, de tal maneira que o significado delas permaneça, e assim pudessem continuar ainda relevantes depois de mais de dois mil anos.

As circunstâncias e o ambiente em muitos lugares do mundo hoje, tornam-se um grande desafio para nós, para seguir o exemplo de Jesus. Pregando as boas-novas pelas organizações cristãs, é visto como algo suspeito, e conversão é uma palavra pejorativa. Organizações cristãs são muitas vezes acusadas de usar a educação e trabalho médico como uma frente para evangelismo. Em algumas partes do mundo, a fé cristã é vista como ocidental e, portanto, ameaça a cultura predominante e nacionalismo. Como nos mantermos fiéis ao exemplo de Jesus, respeitando os limites impostos pelas autoridades locais?

Acredito que não devemos nos envolver em controvérsias sobre conversão. O ponto a partir do qual as pessoas tomam uma decisão de entregar suas vidas a Cristo é trabalho do Espírito Santo. Nosso papel é criar um ambiente em que as elas possam encontrar o nosso Senhor e experimentar a alegria e poder que Ele traz à nossa rotina e trabalho. Como Jesus fez, precisamos fazer isso por meio do partilhar de Seus ensinamentos e do nosso serviço. Na declaração da missão de Jesus, há uma clara tendência para aqueles que são pobres e marginalizados. Ao testemunharmos, por nossas palavras e nosso trabalho, o Espírito Santo fará o restante.

Leitura complementar: Atos 17

Oração: Senhor, que minha vida e meu trabalho possam refletir o Teu amor e graça, a fim de que outros vejam que tu és o Senhor, em nome de Jesus, amém.

Joyce Ponnaiya

27 de junho

Eutanásia

Somente seja forte e muito corajoso! Tenha o cuidado
de obedecer a toda a lei que o meu
servo Moisés ordenou a você; não se desvie dela, nem para
a direita nem para a esquerda, para que
você seja bem-sucedido por onde quer que andar.
—JOSUÉ 1:7

No Canadá, a eutanásia foi legalizada em junho de 2016, sob o nome de morte clinicamente assistida. Nossas faculdades médicas regionais estão tentando tirar o direito de consciência do médico. A autonomia do paciente pode superar nossas crenças. Somos solicitados a manter a religião fora do nosso trabalho. O que eles querem dizer é para deixar de lado a parte que pode entrar em desacordo com o paciente. O amor, o cuidado e a compaixão que Jesus ensina seriam bons se mantidos no consultório. A Bíblia é clara na declaração a Josué — obedecer toda a lei — não apenas a parte que é socialmente aceitável.

O lado econômico das coisas — estou prestes a assinar a renovação por mais 5 anos de contrato. Eu me sinto em conflito com isso, pois não sei se em um ano ou dois, talvez a faculdade na qual estou registrada não apoiará mais a minha liberdade de opinião. Serei forçada a encaminhar, ou realmente realizar a eutanásia? Minha filha, agora com 13 anos, está interessada na carreira médica. É um conflito encorajá-la, embora meu marido diga "tudo bem". Sim, ela precisará lutar para manter a liberdade de opinião também, mas não devemos desistir ou recuar.

Atualmente, sinto-me tão abençoada. Tenho uma família saudável, um bom lar, amigos, um bom trabalho. Sou grata por Deus nos ter abençoado. Desejo manter Sua bênção sobre nós. Quero obedecer a Suas leis e servi-lo por meio da medicina. Eu tenho conflitos com a nova maneira de pensar da nossa cultura. Oro constantemente para que os idosos, os deficientes não se sintam como pesos em suas famílias, e assim sintam-se impulsionados a morrerem. Que os cuidados paliativos ainda possam ser praticados sem que o paciente pense que é o esquadrão da morte.

Continuarei nesta faculdade de medicina; obedecerei à lei; amarei meus pacientes e continuarei orando para que a eutanásia não se torne efetiva. Apoiarei as organizações e igrejas a educar as pessoas sobre o valor da vida. Eu serei forte e corajosa — somente porque sei que Deus é triunfante e Ele é o único a quem devo obedecer.

Oração: Senhor, faz-me forte e corajosa, para continuar a seguir Tuas leis, apesar das pressões exteriores para nos adequar às demandas culturais. Em nome de Jesus, amém.

Sandy Tigchelaar

28 de junho

EM OCASIÕES como esta

> ...*Quem sabe se não foi para um momento como este que você chegou à posição de rainha?*
> —ESTER 4:14

No ano passado, tive o privilégio de viajar para os Estados Unidos numa visita relacionada à pesquisa científica. Foi uma viagem para apresentar os resultados preliminares de um estudo que fizemos no meu país de origem.
Durante as sessões interativas com meus colegas dos EUA, surgiu uma nova ideia de um potencial conceito para melhorar a vida dos adolescentes vivendo com o HIV. Apresentamos a proposta e, para a glória de Deus, tivemos o financiamento para realizar o estudo-piloto. Nós precisávamos pensar sobre como ele poderia ser replicado em maior escala caso o piloto se revelasse benéfico. No momento da concessão, não tínhamos ideia de como obter a parceria necessária para o futuro, para conseguir o pedido de maior subsídio, mas voltei-me para Deus.

Quando chegou o momento de o treinamento para o estudo-piloto iniciar, o treinador, Dave, veio dos EUA para Gana a fim de ajudar nesse início. No primeiro dia do treinamento, eu o peguei no hotel mais cedo do que o esperado. Quando chegamos ao local de treinamento, os funcionários da rotina ainda não tinham chegado, e eu queria mostrar a ele os arredores. Inesperadamente, vimos quatro europeus que também se encontravam no mesmo local. Eles tinham vindo à procura do chefe de outro ambulatório que ficava no mesmo local, mas não o encontraram. Dave e eu éramos as únicas pessoas que eles encontraram. E nós não nos conhecíamos previamente, e não havíamos marcado nenhum encontro.

Ao interagir, soubemos que um dos visitantes estava buscando colaborar no estudo do HIV em adolescentes. E isso era exatamente no que eu estava interessado também. Aquele foi o início de uma nova proposta de pesquisa conjunta.

Por que marcamos nosso treinamento nesse dia? Por que decidi começar o dia antes naquele dia? Como a outra equipe chegou na mesma hora? Deus trabalha de formas misteriosas. É apenas uma questão de tempo. Deus responderá a sua oração no momento certo.

Reflexão: Pense em ocasiões de sua vida nas quais você experimentou a intervenção de Deus.

Oração: Pai, agradecemos-te pelos nossos passos serem ordenados pelo Senhor. Graças te damos por esta grande revelação que tira todo o medo, dúvida e questionamentos de nossa vida. Oramos em nome Jesus Cristo, amém.

Anthony Enimil

29 de junho

Consequências DO ABATIMENTO

> *[Os egípcios] tornaram-lhes a vida amarga, impondo-lhes a árdua tarefa de preparar o barro e fazer tijolos [...].*
> *Os israelitas gemiam e clamavam debaixo da escravidão; e o seu clamor subiu até Deus.*
> —ÊXODO 1:14; 2:23

Êxodo é uma palavra latina derivada do grego *Exodus*, que significa "saída" ou "partida". Essa compreensão do êxodo levanta várias perguntas, tais como: Por que essas pessoas queriam sair ou partir? Quem eram tais pessoas? Quais eram suas condições?

Buscar responder tais perguntas nos traz realidades perturbadoras. Êxodo é a narrativa da partida de uma comunidade que experimentou várias dimensões de abatimento. Uma análise cuidadosa do texto nos revelam as consequências do seu estado de ruína.

Elas eram pessoas desarraigadas — desconectadas de sua própria terra e povo e de outras comunidades.

- *Psicologicamente*, elas foram destruídas — perdidas em seu desespero, frustração, infelicidade e punição, aflitas e feridas; elas estavam estressadas à medida que estavam amarguradas por suas próprias vidas.
- *Economicamente*, elas foram oprimidas — experimentaram injustiça nos salários, espancadas como escravas, tratadas sem piedade pelas autoridades; seus direitos humanos foram violados.
- O *sistema de saúde* foi negado a elas — as parteiras foram instruídas a matar todo recém-nascido do sexo masculino. Assim, sua própria sobrevivência estava em risco, estava ameaçada.
- *Politicamente*, perderam o poder de se organizar em voz coletiva — perderam o poder de questionar a injustiça; suas vozes, na verdade, não foram ouvidas pelos poderosos governantes.
- *Espiritualmente*, elas foram desconectadas do local de culto — por várias vezes, elas até duvidaram da habilidade e poder de Deus para libertá-las.
- Em *última análise*, elas foram desumanizadas e o abatimento foi sua própria "humanidade" — já não eram sequer povo (1PE 2:10).

É nesse contexto que Deus ouviu o gemido do Seu povo, viu a miséria das pessoas, preocupou-se com os sofrimentos delas e veio para resgatá-las (ÊX 3:7). Por isso, há "Boas Notícias" para as comunidades abatidas; há esperança de saída do abatimento para a cura. Deus está ouvindo seu doloroso clamor de súplica e é capaz de respondê-lo de forma positiva e poderosa. Ele fará justiça às comunidades abatidas.

Leitura complementar: Ester 4–6; Neemias 1–3

CMAI estudos bíblicos — fevereiro de 2013

30 de junho

Semeie

*Alargue o lugar de sua tenda,
estenda bem as cortinas de sua tenda, não o impeça;
estique suas cordas, firme suas estacas.
Pois você se estenderá para a direita e para a esquerda;
seus descendentes desapossarão
nações e se instalarão em suas cidades abandonadas.*
—ISAÍAS 54:2-3

Nós servimos a um Deus frutífero e ilimitado. Em vez de contentar-se com o mínimo, o desejo do coração de Deus é que nós nos elevemos às alturas daquilo que foi pago bem caro pelo Noivo da Igreja. O que significa ser frutífero? Comumente, fazemos uma analogia com semeadura e colheita num contexto da agricultura. Seria de se esperar que, depois de colocar uma semente em terreno fértil, garantir que está bem nutrida, haveria um retorno sobre o trabalho, sob a forma de colheita, em um determinado tempo. Isso também é verdade no reino espiritual.

Como nos associamos com o Grande Médico, no nosso trabalho diário, é crucial que trabalhemos com a atitude de fecundar a fé. Existem vários componentes para isso:

- *Os semeadores* — Você e eu
- *A semente* — O evangelho do Reino
- *O solo* — O coração daqueles com quem nos relacionamos diariamente
- *A nutrição* — O Espírito Santo, a oração e a Palavra de Deus
- *O resultado* — Vidas trazidas da escuridão para a Luz

Quando cultivamos um estilo de vida de disseminar ativamente as sementes da Palavra de Deus em corações e mentes (nossos e de outros), guardando com cuidado e nutrindo, o fruto naturalmente surge — um retorno glorioso para o trabalho na vinha do Grande Médico.

Atualmente, sou desafiada a examinar-me regularmente — Estou meramente sempre "ocupada" no trabalho, ou ativamente buscando ser frutífera? Será que estou "semeando-me" e, ao fazer isso, vou além de uma visão sufocada de fecundidade? Muitas vezes, a definição de Deus de ser frutífero pode parecer completamente diferente da nossa limitada definição. A semente deve ser semeada estrategicamente e no momento certo. Para isso, a nossa total confiança no Espírito Santo é crucial. Ele dá as palavras, o tempo e a quantia necessária de graça para perseverar.

Leitura complementar: Salmo 1:1-3

Mary Ojo

Aprendizado DO MÊS

Horace ALLEN (1858-1932)

Primeiro missionário médico na Coreia

Horace Allen nasceu em Delaware, Ohio, e estudou medicina na *Miami Medical School*, em Cincinnati, Ohio, formando-se em 1884. Um ano depois, a seu pedido, o Conselho Presbiteriano de Missões do Norte o enviou para a China. Nos anos seguintes, ele se mudou para a Coreia, como parte dos representantes dos Estados Unidos, para servir como médico. A dinastia Joseon estava no poder, mas havia muitas facções políticas, algumas que queriam acelerar o ritmo de reforma e modernização, enquanto outros eram resistentes a mudanças.

Logo após sua chegada, ocorreu a revolução de *Gapsin*. Foi um golpe de estado de três dias, fracassado, quando um grupo pró-japonês tentou assumir o controle, mas foram suprimidos por uma guarnição chinesa. Durante a revolta, *Ming Young Ik*, um dos integrantes da família real, foi esfaqueado. Horace Allen foi chamado para tratar o paciente e, pela primeira vez, a medicina ocidental moderna foi usada na Coreia. O paciente se recuperou, e isso o ajudou a estabelecer as credenciais médicas de Horace. Ele então estabeleceu *Gwanghyewon* (Casa da Graça Estendida) em Seul, com patrocínio e finanças reais. Este foi o primeiro estabelecimento médico moderno oficial na Coréia e precursor do Hospital *Severance* e do *Yonsei University College of Medicine*, em Seul. Ele também foi capaz de influenciar as políticas do governo para suavizar a postura anticristã e permitir que os missionários evangelizassem e que construíssem escolas e hospitais.

Horace também continuou com suas atividades diplomáticas e foi nomeado secretário da missão americana. Ele trabalhou com os governantes da América e da Coréia para facilitar o desenvolvimento de ferrovias, usinas de energia elétrica e obras de água na Coréia.

Em 1932, ele recebeu o prêmio *Taeguk*, a mais alta condecoração civil da Coreia. Em seu último ano de vida, foi chamado de volta da Coreia, por conta de suas críticas à política de não intervenção americana na Guerra russo-japonesa. Ele morreu em 1932, em Toledo, Ohio.

GRAÇA

O caminho da formação é difícil
Rigor é um caminho que Ele pode usar
Para tirar nossos olhos fracos das coisas da Terra,
E fazer de nós Sua própria vontade a escolher.

Quão frequentemente nossas mãos se agarram
Às frivolidades e insignificâncias desta esfera,
Mas um supervisor maravilhoso e sábio
Nos dará coisas mais queridas e especiais.

Ele assenta-nos em lugares Celestiais,
Nos envolve com cuidado,
Nos enche de dádivas para Sua própria glória
Para que possamos ser usados em todo lugar.

Ele nos deixa ver as falhas dos outros,
E nos permite prantear sobre as perdas,
E faz tudo isso enquanto
está movendo nosso olhar do mundo para cruz.

—Autor desconhecido

1.º de julho

Filhos DO REI

Contudo, aos que o receberam,
[...] deu-lhes o direito de se tornarem filhos de Deus.
—JOÃO 1:12

Quem sou eu? Médica? Esposa? Fracassada? Guerreira? Professora? Nós geralmente definimos quem somos pelo que fazemos, relacionamentos, aquisições ou aparência. Mas quem somos de fato? Se bens, relacionamentos, trabalho e títulos forem retirados, o que resta?

Na verdade, sou um ser espiritual, feito à imagem de Deus. Considero o que João 1:12-13 afirma: eu sou filho de Deus. Eu sou filho do Rei, com recursos e herança disponíveis para mim neste momento. Eu posso ler a Palavra de Deus, porém de fato creio? Eu sempre viverei melhor pelo que creio de coração do que pelo que sei por conhecimento. Então se eu acredito de coração que minha identidade e meu valor vêm de minha profissão, títulos e trabalho, é para isso que eu viverei, apesar do que eu digo crer. Contudo, muda tudo se eu acredito que minha identidade vem do que a Palavra de Deus diz sobre mim.

Minha identidade verdadeira é: sou filha do Rei; com essa verdade instalada em meu coração, eu descanso. Quando intimamente creio e confio no que Aquele que me ama afirma que eu sou, sinto-me segura, aceita e salva.

Aprendi isso sobre mim, quando falhei como médica, esposa e mãe. Eu tentei muito, trabalhei muito, julguei muito, não gostava de mim mesma e adoeci. Fiquei um ano sem trabalhar durante o qual Deus graciosamente revelou as mentiras nas quais eu acreditava e a verdade sobre Seu amor e minha identidade. Reconheci que era amada por Alguém que me ama não pelo que eu faço e que nada pode me separar do Seu amor. Eu lentamente comecei a me recuperar física e emocionalmente e agora olhando para trás vejo aquele período como um presente, pois foi o tempo em que comecei a ter um relacionamento profundo com meu Deus Pai.

Então quem é você? Separe tempo e permita que o amado Pai divino, que o conhece antes da criação do mundo e o teceu no ventre, revele o que Ele diz sobre você. E quando alguém perguntar quem você é, na próxima reunião médica, diga: "Eu sou filho do Rei!".

Leitura complementar: João 1:9-14

Mary Wren

2 de julho

O DEUS
da consolação

No ano em que o rei Uzias morreu, eu vi o Senhor...
—ISAÍAS 6:1

Isaías, o profeta, era primo do rei Uzias, que reinou em Jerusalém por 52 anos. Uzias foi um bom rei que "...fez o que o Senhor aprova..." (2RS 15:3). Ele liderou campanhas militares com sucesso contra seus arqui-inimigos, os filisteus, e fortificou Jerusalém.

Porém o sucesso subiu-lhe a cabeça. Ele usurpou o papel do sacerdote, queimou incenso no altar do templo, e o julgamento de Deus foi rápido e severo. Uzias foi derrubado pela lepra e viveu seus últimos dias em isolamento, excluído da adoração no Templo e do seu trono (2CR 26:19-20). O espetáculo do grande rei que caiu em circunstância traumática deve ter deixado a nação de Judá em choque, especialmente os seus parentes. Seu primo Isaías sem dúvida ficou perplexo e sofreu.

Mas o que é extremo para o homem é visto como oportunidade para Deus. Como John Wesley, fundador do movimento Metodista, disse certa vez: "Deus enterra Seus trabalhadores, mas continua Seu trabalho". O consolo de Deus para o jovem profeta Isaías depois da morte de seu grande primo é uma visão da Sua glória de tirar o fôlego. Isaías é comissionado para o grande trabalho de sua vida. Talvez, até aquele momento, ele vivesse na sombra de seu primo Uzias. Talvez isso o deixasse relutante para falar à nação e dizer que o julgamento estava chegando, tão certo como a chegada da noite depois do dia. Talvez ele necessitasse de uma dose do "forte amor" de Deus para impulsioná-lo à ação.

Existem pessoas ou projetos em nossas vidas nos impedindo de sermos as pessoas que Deus espera que sejamos ou de irmos aonde Ele quer? Estamos nós em perigo, ou mesmo, fazendo de nossa vocação médica um ídolo? O que é preciso acontecer para que vejamos a majestade de nosso Deus e estejamos prontos a obedecer ao Seu chamado?

Leitura complementar: Isaías 6:1-13; 2 Crônicas 26:1-22

John Martin

3 de julho

Um apaixonado
TREMENDAMENTE AMADO

Portanto, sejam imitadores de Deus, como filhos amados.
—EFÉSIOS 5:1

A primeira palavra usada para os cristãos no Novo Testamento foi discípulos. Nós fomos chamados para sermos discípulos e fazermos discípulos. Mas o que isso significa?

No capítulo 1 da carta aos efésios, lemos que somos abençoados "com todas as bênçãos espirituais, nas regiões celestiais em Cristo" (v.3); fomos escolhidos por Deus "para sermos santos e irrepreensíveis em sua presença" (v.4); fomos predestinados por Deus "para sermos adotados como filhos por meio de Jesus Cristo" (v.5); Em Jesus, "temos a redenção por meio de seu sangue, o perdão dos pecados, de acordo com as riquezas da graça de Deus" (v.7). Uau!

No capítulo 5, o foco está em como nos relacionamos. Vivemos em amor, longe da imoralidade e da obscenidade, da ganância e da idolatria? Somos humildes, gentis e andamos como filhos da luz, imitando Deus, vigiando a nossa língua, livrando-nos da amargura?

Como filhos amados, nosso primeiro chamado é conhecer Jesus e o Pai, ter uma relação íntima e permitir que o Espírito Santo nos guie para toda verdade sobre a Trindade. Devemos conhecer a nós mesmos, nossa posição em Cristo e os recursos disponíveis para nós. Nossas atitudes, pensamentos, caráter se tornam mais e mais como Jesus, quando alinhamos nosso ser com a verdade, jogamos fora as mentiras e deixamos que Ele se faça presente em cada aspecto da nossa vida, incluindo o nosso trabalho.

Por isso, precisamos investir tempo com Deus, ler a Bíblia e buscar ser como Ele é. Consequentemente, seremos mais pacientes com as pessoas, confiantes e perseverantes quando as coisas estão difíceis, esperançosos, mesmo quando estamos cercados por desespero. Menos orgulhosos, egoístas e rudes, seremos capazes de amar! Quando outros receberem esse amor, vão querer o que nós temos: eles também desejarão conhecer o Deus que nos ama e a Jesus, o caminho até Ele.

Se você entendeu que é tremendamente amado por Deus Pai e por Jesus, você é de fato discípulo — um apaixonado?

Leitura complementar: Efésios 1:3-7; Efésios 5:3-5

Oração: Senhor, mostra-me a quem posso ajudar para conhecer o Teu amor. Em nome de Jesus, amém!

Mary Wren

4 de julho

ABA, Pai

E, porque vocês são filhos, Deus enviou o Espírito de seu Filho ao coração de vocês, e ele clama: "Aba, Pai".
—GÁLATAS 4:6

Alienação, seja ela real ou imaginária, é uma mal comum. Existe um sentimento de abandono, de não pertencimento. O cristão, entretanto, não precisa compartilhar esse sentimento. Ele não é órfão e tem um Pai cuja principal preocupação são Seus filhos.

Quando Jesus ensinou seus discípulos a orar, Ele lhes falou para dizerem *Aba*, a palavra aramaica para pai. *Aba* é uma das primeiras palavras que a criança aprende a falar. A palavra expressa a dependência, prazer e intimidade inerentes a uma relação entre pai e filho. Exala carinho, amor e confiança. Ela não precisa se preocupar ou cuidar de nada enquanto tem um pai. A criança ainda tem muito a aprender, mas isso ela aprende por intuição — ela é filha do Pai. Isso demarca tudo que a criança sabe e precisa nesse estágio da vida.

O relacionamento consciente que temos com nosso Pai celestial começa no novo nascimento. Nós somos uma nova criação, uma criança gerada à imagem Deus e compartilhando a natureza de nosso Pai. Adoção é outra palavra que expressa nosso relacionamento com Deus. Ela nos presenteia com o mesmo privilégio do filho biológico. Assim enxertado na família de Deus, o "Espírito de seu filho" em nós clama: "*Aba*, Pai".

A concepção dessa paternidade deveria remover todo o medo do nosso coração. Nós não precisamos sofrer com sentimento de não pertencimento, isolamento ou distanciamento de Deus, comuns à humanidade. Que Deus nos torne capazes de entender completamente a dimensão profunda e ampla do que significa ser filho do Pai celestial.

Reflexão: Precisamos lembrar que nosso Pai celestial é perfeito e não tem as falhas que nossos pais terrenos possam ter. Ele nos conhece e cuida de nós. Ele nos ouve!

Mary Wren

5 de julho

ABRAÃO PERSISTIU *em oração*

Prosseguiu Abraão: "Agora que já fui tão ousado falando ao Senhor, pergunto: E se apenas vinte forem encontrados ali?". Ele respondeu: "Por amor aos vinte não a destruirei". Então Abraão disse ainda: "Não te ires, Senhor, mas permite-me falar só mais uma vez. E se apenas dez forem encontrados?". Ele respondeu: "Por amor aos dez não a destruirei".
—GÊNESIS 18:31-32

Oração intercessória é estranha para muitos profissionais de saúde. Muitos de nós são semideuses no inconsciente que acreditam em um universo mecanicista iniciado por Deus, o qual agora, porém, corre por si mesmo com ocasionais intervenções milagrosas de Deus. Achamos difícil enxergar como Deus pode estar ativo neste mundo, apesar das Escrituras particularmente ensinarem a constante atividade de Deus no mundo. Na história de Gênesis 18, Abraão de fato negocia com Deus e parece mudar a Sua mente por sua persistência. É uma história estranha, pois Abraão é convidado a tornar-se parte das intenções de Deus.

Abraão descobriu que Sodoma e Gomorra seriam julgadas por sua maldade. Abraão está chocado e inicia uma negociação pela vida de seu sobrinho, Ló, e sua família, que tinha decidido viver em Sodoma. O resultado da oração é essencialmente uma barganha — típico de muitas transações em bazares no Oriente. Cinquenta, vinte, dez… talvez houvesse dez na família de Ló.

Do ponto de vista humano, Deus reconsidera Seu curso de ação, e a oração de Abraão é a responsável pela "mudança" do pensamento de Deus. Não há discursão metafísica sobre se Deus realmente muda de ideia ou se Ele sempre soube o que haveria de vir. Tal discursão teológica está fora da história. Dentro da história, Deus ouve e responde.

Reflexão: Com que seriedade nós consideramos a oração intercessória? Ela é apenas uma opção extra em nossa vida corrida?

Oração: Senhor, ensina-me a ter compaixão e interceder, com persistência, por pessoas que carecem de ti. Sem ti, essas pessoas serão tragadas pela destruição. Que eu possa me colocar de joelhos por elas. Em nome de Jesus, amém.

Alan Gijsbers

6 de julho

UMA VIRTUDE subestimada

Se vivemos pelo Espírito, andemos também pelo Espírito.
—GÁLATAS 5:25

A bondade é uma virtude frequentemente subestimada por muitos. Para eles, ela é "Admirável, positiva, mas por sua vez, uma fraqueza". Para essas pessoas, ela é o fruto "Cinderela" do Espírito. "Decente, bom, porém dificilmente incendiará o mundo".

Paulo, entretanto, não tem tal conceito. Ele sabia que é a bondade de Deus que nos salva, e que sem ela estamos perdidos (RM 11:22). É um dos elementos do fruto do Espírito (GL 5:22), que reflete o real caráter de Deus para o mundo através de nossas ações, palavras e atitudes. A bondade de Deus enviou Jesus, trouxe nossa salvação, inaugurou o reino dos Céus e levará toda a história para sua conclusão. Que bela coisa que abala o mundo: a bondade de Deus!

E nós somos chamados para sermos bons para outros, como Deus tem sido bom para conosco. Com isso devemos ser misericordiosos, prestativos, compassivos e cuidadosos. A bondade efetiva-se em palavras, em ações e atitudes. Pode acreditar que somos bons com pessoas, mas falhamos constantemente em demonstrar essa bondade em palavras e atitudes. Por vezes, somos mal-humorados e impacientes.

Em minha casa, eu sou o primeiro a levantar, quase todos os dias, especialmente em dias de trabalho. Faço o chá da minha esposa e levo o seu café da manhã na cama. Algumas manhãs, por estar atrasado, isso é apenas uma tarefa chata a cumprir. Assim, não estou sendo verdadeiramente bom, somente costumeiro.

Medicina é uma profissão onde bondade, cuidado prático e gentileza com outros são vitais. É tomar a iniciativa de atender a necessidade, mesmo desmotivado, sem esperar por recompensa ou para ser visto, mas desejosa e alegremente. Não como tarefa ou má vontade. Uma vez iniciada essa caminhada, é impressionantemente fácil mantê-la, pois pessoas reagem à bondade. Ela aquece o coração frio, acalma o problemático, traz esperança e conforto. Vemos pessoas mudando para melhor quando mostramos bondade a elas, um tipo de "ciclo não-vicioso", como um amigo descreveu certa vez.

Agindo com bondade e atitudes gentis, você pode hoje, de alguma forma, refletir o caráter de Deus para seus colegas e pacientes, ajudando-os a captar de relance um pouco de Deus, cuja bondade virou o mundo de ponta-cabeça!

Leitura complementar: Gálatas 5:22-25; Romanos 11:22

Steve Fouch

7 de julho

Ascetismo
E ADMINISTRAÇÃO

*...não me dês nem pobreza nem riqueza;
dá-me apenas o alimento necessário.*
—PROVÉRBIOS 30:8

Falar sobre ascetismo toca em um ponto delicado no mundo hedonista atual. Nós nos tornamos acomodados a uma vida mansa. Trazem desconforto conceitos como dever, persistência, autossacrifício e, com certeza, asceticismo. Limitando as visões desses conceitos meramente à Terra, aparentemente a única dor que vemos como bem-vinda é a de um duro exercício físico. Cobiçamos intensamente corpos e físicos bem-feitos e o bem-estar. Entre os cristãos, essa tendência é legitimada pela teologia da saúde e da prosperidade, distorcendo, entretanto, o plano ensinado na Bíblia.

No "superalimentado", "superindulgente" mundo em que vivemos, deveria haver um viés em direção a fazer menos, moderando o anseio por riquezas, mesmo que não abraçássemos o ascetismo.

Na procura de uma perspectiva nesta espinhosa questão, precisamos olhar para Jesus. Ele trabalhou como carpinteiro, que embora não fosse uma função lucrativa, impediu-o de estar entre os muito pobres. Durante seu tempo ministerial, sua necessidade material foi suprida. Por outro lado, Ele não teve casa própria e pungentemente disse: "As raposas têm suas tocas e as aves do céu têm seus ninhos, mas o Filho do homem não tem onde repousar a cabeça" (MT 8:20). Em Seus ensinamentos, o Senhor falou da bem-aventurança do ser pobre, pregou sobre a necessidade de negar-se a si mesmo e instruiu o jovem rico a vender tudo o que tinha e segui-lo. Jesus nos deu uma perspectiva balanceada. Ele não era ascético como João Batista, nem era rico. Todavia, viveu de modo simples entre pessoas simples.

Como aplicamos a mensagem de Jesus à nossa situação?

Reflexão: Como você equilibra a necessidade de recursos adequados com injunções em relação à mordomia?

Leitura complementar: Mateus 19:16-30

Oração: Pai, ensina-me a aprender mais o que significa ser seu mordomo nesta vida. Mostra-me como posso me desprender de bens materiais que ofuscam a visão de quem tu és, Senhor. Que eu possa viver com simplicidade, prudência e generosidade. Em nome de Jesus, amém.

Abe Ninan

8 de julho

TENHA CUIDADO COM
o modo de viver

*...Portanto, tenham muito cuidado,
para que não se corrompam...*
—DEUTERONÔMIO 4:15-16

A Bíblia é repleta de ensinamentos que se resumem em três ou até duas palavras como "Tema a Deus" e "Louve ao Senhor". Deuteronômio apresenta um terceiro ensinamento: "Tenha cuidado".

Como nossos pais frequentemente nos diziam quando éramos mais novos, no mundo de campo minado, precisamos ser cuidadosos. Tentação e problemas espreitam em cada esquina. Jesus disse que teríamos problemas neste mundo. Paulo adverte para o pecado sutilmente nos envolve. Pedro compara Satanás a um leão, "rugindo e procurando a quem possa devorar" (1PE 5:8).

Nossa carne geneticamente defeituosa, o mundo, com suas atraentes distrações, e Satanás, a espada inimiga de Deus e de Seu povo, seduzem de maneira imperceptível, mas que com certeza nos traga. Tentações nos pegam desprevenidos. Elas esgueiram-se sobre nós e parecem inocentes a princípio. O enganador que, desde os seus dias do Éden, sabe como esconder suas intenções, conhece como nos cegar.

Não importa qual seja nosso nível de maturidade cristã, estamos sempre vulneráveis. Em nosso coração há resíduos de corrupção que podem ser ressuscitados.

Como podemos ter cuidado? Primeiro, fazer um breve balanço, examinar-se e arrepender-se devem se tornar hábitos diários, bem como pedir a Deus que limpe nosso coração. Segundo, saber nossas fraquezas e proteger nosso "tendão de Aquiles". Entenda as táticas de Satanás e busque ajuda de Deus para superar. Por exemplo, se luxúria é um problema, fique longe de situações que levem a isso e saiba quais são essas situações. Permaneça perto de Jesus, leia e medite, ore sem cessar. Procure estar com os santos. Mantenha-se envolvido em Sua vinha. "Mente vazia é oficina do diabo." Com a ajuda de Deus você pode.

Eric Liddell, 20 anos após a corrida dos 400 metros nos Jogos Olímpicos de 1924, foi questionado sobre como conseguira vencer. Ele respondeu: "O segredo para meu sucesso sobre os 400 metros é que os primeiros 200 metros eu corri me esforçando o máximo que podia. Então nos 200 metros seguintes, com ajuda de Deus, eu me esforcei mais ainda".

Reflexão: Separe um tempo para se autoavaliar diante de Deus. Identifique seus pontos fracos, submeta-os a Deus e ore por força a fim de superá-los.

Oração: Senhor, sonda o meu coração e revela o que precisa ser mudado. Transforma-me conforme a Tua vontade. Em nome de Jesus, amém.

Abe Ninan

9 de julho

COMEÇANDO O DIA

com Deus

*Ao amanhecer ele apareceu novamente no templo,
onde todo o povo se reuniu ao seu redor,
e ele se assentou para ensiná-lo.*
—JOÃO 8:2

Como o pássaro busca o alimento logo ao amanhecer, assim aquele que cedo desperta encontra Deus. Visto que o Senhor "não cochila nem dorme" (SL 120:4 NVT), Ele nos encoraja a levantarmos cedo para nos encontrarmos com Ele. Muitos salmos se referem ao cedo pela manhã como o tempo propício para se estar com Deus. O próprio Jesus se levantava cedo para falar com Seu Pai.

Várias razões vêm sendo alegadas para não buscar Deus pela manhã. Alguns, legitimamente, acham ser o fim da tarde o momento mais propício para a prática devocional. Outros, colocando o fato de termos sido livres da lei, reagem a qualquer sugestão de rotina ou rituais. Eles buscam algo mais espontâneo, aparentemente modos liberais de comunicação com Seu Criador. Eles arriscam o perigo de não encontrar um substituto adequado levando-os a abandonar o esforço completamente. Infelizmente, alguns finalmente renunciam qualquer encontro regular com Deus por estarem muito ocupados. Não é necessário dizer que o afastar-se da Fonte de vida provoca morte da vida de Deus em nós por triste negligência.

É dito de Hudson Taylor: "Estando ocupado, não era fácil para o senhor Taylor separar tempo para orar e estudar a Bíblia, mas ele decidiu que o faria, e isso foi vital. Ele e seus amigos viajaram para o norte da China de carroça e carrinho de mão e se hospedaram na mais pobre pousada aquela noite. Geralmente com apenas um cômodo para abrigar os cules (trabalhadores locais) e os viajantes, eles reservavam, com algum tipo de cortina, um canto para o pai e para eles mesmos. Então, depois de o sono enfim trazer certa medida de silêncio, eles ouviam o acender de um fósforo e viam o cintilar da luz de velas que indicava que Hudson Taylor, por mais cansado que estivesse, estava lendo a Bíblia das 2 às 4 da manhã, pois essa era a hora que ele geralmente separava para orar e esperar em Deus".

O dia é para trabalho, a noite para descanso. Antes da correria do dia, antes de ficar imerso em problemas e ouvir vozes alheias, é essencial que prestemos atenção à voz de Deus.

Leitura complementar: Salmo 121 — Use-o hoje para louvar a Deus.

Abe Ninan

10 de julho

REQUISITADO... *ou não*

> *Toda vez que os seres viventes dão glória, honra e graças àquele que está assentado no trono e que vive para todo o sempre, os vinte e quatro anciãos se prostram diante daquele que está assentado no trono e adoram aquele que vive para todo o sempre. Eles lançam as suas coroas diante do trono, dizem: "Tu, Senhor e Deus nosso, és digno de receber a glória, a honra e o poder, porque criaste todas as coisas, e por tua vontade elas existem e foram criadas".*
> —APOCALIPSE 4:9-11

—Sabe, médicos têm dificuldade aqui na Faculdade de Teologia — disse a entrevistadora.

—Eu posso imaginar. Nós cientistas não fomos treinados para escrever ensaios teológicos e...

—Não, não é isso. É que vocês médicos acham difícil não serem médicos...

Eu não estava preparado para isso. Eu esperava por todos os tipos de desafios acadêmicos, mas talvez o grande desafio era não ser um médico. Talvez o status. Talvez o não ser necessário. Eu não sei. Entretanto foi um forte lembrete de que minha identidade como doutor pode tão facilmente se tornar um ídolo.

Quão importante para mim é lembrar que não estou no centro do Universo, mesmo quando meu *bipe* chama incessantemente. Existe uma realidade maior que englobará essa. Em breve, estaremos juntos com todos os outros seres, que deporão coroas — mesmo os jalecos brancos — para honrar o Incriado que vive para sempre. Ele é merecedor de receber glória, honra e poder aqui e agora mesmo. Ele se senta no trono e sustenta meu ser a cada minuto. Sua vontade prevalece. Estou pronto para submeter a minha?

Reflexão: Quais são os concorrentes da minha atenção hoje? O que pode significar, na prática hoje, render minha coroa perante o trono?

Leitura complementar: Filipenses 2:3-11; 1 Pedro 5:5-6

Alex Bunn

11 de julho

ENTRE os tempos

Vocês precisam perseverar...
—HEBREUS 10:36

Algumas celebridades da vida cristã pintam isso com cores brilhantes onde nunca falta alegria e exultantes vitórias; uma existência totalmente desprovida de dor. Isso é falso. Enquanto Deus nos agracia, de tempos em tempos, com encontros maravilhosos e episódios de pura alegria, boa parte da vida é ordinária. Nós vivemos "entre os tempos" por assim dizer. Nós nos levantamos, a cada manhã, vamos trabalhar e retornamos para comer e dormir. Alguns cristãos esperando tranquilidade ou celebração incessante, perdem sua fé quando a excitação cessa.

Apesar da vida de Jesus beirar em espetáculos, a maior parte dela foi lugar comum, e até cansativa. Três décadas de Sua vida nos são ocultas. Seus anos de ministério foram limitados a três. Mesmo nesses anos houve enfado. Ele andou por todo lado, dormiu em barcos e em campo aberto, sentiu fome e cansaço, teve que repreender tanto amigos como inimigos. Por fim Ele suportou dor excruciante e tristeza sofrendo a mesma morte de um criminoso.

Nós certamente não somos melhores que Jesus e podemos esperar uma vida similar. Serão muitos dias áridos e até alguns dolorosos. Haverá tempos em que nossas orações parecerão não passar do teto. Parecerá que estamos falando palavras sem vida; não "sentiremos" a presença do Salvador.

Isso não é anormal; Deus não nos deixou. Isso vem para testar nossa fé, para ver o que podemos suportar em tempos difíceis. Esta foi a experiência de Davi, que com frequência cantou tristemente: "Até quando...?" (SL 13:1) questionando Deus.

Nós precisamos esperar. Esperar é uma disciplina espiritual. A fé em meio a um viver sem brilho e adversidades opressivas será recompensada. Nós também receberemos nossa recompensa se nos apegarmos "com firmeza à esperança que professamos..." (HB 10:23).

Leitura complementar: Hebreus 11 — Leia e medite na perseverança dos santos.

Abe Ninan

12 de julho

SENDO FILHOS *obedientes*

Como filhos obedientes, não se deixem amoldar
pelos maus desejos de outrora, quando viviam na ignorância.
Mas, assim como é santo aquele que os chamou,
sejam santos vocês também em tudo o que fizerem, pois
está escrito: "Sejam santos, porque eu sou santo".
—1 PEDRO 1:14-16

"Faça o que eu disse!"
As palavras repetidas de meu pai continuam ecoando de minha infância, e quando eu perguntava a ele "Por quê?", a resposta que recebia era: "Porque eu disse!". Acredito que eu não sou o único com tais memórias.

Para muitos de nós, nosso entendimento sobre a relação com nosso Pai celestial é moldado por tais experiências da infância. A marca registrada do discípulo não é a obediência? Não somos admoestados para sermos "filhos obedientes"? Não nos é recomendado a "obediência à verdade" (1PE 1:14,22)?

Adicione a isso as frequentes orientações para nos submetermos ou nos sujeitarmos à autoridade de outros por amor a Deus (1PE 2:13-18; 3:1 — incluindo o relacionamento conjugal), e começará a soar como: "Ora, porque eu disse!". Tudo isso é reforçado pela hierarquia de muitas de nossas organizações, e especialmente em relações profissionais, como consultores para iniciantes, médicos para enfermeiras, profissionais para pacientes, apenas para citar algumas.

Dentro dessa realidade, o que as Escrituras ensinam? Parte do problema está na interpretação de "obedecer" e "submeter", que derivam do latim. Além do português, existem problemas paralelos em outras línguas, não apenas com as europeias. Isso porque obedecer e submeter carregam a conotação de um relacionamento vertical, refletindo a realidade do automilitarização da sociedade romana. As palavras originais no grego no Novo Testamento são mais gentis; elas enfatizam o relacionamento no plano horizontal.

Obedecer, no grego, é dar ouvidos de forma responsiva; a mesma palavra é usada para atender quando alguém bate à porta. Submeter, no grego, é a atitude voluntária de doar, cooperando e cumprindo os desejos do outro. As duas palavras expressam a calorosa experiência relacional.

Será que é por isso que, talvez, Jesus tenha dito: "Eu os tenho chamado amigos" (JO 15:15)? Poderia uma recalibragem em nossa compreensão sobre isso transformar nossa prática médica... e nossos lares?

Leitura complementar: João 15:1-17

Peter Pattison

13 de julho

Cuidado COM AS RAPOSINHAS

*Apanhem para nós as raposas, as raposinhas
que estragam as vinhas, pois as nossas vinhas estão floridas.*
—CÂNTICOS DOS CÂNTICOS 2:15

Não são as grandes coisas da vida que nos enganam. Essas coisas grandes sobressaem, enviam sinais de aviso e são fáceis de notar. Em muitos escândalos envolvendo líderes cristãos bem conhecidos, nos questionamos como puderam ser tão estúpidos. Eles sacrificam suas reputações, suas famílias e seus ministérios, por um "prato de lentilhas". Suas falhas provavelmente começam com negligências triviais.

Nós ignoramos pequenas coisas que parecem irrelevantes e, às vezes, as abraçamos. Uma pequena mentira aqui, uma verdade parcial lá, um breve sussurro, um pequeno erro no imposto de renda, fechar um acordo duvidoso nos bastidores, uma pequena indulgência num prazer pessoal, são exemplos de pequenas coisas que escolhemos ignorar. Porém pecado é pecado e necessita de arrependimento, perdão e expiação.

O problema com pequenos pecados é que eles nos imunizam contra os grandes. Como nos safamos de pequenos pecados, um após outro, tornamo-nos reincidentes ofensores. A princípio, as falhas são semelhantes, refletindo os pecados particulares que o cercam. Com a continuidade na indulgência, a rede se alarga, outros pequenos pecados surgem e finalmente caímos por causa de um pecado grande. Pecado tem uma maneira de brotar — brota rápido e se espalha.

Jesus nos advertiu sobre isto: olhar lascivo, nutrir raiva, palavras tolas, jactância e atitude de cobiça. Ele nos advertiu para falar claramente, evitar raiva e estar atentos ao que atrai nossos olhos. Paulo nos disse para não deixarmos o Sol se pôr sobre nossa ira.

Reflexão: Aja sem misericórdia com os pequenos pecados. Mantenha uma prestação de contas a Deus.

Oração: Amado Jesus, ensina-me a praticar frequentemente o arrependimento. Quero manter meus olhos em ti, para que então o pecado que facilmente me envolve não tenha poder sobre mim. Que as tuas virtudes moldem o meu caráter e que, ao cair, eu possa me levantar pela força do teu braço e assim resistir, mais e mais, ao pecado.

Abe Ninan

14 de julho

ALÉM da fadiga

*...Venham comigo para um lugar deserto
e descansem um pouco...*
—MARCOS 6:31

O trabalho com a saúde da comunidade estava indo bem. Houve melhora na conscientização da saúde. Os índices de saúde das pessoas estavam melhorando. Eles tinham trabalhado duro com sua equipe e estavam comprometidos em ver as pessoas conhecerem o Senhor.

Os anos cobraram o seu preço, e, quando os problemas surgiram, eles ficaram cansados. Quase exaustos, mas não desistiram.

"Quem dera as pessoas imaginassem quem eu realmente sou e o que eu sinto." Essa impertinente insegurança é a base de muitas depressões na vida de pessoas que enfrentam nossa competitiva corrida da vida. Surge a necessidade de afirmação, de elogio. E a falta disso leva à autorejeição. Nossas ações se tornam mais uma expressão de medo do que liberdade interior.

O desgaste é uma experiência que muitos enfrentam. Uma das consequências mais desastrosas é um coração endurecido que não permite a renovação do Senhor. Cansaço e exaustão podem trazer isso. Os discípulos também encararam isso, e Jesus chamou-os para apenas descansar — com Ele a sós; um convite a retirar-se do ruído e do ritmo físico da vida diária, ficar silentes perante o Senhor e descansar.

Dentro do coração da pessoa, ela reconhecerá a voz gentil, um convite vindo do Senhor quando chama para perto dele. Bendito é aquele que responde.

Reflexão: Determine dias no seu calendário para aquietar-se no Senhor e descansar com Ele. Ofereça um coração descansado ao trabalho.

"O Senhor cumprirá o seu propósito para comigo! Teu amor, Senhor, permanece para sempre..." (SL 138:8).

"Apeguemo-nos com firmeza à esperança que professamos, pois aquele que prometeu é fiel" (HB 10:23).

Sarah David

15 de julho

ALÉM DE nós mesmos

*...Se alguém o ferir na face direita,
ofereça-lhe também a outra.*
—MATEUS 5:39

Recentemente deixei um paciente sair da clínica, porque ele estava cansado de receber cuidados que ele não queria. Ele veio pedir uma receita médica e aferir sua pressão arterial. Eu nem sequer o vi antes de ele sair. Por outro lado, sua esposa não estava satisfeita com ele quando falei com ela outro dia. Isso mostra que, independentemente do quanto você tente "amar seus pacientes", alguns recusam ser amados.

As relações duradouras com os pacientes são difíceis nestes dias de medicina de *fast-food*. Há expectativas e confiança errada por parte deles na internet para obter respostas. Esse é um desafio para o médico cristão que quer fazer a diferença na vida de seus pacientes através de fortes relacionamentos positivos. Um de meus colegas incrédulos disse que a solução para pacientes difíceis é mandá-los embora. Sim, isso tornaria a vida mais fácil. Todavia, observando Mateus 5, sinto que o papel do médico cristão é se deixar ser golpeado, mais de uma vez, e permanecer envolvido nos cuidados médicos desses pacientes, mesmo além do que o paciente espera.

Não gosto de marcar consultas com pacientes difíceis. No entanto, esse versículo me faz praticar a humildade, quando me alerta que preciso deixar meu orgulho de lado na interação e ouvir o pedido de ajuda do paciente, não importa de que forma ele seja expresso. Eu oro continuamente pela presença de Deus nessas situações, pois sei que, por mim mesmo, sou insuficiente. Mas, com a presença de Deus, Ele pode ajudar o paciente difícil que se senta à minha frente. É uma experiência incrível quando vejo como o Seu Espírito pode se mover e resolver os casos mais estressantes.

Reflexão: Optar por uma atitude positiva pode tornar as situações melhores, sabendo que é Deus em nós em tudo o que fazemos pode constituir uma receita certa para a alegria.

Autoria desconhecida

16 de julho

Chamados PARA SERVIR

...quem quiser tornar-se importante entre vocês deverá ser servo; e quem quiser ser o primeiro deverá ser escravo de todos.
—MARCOS 10:43-44

É fácil esquecer, durante o curso de graduação e as pressões subsequentes de uma carreira assoberbada e exigente, que os médicos são, em primeiro lugar e acima de tudo, chamados a servir. O serviço cortês e eficaz não é prerrogativa dos médicos cristãos. Muitos outros, de outras crenças, ou de nenhuma, podem ser modelos exemplares. No entanto, quando sobrecarregados com pesadas responsabilidades, altas expectativas, recursos limitados, fadiga física, mental e emocional e demandas familiares, pode ser fácil esquecer esse chamado principal.

O serviço não é um tema popular em muitas sociedades contemporâneas. Na medicina, o sucesso acadêmico e a riqueza material são as aspirações mais frequentes, e mesmo na igreja o número de seminários e cursos sobre "liderança" supera facilmente os de "serviço". Supõe-se que todos saibam servir. E, no entanto, como médicos cristãos, somos chamados a seguir o ensinamento de Jesus e Seu exemplo de humildade e serviço.

Então, como é o serviço no nosso local de trabalho? O que queremos daqueles que trabalham em nossas equipes, departamentos ou grupos tutoriais? Eu acho que há quatro características principais: integridade, compromisso de trabalhar duro, flexibilidade e disposição para receber conselhos e aprender.

Obviamente deve haver *integridade*. Todas as sociedades esperam e merecem que os médicos sejam honestos e transparentes em sua vida profissional e privada. O *compromisso* para trabalhar duro é essencial, e pode envolver fazer um esforço maior do que esperam que você faça. Exemplos: ser voluntário para um turno extra para um colega que precisa do tempo livre mais do que nós, ou levar meia hora a mais depois que nosso turno acabar a fim de usar esse tempo para explicar um procedimento ou um diagnóstico a um paciente assustado ou suas ansiosas famílias. *Flexibilidade* pode significar estar preparado para mudar nossos padrões de trabalho para se adequar a um conjunto particular de circunstâncias, como um colega que precisa tirar licença médica. A *disposição* de aceitar conselhos e aprender é essencial se quisermos crescer mais como Jesus. É sempre difícil receber críticas, quando elas vêm inevitavelmente em nossa direção. Mas podemos levá-las a Jesus, que entende, e perguntar a Ele: "O que o Senhor deseja que eu aprenda com isso?".

Leitura complementar: Mateus 18:1-4; Efésios 6:7-8

Robina Coker

17 de julho

PODEMOS *fazer demais?*

*Venham a mim, todos os que estão cansados
e sobrecarregados [...] e aprendam de mim [...].
Pois o meu jugo é suave e o meu fardo é leve.*
—MATEUS 11:28-30

A maioria dos médicos são pessoas cuidadosas que trabalham arduamente. Esse hábito é aprendido em nossos dias de estudante, repletos de aulas, trabalhos de casa e provas. O estágio pode ser uma maratona de trabalho de 24 horas diariamente. Os primeiros anos de prática são ocupados com o "aprender como se faz". O padrão está definido.

Então, podemos fazer demais? A resposta depende do que se entende por "demais". Logo no início, para ser proficiente no que fazemos, são necessários tempo extra e esforço. Mais tarde, as prioridades familiares entram em cena, e o trabalho e a família precisam ser equilibrados. Há uma tendência crescente, no entanto, de ajustar as horas de trabalho para se encaixar em outras coisas, algumas necessárias e outras discricionárias.

Essa é, talvez, uma reação compreensível ao vício em trabalho de uma geração anterior, e o impacto que teve na saúde individual e no bem-estar da família.

Existe um equilíbrio adequado? Como em todas as coisas, nosso modelo é Jesus. Ele trabalhou duro, passando longos dias curando e ensinando e muitas noites em oração. Apesar disso, Ele nunca foi impaciente nem pareceu exaurido. Como Jesus fez isso? No evangelho de João, Ele revelou Seu segredo (VEJA JOÃO 6-8). Ele trabalhou em sintonia com o Pai, ouvindo e obedecendo a Ele. Assim, Ele encontrou descanso, alegria, paz e satisfação apesar de Sua ocupação.

Em última análise, o que conta é o trabalho feito de acordo com a vontade de Deus. Onde quer que estejamos e seja qual for nosso trabalho, estamos engajados na missão de Cristo. Isso requer que nos "afastemos" junto a Jesus periodicamente e nos familiarizemos com Sua Presença.

Deus nunca nos coage, de modo que nosso trabalho não é oneroso sob Sua supervisão. Ele gentilmente lidera e poderosamente habilita. O que deve ser evitado é uma atividade frenética, sem sentido.

Reflexão: Reflita sobre seu trabalho. Qual o nosso fator motivador em servir aos outros? Você considera o seu trabalho como parte da missão de Cristo?

Abe Ninan

18 de julho

Carpe Diem

...'Porque sou eu que conheço os planos que tenho para vocês', diz o Senhor, 'planos de fazê-los prosperar e não de causar dano, planos de dar a vocês esperança e um futuro'.
—JEREMIAS 29:11

Como uma espécie voltada para o futuro, sonhar, planejar e executar planos são questões naturais para nós. Na verdade, raramente levamos em conta a possibilidade de insucesso por problema de saúde ou uma morte prematura. Vemos muito este tipo de questão: se nem a Agência de Segurança Nacional dos Estados Unidos não consegue manter os seus sistemas seguros, como nós poderemos fazer isso? Há muitas pessoas que fizeram planos aparentemente razoáveis para o futuro, mas que se desapontaram.

Portanto, o planejamento para o futuro precisa ser moderado pela dura realidade de nossa mortalidade. A Bíblia nos adverte contra a bravata de fazer planos a longo prazo. Por exemplo, Tiago nos diz que não sabemos o que o futuro nos reserva e, portanto, nos adverte a respeito de esquemas grandiosos.

É claro que há uma impulsão inata dentro de nós para querermos nos sobressair, alcançar e realizar algo que perdure além de nossa existência. Sem planejar e agir, a vida fica estagnada; não há progresso.

Então, como harmonizamos planos legítimos para o futuro com a incerteza da vida? A resposta é viver cada dia sob a soberania de Deus. Jesus nos aconselhou a não nos preocuparmos com o amanhã, mas, na dependência de Deus, viver nossa vida diária. Enquanto vivemos um dia de cada vez, podemos planejar, desde que esses planos sejam criados e executados sob a soberana vontade de Deus.

Além disso, a vida não termina com a morte, mas continua além do túmulo. De fato, a vida verdadeira é a vida do Céu, e entramos nessa realidade não na morte, mas hoje. O dia de Deus é hoje (SL 118:24). Quando ficamos sob o guarda-chuva de Seu cuidado, enquanto respiramos Sua vida, que é eterna, podemos nos engajar em Sua obra, vislumbrar grandes coisas, nos esforçar para alcançar, sabendo que, "no Senhor", nosso "trabalho [...] não será inútil" (1CO 15:58).

Reflexão: Em algum momento, medo ou frustração o impediu de planejar? Faça seus planos sob a orientação de Deus.

Abe Ninan

19 de julho

SUCESSO INSTANTÂNEO VERSUS
esperança no Senhor

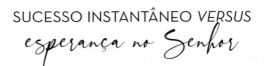

**Atire o seu pão sobre as águas,
e depois de muitos dias você tornará a encontrá-lo.**
—ECLESIASTES 11:1

Vivendo, como fazemos, em uma sociedade instantânea, esperamos resultados imediatos em todos os nossos compromissos. Impacientes com os resultados, raramente encaramos a visão de longo prazo. Desistimos facilmente, deixamos a tarefa por ali e partimos para o próximo projeto. Fomos tentados a pensar que o sucesso, e, melhor ainda, o sucesso instantâneo, é tudo o que importa.

O cristão não pode adotar essa postura. Não somos chamados para ser bem-sucedidos, mas fiéis. Nós nos levamos muito a sério e sentimos o ônus sobre nós, não apenas para executar, mas para ter sucesso. Isso leva à frustração, ao esgotamento e ao desespero.

Uma percepção importante que não nos ocorre imediatamente, porém resulta da reflexão sóbria, é a nossa dependência do Deus Todo-poderoso! Um reconhecimento da supremacia e senhorio de Deus é essencial quando trabalhamos com Ele. Isso não é apenas no sentido geral da Sua soberania sobre toda a criação, mas também no que diz respeito aos pequenos detalhes e especificidades de nossos próprios empreendimentos. Aquele que governa as esferas sabe o número de cabelos em nossa cabeça.

Isso não deve ser tomado como uma desculpa para a preguiça, o não envolvimento e isolamento. Deus nos chama para fazermos coisas intrépidas e Ele quer que tenhamos sucesso. Cada um de nós tem um papel distinto, embora limitado, na grande tapeçaria dos empreendimentos de Deus, e devemos fazê-lo de maneira obediente, com fidelidade e eficiência, ao mesmo tempo em que confiamos em Deus, o Espírito Santo. Sem a Sua supervisão, não nos atrevemos a traçar grandes planos nem microgerenciar o Seu trabalho. Podemos confiar os resultados a Deus; assim, evitamos a frustração e mantemos nossa sanidade. Em Seu próprio tempo, Deus realizará Seus propósitos, com nosso envolvimento, para o cumprimento da missão, de modo que seja glorificado.

Quando eu vou de nariz empinado, Senhor,
E exagero no meu papel,
Lembre-me mais uma vez de quem está no controle. —*Fred Bauer*

Reflexão: Você se envolve na obra de Deus de forma autônoma ou em submissão à Sua vontade?

Abe Ninan

20 de julho

Revestido DE COMPAIXÃO

Portanto, como povo escolhido de Deus, santo e amado, revistam-se de profunda compaixão, bondade, humildade, mansidão e paciência.
—COLOSSENSES 3:12

Clive era um participante frequente em nosso departamento de emergência. Enquanto eu estava sentada no computador, fazendo as anotações sobre meu paciente, ele andava de um lado para o outro no corredor, gritando e xingando, exigindo ser visto. Ele estava desgrenhado e bêbado.

Meu coração saiu pela boca quando percebi que ele era o próximo a ser atendido e, portanto, seria "meu" paciente. Eu me senti intimidada, assustada e despreparada para fazer qualquer coisa para ajudar aquele homem vulnerável. Clive, sem dúvida, voltaria ao seu modo de vida anterior ao deixar o departamento e retornaria à emergência dentro de alguns dias.

Quando me aproximei do espaço de atendimento, o cheiro forte de suor e álcool ficou mais forte; lembrei-me de que Deus ama Clive, assim como Ele me ama. Eu orei para que Deus me ajudasse a demonstrar Seu amor, paciência, compaixão e bondade a Clive. Também me lembrei das sábias palavras de um instrutor da emergência: "Passe duas vezes mais tempo com pacientes de que 'não gosta' ou você achará que está 'desperdiçando seu tempo'". *O amor é paciente, o amor é bondoso...* (1 CORÍNTIOS 13:4).

Eu não resolvi os problemas de Clive. Na verdade, ele saiu por si só antes de eu terminar a consulta. Mas esse encontro me desafiou a tentar ver os pacientes através dos olhos de Deus, em vez dos olhos do mundo, e a amar como Deus ama e mostrar compaixão como Cristo demonstrou a todos que encontro.

Lembrei-me de que esses padrões são impossíveis de alcançar por nossa própria força e, portanto, devemos orar para que Deus esteja trabalhando em nós, capacitando-nos e nos transformando, à medida que o servimos no local de trabalho.

Leitura complementar: 1 Coríntios 13; Lucas 10:25-37

Oração: Pai, obrigado por seres "compassivo e misericordioso, mui paciente e cheio de amor" (Sl 103:8). Ajuda-me a refletir Teu amor e compaixão a todos que eu encontrar hoje em tudo o que faço e digo. Amém.

Sarah Maidment

21 de julho

DEÍSMO cristão

"Pois os meus pensamentos não são os pensamentos de vocês, nem os seus caminhos são os meus caminhos", declara o SENHOR.
—ISAÍAS 55:8

Os deístas, que ficaram em voga no século 18, acreditavam que Deus criou o mundo e depois o abandonou. Para eles, Ele terminou a obra e depois deixou o mundo no piloto automático. Concluem que Ele é um Deus ausente. O deísmo é a filosofia pela qual muitos cristãos vivem hoje. Tendo chegado à fé, vivemos como se Deus não existisse. A vida cristã consiste em hábitos superficiais, como frequência ocasional à igreja, oração casual e dízimo relutante. A fé não mudou substancialmente a essência de quem somos e como vivemos.

Nós não somos muito diferentes do nosso estado não-redimido ou daqueles que não pretendem ser cristãos. Temos a mesma atitude para trabalhar, recreação, entretenimento, família, dinheiro e política. Em nosso trabalho, na igreja ou na nossa suposta comunhão com Deus, somos guiados por princípios empresariais, pensamentos corporativos, fórmulas psicológicas, expectativas sociais e/ou considerações políticas.

A oração, as perspectivas das Escrituras e a orientação do Espírito Santo são tangencialmente reconhecidas, mas não vemos o funcionamento prático na vida pessoal, profissional ou da igreja.

O que precisamos é ser transformados por Cristo a ponto de começarmos a "ter os pensamentos de Deus", e a viver como Ele quer que vivamos. Isso começa na conversão, mas continua com a consagração, a rendição a Deus e o ser cheio do Espírito Santo; é alimentado pelo estudo da Bíblia e pela oração. É necessário submeter *todas* as nossas atividades e atitudes a Deus e viver em obediência a Ele. Exige avaliação habitual de nossa vida diária e um inventário periódico de nossos objetivos à luz da vontade de Deus.

Um servo de Deus disse certa vez: "Quando entregamos nossos direitos a Deus, Ele os devolve em forma de privilégios".

Reflexão: Romanos 12:1-2. Considere como a mente transformada se aplica à vida prática no lar, no trabalho e na vida da igreja.

Abe Ninan

22 de julho

Andar EM OBEDIÊNCIA

***Então disse aos seus discípulos:
"A colheita é grande, mas os trabalhadores são poucos".***
—MATEUS 9:37

A situação desesperadora de muitos no Sul do globo e os ricos recursos do Ocidente são duas realidades contrastantes, mas complementares. Apesar de melhorias modestas, há um abismo inquietante, quase um abismo sem fim de necessidades em muitos países. HIV/SIDA, tuberculose e malária cobram seu preço. Sanitários, água potável e alfabetização são luxos para os marginalizados. O tráfico de seres humanos, os maus-tratos a mulheres e crianças e outros males sociais contribuem para os males do mundo. Homens, mulheres e as crianças, feitos à imagem de Deus, sofrem desnecessariamente e perecem por falta de cuidado.

É humano e lógico esperar que os privilegiados ajam para corrigir a situação. A compaixão pelos oprimidos foi exemplificada por Jesus e é explicitamente ensinada na Bíblia. Tiago adverte sobre o perigo de se afastar de nossos irmãos necessitados. Dinheiro, *know-how*, tecnologia e capital intelectual podem ser todos compartilhados facilmente em um mundo globalizado. Profissionais de todo tipo terão suas habilidades bem aproveitadas.

A comovente declaração de nosso Senhor, "A colheita é grande, mas os trabalhadores são poucos", é tão relevante hoje quanto há séculos. Como servos fiéis, devemos ouvir e trabalhar com Ele em Sua seara. Graças a Deus que muitos responderam sacrificialmente, porém há mais a ser feito. O clamor da fronteira americana era: "Jovem, vá para o oeste". O chamado hoje pode ser reescrito: "Venha para o leste, vá para o sul" para as areias do deserto, a rota da seda, a favela — um chamado não só para jovens, mas para todos — jovens ou idosos, homens ou mulheres, pregadores ou profissionais.

Reflexão: À luz de Mateus 9:35-38, reflita sobre como você está usando seus dons e oportunidades para obedecer à explícita ordem do Senhor.

Leitura complementar: *Viver em tempo de missão* (Ed. Garimpo Acadêmico, 2015), Samuel Escobar

Abe Ninan

23 de julho

CONFESSANDO *Jesus*

*Se você confessar com a sua boca que Jesus é Senhor
e crer em seu coração que Deus
o ressuscitou dentre os mortos, será salvo.*
—ROMANOS 10:9

Temos uma tradição em nossa igreja que, quando adultos são batizados, eles dão uma breve explicação de sua decisão. Alguns acham isso mais difícil do que outros. Uma mulher jovem estava obviamente achando isso muito difícil. Ela hesitantemente começou olhando para o chão e disse: "Acho isso tão difícil, mas há uma coisa da qual não me envergonho: o Senhor Jesus, que veio e morreu por mim". Suspeito que a grande multidão que a ouvia ficou mais comovida com a sua breve explicação do que qualquer outra explicação mais erudita.

A maioria de nós acharia muito difícil não contar a amigos e familiares caso recebêssemos um convite do Presidente, Primeiro-Ministro ou da Rainha para jantar. Quão mais significativo é ter aceitado o convite para ser adotado na família do Rei dos reis!

Um amigo era membro de uma delegação governamental do alto poder do primeiro-ministro britânico, indo para a China. Em um jantar, o extrovertido anfitrião chinês perguntou àqueles que estavam à mesa se eles eram membros do Partido Comunista. Quando ninguém respondeu, ele abriu sua pergunta para outros grupos semelhantes, mencionando o Partido Trabalhista. Ainda sem resposta, o anfitrião então perguntou se eles eram membros de qualquer sociedade. Meu amigo então exclamou publicamente: "Eu pertenço a Jesus Cristo. Sou cristão". Qual o efeito disso? Encorajou uma senhora chinesa à mesa a declarar: "Eu também sou cristã!".

O que pode ser melhor do que seguir o glorioso Senhor do Universo e ser Seu representante?

Leitura complementar: Efésios 6:10-20

Bernard Palmer

24 de julho

Perseverança NA ORAÇÃO

Orem continuamente.
—1 TESSALONICENSES 5:17

A história do juiz injusto nos é dada para nos ensinar a perseverança na oração. Nós nunca devemos desistir. Pode ser cansativo, às vezes chato e aparentemente sem recompensa. Mas a resposta virá se esperarmos por ela.

Manter uma lista de orações e orar por certas pessoas, situações, comunidades e países regularmente é útil. Eu tento fazer isso, mas às vezes não consigo. Isso ocorre quando estou de "pós-plantão", cansado ou viajando. E devo confessar que, às vezes, o hábito falha sem um bom motivo. Mas Deus em Sua graça me permite perseverar.

Raramente digo às pessoas que eu oro por elas. Acho que isso contribui mais para o meu ego do que para a bênção delas. Certa vez escrevi para um líder cristão me gabando da minha vida de oração. No dia seguinte caí em um prolongado período de "seca". Deus havia julgado meu orgulho.

Às vezes, a oração é acompanhada de grande fé, até mesmo lágrimas. Às vezes, podemos sentir a presença de Deus. Ocasionalmente, podemos ter a nítida impressão de que a oração foi respondida. Contudo não é o que sempre acontece. Muitas vezes as orações parecem insípidas. Eu me pergunto como Deus pode ouvir quando eu mesmo pareço não estar convencido — falando de forma sibilante, desanimada, às vezes distraída.

Mas Deus responde à oração — pode ser uma resposta rápida ou demorar muito, muito tempo. Deus não deve nada a nós. Ele responde orações ocasionalmente de uma forma espetacular e muitas vezes sem muita fanfarra. Contra todas as probabilidades, Ele responde. Somente no Céu conheceremos os resultados de nossas orações feitas na Terra. No Céu, Deus mantém "taças de ouro cheias" com as nossas orações (AP 5:8). Então ore. Ore diariamente. Interceda constantemente. Você será ouvido!

Leitura complementar: Lucas 18:18. Você tem uma lista de oração?

Abe Ninan

25 de julho

CONTENTAMENTO
em Sua vontade

Sei o que é passar necessidade e sei o que é ter fartura. Aprendi o segredo de viver contente em toda e qualquer situação, seja bem alimentado, seja com fome, tendo muito, ou passando necessidade.
—FILIPENSES 4:12

Estávamos jantando em uma refeição de cinco pratos sob um dossel de candelabros cintilantes. Na mesa lateral, três opções de sobremesas de dar água na boca nos aguardavam. Ao olhar em volta, vi que as paredes do salão de banquetes estavam enfeitadas com pôsteres coloridos anunciando produtos dos patrocinadores — instrumentos e empresas farmacêuticas. Enquanto eu degustava a comida gourmet, minha mente voltou para outro mundo — nosso hospital missionário rural e os pacientes pobres que lá frequentavam.

Não foi a primeira vez em que me senti deslocado aqui, uma das razões pelas quais eu não vou frequentemente a essas conferências. Mais tarde naquele dia, discurso após discurso exaltava as virtudes da mais recente tecnologia de ponta, coisas que eu sabia que nosso hospital e seus pacientes não podiam pagar. Essas reuniões têm vantagens; você faz amigos, pega algumas amostras com desconto e assim por diante. Mas para nós, trabalhando em lugares menores, é importante manter nossa perspectiva.

Não seja inundado por falsa culpa. Onde quer que estejamos, em uma clínica rural ou em um hotel opulento, estamos sob a vontade de Deus em aproveitar o que Ele nos dá todos os dias.

Não tenha inveja também. Claro, devemos usar a melhor tecnologia que nos estiver disponível, mas lembre-se de que os mais recentes aparelhos nem sempre resultam no melhor "resultado" para o nosso paciente e sua família. Sempre haverá alguém um pouco à nossa frente. Muitas vezes, a tecnologia e a perícia têm a ver com "poder e segurança", e sabemos de onde vêm os nossos.

Concluindo, o Senhor nos chamou para um lugar, para fazer nosso melhor com o que temos em mãos. Aliás, é disto que se trata "missões": fazer o que somos enviados a fazer.

Leitura complementar: 1 Timóteo 6:6-9

Oby Cherian

26 de julho

PÃO DE CADA DIA, A GLÓRIA DE DEUS
e o bem-estar humano

Dá-nos hoje o nosso pão de cada dia.
—MATEUS 6:11

Orar por nosso pão de cada dia não é uma oração individualista nem egoísta. Pelo contrário, a petição busca a glória de Deus e o bem-estar dos outros.

Embora sejamos encorajados a depender de Deus para todas as nossas necessidades, a oração do Pai Nosso se concentra no *nosso* pão de cada dia. Esse é um lembrete gentil de que nossas preocupações individualistas ocupam o segundo lugar em comparação com as necessidades de nossa comunidade. Como comunidade, temos muitas necessidades, e Deus nos convida a buscá-las nele. Além disso, como cidadãos da Terra, somos solidários com pessoas, sociedades e nações com muitos problemas, intercedendo por elas.

Pedir a Deus que nos conceda nosso pão diário também não é uma petição egoísta. A nota predominante atingida na oração do "Pai Nosso" é a glória de Deus. Nós buscamos o Seu reino e a Sua vontade. É nesse contexto que devemos ver nosso pedido do pão de cada dia. Através dessa oração, Jesus nos convida a participar do propósito abrangente do Pai. Pedimos para sermos libertos da ansiedade de perseguir as necessidades físicas, liberando-nos assim para trabalharmos com Deus no aprimoramento de Sua glória.

Finalmente, essa petição sutilmente nos move para longe de nós mesmos e em sentido às necessidades dos outros. Vivemos em um mundo de necessidades desesperadas. Quando oramos pelos outros, não podemos ser apenas espectadores passivos. A intercessão deve se transformar definitivamente em ação. Nós somos as mãos e os pés de Deus. Deus nos usa para ver as necessidades dos outros sendo satisfeitas. Ajudar os outros a receber o pão de cada dia faz parte do empreendimento de assegurar que o reino de Deus venha à Terra, que Sua vontade seja feita e que Ele seja glorificado. Assim, ao usar essa petição simples, estamos em sintonia com o objetivo principal da oração do Senhor.

Reflexão: Deus em primeiro lugar; os outros em segundo; eu em último.

Abe Ninan

27 de julho

"SINCRONIZANDO-SE" DIARIAMENTE
com a agenda do Céu

> ...Eu digo verdadeiramente que o Filho não pode fazer nada de si mesmo; só pode fazer o que vê o Pai fazer, porque o que o Pai faz o Filho também faz.
> —JOÃO 5:19

Pedro deve ter ficado chocado quando se levantou de madrugada e viu que Jesus havia desaparecido. Pedro e seus amigos procuraram-no por todo lugar. Jesus não estava em locais onde alguém esperaria vê-lo. Ele estava realmente desaparecido! Os discípulos começaram a entrar em pânico quando a madrugada se tornou manhã e as multidões vieram procurando por Ele.

Finalmente, para seu grande alívio, Pedro o encontrou afastado, em retiro, e sozinho. Ele parecia estar conversando com alguém que ninguém podia ver. "Simão e seus companheiros [...] ao encontrá-lo, disseram: 'Todos estão te procurando!'. Jesus respondeu: 'Vamos para outro lugar, para os povoados vizinhos, para que também lá eu pregue. Foi para isso que eu vim'" (MC 1:36-37). Pedro ficou perplexo, mas, mesmo assim, seguiu o Senhor.

A lição para nós é que Jesus nunca permitiu que gerentes, multidões ou demandas populares ditassem o Seu dia. Ele seguiu uma agenda celestial, a vontade do Pai. Tudo o que o Senhor fazia a cada hora do dia parecia seguir um calendário ordenado por Seu Pai celestial. Cada compromisso era divino, todo milagre de cura era do coração de Seu Pai. Jesus testificou que Ele era compelido pela agenda de Seu Pai até no sábado.

Como profissionais, médicos ocupados, raramente consideramos que cada dia tenha uma agenda divinamente determinada e que toda consulta é uma oportunidade divina. Cada paciente que chega ao nosso consultório foi "enviado" a nós. Quantas vezes sentimos falta de ver a vontade do Pai naquele dia, quando nos apressamos para nossos locais de trabalho e sucumbimos às pressões de nossas circunstâncias, e até mesmo reagimos inadequadamente. Jesus se retirava discretamente todas as manhãs para "sincronizar" o Seu calendário com a agenda do Pai. Ele tinha certeza do que Ele tinha que fazer todos os dias. Jesus é um exemplo para nós sobre como começar cada dia com a agenda de Deus e agir como o Pai celestial ordena.

Leitura complementar: Marcos 1:35-39

James Zachariah

28 de julho

Daniel: COMBINAÇÃO DE TEMOR E SABEDORIA DE DEUS

A esses quatro jovens Deus deu sabedoria e inteligência para conhecerem todos os aspectos da cultura e da ciência [...]. O rei lhes fez perguntas sobre todos os assuntos nos quais se exigia sabedoria e conhecimento, e descobriu que eram dez vezes mais sábios do que todos...
—DANIEL 1:17-20

Daniel é único nos anais das Escritura Sagradas e no conjunto do toda da literatura mundial. Como Moisés, Daniel fora instruído no melhor da educação vigente de sua época. Ele combinou sabedoria divina com piedade exemplar. Isso o colocou em uma classe exclusiva. Ele interpretou sonhos que eram obscuros para os mais sábios no reino da Babilônia, tornou-se confidente do rei e recebeu uma posição de honra singular. Ele é um modelo para nós.

A característica particular, porém, que distinguia Daniel dos outros era seu relacionamento com Deus. Ele manteve-se na lei de Deus integralmente: recusou-se a "se tornar impuro com a comida e com o vinho do rei" (DN 1:8) e orava diariamente ao Senhor do Céu e da Terra. Daniel agradou a Deus, que, por sua vez, o abençoou com habilidades as quais o colocaram em uma posição de liderança que beneficiaria os habitantes de um vasto império.

O atributo distintivo de Daniel pode ser descrito pelo seu "temor do SENHOR", que Salomão afirma ser "o princípio da sabedoria" (PV 9:10). Não há dúvida de que em nosso mundo, onde os líderes falham na política, na vida acadêmica, na vida profissional ou na igreja, precisamos de mais pessoas como Daniel e Moisés. Além disso, em uma cultura de uma igreja que rejeita as realizações intelectuais como não espirituais e eleva uma piedade simplista, precisamos da correção que homens como Daniel proveem. "Atreva-se a ser um Daniel". Não necessariamente em enfrentar feras selvagens, mas em buscar conhecer e seguir a Deus.

Reflexão: Muitos cristãos contrastam conhecimento e religiosidade. O que pode ser feito para corrigir esse mal-entendido?

Leitura complementar: Todo o livro de Daniel

Abe Ninan

29 de julho

O médico COMO LÍDER

Mas eu lhes digo: "Amem os seus inimigos e orem por aqueles que os perseguem, para que vocês venham a ser filhos de seu Pai que está nos céus...".
—MATEUS 5:44-45

Recentemente, comprometi-me a fim de orientar a equipe com a qual trabalhei em um processo de mudança. Descobri que eu estava despreparada para isso. Foi uma montanha-russa. Começamos devagar e, em seguida, o processo acelerou, à medida que uma série de reuniões colaborativas era realizada para determinar nosso próximo passo. Nós enfrentamos uma curva acentuada quando a implementação começou. Naquele momento, parecíamos ir ladeira abaixo. Desafios e ataques vieram de setores inesperados. Amigos questionaram meus motivos. Colegas — inflados pelo *status quo* — esforçaram-se bastante para se posicionar e proteger suas posições. Acessos de raiva e e-mails incriminadores geraram um ambiente de trabalho tenso.

Passei noites sem dormir e tive pouca paz, sentindo-me confusa e magoada. Eu queria uma audiência para me queixar, justificar-me e ser compreendida. Queria que as pessoas enfrentassem as consequências por seus comportamentos. Nas Escrituras, porém, encontrei uma resposta alternativa: não de amargura e vingança, mas de amor. Como eu poderia fazer isso?

Em Efésios, Paulo declara: "Oro para que, com as suas gloriosas riquezas, ele os fortaleça no íntimo do seu ser com poder, por meio do seu Espírito, para que Cristo habite no coração de vocês mediante a fé; e oro para que, estando arraigados e alicerçados em amor, vocês possam [...] conhecer o amor de Cristo" (EF 3:16-19). Através da fé, Cristo habita em nós, concedendo-nos poder. Esse poder nos permite perdoar e abandonar nossa mágoa, impedindo-nos de agir com raiva e capacitando-nos a obedecer ao mandamento de Cristo: "Amem os seus inimigos". Isso não é nada menos que o poder sobrenatural de Deus em ação.

Minha reação instintiva aos desafios talvez não seja diferente de meus amigos "ainda não" cristãos. No entanto, através da oração, o testemunho de nossas vidas deve ser para o poder de Deus agindo em nós, permitindo a obediência a Cristo em face da oposição. A realização deste poder em nossos locais de trabalho pode mudar a vida de nossos colegas e dar lugar ao reino de Deus.

Leitura complementar: Mateus 5:43-48

Jane Bates

30 de julho

COMPAIXÃO divina

Jesus chamou os seus discípulos e disse: "Tenho compaixão desta multidão; já faz três dias que eles estão comigo e nada têm para comer. Não quero mandá-los embora com fome, porque podem desfalecer no caminho".
—MATEUS 15:32

Como médicos cristãos, temos o privilégio de conhecer pessoas com necessidades reais. Nossas agendas lotadas e nossa capacidade limitada podem nos impedir de ministrar a elas em sua aflição. Precisamos da compaixão divina para sermos os médicos que Cristo nos chama a ser. Nossa própria compaixão humana limitada não é suficiente.

O que é compaixão divina? A palavra grega para compaixão no versículo acima é *splagchnizomai*, que se refere aos anseios, sentir simpatia ou pena. Precisamos sentir o que nossos pacientes sentem. Precisamos experimentar seu medo, ansiedade, rejeição, isolamento, tristeza, coração aflito etc. Nesse lugar de conexão com o paciente, a compaixão nos moverá para ministrarmos e sermos usados por Deus para trazer cura.

Foi através da compaixão que Jesus continuamente alcançou os necessitados e curou aqueles que estavam sofrendo. Muitas vezes as Escrituras dizem que Jesus foi movido de compaixão e daquele lugar Ele pôde fazer grandes coisas.

Reflexão: Você está disposto a permitir que Deus use a sua vida para demonstrar a Sua compaixão para com o Seu povo, encontrando-os onde estão e experimentando a sua aflição com eles? Você está disposto a deixar a compaixão de Deus fluir através de você, para alcançar aqueles que fazem parte de sua vida e no seu local de trabalho?

Oração: Pai, eu oro para que tu me concedas a Tua divina compaixão a fim de que eu possa ministrar ao Teu povo e demonstrar o amor de Cristo através da minha profissão como médico. Eu peço que tu me uses para trazer cura ao Teu povo. Em nome de Jesus eu oro, amém.

Abe Ninan

31 de julho

Oração FUNCIONA?

Busquem, pois, em primeiro lugar o Reino de Deus e a sua justiça, e todas essas coisas serão acrescentadas a vocês.
—MATEUS 6:33

De vez em quando, ouvimos que alguém parou de orar porque, aparentemente, a oração "não funciona". Mas a própria noção de que a oração deve funcionar é um mal-entendido sobre a natureza e o propósito da comunhão com Deus.

Oração é comumente equiparada à petição e umas poucas coisas mais. Embora devamos ir a Deus com as nossas necessidades, a oração é muito mais do que uma petição. Nós não buscamos a Deus apenas para obter algo dele, mesmo que esse algo seja "espiritual". Aproximar-se de Deus dessa maneira revela uma mentalidade utilitarista e é uma receita para a decepção.

A extraordinária mensagem da Bíblia é que fomos criados para glorificar a Deus. Por isso, a Sua vontade tem precedência sobre os nossos desejos e necessidades pessoais. Portanto, quando oramos, devemos reconhecer o senhorio de Deus em nossa vida, nos alinhar à Sua vontade e buscar os Seus propósitos. Ao fazermos isso, "todas essas coisas [todas as nossas necessidades básicas]" nos serão "acrescentadas".

Pode surpreender você perceber que há apenas uma petição que trata de nossas necessidades materiais na Oração do Pai Nosso. Nós pedimos a Ele para suprir "o nosso pão de cada dia" (MT 6:11). E, ao considerarmos o fluxo da oração, perceberemos que esse e outros recursos físicos nos são dados para que possamos ser usados com sucesso no cumprimento dos abrangentes propósitos de Deus.

A oração funciona? Sim, mas funciona enquanto somos consumidos por uma paixão por Deus e procuramos realizar a Sua vontade. Funciona quando nós, junto com Deus, trabalhamos para cumprir a Sua agenda. Devemos garantir que estamos trabalhando dentro dos parâmetros dessa vontade e não cumprindo demandas que estão fora dela.

Reflexão: Faça a Oração do Pai Nosso, lenta e deliberadamente. Medite sobre a santidade, o reino e a vontade de Deus e alinhe-se com os Seus propósitos antes de mencionar suas necessidades.

Abe Ninan

Aprendizado DO MÊS

Dr. Paul BRAND

"Em reverência ao Mestre Criador"

Filho de pais missionários, Jesse e Evelyn Brand, em 1914, Paul Wilson Brand passou seus primeiros anos nas montanhas do sudoeste da Índia. Os princípios cristãos transmitidos a ele quando criança, juntamente com seus primeiros estudos do mundo natural, tornaram-se uma base sólida para sua vida. Aos nove anos, ele foi para Londres, Inglaterra, para estudar e depois concluiu a faculdade de medicina na Universidade de Londres, onde conheceu sua esposa, Margaret, uma colega de curso. Eles se casaram em 1943 e, juntos, voltaram para Índia em 1946, onde Paul ensinou cirurgia no *Christian Medical College and Hospital*, em Vellore.

Foi na Índia que os Brands perceberam, pela primeira vez, a angústia aguda e o isolamento das pessoas que sofrem da Hanseníase, uma infecção bacteriana mais comumente conhecida como lepra. Ele se dedicou a aliviar seu sofrimento. No final da década de 1940, ele se tornou o primeiro cirurgião no mundo a usar a cirurgia reconstrutiva para corrigir deformidades da lepra nas mãos e nos pés e desenvolveu muitas outras formas de prevenção e cura da doença. Antes de Brand, acreditava-se amplamente que aqueles que sofriam da Hanseníase perdiam os dedos e os pés por causa do apodrecimento dos tecidos. Em vez disso, Brand descobriu que tais deformidades eram devido à incapacidade de sentir dor. Com tratamento e cuidados, ele mostrou que as vítimas da doença poderiam viver indefinidamente sem tais deformidades.

O trabalho de Brand com a Hanseníase encontrou suas reflexões teológicas sobre o que ele via como "o aspecto mais problemático da criação: a existência da dor". Brand acreditava que "Deus projetou o corpo humano, capacitando-o a sobreviver por causa da dor", como escreveu mais tarde. Enquanto Dr. Brand estudava a ciência do corpo humano e seus intrincados mecanismos, sua fé em Deus tornou-se mais forte. Dr. Brand frequentemente falava sobre estar absolutamente maravilhado e inspirado pelo complexo e delicado desenho de Deus no corpo humano. Certa vez, ele disse: "Cheguei à conclusão de que em todo paciente meu, em cada célula do corpo de cada um deles, há um conhecimento básico sobre como sobreviver e como curar que excede qualquer coisa que eu possa conhecer. Esse conhecimento é uma dádiva proveniente de Deus, que criou nosso corpo mais perfeito do que jamais poderíamos imaginar".

Depois de 18 anos e mais de 3.000 cirurgias no *Christian Medical College*, Brand, em 1965, aceitou uma vaga no Centro Nacional da Hanseníase, do Serviço de Saúde Pública dos Estados Unidos, em Carville, Louisiana, onde ele se tornou o chefe da reabilitação. Mais tarde, ele atuou como Professor Clínico de Ortopedia, emérito, na Universidade de Washington, e presidente da *Leprosy Mission International*, sediada em Londres. Ainda assim, ele permaneceu envolvido com Missões Médicas internacionais, servindo no Painel de Especialistas em Hanseníase da Organização Mundial de Saúde, atuando como Presidente da *Leprosy Mission International*, baseada em Londres, Inglaterra, e cofundador do *All-Africa Leprosy and Rehabilitation Training Centre* (ALERT) — Centro Pan-Africano de Treinamento da Hanseníase e Reabilitação) —, em Adis Abeba, Etiópia.

O Dr. Paul Brand é autor de 100 artigos científicos e sete livros, incluindo *Clinical Mechanics of the Hand* (A Mecânica Clínica da Mão – tradução livre), que é o principal manual para cirurgiões de mão, fisioterapeutas e outros especialistas em mão. Três de seus livros: *A imagem e semelhança de Deus* (Ed. Vida, 2003), *Feito de modo especial e admirável* (Ed. Vida, 2006) e *A dádiva da dor* (Ed. Mundo Cristão, 2005), contam com a coautoria de Phillip Yancey, autor *best-seller*. Em seu livro de 1998, *God's Forever Feast* (sem publicação em português), o Dr. Brand escreveu: "Minha vida ativa já ficou quase toda para trás. Logo não ocuparei mais espaço. Mas oro para que a minha vida e os princípios pelos quais Deus me ajudou a viver continuem a influenciar a vida dos mais jovens. Quando morremos, não só deixamos a semente, mas também interferimos no solo em que as futuras crianças crescerão e a futura semente espiritual será nutrida. Um bom solo é o legado de gramíneas e plantas pioneiras que há muito se foram".

No livro *Ten Fingers for God: The life and work of Dr. Paul Brand* (sem publicação em português), de Dorothy Clarke Wilson, Phillip Yancey escreve em seu prefácio: "Vejo com profundo apreço o privilégio de aprender com um grande homem e humilde. Cheguei a conhecê-lo como um verdadeiro modelo vivo, um homem de Deus que pude ver em ação em Carville com seus pacientes, nas aldeias rurais da Índia, como marido e pai, como preletor em ambos os hospitais e conferências cristãs". Ele também disse: "Deus trouxe Paul Brand para a minha vida para que eu pudesse aprender o que Deus tinha em mente com todo o experimento da criação. Ninguém afetou mais minha fé do que ele. Você só precisa conhecer um santo para acreditar, e eu tive o privilégio inestimável de passar horas prazerosas em visitas, viagens e conversas telefônicas, destrinchando um santo a cada pedacinho. Ele levantou-se para um minucioso exame".

Em um sermão de 1990 intitulado *A Sabedoria do Corpo*, Dr. Brand disse: "Eu oro para que, quando chegar a minha hora, eu não resmungue que meu corpo se desgastou muito cedo, mas me apegue à gratidão por estar tanto tempo no leme da criação mais maravilhosa que o mundo já conheceu, e anseio encontrar seu Criador face a face". Paul Brand morreu em 8 de julho de 2003, aos 89 anos. Sua vida foi um exemplo de alguém totalmente rendido a Deus.

FAZENDO O BEM EM SILÊNCIO

A neve finalmente parou por volta das onze da noite.
Quando saí com a pá para retirá-la, o ar estava fresco e limpo.
Revigorado, decidi continuar.
Limpei a calçada e a entrada da minha vizinha.
Terminando, escrevi no meu cartão de visita: "Feliz Inverno!".
Na manhã seguinte, sua gratidão foi tão extrema que fiquei constrangido.
"De verdade, não foi nada", eu disse.
E realmente não foi.
Mas por que, então, fiz parecer uma grande coisa
Deixando claro minha autoria com um cartão?
Se eu tivesse feito minha pequena obra em silêncio,
Então Tu, Senhor, e eu poderíamos ter sido parceiros silenciosos nisso,
E minha vizinha teria uma boa impressão
Sobre toda a nossa comunhão
Em vez de apenas sobre mim.
Senhor, da próxima vez que eu fizer uma gentileza,
Vou mantê-la em segredo
Entre o Senhor e eu.

—Autor anônimo

1.º de agosto

Reagindo À NECESSIDADE

...o coração sábio saberá a hora e a maneira certa de agir.
—ECLESIASTES 8:5

Jesus em Sua vida na Terra demonstrou a qualidade da flexibilidade. Seu tempo não havia chegado quando Sua mãe lhe pediu para ajudá-la com a falta de vinho em Caná. No entanto, Ele respondeu à necessidade. Ele quebrou o protocolo para realizar milagres no sábado em resposta às necessidades das pessoas. Ele deu as boas-vindas ao homem aleijado que foi colocado dentro da casa, descendo-o através de um telhado, furando a fila. As únicas vezes que ele esteva em inflexão foi quando foi tentado por Satanás a desafiar a soberania de Deus e quando viu o templo de Deus sendo usado como um local de troca. A rigidez das regras e os regulamentos nunca impediram que Jesus fizesse o bem aos necessitados. Porque Ele veio para dar vida, Ele tinha que ser flexível.

Devemos agradecer a Deus pelo privilégio humano único de usar nossa discrição e ser flexível em situações difíceis. Em nossa vida profissional, nos deparamos com muitas situações em que as regras nos impedem de fazer o bem. Devemos quebrar as algemas da hostilidade para nos permitir crescer e ajudar os outros. Cada dificuldade deve ser vista através do prisma de "como posso ajudar".

Permita que a flexibilidade faça parte do seu pensamento, palavra e ação enquanto trabalha e administra os ambientes hospitalares. Haverá muito mais sorrisos e menos problemas para resolver. Jesus fez isso. Por que não podemos fazer o mesmo?

Sopra em mim, Sopro divino
Preencha-me com vida nova.
Para que eu ame o que tu amas
E faça o que tu fazes.
—*Edwin Hatch*

Oração: Pai Celestial, lembra-me das muitas vezes que tu me deste da Tua graça e sabedoria, passo a passo, cada uma no tempo certo, por toda a minha vida.

Sunil Chandy

2 de agosto

NÃO SE ATREVA a dar

Eu sou a videira; vocês são os ramos. Se alguém permanecer em mim e eu nele, esse dará muito fruto; pois sem mim vocês não podem fazer coisa alguma.
—JOÃO 15:5

"Não se atreva a dar, até que você tenha recebido." Essa foi a repreensão que senti do Espírito Santo em uma manhã no acampamento de verão da igreja. Que alívio! Isso significava que havia algo disponível a receber. Sim, eu ainda tinha algo a dar, mas o seu valor e a sua eficácia viriam do Céu. Por isso, precisava receber a fim desse "vaso de barro" transbordar, pois naquele momento sabia que estava vazio (2CO 4:7).

Sob pressão no trabalho, estamos propensos a dar recursos internos diminutos sem primeiro parar e nos voltar para "o Caminho, a Verdade e a Vida" (JO 14:6), na ansiosa expectativa de que Ele nos capacite.

Jesus, tendo "a vida em si mesmo" (JO 5:26), *escolheu depender* do Pai em todos os momentos. Como chegou a declarar aos Seus críticos: "Eu digo verdadeiramente que o Filho não pode fazer nada de si mesmo; só pode fazer o que vê o Pai fazer, porque o que o Pai faz o Filho também faz" (JO 5:19).

Há um padrão: poder na palavra e ação do Pai para o Filho na Terra; e agora do Pai e do Filho na glória, para nós, intermediados sempre pelo Espírito Santo.

Crescer em maturidade significa crescer na dependência de Deus e interdependência com outros cristãos. Agir como se fosse independente, em incredulidade ou orgulho, é ir além da proteção e provisão divina — não é bom. Primeiro receba e depois dê. Isso não é um alívio?

Reflexão: "Qual pai, do meio de vocês, se o filho pedir um peixe, em lugar disso lhe dará uma cobra? Ou, se pedir um ovo, lhe dará um escorpião?
Se vocês, apesar de serem maus, sabem dar boas coisas aos seus filhos, quanto mais o Pai que está nos céus dará o Espírito Santo a quem o pedir!" (LC 11:11-13).

Leitura complementar: João 15:1-8

Jorge Cruz

3 de agosto

ELEIÇÃO E *livre-arbítrio*

Porque Deus nos escolheu nele antes da criação do mundo...
—EFÉSIOS 1:4

Existem poucas doutrinas que criam mais angústia do que a da eleição divina. Um mal-entendido, baseado talvez nas repetições hipercalvinistas da doutrina, é a causa de nossa desconfiança.

Acreditar que Deus condenou arbitrariamente alguns ao inferno é um pensamento extremo e sem alegria. Não permite espaço para a liberdade, a vontade e a escolha humanas. Isso diminui a dignidade inerente a um ser humano. Por um lado, o ensino é alegremente aceito por muitos na igreja; por outro, tem levado alguns a rejeitar amargamente a fé.

Enquanto a Bíblia fala de eleição, há também muito sobre o livre-arbítrio. Numerosas passagens nos profetas e declarações diretas de Jesus falam de Deus cortejando a humanidade que, em teimosa rebelião, frequentemente o rejeita. O fato é que tanto a eleição quanto o livre-arbítrio são doutrinas bíblicas. Aceitando as limitações do intelecto humano e o fato de que Deus escolheu não desvendar o paradoxo, podemos deixar humildemente a resolução a Ele.

Uma ilustração que sugere uma resolução é a seguinte. Nas portas do Céu, vê-se inscrito em seu arco, "Quem quiser entre". Ao cruzar o limiar e olhar para trás, lê-se: "Você foi escolhido antes da fundação do mundo".

Em vez de nos irritarmos com a aparente injustiça de algo que não podemos entender, devemos humildemente agradecer a Deus pela graça da eleição. Deve ficar claro para qualquer pessoa honesta que, embora tenhamos depositado nossa confiança em Cristo, na análise final, não o escolhemos, mas Ele nos escolheu.

Reflexão: Reserve um tempo para refletir sobre sua própria salvação e agradeça a Deus por Sua graça.

Leitura complementar: Apocalipse 22:17

Abe Ninan

4 de agosto

Eleição e JUSTIÇA DIVINA

...Longe de ti! Não agirá com justiça o Juiz de toda a terra?
—GÊNESIS 18:25

Os seres humanos têm um senso inato de justiça. À luz disso, a doutrina da eleição divina parece injusta. Não parece certo que alguns sejam condenados ao inferno e outros preservados para a vida eterna baseados unicamente num decreto divino. Diante disso, nossa desconfiança sugere que nós, humanos defeituosos, temos um senso de justiça melhor do que o de Deus.

Mas precisamos perguntar: "De onde vem o conceito de justiça?". Certamente vem do próprio Deus que nos criou. Desde que Deus é Deus, Ele é perfeito em todos os sentidos. Por isso, Ele é justo e sempre fará o que é justo. Não pode ser de outra maneira.

De fato, todo o sistema do cosmos entraria em desordem se a injustiça fosse encontrada no coração do universo. Deus, sendo apenas Ele mesmo, é o autor da justiça e nossa compreensão dessa virtude vem dele. Para então questionar a doutrina da eleição divina, por mais problemática que possa parecer, seria afirmar que somos melhores do que o nosso Criador.

Para ser razoável, portanto, devemos admitir que essa é uma doutrina difícil de abraçar. Mas, com toda a honestidade, a resolução do paradoxo da eleição *versus* livre-arbítrio está verdadeira e definitivamente além de nosso alcance. No entanto, não precisamos nos desesperar. Considerando a perfeição, a justiça, a sabedoria e a compaixão de Deus, podemos deixar este enigma impossível para Ele. O Senhor é mais justo do que jamais podemos ser. Aquele de quem extraímos o conceito de justiça, será justo. Não esperaríamos menos de Deus.

Sua misericórdia e justiça não podem ser separadas e estão muito além da nossa compreensão.

Reflexão: "Ele é a Rocha, as suas obras são perfeitas, e todos os seus caminhos são justos. É Deus fiel, que não comete erros; justo e reto ele é" (DT 32:4).

Abe Ninan

5 de agosto

Visão de Ezequiel –
RESTAURAÇÃO PARA TRANSFORMAÇÃO

Quem crer em mim, como diz a Escritura,
do seu interior fluirão rios de água viva.
—JOÃO 7:38

Ezequiel viveu num período como o nosso — sombrio durante o cativeiro de Israel sob a Babilônia. Diante daquele cenário assolador, Ezequiel teve uma visão de um futuro glorioso.

Primeiro de tudo, ele teve uma visão de como ficaria o Templo, que estava em ruínas, quando fosse reconstruído. Segundo, ele viu que as funções do Templo seriam restauradas. Justiça e misericórdia, refletindo o caráter de Deus, seriam evidentes novamente.

Em meio a essas duas imagens, estava a visão da glória de como o Espírito de Deus retornava ao Templo. Os fundamentos da estrutura e os valores que incorporavam os sistemas foram tornados vivos por Deus. Finalmente, o resultado encantador seria "rios de água viva" fluindo do Templo para campos inférteis, transformando água salgada em água doce, criando um ambiente onde árvores frutíferas poderiam crescer.

Esta é uma bela imagem do que Deus pode fazer num mundo que deu errado e uma igreja em ruínas. Deus quer instilar Seus próprios atributos em nós, especialmente a justiça e a misericórdia. Ele deseja, pelo Seu Espírito, nos fluir com a Sua presença gloriosa. Então, correntes de água viva fluirão de Deus através de nós para abençoar aos outros, transformando vidas e sociedades. Prove desta visão, ore e trabalhe para o seu cumprimento em nosso mundo necessitado.

Martin Luther King entrou para a faculdade aos 15 anos e tornou-se ministro ordenado aos 19. Aos 30 anos, viu a assinatura da Lei dos Direitos Civis e, cinco anos depois, recebeu o Prêmio Nobel da Paz. Ele morreu aos 39 anos. E fez tanto em tão pouco tempo. Quando questionado quanto tempo levaria para ganhar as reformas pelas quais lutava, ele disse: "Quanto tempo? Não muito, porque os meus olhos viram a glória do Senhor".

Leitura complementar: Capítulos 41 e 47 do livro de Ezequiel — Sua visão do Templo

Oração: Pai celestial, permita que meus olhos vejam a Tua glória. Em nome de Cristo, Teu Filho, amém.

Sarah Maidment

6 de agosto

FÉ E bom senso

Diga à sabedoria: "Você é minha irmã...".
—PROVÉRBIOS 7:4

Paulo havia escapado de uma trama para matá-lo em Jerusalém, apelando para César. As autoridades romanas, usando seu poder para levá-lo até lá, o colocaram em um navio com destino a Roma.

Embora ele estivesse indo como prisioneiro acorrentado, a viagem se adequava muito bem a Paulo. Cumpriria seu propósito há muito pretendido de pregar em Roma. Além disso, isto estava na vontade de Deus.

Porém, maus tempos chegaram ao mar, uma tempestade estava se formando e Paulo aconselhou ao capitão a não prosseguir viagem até o porto seguinte. No entanto, apesar do conselho, o navio partiu, e o desastre aconteceu. Eles naufragaram, mas suas vidas foram poupadas.

Está claro que Paulo desejava cumprir seu desejo de pregar em Roma e parecia ser a vontade de Deus. Por que, então, inicialmente, Paulo tentou impedir o capitão de prosseguir navegando? Certamente, se Deus assim o quisesse, eles estariam seguros, certo? Então Paulo ficou inseguro? Será ele não tinha fé suficiente?

A razão é que Paulo, apesar de sua grande fé, também era dotado de bom senso. O inverno era uma época perigosa para navegar e eles já haviam enfrentado uma tempestade. Paulo, um viajante experiente naquelas regiões, sabia da natureza caprichosa do Mar Mediterrâneo. Seu pragmatismo não permitiu que sua fé anuviasse sua razão. Mas, sinceramente, geralmente é o contrário que acontece conosco, não é?

Esta é uma lição para nós. Nossa fé deve estar aliada à razão, ao bom senso e, de fato, ao pragmatismo, não ao pragmatismo como filosofia, mas ao pragmatismo como "sabedoria prática". Nossa vida está certamente nas mãos de Deus, mas devemos usar nossas faculdades mentais e tomar decisões sábias.

De fato, Deus honrou a decisão de Paulo, assegurando-lhe, e através dele, seus companheiros de navegação chegariam sãos e salvos a Roma.

Reflexões do tradutor: Diante disso, mesmo certos de que nossa vida está nas mãos de Deus e tendo fé de que, dessa forma, estamos seguros, entendemos que não devemos deixar de usar nossas experiências adquiridas ao longo da vida e a razão para tomarmos decisões.

Leitura complementar: Leia toda a história em Atos 27:1-28.

Tim Tigchelaar

7 de agosto

Medo DOS OUTROS

...não confessavam a sua fé, com medo...
—JOÃO 12:42

Quando o Cristo encarnado estava na Terra, o medo do que os outros poderiam pensar impediu muitos de pregarem a verdade a respeito de Jesus para a sociedade da época. O evangelho de João registra: "Ainda assim, muitos líderes dos judeus creram nele. Mas, por causa dos fariseus, não confessavam a sua fé, com medo de serem expulsos da sinagoga; pois preferiam a aprovação dos homens do que a aprovação de Deus" (12:42,43).

Isso não é uma verdade ainda hoje? Quantos líderes da sociedade receberam instrução ou educação cristã, e agora estão, aparentemente, envergonhados de falar sobre o Senhor Jesus? A mesma situação se observa em alguns ministros ou clérigos cristãos. A palavra "Deus" pode ser mencionada ocasionalmente, mas nem sempre se explica a necessidade de se ter relacionamento pessoal, íntimo com o Senhor Jesus.

Certa vez, uma líder de outra igreja visitou um de nossos cultos da igreja. Quando comecei a conversar com ela, dizendo o quão bom era tê-la conosco, sua resposta me chocou: "O problema com sua igreja é que vocês falam muito sobre Jesus!".

Eu não sabia o que tinha desencadeado aquela resposta e fiquei me perguntando como contestar tal afirmação. Eu havia apenas acabado de estudar a primeira carta de Paulo aos crentes de Corinto, e, então, mostrei os primeiros dez versos do capítulo de abertura. O Senhor Jesus é mencionado em todas as frases. Paulo estava claramente preocupado que a igreja atribulada em Corinto voltasse a ser centrada em Cristo. Da mesma forma, as outras epístolas estão cheias de Cristo. Paulo, em Colossenses, resume o evangelho assim: "Cristo em vocês, a esperança da glória" (CL 1:27).

Reflexão: Por que tantas igrejas e organizações cristãs se desviaram dessa doutrina fundamental? Por que tantos cristãos pararam de falar sobre o Senhor Jesus com seus colegas, pacientes, amigos e familiares?

Leitura complementar: Mateus 10:5-39

Bernard Palmer

8 de agosto

SENTINDO-SE sozinho

Uma vez que vocês chamam Pai àquele que julga imparcialmente as obras de cada um, portem-se com temor durante a jornada terrena de vocês. Pois vocês sabem que não foi por meio de coisas perecíveis como prata ou ouro que vocês foram redimidos da sua maneira vazia de viver, transmitida por seus antepassados, mas pelo precioso sangue de Cristo, como de um cordeiro sem mancha e sem defeito.
1 PEDRO 1:17-19

Um dos maiores desafios que os médicos recém-formados podem enfrentar é a solidão. Amigos mudam para novos lugares, ou nós mesmos é que mudamos de cidade. Momentos importantes da vida passam e, muitas vezes, sentimos que perdemos ocasiões especiais que não podemos comparecer devido a plantões ou, simplesmente, à exaustão causada pelo trabalho.

Nesse contexto, não é difícil se sentir sozinho e desencorajado. Ao retornar de quatro anos vivendo no exterior, lutei muito para conseguir chamar um lugar de "casa" novamente, e, eventualmente, um dia, percebi que estava procurando esse sentimento no lugar errado. Como cristãos, nosso verdadeiro e eterno lar é com Deus no Céu. Isso não é uma trivialidade, mas sim uma promessa que nos dá esperança e confiança nos dias e noites solitários.

Se procurarmos segurança e aceitação neste mundo, poderemos ficar decepcionados. Em vez disso, devemos lembrar das palavras escritas pelo autor de Hebreus: "...corramos com perseverança a corrida que nos é proposta, tendo os olhos fitos em Jesus, autor e consumador da nossa fé. Ele, pela alegria que lhe fora proposta, suportou a cruz, desprezando a vergonha, e assentou-se à direita do trono de Deus. Pensem bem naquele que suportou tal oposição dos pecadores contra si mesmo, para que vocês não se cansem nem se desanimem" (12:1-3).

Busque lembrar o propósito maior em sua vida aqui na Terra. Ore para que você desenvolva grande confiança condizente com o fato de ser filho de Deus, e um peregrino, e estrangeiro aqui na Terra.

Leitura complementar: Isaías 41:10-16

Oração: Jesus, faze-me a lembrar de que tu, Senhor, também enfrentaste a solidão enquanto caminhaste sobre a Terra. Ajuda-me a seguir Teu exemplo e a correr com perseverança. Ajuda-me, hoje, a conhecer a força e o encorajamento que vêm de ti para mim. Amém.

Catriona Wait

9 de agosto

SENTINDO-SE *sobrecarregado*

Nisso uma mulher que havia doze anos vinha sofrendo de hemorragia, chegou por trás dele e tocou na borda do seu manto, pois dizia a si mesma: "Se eu tão-somente tocar em seu manto, ficarei curada". Voltando-se, Jesus a viu e disse: "Ânimo, filha, a sua fé a curou!". E desde aquele instante a mulher ficou curada.
—MATEUS 9:20-22

Você já se sentiu sobrecarregado com a quantidade de pessoas necessitadas que o rodeiam? Talvez você seja responsável por inúmeros pacientes internados que apresentam quadros complexos e se sinta incapaz de dedicar o tempo e a atenção a cada um deles.

No ambulatório, você pode estar horas atrasado, com pacientes e funcionários cansados e irritados. Muitos pacientes e seus parentes podem ter expectativas irreais acerca de suas condições de saúde, ou, simplesmente, você não tem recursos suficientes para tratá-los da forma adequada.

Quando trabalhava no exterior, houve momentos em que senti completo desespero por conta das necessidades contínuas e complexas dos pacientes em contraste com a minha incapacidade de atendê-las.

Você já se perguntou se Jesus alguma vez se sentiu assim? Os evangelhos nos informam que as pessoas traziam "todos os seus doentes" até Jesus. As multidões frequentemente o rodeavam. Certa feita, os amigos de um homem paralítico fizeram uma abertura no teto da casa onde Jesus estava em busca de cura (LC 5:17-26).

A Bíblia não menciona que Jesus se sentia sobrecarregado diante das necessidades do povo, e tampouco sugere que todos eram curados instantaneamente só por virem a Ele. Em vez disso, lemos sobre indivíduos. Mateus, Marcos e Lucas, falam de uma "mulher sofrendo de hemorragia", que era pobre, desesperada, e desprezada por muitos. Jesus a curou compassiva e individualmente e restaurou sua possibilidade de relacionamento social na comunidade.

Podemos não realizar milagres como Cristo, os recursos no trabalho podem ser limitados e as necessidades de cada paciente podem ser esmagadoras, mas podemos escolher nos concentrar nos indivíduos que podemos ajudar. Agradeça a Deus por aquilo que você pode fazer, ao invés de se deixar dominar pelo receio daquilo que, por razões diversas, você não pode fazer, e busque ver cada um como Deus os vê. Pensar e agir assim foi o que me ajudou a permanecer focada e encorajada enquanto trabalhava com recursos limitados entre pacientes com necessidades potencialmente avassaladoras.

Leitura complementar: Salmo 142

Catriona Wait

10 de agosto

ENCONTRAR FORÇAS no Senhor

...Davi, porém, fortaleceu-se no SENHOR, o seu Deus.
—1 SAMUEL 30:6

Davi enfrentava um momento ruim. Os amalequitas haviam devastado o acampamento Israelita, matando os homens e sequestrado mulheres e crianças. As tropas israelitas restantes, consumidas pela tristeza, ameaçavam se revoltar. O próprio Davi chorou, porém logo se recuperou. Em vez de mergulhar em autopiedade, proferir ameaças, justificar-se ou retaliar prematuramente, ele "fortaleceu-se no SENHOR".

Quando nos encontramos em situações problemáticas, é natural que expressemos nossas emoções. O não o fazer, pode levar esses sentimentos que foram contidos a se manifestarem de forma prejudicial no futuro. No entanto, permanecer em estado de sofrimento torna-nos ineficazes e redundantes. Davi nos serve como exemplo em tais situações.

A solução de Davi foi buscar a Deus. Ele talvez tenha procurado um lugar solitário, longe do barulho, da confusão, das ameaças e conversas. Ele até evitou amigos bem intencionados. No entanto, ele não se retirou apenas para si mesmo; ele foi a Deus — o Senhor do Céu, Criador, Salvador e Amigo. Ele se lembrou do passado, sabendo que Deus fornece não apenas socorro, mas sucesso. Ele meditou em Sua Palavra. Ele orou e implorou, lembrando a Deus de Seu caráter, alianças e promessas. Davi relatou especialmente o ato singular de salvação de Deus — a redenção de Seu povo da escravidão no Egito.

É o mesmo que devemos fazer ainda hoje. Ao invés de lastimar inutilmente sobre o que falhou ou buscar vingança, podemos nos achegar a Deus com fé. Na cruz, Jesus destruiu o poder do pecado, da morte e de Satanás. A lembrança de Sua vitória nos levará a experimentar a alegria do Céu, pois ela já nos garantiu a nossa própria vitória em Cristo Jesus. E é assim que somos fortalecidos em Deus.

Davi foi ainda mais longe. Ele buscou o plano de ação de Deus. Ele não tentou resolver seus problemas usando a própria sabedoria, a inteligência de seus conselheiros, as instruções de um manual ou livro de leis. Após se reanimar em Deus, ele seguiu adiante com Ele.

Reflexão: "Há um lugar de segurança perto do coração de Deus".

Leitura complementar: 1 Samuel 30:1-6

Abe Ninan

11 de agosto

SEGUINDO O
exemplo de Jesus

Pois bem, se eu, sendo Senhor e Mestre de vocês, lavei os seus pés, vocês também devem lavar os pés uns dos outros.
—JOÃO 13:14

Os médicos são inevitavelmente chamados para desempenhar papéis de liderança ao longo da carreira. Ministrar aulas em faculdades de medicina, tutoriar alunos ou recém-formados, dirigir um grupo de pesquisa, liderar um departamento, ou gerenciar equipes em hospitais, unidades de emergência, trauma, ou centros de saúde da comunidade.

Geralmente, esses papéis de liderança são assumidos, ou às vezes impostos, grande parte das vezes, por pessoas já extremamente ocupadas e com pouco ou nenhum treinamento prévio. Nestas circunstâncias, como os médicos devem responder às expectativas que lhes são impostas?

Assim como na prática clínica, na liderança os cristãos são chamados a seguirem o exemplo estabelecido pelo próprio Jesus. Isso é ilustrado na passagem bíblica acima, que demonstra a necessidade de uma liderança servil.

Se formos tentados a pensar que esse estilo de liderança é apropriado apenas dentro de uma comunidade cristã ou igreja e não em salas de reuniões ou de conferências no exercício da profissão; devemos estar cientes de que as principais escolas de negócios em todo o mundo têm enfatizado cada vez mais o valor da liderança distribuída ou compartilhada.

Sendo assim, o que é a "liderança servil" nos contextos em que podemos ser chamados a liderar? Às vezes, pode haver uma necessidade imediata de fornecer orientação, direção clara, ou autoridade, como ao gerenciar pacientes críticos na sala de emergência. No entanto, mesmo diante de situações estressantes, onde nos encontramos sob pressão, nunca devemos perder de vista a necessidade da humildade no relacionamento com aqueles que estão sob nossa liderança, e o respeito para com as diferentes características de cada um da equipe que passaremos a conhecer. Em trabalhos sobrecarregados e tensos, precisamos nos lembrar de reservar um tempo para descobrir as individualidades dos membros de nossas equipes.

Devemos aprender a aproveitar o tempo para ouvir as pessoas, suas esperanças e aspirações, suas frustrações e desafios, e estar preparado para oferecer ajuda a eles nas tarefas que eles enfrentam. Assim, não apenas exemplificaremos o amor de Jesus, mas também, paradoxalmente, melhoraremos seu desempenho.

Leitura complementar: João 13:1-15

Robina Coker

12 de agosto

Não se esqueça
DA SABEDORIA DE DEUS

Não se ponham em jugo desigual com descrentes...
—2 CORÍNTIOS 6:14-17

Nos dias atuais, faz-se necessário juntar-se a outros médicos para iniciar carreira. É preciso dividir o aluguel de um consultório/clínica, compartilhar custos de materiais e funcionários, e se juntar a profissionais de saúde de outras áreas, como psicólogos e nutricionistas. Muito raramente um médico se aventura sozinho. Nem sempre as pessoas às quais nos uniremos para começar uma carreira também serão cristãs. O versículo do dia nos desafia a sermos independentes. Isso inclui a área das finanças. Precisamos manter nossa identidade em Cristo. Tornar-se desequilibrado pode ser prejudicial para o cristão. Provérbios afirma: "O rico domina sobre o pobre; quem toma emprestado é escravo de quem empresta" (PV 22:7), e o versículo 26 acrescenta: "Não seja como aqueles que, com um aperto de mãos, empenham-se com outros e se tornam fiadores de dívidas".

A Bíblia nos desafia a não nos endividarmos, a não emprestarmos ou nos tornarmos dependentes dos outros, pois tudo isso pode realmente afetar nosso relacionamento com Cristo. É possível ver como isso pode acontecer. Por exemplo, nossa cidade manda em quantas horas extras de ambulatório a nossa equipe terá que fazer em uma determinada semana. Agora faz parte da minha rotina os ambulatórios dominicais. Eu estou ligado ao grupo que me paga. O prédio em que aluguei um consultório exigia aluguel para começar, então emprestei dinheiro e continuei pagando mais do que o aluguel para manter o consultório funcionando. Eu poderia parar de pagar, mas como consequência afetaria muitos empregos e pessoas. Se eu não tivesse ingressado em minha equipe, não poderia oferecer bons serviços ao paciente. Foram os pacientes, não finanças, que primeiro estiveram em meus pensamentos quando decidi me mudar para este prédio e fazer parte desta equipe.

Essa é a luta que nós, como cuidadores, enfrentamos: Deus se preocupa com a maneira como trabalhamos e como fazemos negócios — na parte financeira também, não apenas no atendimento ao paciente. Quero desafiar aqueles que estão em transição na carreira, decidindo sobre consultórios e parcerias: Oro para que você se lembre da sabedoria de Deus e permita a Ele dominar sobre todas as áreas do seu trabalho!

Reflexão: Quanto eu extraio da sabedoria que Deus provê em Sua Palavra para a vida diária?

Tim Tigchelaar

13 de agosto

DO DESERTO,
ao jardim do Éden

Estes dirão: "Esta terra que estava arrasada tornou-se como o jardim do Éden; as cidades que jaziam em ruínas, arrasadas e destruídas, agora estão fortificadas e habitadas".
—EZEQUIEL 36:35

Lembro-me claramente da minha primeira visita a um dos hospitais de uma missão na Índia. Um trem noturno me trouxe para a cidade que foi o lar de um dos primeiros ministros do evangelho no país. Confuso com a mudança de fuso horário, privado de sono e coberto de sujeira, cheguei na névoa do amanhecer. Pegamos uma charrete, atravessamos a rua principal empoeirada, não pavimentada, lotada pelas crianças desgrenhadas e tráfego intenso. As casas decrépitas se inclinavam sobre a rua. A vaca, animal presente em todos os lados, ruminava calmamente no meio da rua e, indiferente aos carros desordenados que transitavam com velocidade, lançavam-nos um olhar que parecia nos desdenhar. Nos desviamos de engenhocas monstruosas que faziam a vez de caminhões expelindo fumaça de combustível e buzinando abrindo caminho. Milagrosamente, conseguimos chegar ilesos ao hospital.

Quando entramos na área do hospital, eu não podia acreditar no que via, uma sensação surreal. Questionei se estávamos, realmente, na mesma cidade. O espaço era verde e com belas flores. Plantas e arbustos bem cuidados davam a impressão de que nos cumprimentavam. A área era totalmente bem cuidada alinhadas com as fachadas brancas das casas. A equipe, impecável com toda a sua simplicidade, saudou a todos nós com sorrisos, fez com que nos sentíssemos confortáveis e supriu todas as nossas necessidades naquele momento — indo bem além das suas funções.

As pessoas do hospital pertenciam à mesma etnia daqueles que vimos do lado de fora. O evangelho, no entanto, havia mudado suas perspectivas. Eles se preocupavam com a natureza, eram gentis e tratavam com compaixão os doentes e os pobres. Todo aquele lugar revelava o poder transformador da mensagem do evangelho.

Através de testemunho fiel, por palavras e ações, auxiliados por orações perseverantes, partes do nosso mundo estão sendo mudadas para melhor. Indo além de uma perspectiva puramente espiritual, a sociedade é transformada e a terra conservada — recuperando a glória original do Éden.

Reflexão: Nosso trabalho deve ir além do mundano ou mesmo o "espiritual" a fim de buscar a transformação holística do nosso mundo.

Abe Ninan

14 de agosto

DO PENSAMENTO ANSIOSO
à oração de confiança

**Não andem ansiosos por coisa alguma,
mas em tudo, pela oração e súplicas, e com ação de graças,
apresentem seus pedidos a Deus.**
—FILIPENSES 4:6

Todos temos conversas interiores. Nossas mentes vivem num turbilhão com ideias que surgem incessantemente com uma velocidade assustadora. O pensamento interage com o próprio pensamento reflexivamente, transbordante, em cascata, ora concordando, ora contradizendo, chegando a ser algo, por vezes, vertiginoso.

A mente é um presente glorioso de Deus. Pensamos, planejamos, decidimos e agimos. Muitos de nós treinam a mente buscando mais controle. No entanto, em momentos de estresse ou de múltiplos desafios, podemos chegar ao esgotamento. Quando a ansiedade se impõe ao pensamento racional, tornamo-nos ineficazes e ficamos paralisados.

O problema reside quando pensamos que estamos sozinhos e que nossas vidas e decisões dependem inteiramente de nossa própria inteligência. Nessas situações, mesmo ao recebermos bons conselhos, sentimos que finalmente somos deixados para filtrar isso pelo nosso próprio julgamento falível.

Diferente do que diz a sabedoria contemporânea, não estamos sozinhos no universo. Temos um Pai no Céu; Ele é aquele que nos formou no ventre de nossa mãe e que nos conhece intimamente. Também temos Jesus, nosso Irmão mais velho e Sumo Sacerdote, que, como homem, também experimentou vulnerabilidades e desafios ao viver neste mundo. De fato, o Pai e o Filho vieram fazer morada em nós (JO 14:23) e o Espírito Santo nos ensina.

O que precisamos fazer é conscientemente transformar a preocupação em oração confiante. Quando não o fazemos, perdemos tempo, e sofremos desnecessariamente, faltamos e somos consumidos pelo pensamento ansioso. Deveríamos, em vez disso, "remir o tempo", apresentando nossos pensamentos a Deus por meio da oração. Assim, seremos transformados pela renovação de nossa mente. Deus acalma nossos medos, ilumina nosso pensar e nos encoraja a agir.

Um cristão cansado acordou certa noite preocupado. Então ele ouviu o Senhor lhe dizer gentilmente: "Agora você vai dormir Jim, vou ficar acordado até mais tarde".

Reflexão: Passe o dia consagrando suas "conversas interiores" a Deus.

Abe Ninan

15 de agosto

MANSO E *humilde*

...aprendam de mim, pois sou manso e humilde de coração, e vocês encontrarão descanso para as suas almas.
—MATEUS 11:29

Dr. William Osler foi um dos fundadores do Hospital John Hopkins em Baltimore, EUA. Conta-se a respeito dele, que, certa vez, caminhando pela rua principal de Montreal em uma manhã de inverno amargamente fria, ele tirou seu sobretudo e o colocou em um mendigo faminto. Tal atitude pode exemplificar a vida daquele jovem que mais tarde se tornaria um dos mais respeitados professores de Medicina em Oxford e no mundo. Seus amigos diziam dele: "Minha estreita relação com ele como mentor, filósofo e amigo, desde os primeiros anos até a sua morte, me fez acreditar que ele era, de todos os homens, como Cristo em sua vida e em suas atitudes".

O autor de sua biografia conclui dizendo: "É singular o fato de que todos os que estavam com o Dr. Osler sentiram sua semelhança com Cristo. Eles não conseguiam ver William sem pensar em Jesus".

A Bíblia está repleta com o maravilhoso pensamento da mansidão e humildade de Deus.

Na Criação, Deus colocou Adão e Eva em um lindo jardim, deu-lhes autoridade sobre toda a criação e caminhou com eles no frescor da noite. Após o pecado, Deus fez-lhes roupas para cobrir sua vergonha. Uma história repleta de graça e gentileza.

Maria, a virgem gentil, Bondoso José, o humilde Zacarias, a santa Ana, o idoso Simeão, uma vaca, e a simplicidade de uma estrebaria, humildes pastores e Cristo envolto em pedaços de pano. Vemos o humor sutil nas histórias de Jesus, observamos Sua bondade para com os exilados, Sua tristeza sobre o túmulo de Lázaro; Seu perdão alcançando a mulher adúltera; admirando Seu pedido da cruz: "Pai, perdoa-os". Ainda, Seu gentil convite: "Venham a mim, todos os que estão cansados e sobrecarregados, e eu darei descanso a vocês" (MT 11:28); na cruz, um Cordeiro inocente foi levado ao abate.

Finalmente, em meio à adoração em alto som e trovões, as cortinas do céu se abrem, e vemos que o Rei que governa, Cordeiro de Deus repleto de mansidão.

Reflexão: Jesus nos chama para aprender com Ele, a mais difícil das lições, embora tão simples:
Humildade que leve ao Seu trabalho de dentro de nós, ensinando-nos, demonstrando gentileza e mais do fruto do Espírito, transformando-nos assim à Sua semelhança (FP 2:1-18).

Abe Ninan

16 de agosto

GLÓRIA E *bondade*

> *Então disse Moisés: "Peço-te que me mostres a tua glória". E Deus respondeu: "Diante de você farei passar toda a minha bondade...".*
> —ÊXODO 33:18-19

A palavra "glória" nos leva além do comum e evoca palavras como honra, admiração, louvor, mistério e divindade.

Glória, por uma perspectiva bíblica, é a representação visível do esplendor de Deus e é revelada na criação — montanhas, campos, cachoeiras, mares, pores do sol, cachoeiras, oceanos e céus estrelados, bem como uma miríade de outras vistas.

O Antigo Testamento retém e nos amplia essa noção: no Sinai, a presença de Deus foi associada a raios e a trovões; no deserto, Deus conduziu Seu povo com uma nuvem de dia e uma coluna do fogo durante à noite.

No entanto, ainda em Êxodo, na experiência de Moisés, somos apresentados a uma compreensão singular da glória. Em resposta ao apelo de Moisés para demonstrar a Sua glória, Deus disse: "...diante de você farei passar toda a minha bondade e diante de você proclamarei o meu nome". O Senhor fez exatamente como havia dito e se descreveu como compassivo, gracioso, amoroso e fiel. Assim, além do esplendor e da majestade, a glória de Deus reside na pessoa e no caráter de Deus resumidos de forma sucinta como Sua bondade.

Em Apocalipse, a cortina do Céu é aberta muito brevemente e nos são concedidos vislumbres de um panorama sublime onde o esplendor e a bondade são revelados, onde a adoração é oferecida contínua e efusivamente por um conjunto de anfitriões celestes. Aqui, novamente, a glória é claramente retratada como sendo inerente à pessoa do Deus trino.

Em nossa experiência aqui neste mundo, a expressão mais clara da glória de Deus é vista em Jesus. Ao olhar para Ele, nós começamos a compartilhar de Sua glória e somos transformados à Sua imagem e bondade.

Reflexão: Comparando os capítulos 33 e 34 de Êxodo, como é a sua compreensão de glória?

Abe Ninan

17 de agosto

Glória, BONDADE E CRUZ

...Vimos a sua glória...
—JOÃO 1:14

Na introdução de seu evangelho (1:1-18), João declara inquestionavelmente que ninguém jamais viu a Deus, mas que Jesus o revelou a nós. Nessa passagem, que descreve a encarnação divina, uma das manifestações mais marcantes é: "Vimos a Sua glória...". A glória de Jesus é revelada de forma surpreendente através de seus milagres — fossem eles poderosos como acalmar o mar, misericordiosos como a cura de cegos, grandiosos como alimentar cinco mil pessoas e personificados como ressuscitar Lázaro. Embora admiravelmente maravilhosos e cheios de glória, todos estavam repletos de bondade.

O milagre do túmulo vazio, as aparições de Jesus aos Seus discípulos após a ressurreição e a ascensão ao Céu; são manifestações desta glória. Porém, pode-se dizer o mesmo da cruz?

Podemos responder: "Sim, de fato!". Pois ao pensar na cruz, precisamos atravessar a dor, o sangue, os pregos, a vergonha e ignomínia. Palavras e explicações falham ao ponderarmos sobre os detalhes dolorosos da cruz, e o amor extravagante de nosso Salvador. Trata-se da exibição mais dramática e eloquente do amor de Deus que, em essência, equivale a dizer que é uma manifestação de Sua glória. Na cruz, a glória e a bondade se encontram. A cruz é uma demonstração da verdadeira natureza de Deus. Deus é amor, Deus é bondade, e Deus é glória. Glória é outro nome para Deus.

Quando vejo a maravilhosa cruz
Onde o Rei da Glória pereceu
Meu mais rico ganho, eu considero perda
E meu orgulho desapareceu.

Não me permita vangloriar-me,
Pois salvo fui em Jesus
Todas as coisas vãs que hão de encantar-me
Eu as sacrifico por meio de Seu sangue
—*Isaac Watts*

Reflexão: Medite em referências que falam da glória da cruz:
João 12:23-28; 13:31-33; 17:1-5

Leitura complementar: *A cruz de Cristo* (Ed. Vida, 2006) de John Stott.

Abe Ninan

18 de agosto

Deus chama e prepara Ezequiel
PARA A "FIDELIDADE" E O SUCESSO

Então olhei, e vi a mão de alguém estendida para mim. Nela estava o rolo de um livro, que ele desenrolou diante de mim. Em ambos os lados dele estavam escritas palavras de lamento, pranto e ais.
—EZEQUIEL 2:9-10

Ezequiel foi chamado a realizar tarefas humilhantes para provar o seu argumento:

- "Deite-se então sobre o seu lado esquerdo e sobre você ponha a iniquidade da nação de Israel. Você terá que carregar a iniquidade dela durante o número de dias em que estiver deitado sobre o lado esquerdo" (EZ 4:4).
- "'Está bem', disse ele, 'deixarei que você asse o seu pão em cima de esterco de vaca, e não em cima de fezes humanas'" (EZ 4:15). E foi assim que Ezequiel foi convidado a prever a fome que acompanharia o seu povo.
- Em seguida, Ezequiel raspou a cabeça usando uma espada, queimou os cabelos e os espalhou ao vento, indicando o destino dos habitantes de Jerusalém (EZ 5:1-4). Foi a forma que Deus proclamou através de Ezequiel que, um terço do povo morreria por doença ou seria destruído pela fome, e ainda outro seria morto pela espada.
- Finalmente, Deus tirou a esposa de Ezequiel e lhe pediu que não lamentasse a perda como forma de demonstrar Sua própria e inexplicável dor por Seu povo. "Veio a mim esta palavra do Senhor: 'Filho do homem, com um único golpe estou para tirar de você o prazer dos seus olhos. Contudo não lamente nem chore nem derrame nenhuma lágrima'" (EZ 24:15).

Se o sucesso de um profeta fosse medido pela resposta de sua congregação às suas palavras, poderíamos dizer que Ezequiel seria um dos maiores fracassos em toda a história. Apesar de sua fidelidade, este servo do Senhor não viveu para ver a recompensa de sua vida de obediência. Seu povo, mesmo com todos os avisos, não se arrependeu e a cidade foi destruída. Muitos trabalharam arduamente sem ver nenhuma resposta e sem receber qualquer recompensa a tempo; no entanto, somos chamados a ser fiéis, não necessariamente para ter sucesso.

Leitura complementar: Ezequiel 3:10-11

Vinod Shah

19 de agosto

MOMENTOS CONCEDIDOS *por Deus*

*Pois onde se reunirem dois ou três em meu nome,
ali eu estou no meio deles.*
—MATEUS 18:20

O médico se aproximou de mim enquanto eu estava de pé no posto de enfermagem. Eu tinha visto a cruz de palma acima de sua mesa, e descobri que ele era um ministro (não em tempo integral) numa igreja local. Ele me disse que tinha visto meu nome em uma publicação da *Christian Medical Fellowship* do Reino Unido, que ele estava lendo em uma viagem de trem. Ele fez referência a uma edição anterior do devocional que o encorajou quando era estudante, e o carregou no bolso de seu jaleco branco desde então.

Havia muitas palavras não ditas: dois cristãos se juntando no local de trabalho, reconhecendo e se alegrando com a fé compartilhada. Um momento de alegria e encorajamento mútuo. Eu me afastei motivada. Animada.

Esses encontros frequentemente ocorrem nos momentos mais improváveis... enquanto realizo um difícil procedimento no leito de um paciente, ou em meio à agitação de um assustador serviço lotado na emergência. Faço referência ao livro cristão na mesa de cabeceira, à Bíblia já gasta ao lado do leito do paciente, ou ao "amigo da igreja" que havia sido mencionado de passagem.

E, assim, começa uma bela e motivadora conversa, conforme Deus nos lembra que Ele nos ama e que está sempre no controle, seja na doença, na dor, na solidão, nas longas internações hospitalares e nos corridos plantões noturnos. E louvo a Deus em silêncio, em meu coração, pois a agulha da cânula entrou de primeira, apesar das pequenas e tortuosas veias.

Esses momentos especiais presenteados por Deus a nós, muitas vezes me surpreenderam. É preciso ousadia e coragem para dizer — mesmo de maneira muito sutil — "Eu sou cristã". Ao fazê-lo enquanto deixo o leito, o consultório ou a enfermaria com um passo apressado, sempre encontro inspiração. Sempre saio com renovada energia e paixão pelo próximo passo do dia.

Oração: Pai celestial, ajuda-me a ser uma luz que brilha por ti em meu local de trabalho. Por favor, dá-me coragem, e força para viver minha fé e mostra-me a quem posso ajudar no dia de hoje. Amém.

Leitura complementar: Mateus 5:14-16; Hebreus 10:19-25

Sarah Maidment

20 de agosto

DEUS É amor

Quem não ama não conhece a Deus, porque Deus é amor.
—1 JOÃO 4:8

Na busca de entender Deus, somos confrontados com um mistério infinito. Ele preenche a totalidade do Céu e da Terra, o passado, o presente e o futuro. Ele é o Senhor, o grande "EU SOU" (ÊX 3:14). Ele é a única realidade verdadeira. No entanto, a essência desse ser incrível é o amor. Nada o descreve melhor. Esta é talvez a declaração mais profunda da Bíblia.

Esse amor é expresso em Sua misericórdia, paciência, bondade, graça, gentileza, compaixão, empatia e humildade. A cruz é o prisma através do qual obtemos o mais claro vislumbre do coração de Deus. Aceitando a mais profunda humilhação, Deus por meio do Seu Filho deu a Sua vida pelos revoltosos: "Cristo morreu em nosso favor quando ainda éramos pecadores" (RM 5:8). É um amor cuja altura, profundidade, comprimento e amplitude são imensuráveis.

Deus, em essência, é amor! No entanto, muitas vezes minimizamos o impacto dessa declaração dizendo que, embora Deus seja amor, o amor não é Deus. Isso é verdade. Deus não é um atributo abstrato... é uma pessoa viva. Mas essa qualificação tem o efeito de amortecer nossa apreciação pela maravilha de Seu amor. João, falando como o discípulo amado, não estava dizendo que o amor é um dos numerosos atributos de Deus, mas sim que é a qualidade que define Deus: Ele é o amor.

Essa faceta do ser de Deus não nega todas as outras descrições que o caracterizam. Todas essas outras descrições pintam uma imagem abrangente do nosso gracioso Deus. No entanto, o amor é supremo e os outros atributos estão compreendidos sob o único fato glorioso do amor de Deus.

> Amor divino, a todos excede
> Alegria dos Céus, à Terra desce
> Estabelece em nós Tua humilde morada
> A coroar todas Tuas fiéis misericórdias.
> Jesus, tu és pura compaixão
> Puro e irrestrito amor, tu és
> Visita-nos com a Tua salvação
> Adentra em cada coração vacilante.
> —Charles Wesley

Reflexão: Aproveite a luz do amor de Deus. Não permita que Satanás roube isso de você, não deixe seus próprios pensamentos diluírem essa verdade, não despreze algo tão precioso, amável e vasto.

Leitura complementar: 1 João 4:7-11

Abe Ninan

21 de agosto

CRISTO,
nosso intercessor

*Quem os condenará? Foi Cristo Jesus que morreu;
e mais, que ressuscitou e
está à direita de Deus, e também intercede por nós.*
—ROMANOS 8:34

Nós, humanos, precisamos de toda ajuda que pudermos conseguir. Tentação, ansiedade, problemas de saúde e calamidades são coisas da vida. No entanto, nesse "vale de lágrimas", há muito pelo que agradecer.

A tristeza e a alegria frequentemente coexistem ou se alternam em nossa jornada pela vida. Depois da tempestade vem a bonança. Os meios da graça, isto é, a oração, a leitura da Bíblia, a comunhão eclesiástica e o conselho sábio nos ajudam a negociar os caminhos tortuosos de nossas vidas. Mas isso não é suficiente.

Não precisamos nos desesperar, pois temos um poderoso intercessor para levar nosso caso diante do Pai, o Senhor Jesus. Ouça-o em oração por nós em João 17. Ele está à direita do Pai, a interceder por nós.

Existem muitas incógnitas que nos frustram. Nossa compreensão limitada da vida, nossa ignorância em relação aos eventos que ainda não se desdobraram e nossa limitada compreensão de Deus dificultarão nossas orações. Mas Jesus "sabe tudo sobre nossos problemas". Ele foi tentado como somos e tem o ouvido do Pai. Como o grande "Eu Sou" (ÊX 3:14) que abrange o espaço, o tempo e a eternidade e como o Deus que, em virtude de Sua criação e encarnação, nos conhece intimamente, Ele enxerga através do âmago oculto de nossa alma. E uma de suas principais funções hoje é a de interceder. Sendo perfeito, Sua intercessão é perfeita. Sendo onisciente, Sua intercessão é incisiva. Como o amado Filho do Pai, as orações de Jesus são sempre respondidas.

Reflexão: Leia João 17. De que maneira a intercessão de Cristo por você afeta sua vida diária?

"O meu intercessor é meu amigo..." (JÓ 16:20).

Abe Ninan

22 de agosto

Deus fala POR MEIO DA NATUREZA

Os céus declaram a glória de Deus;
o firmamento proclama a obra das suas mãos.
—SALMO 19:1

Há uma longa tradição cristã de Deus falando por meio do livro da natureza e das Escrituras. Em sua obra de 1859, *A Origem das Espécies* (Ed. Planeta Vivo, 2009), Charles Darwin cita Francis Bacon: "Assim, para concluir, não deixeis qualquer homem crer ou sustentar, devido a uma falta de sobriedade ou a uma moderação mal aplicada, que um homem pode ir longe ou atingir grande conhecimento da palavra de Deus, ou do livro das obras de Deus, isto é, em religião ou em filosofia; mas deixai que todo o homem se esforce por progredir e ser cada vez mais proficiente numa e noutra, numa jornada interminável."

De acordo com o Salmo 19, a criação, dia e noite, declara sem palavras a glória de Deus. O Sol é destacado com uma menção especial. Ele "é como um noivo que sai de seu aposento e se lança em sua carreira com a alegria de um herói. Sai de uma extremidade dos céus e faz seu trajeto até a outra; nada escapa ao seu calor" (vv.5-6). Isso não é adoração ao Sol, mas o reconhecimento de que "o [luminar] maior" (GN 1:16), criado pelo comando do Senhor no quarto dia da criação, faz a vontade de Deus. O Senhor então é maior do que o Sol ofuscante.

Agora vemos o Sol, um dos muitos em um vasto Universo, gerando grande energia e luz. Sabemos que os elementos, dos quais somos feitos, como hidrogênio e carbono, foram gerados no calor daquela fornalha. Nós também percebemos que nossa vida depende da luz solar para a fotossíntese, que faz as plantas crescerem e nos dar energia. Sabemos que o Sol nos dá a quantidade certa de calor para nos impedir de congelar ou queimar. Assim, reconhecemos que os humanos habitam um frágil ecossistema dependente do Sol e esse ecossistema declara a glória de Deus.

Reflexão: Admire os Céus e a Terra e honre nosso Criador.

Leitura complementar: Salmos 8; 19; 104

Alan Gijsbers

23 de agosto

A visão GERAL

O meu futuro está nas tuas mãos...
—SALMO 31:15

Isaías começou sua jornada em direção à vontade de Deus para sua vida, através da visão de Deus e de Seus propósitos. Esse profeta teve esta magnífica visão, ele viu "o Senhor assentado num trono alto e exaltado", e declarou: "a terra inteira está cheia da sua glória" (IS 6:1,3), que foi uma imagem panorâmica muito maior do que a verdadeira situação daqueles dias. Israel estava ocupado por outras nações, tinha pecado e adulterado, e não havia evidências de Deus no meio do povo.

Precisamos ter essa visão da grandeza de Deus que nos chamou, e vislumbrar a "Sua glória"!

Quando Isaías teve tal visão, reconheceu quão pecador e insignificante ele era, e sentiu-se indigno. Deus o alcançou, tocou-o e o purificou (vv.5-7). Graça derramada sobre esse profeta pelo grandioso Deus, conduzindo-o a uma profunda gratidão.

Nós precisamos ter um profundo sentimento de gratidão a Deus, que por Sua graça nos escolheu para sermos Seus instrumentos. "Gratidão", disse G. K. Chesterton, "é felicidade duplicada pela maravilha".

O propósito de Isaías ser escolhido tinha dois aspectos: ser limpo, para ser transformado, e então ser enviado a Israel como mensageiro de Deus, pregando através de sua vida e palavras. Ele deveria perseverar no testemunho e continuar vivendo no meio deles manifestando o coração de Deus para o povo.

Precisamos perseverar contra todos os despropósitos, desejando que Deus faça uma transformação em nós e ao nosso redor. São tais líderes que Deus está procurando — chamados por um grande Deus, gratos a Ele por Sua mão sobre nossa vida, sendo transformados à medida que seguimos sob Sua vontade e onde Ele nos coloca; perseverando e firmados no grande quadro-geral que Ele nos deu no meio de todo o quebrantamento que vemos ao nosso redor.

Oração: Senhor, como estou disponível, ajuda-me fazer ao máximo nos meus breves anos.

Santhosh Mathew Thomas

24 de agosto

O plano de Deus
PARA A SEXUALIDADE HUMANA

LEIA GÊNESIS 1:27–2:25

Sexo é frequentemente um tabu cercado de silêncio e rejeição. Como cristãos devemos perguntar a nós mesmos: "Quais são os planos de Deus para a sexualidade humana?".

A Bíblia não está calada a respeito do sexo, pelo contrário, ela indica alguns importantes aspectos sobre o assunto.

O sexo foi criado por Deus. Foi Seu plano criar as pessoas como homem e mulher, e então uni-los por meio do sexo (GN 2:24). Ambos, homem e mulher, foram criados com desejo sexual.

O sexo é bom. A relação sexual foi parte da criação efetuada por Deus (GN 1:27-28,31).

O sexo é destinado ao prazer e satisfação. Tanto homens como mulheres receberam o presente de poderem experimentar satisfação e prazer dentro do casamento, e isso enriquece e aprofunda o relacionamento amoroso do casal (CT 4:10; EC 9:9; PV 5:18-20; DT 24:5).

O sexo é designado ao casamento. O propósito de Deus para os seres humanos é que homens e mulheres possam experimentar vida longa, repleta de fé e relacionamento permanente e responsável. Deus aprova e abençoa essa união (GN 2:24). Em Gênesis 1:28 a ordem "sejam férteis e multipliquem-se" é cumprida pelo resultado do relacionamento sexual: filhos.

Infelizmente as pessoas nem sempre escolhem seguir o plano de Deus. Esta é uma das razões pelas quais muitas pessoas sofrem consequências como infecções sexualmente transmissíveis (DSTs), violência sexual, famílias destruídas e relacionamentos prejudiciais.

Como médicos cristãos perguntamos: "O que podemos fazer?". Podemos fazer pelo menos duas coisas:

1. Estar conscientes da verdade de Deus revelada na Bíblia a respeito de sexo e casamento. Devemos continuar vivendo sob esses princípios.
2. Nós também podemos proclamar a verdade de Deus a respeito do sexo e do casamento para nossos pacientes, colegas de trabalho e aos nossos semelhantes.

Oração: Ó Senhor, venho a ti hoje para pedir misericórdia e graça para vivenciar a Tua palavra em minha vida pessoal, sexual e familiar. Ajuda-me também a proclamar a Tua verdade sobre sexo, com força e amor, a todos que estão ao meu redor. Em nome de Jesus, amém.

Jorge Patpatian

25 de agosto

DEUS HABITANDO
em nós

> *...Agora o tabernáculo de Deus está com os homens, com os quais ele viverá...*
> —APOCALIPSE 21:3

Visto que Deus é Espírito, a ideia de que Ele tenha uma casa parece pouco intuitivo. A linguagem sempre é ampliada para que possamos entender certos aspectos da divindade.

Então onde Deus vive? Apesar do que aprendemos que o Céu não pode contê-lo, Deus sempre é ilustrado como uma moradia celestial de onde Ele desce. Assim, o Senhor apareceu no Éden para falar com Adão e no Iraque para encontrar Abraão. Em suas peregrinações no deserto, Sua presença, representada pela nuvem e fogo, acompanhou os israelitas. Quando eles por fim alcançaram a Terra Santa, Sua presença continuou no Templo.

Com a encarnação de Jesus, o Templo não é mais o local da presença de Deus. Ele veio como homem: "tornou-se carne e viveu entre nós" (JO 1:14). Como resultado, podemos convidá-lo para adentrar nosso coração (AP 3:20). Sua eterna presença permanece o tanto quanto desejamos que Ele fique. Obviamente pecado, rejeição e apostasia quebra o relacionamento e podemos perder a noção de Sua presença.

Além da experiência individual de Deus no coração, Ele está presente na comunhão no meio de Sua Igreja. Jesus disse que quando houver dois ou três reunidos em Seu nome, aí Ele estaria. Fiéis são chamados coletivamente como templo de Deus ou Corpo de Cristo.

Nosso desejo de permanecer com Deus demonstrado por nossa obediência aos Seus ensinamentos resulta no Deus Pai, Filho e Espírito Santo habitando em nós. A intimidade deste relacionamento é para ser valorizada e cultivada. A medida que continuamos a caminhar com Ele, experimentaremos a realidade que Davi expressa de maneira tão bela: "...habitarei na Casa do SENHOR para todo sempre" (SL 23:6 ARA).

Reflexão: Leia em João 15 meditando sobre a realidade de Deus fazer morada em nós e nós a nossa morada nele.

Abe Ninan

26 de agosto

GLÓRIA, REINO E
vontade de Deus

**Busquem, pois, em primeiro lugar
o Reino de Deus e a sua justiça...**
—MATEUS 6:33

Quando os discípulos pediram a Jesus que os ensinasse a orar, provavelmente esperavam instruções sobre como fazer uma petição a Deus pelas necessidades de suas criaturas. Isso, é claro, é a percepção universal do que constitui a oração. A resposta de Jesus, no entanto, deu aos discípulos uma compreensão diferente da oração.

Nossas orações tendem a ser arrastadas enquanto a oração do Pai Nosso se eleva aos lugares celestiais. As primeiras três frases nos convidam a participar do glorioso ofício do Céu — uma missão divina que desafia nossa compreensão e se eleva muito acima de nossa visão. De repente, os cuidados mundanos da terra parecem inconsequentes.

As petições de início têm a ver com a pessoa de Deus, Sua morada e Sua agenda. Jesus nos informa que o propósito primordial de tudo que foi e é e será, é glorificar a Deus. Por isso, oramos para que o nome dele seja santificado, Seu reino estabelecido e Sua vontade realizada na Terra.

No mundo triste em que vivemos, o inverso é a questão — a vontade do homem é dominante, as regras de Satanás e o mal é santificado. O Pai Nosso procura inverter isso. É uma grande imagem em que Deus, em toda a Sua glória resplandecente, é honrado, onde o *shalom* de Seu reino prevalece, e onde a pura perfeição de Sua vontade é evidente.

As quatro petições que se seguem, isto é, o pão de cada dia, o perdão, a vitória sobre a tentação, e a libertação do mal, lidam com as nossas necessidades. Mas, ao responder a essas petições, Deus nos convida e capacita a avançar em Sua agenda, conforme explicado nas três primeiras petições. As duas metades da oração do Pai Nosso combinam maravilhosamente servindo para trazer glória a Deus, que é o principal propósito da humanidade.

Reflexão: Quais são suas prioridades na oração? Você, antes de tudo, busca a agenda do Pai celestial? Ao usar a oração do Pai Nosso, preste muita atenção à ordem e particularmente às frases de abertura.

Abe Ninan

27 de agosto

A paciência infinita
DE DEUS

Não quebrará o caniço rachado, e não apagará o pavio fumegante. Com fidelidade fará justiça.
—ISAÍAS 42:3

Para os cristãos, o primeiro *Cântico do Servo* registrado em Isaías (IS 42:1-7) inclui duas magníficas imagens da compaixão do nosso Salvador Jesus para com o Seu povo.

As canções do servo de Isaías abordam dois 'horizontes' distintos. O primeiro é um julgamento iminente para a nação de Judá. Deus está preparando Seu povo para invasão e exílio. A nação tem sido surda a repetidos avisos para mudar seus caminhos; mas aqui está uma nota clara de reafirmação. Deus nunca desistirá do Seu povo. Suas vidas não serão apagadas apesar do enorme trauma nacional que eles devem sofrer. O segundo horizonte é a perspectiva pós-ressurreição desses eventos. Jesus é revelado como o Servo profetizado por Isaías. Todas as esperanças e anseios do povo nos dias de Isaías são cumpridos naquele que veio e sofreu para reconciliar o mundo com Deus — um mundo separado do Senhor, mas por meio de Jesus restaurado à comunhão com seu Criador.

Um junco dificilmente é uma planta atraente; cresce no pântano. Muito em nossa vida está quebrado, menos que bonito. Às vezes, a luz de nossa vida é fraca. Talvez nós damos guarida a pecados que precisam ser tratados. Talvez cedamos a um espírito crítico que entorpece nosso testemunho. Jesus está no negócio de transformação. Ele quer nos tirar da lama de nossa fraqueza e autoabsorção para nos tornarmos como Ele. Ele pode transformar nosso quebrantamento e nos refazer em Seu serviço. Ele é infinitamente paciente.

Ele está disposto a nos acompanhar. Ele quer fazer o mesmo com nossos pacientes, mesmo os mais difíceis ou frágeis. Em vez de apagar os gravetos que produzem mais fumaça do que fogo, Ele gentilmente ventilará cinzas fumegantes para que explodam em chamas, refletindo Sua luz e calor.

Leitura complementar: Números 14:18; Hebreus 11:13-16

John Martin

28 de agosto

O AMOR PERFEITO
de Deus

No amor não há medo;
pelo contrário o perfeito amor expulsa o medo...
—1 JOÃO 4:18

Ela foi um dos meus muitos pacientes prejudicados por relacionamentos disfuncionais. Ela tinha um pai abusivo, alcoólatra que, quando sóbrio, parecia mostrar remorso genuíno por suas violentas fúrias. Ela também tinha um namorado que se aproveitou dela contra sua vontade. "Ele a trata bem?", pergunto. "A maior parte das vezes", ela responde. Ela achava que a violência dele era prova do seu amor. Seu pai era um perfeccionista crítico. Nada menos que 100% era bom o suficiente. Não é de admirar que o álcool e outras drogas lhe dessem um alívio temporário da autocrítica negativa. Não é de admirar que simplesmente exortá-la a parar de beber fosse inútil, exigindo-lhe uma demanda extra por sua consciência dominadora.

Eu escrevi o versículo acima numa receita para ela. Eu assisti como as lágrimas começaram a fluir. Estar livre do medo, estar livre da punição, das fúrias! Para ser compreendida profundamente, ser amada e não ter medo...

"Onde está o amor perfeito para ser encontrado?" Que pergunta assombrosa neste mundo imperfeito! Os cristãos acreditam que é encontrado em Cristo que mostrou compaixão pelos pobres, marginalizados, quebrantados e doentes. Ele nos mostrou o coração de Deus e Ele pede que Seus seguidores continuem Seu ministério.

Os cristãos acreditam que o amor de Deus foi supremamente demonstrado quando o Seu Filho deu a vida pela humanidade na cruz. Pela fé naquele Crucificado, as pessoas são libertas de seus pecados, podendo entrar na liberdade de serem filhas adotivas de Deus.

Perguntei a um paciente: "Você acredita que Deus ama a todos?". Sem hesitar, ele respondeu: "Sim". "Você acredita que Deus ama você?", ele hesitou. "Espero que sim", respondeu duvidoso.

Reflexão: Maravilhe-se com o perfeito amor de Deus. Em seguida, procure compartilhar isso, com palavras e ações, com tudo o que você encontra hoje.

Leitura complementar: 1 João 4:7-21

Alan Gijsbers

29 de agosto

A vontade de Deus
E A PERSONALIDADE HUMANA

*...A minha comida é fazer a vontade
daquele que me enviou e concluir a sua obra.*
—JOÃO 4:34

Como Deus é o Onipotente Senhor Todo-Poderoso sobre todos, Suas exigências não são negociáveis. Nossas vontades devem estar sujeitas a Ele. O Senhor exige obediência incondicional.

Isso pode parecer excessivamente difícil para nós, que fomos criados com base no conceito de liberdade absoluta, com uma licença em carta branca para fazermos o que quisermos. A sociedade encoraja a expressão desenfreada de nossas personalidades.

Jesus era a mais verdadeira expressão do que era ser humano. Sua divindade inquestionável não diminuiu por um momento sua humanidade terrena. Ele se movia facilmente entre os mortais, rindo, chorando, se alimentando e cuidando dos outros. Ele até ficou bravo quando a ocasião justificou isso.

E, embora genuinamente humano, Sua divindade era plenamente manifesta. Ele andou sobre a água, alimentou milhares, curou doenças incuráveis, expulsou demônios e ressuscitou os mortos. Sua última e incrível realização foi ressurgir, garantindo assim a nossa salvação eterna.

No entanto, surpreendentemente, Ele alegou não ter feito nada por Sua própria vontade. Obedeceu a Seu Pai e atribuiu Seu sucesso a uma comunicação ininterrupta com Deus. Ele estava, assim, perfeitamente sintonizado com a vontade do Pai. Sua dependência de Deus não foi um fenômeno mecânico. Nunca nos é dada a impressão de que Jesus era menor que o homem. Sua humanidade chegou à plenitude por causa de Seu relacionamento íntimo com o Pai.

Por isso, ao nos chamar à total entrega e fazer Sua vontade, não estamos sendo enganados numa existência robótica. Quando nos submetemos a Deus, nossa verdadeira humanidade, suja como está pelo pecado, fracasso e fragilidade, será apresentada em esplêndida glória. Para ser verdadeiramente humano e viver como Deus pretendia que fizéssemos, devemos nos submeter a Deus e permanecer em Jesus.

Reflexão: Leia os capítulos 5 a 10 de João e reflita sobre os versículos que falam da absoluta dependência de Jesus no Pai.

Abe Ninan

30 de agosto

O BEM EM
situações sombrias

> **Considero que os nossos sofrimentos atuais não podem ser comparados com a glória que em nós será revelada.**
> —ROMANOS 8:18

"Como um Deus bom e amoroso permite o sofrimento?" Essa é uma das perguntas mais exigentes e mais frequentes que os cristãos enfrentam. Como crentes, podemos ter uma compreensão razoável de como o pecado entrou no mundo e toda a criação foi prejudicada em consequência disso, mas isso pode parecer um conforto frio diante do sofrimento extremo e tangível.

Quem pode explicar satisfatoriamente a um jovem marido que Deus deve ter tido uma boa razão para que sua esposa fosse morta num acidente? Que palavras você pode usar para confortar os pais que foram informados de que não há mais opções de tratamento disponíveis para a leucemia de seus bebês? No entanto, em circunstâncias extremas, o médico cristão tem uma esperança única de compartilhar. A sabedoria mundana é vazia e fútil, mas a glória da eternidade brilha ainda mais intensamente na escuridão.

Devemos orar por sabedoria, discernimento e tato em relação às palavras usadas, mas, ao mesmo tempo, reconhecer que Deus é maior do que nossa própria compreensão da situação. Há momentos em que não há problema em dizer que não entendemos completamente, mas que confiamos num Deus que conhece todas as coisas.

Nosso filho primogênito sofreu uma parada cardíaca inexplicável, seguida por uma grave lesão cerebral hipóxica com nove semanas de vida, e morreu seis semanas depois. Em termos mundanos, a situação era insignificante. E, no entanto, espiritualmente, foi um dos momentos mais ricos que conhecemos; nossa fé foi comprovada genuína e, na verdade, de maior valor que o ouro. Fomos encorajados e confortados por médicos e enfermeiras que compartilharam conosco de sua própria fé, e nós particularmente apreciamos a honestidade, em vez de evitar discutir assuntos desconfortáveis. Mesmo quando a cura física é impossível, encoraje-se de que há muito que um médico cristão pode fazer para trazer esperança e cura a uma situação.

Leitura complementar: Romanos 5:1-11

Catriona Waitt

31 de agosto

GRAÇA sobre graça

*...Vimos a sua glória, glória como do Unigênito vindo do Pai,
cheio de graça e de verdade [...].
Todos recebemos da sua plenitude, graça sobre graça.*
—JOÃO 1:14-16

Se Deus é realmente quem Ele diz que é, não deveríamos nos surpreender que Ele nos cubra de bênçãos. Deus alcança Seus recursos inesgotáveis para nos abençoar. No prólogo de seu evangelho, João nos transmite o incomparável amor de Deus. A graça é empilhada sobre graça. Uma tradução fala de "graça em vez de graça", sugerindo que quando um aspecto ou experiência da graça termina, outro a substitui. A graça continua e continua até o infinito.

A graça é um presente. Graça é amor. A graça é favor. Graça é misericórdia. A graça resplandece do Ser Eterno cuja própria natureza é amor. Deus descreve a si mesmo, como "compassivo e misericordioso, paciente, cheio de amor e de fidelidade, que mantém o seu amor a milhares e perdoa a maldade..." (ÊX 34:6-7). Ao lermos a Bíblia, vemos que esta descrição é suportada na vida dos patriarcas, profetas e apenas pessoas comuns.

Em Jesus, passamos do conceito abstrato para uma compreensão da graça em carne e osso. Em Sua jornada terrena, Jesus dedicou Sua graça aos menos merecedores, prostitutas, ladrões, coletores de impostos, loucos e forasteiros. Paradoxalmente, o ponto alto da graça é a cruz. O evento mais degradante de toda a história também foi o mais glorioso, pois aqui a extensão ilimitada de Sua graça foi vista.

O Deus de toda a graça quer nos presentear e podemos experimentá-lo pela fé. Sem ela, a graça permanece ilusória. Pode-se falar sobre isso, imaginá-la, mas não pode conhecê-la. Onde a fé é vista em abundância, a graça é manifestada em abundância. Onde a fé é fraca, a graça é fraca. À medida que amadurecemos na vida cristã, aprendemos a exercer maior fé e assim apreciamos Sua graça em medida cada vez maior.

Reflexão: Leia os capítulos 33 e 34 de Êxodo (especialmente 33:18-20 e 34:4-7). Como isso se compara à sua percepção de Deus?

Abe Ninan

Aprendizado DO MÊS

Elizabeth BLACKWELL

A primeira mulher médica

Em 1847, em uma escola médica da cidade de Geneva, estado americano de Nova Iorque, acontecia uma aula com 150 alunos, maioria das cidades vizinhas. Costumava ser dito ali: "Um menino que provava não dar certo em nada na vida, sempre poderia ser um médico". Alguns levavam a sério o estudo de Medicina, outros nem tanto. O Reitor da Faculdade de Medicina adentra esta sala com uma carta na mão, contendo uma proposição extraordinária: um pedido de admissão de uma mulher. Uma estudante que tinha tido sua admissão negada por várias faculdades de medicina. Ela era uma boa estudante, mulher respeitável, e sincera em sua vontade de ser uma médica.

Ele deixou a classe decidir se aceitariam ou não. Foi inédito. "Uma mulher médica!" Os alunos até pensaram que era uma farsa. Um encontro foi convocado e teve 100% de participação dos estudantes, um verdadeiro burburinho. Uma mulher para cento e cinquenta homens! Depois de uma calorosa discussão e discursos dos alunos, ao final, a votação foi unânime e uma declaração foi feita para ser entregue à direção da faculdade. Eles aceitariam a proposta, mas se questionavam como se daria esse feito, como isso seria possível.

Elizabeth nasceu em Bristol, Inglaterra. O pai dela, Samuel Blackwell fazia questão que suas filhas fossem educadas do mesmo modo que seus filhos. Ela admirava seu pai por sua posição antiescravagista e seu coração voltado às pessoas. Eles tiveram que se mudar para os Estados Unidos, quando a empresa familiar entrou em crise.

Quando mais jovem, em visita a sua amiga que estava morrendo de câncer, ela ficou surpresa quando Mary disse: "É péssimo ter que sofrer uma morte lenta dessa maneira. Há uma coisa que amenizaria meu sofrimento. Se eu não tivesse que ser examinada e tratada por um homem!" Mary ainda acrescentou: "Elizabeth, você é jovem e forte, minha querida. Você tem uma mente afiada e gosta de estudar. Por que não tenta se tornar uma médica?" Querida, prometa-me que pelo menos você pensará sobre isso?

Elizabeth seguiu em silêncio. Porém os olhos firmes e convincentes de Mary, fizeram-na responder "eu prometo".

As mulheres não se tornam doutoras..., mas o assunto persistiu em sua mente e coração. Foi durante esse tempo que ela se achegou ao seu amigo, o senhor Jesus. Ela experimenta então uma paz indescritível em seu caminhar com Ele. Ela passou por uma luta profunda quando de repente palavras faladas à rainha Ester vieram à sua mente: "Quem sabe se não foi para um momento como este que você chegou à posição de rainha?" (ET 4:14). Ela então se sentiu separada por Deus para o propósito especial de ser médica.

Ela aceitou um emprego como professora para arrecadar dinheiro para seus estudos. Nesse tempo, vivia com a família de um médico enquanto lecionava. Dr. Dickson permitiu-lhe usar sua biblioteca, onde leu extensivamente e estudou grego.

Em 20 de outubro de 1847, ela recebe a carta de aceitação da pequena faculdade em Geneva, Nova Iorque, junto com a carta dos alunos. Elizabeth mudou-se para Geneva, e para Escola de Medicina. Foi um começo desconfortável, mas ela estava determinada, ela faria o melhor possível. O impacto nas classes foi positivo e todos a tratavam com grande decoro quando estava presente.

No dia de sua formatura, um certo destaque lhe foi concedido, como se participasse de um santo sacramento. Para ela, não foi apenas uma graduação, mas uma ordenação de um alto chamado, tão sagrado como um ministério.

Elizabeth Blackwell continuou praticando medicina no exterior, principalmente na França e na Inglaterra. Mais tarde teve que voltar para a cidade de Nova York, desistindo de seu papel como cirurgiã, devido à cegueira parcial. Ela abriu uma enfermaria em Nova York para mulheres e crianças junto com outra mulher médica, Marie Zakrzewska. Ela também abriu uma escola de medicina para ensinar medicina às mulheres. Ela continuou a escrever e lecionar até sua morte em 1910.

ORAÇÃO DE LOYOLA

Eu desejo-lhes que diante das fáceis respostas,
meias verdades e relacionamentos superficiais haja incômodo;
para que você viva o profundo do seu coração.

Que você seja abençoado com raiva diante da injustiça,
opressão e exploração; então
trabalhará pela justiça, equidade e paz.

Que Deus o abençoe com lágrimas para derramar por aqueles
cujo sofrimento para que você estenda suas mãos e através delas
os conforte, tornando o seu pranto em alegria.

E que você tenha a loucura de pensar que
pode fazer a diferença no mundo e que então você fará
coisas que os outros dizem que não pode fazer. Amém.

—*Santo Ignácio de Loyola*
Tradução: Victor Hugo de Castro e Silva

1.º de setembro

Gratidão e alegria
DA COMUNHÃO

Alegrei-me com os que me disseram:
"Vamos à casa do Senhor!".
—SALMO 122:1

Por que deveria eu, ou meus pacientes, frequentar a Igreja regularmente? Lá podemos ouvir a palavra de Deus e aplicá-la em nossa vida. Mas por que não por rádio, televisão ou internet? Ir à igreja é uma chance de demonstrar solidariedade para com a nossa comunidade cristã e compartilhar notícias, necessidades e encorajamento face a face. Isso pode ser um incentivo para lembrarmos de Jesus, pelo partilhar do pão e do vinho. Há a oportunidade para confessar e orar juntos pelas necessidades do mundo e aprender mais sobre a Palavra de Deus.

Mas há uma parte interessante das reuniões — canções de louvor. Do que isso se trata? Por que Deus anseia que entoemos canções acerca de quão maravilhoso Ele é? Deus necessita da nossa gratidão? Não. Poderia ser o louvor um presente de Deus para nos abençoar?

Ocasionalmente, estamos explodindo de gratidão. Usualmente, o louvor é um hábito salutar de gratidão. Essas músicas nos levam a uma elevada e nova perspectiva de vida. Na igreja, apoiamos uns aos outros, mesmo se cairmos. Gratidão gera contentamento, fé, resistência às tentações, menores níveis de estresse e, sim, uma vida mais longa.

Artigos publicados mostram que há um aumento da expectativa de vida naqueles que frequentam regularmente essas reuniões de comunhão e gratidão. Nós devemos louvar a Ele juntos e regularmente. Faça isso quando o trabalho permitir. E, quando houver a oportunidade, com permissão, gentileza e respeito, vamos explicar o porquê para os nossos pacientes.

Leitura complementar: Salmos 8; 29:1-11

GM

2 de setembro

GUARDANDO A ALMA PERECÍVEL
para uma herança imperecível

Conforme a sua grande misericórdia, ele nos regenerou para uma esperança viva, por meio da ressurreição de Jesus Cristo dentre os mortos, para uma herança que jamais poderá perecer, macular-se ou perder o seu valor.
—1 PEDRO 1:3-4

"Nada na vida é tão certo como a morte e os impostos", disse Benjamin Franklin. A taxa de mortalidade humana é de 100%. Pedro afirma que o perecimento da alma está sendo protegido por uma herança imperecível. Ele enfatiza que essa herança está sendo preservada para nós no Céu.

Essa herança é descrita como um tesouro que "jamais poderá perecer, macular-se ou perder o seu valor". Paulo diz: "Olho nenhum viu, ouvido nenhum ouviu" (1CO 2:9) as dimensões e a beleza da recompensa celestial. É garantido, pois o nosso Deus, o Soberano próprio, assegura isso.

Isso, de fato, é a esperança e a glória do cristão. Passamos por inúmeros perigos e dificuldades ao longo do caminho até o túmulo, e um deles se revelará final e fatal. Nós podemos não conhecer o momento ou as circunstâncias da nossa morte. Mas isso pouco importa, pois viveremos de novo e assim também, para sempre. Enquanto isso, somos guardados pelo poder de Deus de tal forma que nada pode nos vencer.

Nossa peregrinação terrena nos prepara para essa herança. O que quer que aconteça conosco está debaixo do soberano controle do nosso Pai. Como resultado da Sua graça derramada sobre nós, crescemos em santidade, em amor e em conhecimento, os quais, juntamente com as provações que Ele permite, nos preparam para as glórias do Céu.

Nossa alma preservada na Terra e nossa herança guardada nos Céus. O que mais devo pedir? Que Deus nos capacite a viver na luz dessa garantia gloriosa.

Reflexão: Encoraje o seu coração hoje ao meditar em 1 Pedro 1:1-11 e Salmo 121.

Abraham Ninan

3 de setembro

SANTIFICADO SEJA
o Seu nome

*...Dia e noite repetem sem cessar: "Santo, Santo, Santo é
o Senhor, o Deus todo-poderoso, que era, que é e que há de vir".*
—APOCALIPSE 4:8

A oração do Pai Nosso nos impulsiona em direção ao Céu, por assim dizer. Uma porta é aberta e nos juntamos ao coral de anjos enquanto eles clamam: "Santo, santo, santo". O principal objetivo da oração é buscar a glória de Deus.

O que significa dizer: "Santificado seja o teu nome" (MT 6:9)? Deus tem vários nomes os quais descrevem muitos de Seus atributos. Mas Seu nome pessoal é "Eu Sou o que Sou" (ÊX 3:14). Seu nome indica que Ele é o Ser Eterno de quem tudo e todos os outros provêm. Ele é mais real do que nós. Ele é o Ser Eterno Infinito e Incriado. Além disso, Ele é santo, o que significa que Ele é completamente diferente de nós, por Sua perfeição moral.

Sabemos que Ele já é santificado no Céu (IS 6; AP 4–5). Nossa oração é "Venha o teu Reino", para que o que está acontecendo no Céu também aconteça na Terra. Santificar significa "manter a reverência". Pedimos a Deus por capacidade para prestar-lhe reverência que lhe é devida. A frase de abertura do *Pai Nosso*, em essência, antecipa e abrange o resto da oração. Ao mantermos o nome dele em reverência, o Seu reino e a Sua vontade são firmados na Terra. Além disso, Ele atenderá nossas necessidades diárias. Visto que Ele é santo, e pecados não podem coexistir em Sua presença, Ele também perdoa nossos pecados. Finalmente, devido à Sua aversão ao mal, Ele nos livrará da tentação e nos manterá longe das artimanhas de Satanás.

Nossa mente, quando não iluminada pela graça, pensa em Deus apenas esporadicamente. Ao santificar a Deus, encontramo-nos constantemente em Sua presença. O convite de Paulo a "orar sem cessar" e a promessa de Jesus de "permanecer" em nós tornam-se realidades.

Reflexão: Quando oramos, frequentemente começamos com nossos pedidos. Tente passar cinco minutos apenas louvando e adorando a Deus.

Leitura complementar: Êxodo 3:13-15. Compare Salmo 11:4 com 1 Coríntios 3:16-17; 6:19; 2 Coríntios 6:16

Abraham Ninan

4 de setembro

SANTIFICANDO a rotina

Sirvam aos seus senhores de boa vontade, como ao Senhor, e não aos homens.
—EFÉSIOS 6:7

Muitas pessoas vivem uma vida monótona por conta de um tédio constante. Descrita de várias maneiras como "a corrida dos ratos" ou "a rotina diária", trabalhamos em tarefas não recompensadoras apenas para levar para casa um contracheque. Até a tarefa mais recompensadora pode vir a se tornar cansativa. Isso não significa que tem que ser assim. O trabalho é ordenança de Deus, o Primeiro Trabalhador. Ele criou o mundo e fez Adão e Eva como vice-regentes da criação. Eles tiveram um trabalho significativo. As coisas eram agradáveis no Éden. O trabalho foi intercalado com lazer e companheirismo, mas o pecado e a queda mudaram tudo isso, e o trabalho tornou-se enfadonho.

A restauração veio com a redenção, de modo que Paulo admoesta em seus livros para trabalhar "com todo o seu poder e com o Senhor". O que mudou não foi talvez o tipo de trabalho, mas a perspectiva sobre a vida, o mundo e o trabalho. A humanidade foi redimida, e o relacionamento com Deus foi restaurado, o homem é reconciliado com Deus e, no contexto do novo relacionamento, ordem e *Shalom* retornaram. Agora, o homem trabalha não porque precisa, não porque é pago, mas por obediência e amor a Deus. Trabalhamos para agradar a Ele. É o mesmo trabalhador, mas agora ele se aplica a uma tarefa dada por Deus e trabalho que será recompensado pelo Senhor. Deus é o patrão principal da Terra; os patrões terrenos são secundários. Enquanto trabalhamos sob supervisão humana, nós simultaneamente agradamos a Deus e fazemos a vontade dele.

Qualquer que seja o trabalho, pode ser espiritual ou "secular", seja um trabalho que envolve a mente ou um trabalho fisicamente pesado, seja artístico e criativo, ou monótono e repetitivo, está debaixo da égide de Deus. Esse trabalho é santificado. O resultado disso é a redenção da natureza enquanto ela espera, gemendo, pela manifestação dos filhos de Deus.

Confiando no Deus verdadeiro, precisamos fazer o que nos é confiado e nos contentar em saber que Ele sabe o melhor e conhece todo o panorama da nossa vida.

Reflexão: Há diferença entre o trabalho espiritual e o trabalho "secular"?

Abraham Ninan

5 de setembro

Já sentiu O CUIDADO DO PAI?

O Senhor, o seu Deus, está em seu meio, poderoso para salvar. Ele se regozijará em você, com o seu amor a renovará, ele se regozijará em você com brados de alegria.
—SOFONIAS 3:17

Você já passou por momentos em sua vida quando sabia que tinha "estragado tudo"? Você pensa no que pode ter acontecido. Até agora você atribui suas falhas aos inimigos, às circunstâncias que fogem ao seu controle, à falta de oportunidade, à casualidade, ao diabo, e a lista continua… Mas, infelizmente, sabe que você, e apenas você, é o culpado pelo fracasso.

Entretanto, nem tudo está perdido. Quando isso acontece, há apenas uma coisa a ser feita: olhe para o Pai; olhe para Jesus. Busque-o com sinceridade e simplicidade de coração; busque-o nas Escrituras, na oração, na congregação com os irmãos; busque-o através dos Seus conselheiros. Você encontrará descanso nele. Ele ouve o choro do "coração quebrantado". Ele conhece a dor. Ele é o fiel Sumo Sacerdote, amigo dos pecadores e irmão mais próximo. Enquanto você procura pelo Senhor, fique atento e na expectativa para escutá-lo. Ele falará com você. Ele é o mestre da "palavra de sabedoria", o Grande Médico que conhece o remédio específico, cuidadosamente elaborado por Ele só para você.

Agradeça a Ele. Aqueça-se no brilho do sol do Seu amor. Permita que o bálsamo de Gileade cure suas feridas. Coloque sua vida mais uma vez diante dele e deixe que Ele a conduza. Embora Satanás e outros possam trazer o passado de volta, você pode esquecê-lo, porque Deus se esqueceu dele. Vá em direção ao chamado feito por Deus em Cristo Jesus.

Em Jesus procuremos
Força, auxílio e graça;
Ele está nos ouvindo,
Ele no-los quer dar.
—*Fujamos da tentação* (461 CC)

Reflexão: Sofonias 3:11. Deleite-se o fato de que Deus é seu Pai e Jesus, seu irmão mais velho, e o Espírito Santo, seu Consolador.

Abraham Ninan

6 de setembro

CORAÇÃO e mente

***Acima de tudo, guarde o seu coração,
pois dele depende toda a sua vida.***
—PROVÉRBIOS 4:23

É verdade dizer que a mente é importante para a vida e o trabalho, mas há armadilhas no simples exercício da razão. Pessoas inteligentes são tentadas a serem orgulhosas e arrogantes, e isso é uma falha fatal. Outra questão com o intelecto é que, ao equilibrar todos os prós e contras de um assunto e submetê-lo a uma análise minuciosa, ele pode nos manter em inação. A mente precisa estar harmonizada com outros aspectos de nossa vida, como o coração.

Os antigos gregos eram famosos por sua ênfase no intelecto. Os hebreus, por outro lado, enfatizavam a centralidade do coração. Na maioria das culturas, o coração está associado à emoção. Esse atributo é certamente importante para uma vida bem sucedida. Emoção deve ser equilibrada pela razão.

A noção bíblica de coração, incluindo a emoção, vai além. Incorpora a vontade e envolve determinação, obediência e ação. Uma vida bem equilibrada mantém tudo isso balanceado. O coração tem a ver com a pessoa inteira.

O envolvimento da mente e do coração é essencial em nossa caminhada com Deus. A fé envolve a cabeça e o coração. Com o intelecto, concordamos e nos apropriamos dos ensinamentos da fé, e com o coração comprometemos nossa vida a essa fé. A fé envolve a transferência de nossas afeições, vontades e nossa própria vida para Deus. Dizer que amamos a Deus com o coração é dizer que temos fé — não apenas uma fé intelectual, mas uma fé emocional, disposta e submissa.

A mente e o coração estão entrelaçados. Enquanto a mente pode nos informar, o coração pode nos energizar e nos satisfazer.

Somos ensinados a ficar de pé ao sermos apresentados a alguém, ou quando uma pessoa idosa entra em uma sala. É um sinal de respeito e honra quando nos levantamos. Quando meu coração está cheio e minha mente está nele, sou obrigado a me levantar na presença de Deus; o Deus que se lembra de Suas promessas e é fiel à Sua Palavra.

Reflexão: O que significa amar a Deus com coração, alma e mente (Mt 22:37)?

Abraham Ninan

7 de setembro

O paraíso
NÃO É UM DEVANEIO

Deus nos ressuscitou com Cristo e com ele nos fez assentar nos lugares celestiais em Cristo Jesus.
—EFÉSIOS 2:6

Há um pouco de Céu em nosso cantinho de Terra. Nós podemos experimentar o Céu aqui e agora. Quando Jesus disse que o reino dos Céus estava "no meio de nós" e "em você", Ele estava dizendo que o governo de Deus havia começado na Terra. Em Efésios, Paulo descreve eloquentemente nossas bênçãos espirituais em Cristo e, de maneira surpreendente, afirma que já estamos assentados com Ele em "lugares celestiais".

Como vamos entender isso? O Céu é reconhecidamente um mistério e está oculto de nossa visão. A revelação completa aguarda o fim dos tempos ou quando morrermos. Contudo, a partir das Escrituras, podemos dizer com segurança e ousadia que o reino inaugurado por Jesus é uma réplica da Jerusalém celestial.

Quando irmãos e irmãs vivem juntos em união, somos agraciados pela presença gloriosa da Trindade. Quando dois ou três se reúnem em oração, Jesus está em seu meio. Quando elevamos nossos corações em adoração genuína e inspirada pelo Espírito, fazemos eco do coro celestial. Quando há ordem e paz em nossas assembleias, estamos em sintonia com o governo do Céu. Mesmo na tribulação, participamos e completamos o sofrimento do Cordeiro de Deus (CL 1:2-4) através do Seu corpo, a Igreja.

É tudo um mistério! Tentar equilibrar a futura revelação da glória do Céu com as nossas circunstâncias atuais não é fácil, uma vez que continuamos a sentir o incômodo da imperfeição, a maldição do pecado e o sofrimento das dores inerentes à carne humana. Somos "uma obra em progresso". Mas, um dia, nossa experiência atual do Céu será aperfeiçoada — assim o veremos em toda a Sua glória e como "a terra se encherá do conhecimento da glória do SENHOR, como as águas enchem o mar".

Reflexão: Reflita sobre os momentos em que você experimentou a presença imediata do Céu? O que contribuiu para isso?

Abraham Ninan

8 de setembro

A BELEZA da santidade

...a santidade, SENHOR, é o ornamento perpétuo da tua casa.
—SALMO 93:5

Sorte e casualidade nunca criam beleza; elas só causam o caos. Mentes astutas degradam a beleza ao igualá-la à sensualidade. A beleza, como popularmente percebida, está associada à música, arte e literatura. Essas coisas não acontecem por acaso.

Apenas beleza pode criar beleza. Deus é belo, e a fonte de toda a beleza é Deus. Por trás da beleza da natureza, vemos um belo Criador. Como os seres humanos são criados à imagem de Deus, nós também podemos criar obras de beleza.

Mas essa não é a história toda. Deus não é apenas associado à beleza; Ele é santo. A noção de santidade parece estranha à mente moderna. Na verdade, a santidade é considerada chata, maçante e monótona. É vista como dura, tendo a ver com leis e regras. É a linguagem dos "fundamentalistas" e outras pessoas tensas. O mundo zomba do conceito de santidade e não pode conceber um casamento entre santidade e beleza. A Bíblia, porém, traz beleza e santidade juntas. Os dois atributos são coerentes na pessoa de Deus.

Contrariamente às percepções modernas, a santidade não é negativa e não deve evocar a imagem de uma divindade dura, indiferente e sem alegria. A santidade de Deus é compatível com todos os Seus atributos, incluindo bondade, gentileza, perdão, graça e justiça. Todos esses se juntam para torná-lo belo.

Santidade envolve uma aversão ao mal e ao pecado. O povo de Deus é chamado à justiça e à santidade. Isso começa quando cremos em Jesus e continuamos a crescer, perseverando em nosso relacionamento com Aquele que é santo, que também é belo. Assim, estamos preparados para habitar para sempre na casa de Deus, uma casa adornada pela santidade.

Leitura complementar: 2 Pedro 3:11; Efésios 5:27

Abraham Ninan

9 de setembro

$\mathcal{S}anta$ AUDÁCIA

*Assim, aproximemo-nos do trono da graça
com toda a confiança...*
—HEBREUS 4:16

Muitos de nós têm uma imagem imperfeita, e talvez distorcida, de Jesus. Nós comumente o vemos como manso, distante, enigmático ou severo.
    Embora Sua divindade seja inquestionável, o Jesus dos evangelhos se mostra uma pessoa muito humana. Ele sujou Seus pés andando pelas estradas empoeiradas de Israel, jantou com plebeus, párias e pecadores, Ele chorou quando desanimado, ficou bravo com a hipocrisia, abençoou criancinhas e teve um toque humano ao aliviar o sofrimento.

O Jesus humano desafiava constantemente o modo de pensar das pessoas. Ele colocou em questão Nicodemos que, embora fosse "mestre em Israel", não entendia a salvação (JO 3:9-10). O Senhor desafiou as tradições ao conversar com uma mulher de conduta questionável, a samaritana no poço, conduzindo-a para a confissão e fé (JO 4:1-26).

Ele parecia acolher e recompensar uma certa ousadia de algumas pessoas muito comuns. O cego Bartimeu, que, quando repreendido e ordenado a ficar em silêncio, "gritava ainda mais" (MC 10:48). Jesus o ouviu e o curou. O centurião gentio se atreveu a pedir a esse Médico judeu que curasse seu servo, sugerindo até que Ele poderia fazer isso a distância (LC 7:1-10). Jesus parecia desencorajar repetidamente a mulher siro-fenícia. Mas ela não seria rejeitada. Ela admitiu que era indigna, e depois obteve a cura da filha (MC 7:24-30).

Essas histórias nos encorajam a sermos naturais e transparentes quando lidamos com Deus. Podemos abandonar a arrogância, a retórica e a pretensão, e falar com o Senhor como de "humano para humano", por assim dizer. Como Filho do Homem, Ele conhece nossa estrutura, entende nossos pensamentos, compartilha nossas aspirações e, sim, sente nossa dor. Ele tem empatia por nós e curará nossas feridas. Podemos entrar corajosamente em Sua presença. Que Deus nos conceda uma dose de santa ousadia.

Leitura complementar: Marcos 7:24-30 — a história da mulher siro-fenícia

Abraham Ninan

10 de setembro

FINALMENTE em casa

*Sei que a bondade e a fidelidade me acompanharão
todos os dias da minha vida,
e voltarei à casa do Senhor enquanto eu viver.*
—SALMO 23:6

Keith estava morrendo e sabia disso. Ele estava lidando com um tumor cerebral agressivo e os tratamentos envolvidos por quase dois anos. Aos sessenta e poucos anos, com uma fé inabalável e uma família solidária, a jornada ainda era dura.

Um dia, ele recitou à esposa: "O Senhor é o meu pastor; de nada terei falta [...]. Mesmo quando eu andar por um vale de trevas e morte, não temerei perigo algum, pois tu estás comigo [...]. Sei que a bondade e a fidelidade me acompanharão todos os dias da minha vida, e voltarei à casa do Senhor enquanto eu viver" (SL 23).

Nós nos concentramos particularmente neste último verso, reconhecendo que a morte, como a vida, é tanto uma jornada quanto um destino. A jornada pode ser árdua e, às vezes, longe de ser agradável, mas o destino para o crente é maravilhoso, além dos nossos sonhos mais loucos.

Keith gostava de viajar e fizera muitas viagens nos últimos dois anos. Compartilhamos algumas das frustrações das viagens: a espera nos salões de embarque, os atrasos e o fuso horário, as bagagens extraviadas e as conexões perdidas. Mas nós concordamos que, por causa dos lugares maravilhosos que ele pôde ver, tudo valeu a pena. Muito mais ainda quando o Céu é nosso destino, e nosso amoroso Pai espera nosso retorno!

Eu achei angustiante, mas Keith achou útil e pediu que eu compartilhasse essa conversa em seu funeral.

Leitura complementar: Salmo 103:2; Coríntios 4:7-18

Peter Pattison

11 de setembro

Como Deus vê isso

*O SENHOR, contudo, disse a Samuel:
"Não considere a sua aparência nem sua altura,
pois eu o rejeitei. O SENHOR não vê
como o homem: o homem vê a aparência,
mas o SENHOR vê o coração".*
—1 SAMUEL 16:7

Talvez você seja um médico formado há mais tempo, com uma prática bem-sucedida e um bom nome na comunidade. Você administra um grande departamento e publicou vários artigos. Você é muito eminente.

Talvez você seja um médico recém-formado. O pagamento não é bom, você não tem muito respeito dos seus colegas e recebe os trabalhos que ninguém mais quer fazer. Você não é eminente.

Exceto, claro, que isso não é como Deus vê as coisas. Ele não julga nossa eminência como as outras pessoas. Saul parecia ótimo, mas desobedeceu a Deus, e seu reinado terminou desastrosamente. Davi não parecia muito bom, mas Deus não escolhe os Seus de acordo com suas habilidades. O que importa para Deus é o coração.

Seus êxitos como médico podem ser muitos ou poucos. Mas, se você está em Cristo, não há realização médica de fato, não há absolutamente nada que fará Deus amá-lo mais nem menos. Não caia nas armadilhas do orgulho ou do desespero, dependendo do desempenho dos seus estudos ou do seu trabalho. Essas não são as coisas que Deus vê. Ele vê o coração.

O coração de Davi voltou-se para Deus em humilde confiança. E o coração de Deus estava em Davi: "Que mais Davi poderá dizer-te? Tu conheces o teu servo, ó Soberano SENHOR. Por amor de tua palavra e de acordo com tua vontade, realizaste este feito grandioso e o revelaste ao teu servo" (2SM 7:20-21).

Deus escolheu Davi e tinha grandes planos para ele. E a boa notícia para nós hoje é que Deus nos escolheu também, em Cristo, para sermos Seu povo. Não são nossas habilidades que nos tornam especiais; é o próprio Deus, do Seu coração, através de Seu Filho, mudando o nosso coração para sermos como Ele.

Leitura complementar: Romanos 12:1-8; Efésios 1

Giles Cattermole

12 de setembro

COMO PERMANECER
em Cristo

Eu sou a videira; vocês são os ramos. Se alguém permanecer em mim e eu nele, esse dará muito fruto; pois sem mim vocês não podem fazer coisa alguma.
—JOÃO 15:5

Nós fomos criados para glorificar a Deus. Fazemos isso sendo como Cristo. De fato, a semelhança de Cristo é o "fruto" que devemos produzir, e isso só pode acontecer quando "permanecemos" nele. O que isso significa?

A palavra "permanecer" está relacionada com "seguir existindo" ou "manter-se, sem alteração, num mesmo estado ou lugar". Permanecer, portanto, é continuar existindo em Deus, conhecê-lo e deleitar-se nele. Nós permanecemos para nos estabelecermos a longo prazo. Isso começa quando chegamos à fé em Cristo e continua quando nos relacionamos com Ele também pela fé.

Jesus destaca o que significa permanecer, dizendo que devemos permanecer em Sua Palavra. Quando lemos, estudamos, meditamos, memorizamos e oramos a Palavra, a vida de Deus cresce em nós. Jesus é a Palavra e quando você a estuda e, Ele faz Sua morada em nós e conosco.

Jesus aprimora o conceito de permanecer na Palavra quando Ele nos instrui a guardar Seus mandamentos. Precisamos estar familiarizados com eles, prová-los, reconhecê-los e, acima de tudo, obedecê-los.

De todos os mandamentos, aquele que Ele enfatiza é o de amar uns aos outros. De fato, o amor é o cumprimento da Lei. Amar verdadeiramente uns aos outros é o mesmo que guardar toda a lei de Deus. Ao permanecermos em Cristo e em Seu amor, um amor duradouro pelos outros crescerá em nós. Começaremos até mesmo a amar aqueles que são mais difíceis de amar.

Jesus resume a exigência aparentemente nebulosa de se manter em atos práticos, concretos e efetivos. Estudamos a Sua Palavra e obedecemos aos Seus mandamentos e, especificamente, o de amar uns aos outros.

Assim como a vida da Videira se infiltra em seus galhos, permitindo que os frutos cresçam, nós também teremos o fruto da semelhança de Cristo, dando-lhe glória.

Abe Ninan

13 de setembro

CAOS HUMANO...
Ordem divina

*Era a terra sem forma e vazia;
trevas cobriam a face do abismo, e o Espírito de Deus
se movia sobre a face das águas.*
—GÊNESIS 1:2

Eu estava totalmente fora da minha realidade. O ECG não tinha um padrão que eu conseguisse entender e não parecia consistente com batimentos cardíacos normais. Mas definitivamente havia um pulso, na realidade. Infelizmente, como um médico residente recém-formado, eu era responsável pela paciente. Havia vários fatores que contribuíam: distúrbios hidroeletrolíticos (eu tinha dado muito diurético?), Isquemia (sem rápida resolução), hipóxia (mas era seguro aumentar o oxigênio na DPOC?), Infecção (ela estava com os antibióticos certos?) e os medicamentos utilizados para estabilizar o miocárdio eram todos bastante tóxicos e tinham que ser administrados através de um cateter venoso central. Eu ainda não tinha aprendido essa técnica.

Pior ainda, meu *bipe* estava me importunando sobre tarefas importantes, mas menos urgentes, em todo o hospital. O caos reinou. E minha própria fisiologia também não estava lá tão funcional: meu estômago estava se autodigerindo; gotas de água acumulavam-se entre as escápulas. Então entrou um médico mais experiente. Calmo, controlado. A história foi esclarecida, desequilíbrios retificados e o ritmo gradualmente restaurado. Ordem ao caos.

O Deus da Bíblia é o Deus da ordem, paz (*Shalom*) e cooperação. A intenção do inimigo é sempre o contrário. A palavra "diabólico" descreve seu propósito de aniquilar: destruir. Ateísmo, doença, conflito, sofrimento mental, solidão são todos sintomas. Naturalmente, os médicos não podem restaurar a ordem profunda da nova criação. Mas, enquanto aguardamos a restauração final, vamos olhar para o que Ele está fazendo e participar disso.

Reflexão: Reserve um tempo para reconhecer que o Senhor está no controle. Mesmo quando a vida parece sombria e caótica, Ele paira sobre a criação. Como podemos imitá-lo e trazer a ordem em nosso canto de criação hoje?

Leitura complementar: Romanos 8:18-21; Isaías 45:18-19

Alex Bunn

14 de setembro

INTERFERÊNCIA HUMANA
e a vontade de Deus

> Quando chegaram à eira de Nacom,
> Uzá esticou o braço e segurou a arca de Deus,
> porque os bois haviam tropeçado.
> A ira do SENHOR acendeu-se contra Uzá por seu ato
> de irreverência. Por isso Deus o feriu,
> e ele morreu ali mesmo, ao lado da arca de Deus.
> —2 SAMUEL 6:6-7

Esta é uma história que nos faz pensar. A razão da morte de Uzá é, no mínimo, um pouco confusa. No entanto, o incidente é um duro lembrete de que Deus é soberano e devemos trabalhar em obediência à Sua direção.

Isso parece ir contra o que sabemos sobre a nossa tarefa no mundo. A Bíblia está repleta de palavras de ação — esforce-se, trabalhe, sirva, corra e assim por diante. Nós não estamos destinados apenas a ficar de lado. "Ai de vocês que vivem tranquilos em Sião..." (AM 6:1).

No entanto, nosso desejo de ação precisa ser colocado em perspectiva. As Escrituras frequentemente nos lembram de que Deus é o Senhor do Céu e da Terra. Nada acontece fora da Sua expressa vontade.

Então, o que devemos pensar quanto a ordens para trabalhar para Deus? A resposta é que Deus e o homem devem agir em harmonia uns com os outros. Nosso chamado para servir está dentro do contexto dos motivos e ações de Deus. Nossa tarefa é buscar a Sua vontade e cumpri-la. Nós não somos autônomos. Estamos sob ordens. De fato, a queda de Adão aconteceu quando ele agiu fora da vontade de Deus.

Isso não significa necessariamente que toda ação deve estar sob o controle direto de Deus. Muitas vezes, não ouvimos instruções claras ou recebemos revelação sobrenatural. Quando isso não acontece, somos guiados por princípios bíblicos, por sábios conselhos e por nossa própria razão santificada. E algumas necessidades são tão óbvias que não precisamos de estímulos para responder.

Fazer o trabalho de Deus por conta própria, substituindo Suas diretrizes por motivos ocultos humanos, estará sujeito à repreensão. O trabalho de Deus deve ser feito da Sua maneira para receber a Sua bênção.

Reflexão: O seu trabalho para Deus é feito em resposta à Sua vontade?

Abe Ninan

15 de setembro

EU SOU O
favorito dele

Contudo, aos que o receberam, aos que creram em seu nome, deu-lhes o direito de se tornarem filhos de Deus, os quais não nasceram por descendência natural, nem pela vontade da carne nem pela vontade de algum homem, mas nasceram de Deus.
—JOÃO 1:12-13

Um colega e amigo uma vez me disseram com um sorriso: "Jesus ama você, mas eu sou o favorito dele!". *Que ousadia*, eu pensei. Afinal, não há explicitamente favoritismo com Deus. Então lembrei-me da experiência de chegar à fé e saber, pelo testemunho íntimo do Espírito Santo, que eu era precioso para esse Deus que me salvou mediante o sacrifício de Seu próprio Filho.

Não é que eu seja de alguma forma favorecido em relação aos outros, como as Escrituras deixam claro em uma leitura profunda, mas que todo aquele que crê e é salvo se torna como se fosse o Seu favorito. Para um Pai justo e amoroso, cada criança se sente incrivelmente especial.

Quando, como na medicina, nosso trabalho é incansavelmente focado nos outros, podemos ser tentados, sob pressão, a achar que Deus tem mais interesse em nossos pacientes ou colegas do que em nós.

O equilíbrio certo é demonstrado por um cartão-postal que tenho com o slogan "Você é único. Assim como todos os outros". Isso resume o amor de Deus para com cada um de nós. É absolutamente justo e ainda assim parece — quando experimentado pessoalmente — quase injusto. É muito bom.

Reflexão: Mantenha este fato em seu coração: todos que você conhece são únicos e exclusivamente preciosos para Deus, mas você é o favorito dele. Você!

Leitura complementar: Atos 10:34; Romanos 2:11; Gálatas 2:6; Efésios 6:9

Julian Churcher

16 de setembro

VISÃO DE *Ida Scudder*

...não fui desobediente à visão celestial.
—ATOS 26:19

A história inspiradora de Ida Scudder vale sempre ser recontada. No final do século 19, Ida, adolescente, visitava seus pais no distrito de Madras [agora Tamil Nadu], na Índia. Não tendo nenhum desejo de seguir os passos de seus pais, sua jovem vida foi, no entanto, definitivamente transformada quando três homens de alta casta vieram a sua casa uma noite. Pediram a Ida para ajudar as esposas que estavam em trabalho de parto. Protestando que ela era apenas uma menina, ela se ofereceu para trazer seu pai, que era médico. Cada um dos três se afastou, recusando a ajuda de um homem. Ida depois soube que todas as três mulheres morreram no parto — uma ocorrência comum nessas circunstâncias.

Levada às lágrimas e depois à ação, Ida entendeu isso como uma mensagem de Deus. Em seu retorno aos EUA, ela se tornou uma das primeiras mulheres a estudar medicina e logo retornou à Índia. Foi pioneira em um movimento revolucionário. Ela começou um dispensário que se transformou em um hospital e depois em uma escola de medicina. Hoje o *Christian Medical College* é um hospital e centro de pesquisa de nível mundial. Fiel ao seu lema "Não ser ministrado, mas ministrar", é uma bênção tanto para a Índia quanto para o mundo. Tudo porque uma adolescente consciente respondeu com compaixão e pragmatismo a uma série de eventos trágicos.

Ida não teve uma visão literal, mas não tinha dúvida de que ouvira Deus falar. Ele ainda fala hoje de maneiras diferentes. Seu chamado vem através de palavras diretas, escrituras, exposição à necessidade, agitações internas, duros fatos, estatísticas perturbadoras, mensagens estimulantes e o exemplo de vidas sacrificadas. Ele frequentemente dá uma cutucada ou sussurra suavemente e, sim, ocasionalmente concede visões e sonhos sobrenaturais. Que Deus abra nossos olhos, ouvidos e coração. Que Ele nos dê coragem para não sermos "[desobedientes] à visão celestial".

Reflexão: Quando foi a última vez que Deus mandou você fazer alguma coisa? Como você o respondeu?

Abe Ninan

17 de setembro

Incríveis EFÉSIOS

Bendito seja o Deus e Pai de nosso Senhor Jesus Cristo, que nos abençoou com todas as bênçãos espirituais nas regiões celestiais em Cristo.
—EFÉSIOS 1:3

Por incrível que pareça, Paulo estava em uma prisão romana, acorrentado a um guarda, quando escreveu Efésios. Seu prefácio começa com uma frase longa e de tirar o fôlego que chega ao seu incomparável auge no versículo 14. As palavras de abertura oferecem louvor a Deus, que nos presenteia com "*todas* as bênçãos espirituais nos lugares celestiais em Cristo".

O restante da sentença descreve quais bênçãos são essas — adoção, eleição, perdão, redenção, salvação, graça, santificação e herança transbordam como cascata. Ele adorna tudo isso declarando que Deus, em Jesus, "nos fez assentar nas regiões celestiais com Cristo" (EF 2:6). Ao traçar as dimensões do amor de Deus, faltam palavras a Paulo, e ele acaba declarando que tal amor "excede todo conhecimento" (EF 3:19) e, portanto, a linguagem. Os tesouros que Deus nos concede são ricos e cheios de sabedoria e conhecimento.

A guerra que o apóstolo descreve não é um fenômeno ordinário. É travado no Céu envolvendo forças espirituais além do nosso entendimento. Esses inimigos são invencíveis, exceto por meio de uma armadura espiritual da qual a oração é a chave. Quando fala da própria oração, seus pensamentos se elevam quando ele sistematicamente reúne e apresenta fundamentos, finalmente afirmando que as respostas de Deus são imensamente maiores do que podemos articular ou imaginar! A doxologia percorre toda a carta, atingindo seu ápice quando Jesus é declarado a "plenitude daquele [Deus] que enche todas as coisas, em toda e qualquer circunstância" (EF 1:23).

A vida cristã, descrita nos capítulos 4 a 6, é possível porque o nosso Deus grandemente exaltado, nos conduz e nos guia de maneira poderosa e graciosa. Por isso, Paulo nos chama a viver sobriamente, com cuidado, amor e sabedoria.

Reflexão: Estude Efésios tendo em mente os pontos aqui abordados. Consulte um comentário bíblico para ajudá-lo na compreensão dessa epístola.

Abe Ninan

18 de setembro

INTEGRIDADE ameaçada

Assim, aquele que julga estar firme, cuide-se para que não caia!
—1 CORÍNTIOS 10:12

Apesar da boa reputação de Ezequias como o piedoso rei de Judá, ele experimentou uma grande queda. Senaqueribe, rei da Assíria, invadiu seu reino e conquistou suas cidades fortificadas. Em pânico, Ezequias tentou comprar Senaqueribe com subornos, escolhendo dar a ele toneladas de prata e ouro do Templo. O que tinha sido dedicado a Deus foi dado a um rei pagão!

Em sua perturbação, a conhecida integridade de Ezequias foi violada, e ele se comprometeu com o inimigo. Isso aconteceu no 14º ano de seu reinado. À medida que avançamos na vida cristã, quão cuidadosos precisamos ser para não descuidar do nosso o zelo anterior ou menosprezá-lo considerando-o "entusiasmo juvenil". Até podemos cantar uma canção de consagração, mas será que realmente queremos dizer cada palavra? "Tome minha vida... mãos... pés... lábios... prata... é TUDO para ti".

Apesar dos subornos, a Assíria marchou contra Jerusalém. Ezequias foi novamente testado com a provocação do comandante do exército inimigo: "Em quem você está confiando...?" (2RE 18:20). Ezequias sondou o coração, assim como devemos sondar o nosso. Como ele, estamos continuamente confiando nos recursos humanos ou, antes de tudo, no Senhor?

Antes de responder a tal provocação, Ezequias sabiamente foi até o, agora, saqueado Templo para buscar novamente a capacitação do Senhor, arrependendo-se do fracasso passado e reafirmando sua fé. O profeta Isaías, então, transmitiu ao rei uma mensagem reconfortante da parte de Deus: "Não tenha medo das palavras que você ouviu..." (2RE 19:6). Ele também profetizou a derrota do inimigo, o que aconteceu rapidamente. Assim, Deus atestou maravilhosamente a fé de Ezequias.

Nós também podemos encontrar forças, ao enfrentarmos dificuldades, nas palavras de encorajamento de Paulo a Timóteo: "Pois Deus não nos deu espírito de covardia, mas de poder, de amor e de equilíbrio" (2TM 1:7).

Leitura complementar: 2 Reis 19:14-19,35-36

Oração: Querido Senhor, por favor, ajuda-nos a recorrer a ti nos momentos de provação, aprendendo novamente que aqueles que confiam totalmente em ti descobrirão que és totalmente confiável. Amém!

Alan Vogt

19 de setembro

Seu coração
É O MEU CORAÇÃO?

Provas o meu coração e de noite me examinas, tu me sondas,
e nada encontras; decidi que a minha boca não pecará.
—SALMO 17:3

A vida cristã é uma questão do coração. Assim, Salomão pôde dizer: "Acima de tudo, guarde o seu coração, pois dele depende toda a sua vida" (PV 4:23).

Todos nós intuitivamente sabemos o que significa "coração". Basicamente se refere à pessoa interior — o verdadeiro eu. É também essa parte de nós que pode se relacionar com Deus.

O coração é a fonte da qual tudo mais flui. O coração que agrada a Deus é um coração puro, um coração simples, um coração de mente única "sem dobras". É um coração que é aberto e transparente, um coração íntegro. É claro, cristalino e alvo como a neve. Não tem alcovas que alimentam pecados secretos, motivos ocultos, pensamentos perversos, vinganças amargas ou falta de perdão obstinada. Não louva a Deus com a boca ao mesmo tempo que abriga maus pensamentos interiores.

De fato, precisa ser um coração totalmente novo. Isso não é alcançado por atos rituais, boas ações, afirmações, determinação, introspecção ou mesmo confissão. O primeiro passo é ter nosso coração purificado de uma consciência culpada, através do milagre do novo nascimento — uma transformação interior efetuada por Deus. Esse coração renovado é preservado e amadurecido quando morremos para o ego, tomamos a cruz e seguimos a Cristo. O compromisso inicial deve ser seguido por renovações frequentes e uma permanência contínua em Cristo. Isso significa praticamente alimentar-se da Palavra, se fortalecer através da oração e das disciplinas espirituais e ser nutrido pela comunhão dentro da igreja.

Quando fazemos isso, nosso coração se alinha com o de Deus. Sua vontade, pensamentos, propósitos e direção se tornam nossos. Nosso coração será como o coração de Deus.

Oração: "Sonda-me, ó Deus, e conhece o meu coração; prova-me, e conhece as minhas inquietações. Vê se em minha conduta algo te ofende, e dirige-me pelo caminho eterno" (Sl 139:23-24).

Abe Ninan

20 de setembro

AS TENTAÇÕES DE JESUS
e as nossas

> *Ali [Jesus] esteve quarenta dias, sendo tentado por Satanás...*
> —MARCOS 1:13

Jesus, nas três tentações feitas por Satanás, foi confrontado por escolhas que poderiam desviá-lo de Sua missão. O mesmo tipo de situação pode nos desviar da nossa própria missão.

Na primeira tentação, Jesus, sentindo a urgência da fome, foi desafiado a transformar pedras em pães. Obviamente, não havia nada de errado em satisfazer Sua fome depois de um jejum de 40 dias, mas, dando ouvidos a Satanás, Jesus teria dado prioridade à necessidade física urgente em vez da importância de atentar para palavra de Seu Pai. Ele escolheu o importante em detrimento do urgente. Nós também devemos fazer isso.

Na segunda tentação, Ele foi desafiado a saltar do pináculo do templo e assim cumprir o "plano de Deus". No entanto, Jesus sabia que o plano do Pai não pedia o espetacular, então Ele se submeteu ao trabalho penoso de uma vida mundana, terminando na cruz. Nós facilmente nos cansamos das rotinas de nossas vidas diárias e, assim, desistimos ou começamos a procurar alternativas que são "diferentes" e/ou "espetaculares". Embora Deus às vezes realize milagres, é principalmente através do trivial que Ele cumpre Seus propósitos. Deus nos concede perseverança em meio ao trabalho ordinário.

O plano de Deus é que o mundo inteiro adore o Seu Filho. Ao sugerir que Jesus o adorasse, o terceiro confronto promovido por Satanás foi, então, fornecer a Jesus um atalho para alcançar isso. Mas não havia margem no plano de Deus para atalhos. Seu plano exigia a cruz e a ressurreição. A longa caminhada de obediência que culminou na cruz era, em si, importante. O fim nunca pode justificar os meios na economia de Deus. Os meios são tão importantes quanto o fim.

Oração: Deus, concede-nos que sejamos como Jesus: ouçamos o Pai, perseveremos na obediência e evitemos os atalhos para o sucesso.

Santhosh Mathew Thomas

21 de setembro

ACOMPANHANDO OS
gigantes da fé

Portanto, também nós, uma vez que estamos rodeados por tão grande nuvem de testemunhas, livremo-nos de tudo o que nos atrapalha e do pecado que nos envolve, e corramos com perseverança a corrida que nos é proposta.
—HEBREUS 12:1

Durante uma pausa na minha carreira, trabalhei brevemente com os Lehmanns, em Herbertpur. Leela e eu ficamos em seu adorável bangalô, comemos e desfrutamos da amizade deles. Todas as manhãs, depois do café da manhã, o Dr. Lehmann caminhava em direção ao hospital. Embora muito mais jovem, lutava para acompanhá-lo.

Isso é uma metáfora para minha vida. Eu estou sempre tentando acompanhar gigantes espirituais. Geoffrey e Monica Lehmann fundaram o Hospital Cristão Herbertpur no sopé do Himalaia em 1934. Eles foram pioneiros aqui por 40 anos, oferecendo cuidados acessíveis aos pobres e pregando o evangelho. Seus trabalhos foram abundantemente recompensados mais tarde, mas eles não viram muitos chegarem à fé em sua vida.

Aqui está um trecho abreviado e editado de uma conversa pungente entre eles no início de sua carreira.

—Quanto tempo levará até que nos seja permitido ver pelo menos um resultado de nossos trabalhos? — questionou Monica.

—Talvez nunca, querida! Nós não viemos para ganhar cristão, mas para representar a Cristo... pode ser nossa responsabilidade plantar e regar, mas nunca chegar a ver o resultado — respondeu Geoffrey.

—Mas, querido, será que haverá ótimos resultados depois da nossa partida?

—Isso seria maravilhoso.

Essas foram palavras generosas e proféticas. O hospital é uma instituição próspera agora, e os arredores estão passando por uma transformação espiritual. Muitas igrejas foram plantadas.

Sua fé permitiu que eles suportassem bravamente dificuldades e privações, ao olharem além de suas próprias limitações para o soberano Deus, que torna todas as coisas possíveis. Eles continuaram destemidos diante de uma cultura, costumes e idioma estranhos. Eles sofreram desapontamentos, mas nunca desistiram. Devemos celebrar e imitá-los, assim como a outros gigantes da fé.

Leitura complementar: Livro *O totem da paz* (Ed. Betânia, 2019) de Don Richardson. Leia-o e inspire-se.

Abe Ninan

22 de setembro

CONHECENDO DEUS
na prática

Pois vocês são salvos pela graça, por meio da fé [...].
Porque somos criação de Deus
realizada em Cristo Jesus para fazermos boas obras...
—EFÉSIOS 2:8-10

Existem basicamente três etapas para conhecer a Deus. O primeiro passo não tem nada a ver conosco. Começa com a graça de Deus. É o dom da revelação. Nós conhecemos a Deus através da revelação, que vem em duas formas. Na natureza, temos uma visão parcial, mas o desvelamento total vem em Jesus Cristo. A Bíblia é o principal meio pelo qual chegamos a conhecer Jesus. O testemunho de outras pessoas e as experiências sobrenaturais podem ter alguma participação, mas a comunicação definitiva é a Palavra de Deus.

A graça gera fé, que é o segundo passo. A fé é intangível e aparentemente insubstancial, mas é o meio de acessar a Deus. A fé aceita a revelação de Deus de si mesmo. É essa faculdade da mente que confia em Deus. Embora a fé inclua o assentimento intelectual, ela não se limita a isso. Envolve o compromisso total de nossas vidas para com Deus.

A fé se manifesta em ação e obediência, que juntos constituem o terceiro passo. Fé sem ações não é fé. Sem obediência, a fé é espúria. Fé e obras fazem parte de um mecanismo de *feedback*. A obediência acompanhada de ações aumenta a fé. A interação contínua de fé e obediência, quando operada sob o fenômeno da graça de Deus, resulta em um conhecimento crescente e certo de Deus.

Podemos nos referir a isso como o conhecimento experimental de Deus. É fazendo isso que conhecemos a Deus. É experienciando Deus pela fé que a própria fé é validada e cresce. A fé aumenta a fé em uma espiral cada vez mais rígida, levando a um conhecimento cada vez maior de Deus na prática.

Reflexão: Você acha sua vida espiritual estagnada? Examine-se à luz de Tiago 2:14-25.

Ruth Eardley

23 de setembro

CONHECER, CRESCER, mostrar e ir

Se vivemos pelo Espírito, andemos também pelo Espírito.
—GÁLATAS 5:25

Em uma cidade do leste europeu, alguns médicos e amigos cristãos relaxavam em volta de uma mesa de café com visitantes estrangeiros. Os médicos locais ocupavam cargos de responsabilidade, com sua integridade frequentemente colocada à prova por suborno e corrupção. Que palavras de Jesus fortaleceriam os cansados da batalha e renovariam os espíritos decadentes? Os pensamentos se voltaram para a última noite antes da morte de nosso Senhor, quando ele se levantou de uma mesa muito diferente para lavar os pés de Seus amigos. Esse ato humilde de serviço amoroso e a conversa inspiradora na mesa que se seguiu ainda nos encorajam.

Jesus disse que conhecer a Ele e a Seu Pai é ter a vida eterna (JO 17:3). Os que têm essa vida são como ramos de uma videira, ligados a Ele, o tronco principal. Seu Espírito então traz refrigério diário, nutrição e crescimento espiritual.

No entanto, crescer bem acabará significando poda. As "tesouras de poda" de Deus podem ser as provações da vida, desde o estresse diário até a perseguição deliberada. Nossa maturidade consecutiva envolve mostrar crescimento e fecundidade, assim, o fruto pretendido do Espírito Santo — amor, alegria, paz, paciência, bondade, benignidade, fidelidade, gentileza e autocontrole. Para cultivar tudo isso, precisamos nos manter em sintonia com o Espírito ou, nas palavras de João, permanecer firmemente ligados ao Senhor Jesus, nossa Videira.

Finalmente, precisamos ir. Jesus pediu aos Seus amigos para irem (e darem fruto), tanto perto quanto longe a fim de alcançar aqueles que creriam no Senhor através da mensagem deles — frutos de outro tipo (JO 15:16; 17:20). Pegue um elemento do fruto do Espírito para cada dia, orando para demonstrá-lo o que quer que aconteça, mesmo que isso exponha sua necessidade de um pouco mais de poda...

Leitura complementar: João 15; Gálatas 5:16-26

Janet Goodall

24 de setembro

PREGUEMOS o evangelho

Antes, santifiquem Cristo como Senhor no coração. Estejam sempre preparados para responder a qualquer que lhes pedir a razão da esperança que há em vocês.
—1 PEDRO 3:15

Muitos anos atrás, um amigo meu estava sentado ao lado de um líder comunista em um voo. Durante a conversa deles, o homem comunista disse: "Se eu acreditasse no que vocês cristãos dizem que acreditam, eu correria por aí como um louco e contaria a todos sobre isso".

O que estamos fazendo sobre as boas-novas que temos? Vemos centenas de pacientes por ano; mais pessoas do que um pastor comum ou um evangelista jamais esperariam encontrar. Eu conheço alguns países onde um médico não pode compartilhar o evangelho sem olhar por cima do ombro e esperar que o paciente não conte sobre ele. Em alguns casos, você precisa arriscar sua vida para fazê-lo. Mas há lugares onde ainda temos a liberdade de compartilhar exemplares do evangelho ou uma parte dele. As janelas da oportunidade estão se fechando rapidamente; as portas estão se fechando ao nosso redor.

É claro que devemos fazê-lo com permissão, amor e respeito pelos nossos pacientes. Precisamos ser sensíveis à liderança de Deus e às necessidades do paciente. Há momentos em que um paciente grato se refere a mim como "Deus". Eu tomo isso como uma oportunidade definitiva. Eu lhes digo: "Eu não sou Deus, mas permita-me apresentar ao Único que é".

Pode ser desanimador às vezes porque falamos com muitos, e não vemos nenhum resultado óbvio. Podemos ser tentados a indagar: "Do que adianta?". Mas isso é porque muitas vezes aquele que semeia não é aquele que colhe, e aquele que lança o pão sobre as águas não é aquele que o recolhe.

Algum dia, outro colherá; milhas e milhas, rio abaixo, alguém ficará feliz porque você se importou o suficiente para compartilhar.

Leitura complementar: Eclesiastes 11:1-6

Oby Cherian

25 de setembro

Vida "SOB O SOL"

"Que grande inutilidade!", diz o Mestre.
"Que grande inutilidade! Nada faz sentido!"
O que o homem ganha com todo o
seu trabalho em que tanto se esforça debaixo do sol?
—ECLESIASTES 1:2-3

Praticar a medicina pode ser maravilhoso. Ter o privilégio de cuidar de pessoas feitas à imagem de Deus, ajudar a restaurar corpos e mentes destruídas, viver e falar por Jesus com os necessitados e vulneráveis.

Mas, se formos honestos, muitas vezes não é assim. Há momentos em que nos esforçamos para passar o dia: não dormimos, não temos folga. O trabalho nos sobrecarrega: muitos pacientes na clínica, condições muito complexas para nossos recursos limitados. Estamos atolados em metas de administração ou gerenciamento; nosso projeto de pesquisa falha; apesar de todos os nossos esforços, nosso paciente morre e estamos tentados a nos desesperar.

A vida "sob o sol", a vida sem Deus, é infrutífera. O escritor de Eclesiastes sentia o mesmo. Tudo parece tão inútil porque tudo é tão fugaz. Mesmo se salvarmos a vida de nossos pacientes agora, eles morrerão depois. Se descobrirmos uma cura para o câncer, as pessoas morrerão de outras doenças. A clínica que estabelecemos será um dia fechada.

Eclesiastes 3 começa a explorar nossa esperança nessa inutilidade. Existe uma maneira de viver neste mundo, um caminho de sabedoria, que vê a mão de Deus nos bons e belos presentes que Ele nos deu. A sabedoria reconhece que o objetivo de Deus é que as pessoas o adorem. Ele colocou a eternidade em nosso coração.

E nós conhecemos a Cristo! Ele derrotou a morte, Ele traz a vida eterna. A futilidade que muitas vezes vemos em nosso trabalho é tragada em Sua vitória. Nele, nosso trabalho não é em vão. Então, sempre se dediquem totalmente ao Seu trabalho. Por mais miserável que seja nosso trabalho no momento, é uma oportunidade para você aprender a ser mais parecido com Jesus ao servir aos outros. É uma oportunidade para você ser uma testemunha para eles.

Leitura complementar: Eclesiastes 2:17-3:14; 1 Coríntios 15:54-58

Giles Cattermole

26 de setembro

VIVENDO em harmonia

Suportem-se uns aos outros e perdoem as queixas que tiverem uns contra os outros...
—COLOSSENSES 3:13

Em um crepúsculo quente de verão, um grupo de casais sentava-se em círculo. Nós estávamos em um retiro para pessoas com HIV positivo. Pedimos a eles que escrevessem quaisquer perguntas e problemas relacionados ao casamento deles. Era hora de discuti-los. Estava me preparando mentalmente para abordar algumas das questões sobre viver com o HIV e ser casado. Então ouvimos os apontamentos: "Meu marido não tem tempo para mim", "Minha mulher continua me atazanando", "Minha esposa não me respeita", "Meu marido não escuta o que eu digo...".

A Bíblia orienta sobre como viver juntos em harmonia. Ela revela o segredo de Deus para relacionamentos fortes — seja no casamento, trabalho ou igreja. Paulo escreve aos cristãos em Colossos e ordena que eles "suportem-se uns aos outros". "Suportar uns aos outros" significa tolerar. Há muitas coisas que não gostamos de ver nos outros, até mesmo em nosso parceiro mais íntimo. Contudo Deus nos pede para suportá-los. Teremos harmonia quando praticarmos isso!

Todavia, nem toda atitude é inofensiva. Nossos parceiros podem fazer coisas claramente erradas. A Bíblia chama isso de pecado. Essas ações, intencionais ou não, muitas vezes nos causam danos profundos.

Nesse caso, o que a Bíblia nos diz para fazer? Devemos perdoar. Liberar perdão sobre as queixas que possamos ter uns dos outros. Perdoe e não se vingue. Perdoe da mesma forma que Jesus perdoou. Não tínhamos nada para oferecer ao Senhor, mas Ele nos amou e nos deu a outra chance.

A boa notícia é que o Rei Jesus está aqui para nos ajudar a colocar isso em prática. Ele pode nos ajudar a nos submetermos "uns aos outros, por temor a Cristo" (EF 5:21). Que maravilhosa oportunidade é essa de demostrarmos o Seu amor aos outros!

Andi Eicher

27 de setembro

Amando UNS AOS OUTROS

Um novo mandamento lhes dou: Amem-se uns aos outros.
Como eu os amei, vocês devem amar-se uns aos outros.
—JOÃO 13:34

Jesus resumiu a Torá quando Ele disse que devemos amar a Deus e o próximo. Mais tarde, Jesus foi mais longe. Ele habilmente resumiu a mesma lei usando uma sentença de cinco palavras: "amem-se uns aos outros". Ao chamá-la de um novo mandamento, Jesus acentuou tanto sua novidade quanto sua vitalidade. Além disso, Ele dignificou isso chamando de Seu mandamento. Há um código para viver — o código do amor.

É interessante notar que, em João 13 e 15, Jesus não trouxe de novo o mandamento que Ele havia enunciado anteriormente por duas vezes. Ele simplesmente disse: "Amem-se uns aos outros". Por que isso aconteceu? Certamente porque, se nos amamos mutuamente, indica que amamos a Deus. Não podemos verdadeiramente amar a Deus se não nos amarmos uns aos outros. Também não podemos verdadeiramente amar as outras pessoas se não amarmos a Deus.

Jesus foi muito prático. Amar a Deus é uma questão interior. Alguém pode alegar amar a Deus, mas isso é difícil de provar, já que não podemos ver Deus. No entanto, torna-se extremamente claro para todos ver se amamos ou não os outros. O amor que temos pelos outros é verificável; o amor por Deus não, a não ser pelo "amemos uns aos outros" (1JO 4:7).

Agora, é natural amarmos nossa família, e a genuína compaixão nos leva a amar os necessitados. É mais difícil amar aqueles que vemos todos os dias e especialmente aqueles mais próximos de nós na comunhão da igreja.

Jesus reconheceu essa verdade e, portanto, Ele repetidamente falou sobre ela, demonstrou-a lavando os pés dos discípulos e implorou a Seu Pai que assegurasse que isso acontecesse.

Se amamos as pessoas próximas a nós na igreja, podemos então amar mais efetivamente aqueles que estão fora do rebanho. O amor transborda e, claro, prova que amamos a Deus.

Leitura complementar: Leia João 13–17 e observe o mandamento, o modelo e a oração a respeito do amor.

Abe Ninan

28 de setembro

MARTA! *Marta!*

...Maria escolheu a boa parte...
—LUCAS 10:42

Alguém pode imaginar a cena na casa de Betânia dois milênios atrás. Era uma casa dada à hospitalidade. Em tal ocasião, eles estavam recebendo ninguém menos que Jesus de Nazaré, aquele "médico" e pregador especial que estava agitando o lugar. Ele não estava sozinho; estava acompanhado por uma multidão heterogênea de galileus. Havia muitos para quem cozinhar, limpar, lavar e as demais coisas relacionadas à hospitalidade judaica, e Marta estava no comando; ela assumiu o controle e cuidou eficientemente das necessidades daquele grupo eclético.

Mas uma coisa a incomodava: sua irmã mais nova, ignorando o alvoroço e agitação, sentou-se indolentemente aos pés de Jesus. Então Marta reclamou. Para sua surpresa, em vez de concordar com ela, Jesus a repreendeu suavemente: "Marta! Marta!". Talvez com um brilho no olhar, Ele opinou que, enquanto ela estava "preocupada e inquieta com muitas coisas", Maria escolhera "a boa parte".

Obviamente, a hospitalidade não acontece do nada; tem que ser trabalhada. Ao dizer que Maria escolheu a melhor parte, Jesus não exclui as outras partes que "ocuparam" Marta. Jesus não tem aversão ao trabalho; Ele mesmo trabalhou duro, às vezes até tarde da noite. Portanto, essa não foi a razão pela qual Jesus repreendeu Marta; em vez disso, Ele estava abordando a escolha de prioridades dela.

O que podemos aprender disso é que na vida existem prioridades. Deus tem precedência sobre todas as outras coisas — negócios, a rotina diária e, inclusive, a hospitalidade. Além disso, a vida não consiste em trabalhar sem cessar. Há ritmos na vida que acentuam a sua alegria. Trabalhamos, e o fazemos vigorosamente, mas, assim como Maria, também precisamos separar um tempo para nos sentarmos aos pés de Jesus.

Na vida ocupada e exigente de um médico, é muito fácil perder o tempo de passar com o Senhor, aprendendo dele e ouvindo-o. Jesus espera e tem prazer em nós quando investimos tempo com Ele.

Reflexão: Você tem sido Maria ou Marta? Leia Lucas 10:38-42.

Abe Ninan

29 de setembro

"MARIA!"... "*Rabôni!*"

*...o choro pode persistir uma noite,
mas de manhã irrompe a alegria.*
—SALMO 30:5

Foi o pior dia de sua vida. Ela acordou antes do amanhecer. Estava frio, úmido e escuro, enquanto caminhava até o túmulo de Jesus Cristo. Chegando lá, "viu que a pedra da entrada tinha sido removida" (JO 20:1). Para a sua consternação, não havia corpo algum! Pensando no pior — que um coveiro, por razões nefastas, havia retirado o corpo do Senhor de lá —, ela chorou copiosamente.

Maria chorava por Jesus. Ele morreu, e Seu corpo estava desaparecido. Chorava também por si. Sua tristeza era tão profunda que a deixou irracional. O túmulo estava vazio, evidência clara da ressurreição; havia anjos lá, sinal de boas-novas. Mas ela recusou-se a permitir que essas coisas interferissem em seu luto. Estava determinada a chorar.

Então ela ouviu uma palavra, uma poderosa palavra: "Maria". Ela reconheceu a voz de Jesus, o Senhor, e exclamou: "Rabôni!", que significa "Mestre" (JO 20:16). Foi a ovelha que ouviu a voz do Bom Pastor. O que fatos e anjos não puderam fazer, Jesus fez. Somente a voz de Jesus acalmou a tempestade de suas lágrimas.

Vivendo neste vale de lágrimas, pode ser que você esteja chorando agora. Razão e experiências vão até um ponto. Somente a presença e a voz de Jesus podem trazer alegria e remover a tristeza permanentemente. Jesus ressuscitou para que não precisássemos chorar mais. Em meio a inevitáveis tempestades da vida, ignore os trovões e ouça a Sua voz. Ele, e somente Ele, é o único que enxuga as lágrimas. Chorar dura apenas um tempo. A alegria vem pela manhã. O encontro de Maria é a imagem de que os que esperam e ouvem a voz do Pastor terão suas lágrimas enxugadas.

Ouvi o Salvador dizer:
"Vem descansar em mim
E nos meus braços hás de ter
consolação sem fim".
—*Ouvi o Salvador dizer* (413 HCC)

Reflexão: Leia João 20:1-18 e o compare com João 10:1-12.

Abe Ninan

30 de setembro

QUESTÕES DE VIDA

ou morte

*...todos os dias determinados para mim foram escritos
no teu livro antes de qualquer deles existir.*
—SALMO 139:16

Frequentemente, como cristãos, falamos sobre como Deus conta nossos dias. Mas realmente acreditamos nisso, e isso afeta a nossa prática diária? Falar sobre a morte nos deixa confortáveis? Encerramos conversas com pacientes e seus parentes por não querer encarar que a vida está chegando ao fim? Temos medo de perguntas que não sabemos responder?

Um médico cristão aborda essa situação de uma forma que seja diferente do seu colega que não possui fé? Mesmo dentro da igreja, parece haver um medo doentio da enfermidade e da morte, particularmente quando envolve nossos filhos. Entre os cristãos, a situação parece simples. Todavia, o processo da morte pode ser assustador e doloroso. A solidão e a dor dos enlutados não devem ser minimizadas. Contudo, para os que estão em Cristo Jesus e que partem, o que poderia ser mais glorioso do que passar a eternidade com Deus?

Como médicos cristãos, independentemente da especialidade, temos que ficar mais confortáveis ao discutir questões de vida ou morte, no local de trabalho ou na igreja. Você sabe onde passará a eternidade? E essa esperança o ajuda a trazer conforto aos que estão enfrentando a morte? "Antes, santifiquem Cristo como Senhor em seu coração. Estejam sempre preparados para responder a qualquer pessoa que pedir a razão da esperança que há em vocês." (1PE 3:15)

Leitura complementar: Jó 19:23-27; 1 Coríntios 15:12-28,55-58

Oração: Senhor, que eu tenha oportunidade de compartilhar a maravilhosa esperança do Céu. Que eu não tenha medo das perguntas difíceis, e que eu possa falar do Teu amor com alguém que esteja em busca de esperança. Dá-me sabedoria, delicadeza e respeito, enquanto lido com pacientes e seus familiares de diferentes origens.

Catriona Waitt

Aprendizado DO MÊS

$\mathcal{E}\textit{ric}$ LIDDELL

"Ele também correu rápido"

Eric Liddell nasceu em Tientsin, na China, filho de pais missionários. Não era carismático, ainda assim as pessoas tinham simpatia por ele, por sua sinceridade. Era conhecido por sua fé quieta e confiante em Jesus Cristo. Ele também corria rápido.

Como corredor, sua presença nas pistas frequentemente significava mais 5.000 espectadores, além do pessoal que já ia normalmente. Mas, em vez de usar a fama como atleta para vantagem pessoal, ela se tornou sua plataforma para servir aos outros.

Nas Olimpíadas de 1924, em Paris, Liddell, conhecido como "O escocês voador", chocou a todos quando se recusou a correr os 800 metros, pois a corrida se daria num domingo. Era sua melhor prova, mas ele considerava o dia sagrado, separado para Deus. Então, quando se ouviu o tiro de partida para corrida de domingo, naquele domingo de 6 de julho, seguro de suas convicções, Liddell estava pregando na igreja parisiense.

Muitos pensaram que ele era louco em colocar sua fé acima do ouro. Quando foi agendado para correr novamente na quarta-feira, as pessoas achavam que ele não ganharia. Mas ele ganhou a medalha de bronze nos 200 metros e passou silenciosamente nas preliminares dos 400 metros. Apertando as mãos dos demais finalistas, preparou-se para sua última corrida. Liddell terminou cinco metros à frente do medalhista de prata, ganhando o ouro e estabelecendo o novo recorde mundial de 47.6 segundos.

Eric Liddell chamou a atenção não somente por ganhar uma medalha de ouro. Ele causou impacto, pois não deixou que nada ficasse no caminho do seu compromisso com Cristo.

Após os jogos, Eric voltou ao campo missionário. Em janeiro de 1945, ele faleceu num campo de concentração japonês, em Weihsien, poucos meses antes do fim da segunda guerra mundial, devido a um tumor no sistema nervoso central. Suas últimas palavras foram: "Rendo-me por completo".

No filme *Carruagens de fogo* (1981), que conta a história dele, em certo momento, ele diz: "Quando corro, eu sinto o prazer de Deus". Quer fosse como corredor ou como missionário, seu principal objetivo era o de dar glória a Deus. Pesquise e leia sobre a vida de Eric Liddell.

Leitura indicada: *Mais que o ouro — Energia diária para a corrida da vida* (SBB, 2000) de Jaime Fernández Garrido

BEBENDO DO MEU PIRES

Nunca fiz uma fortuna, e agora provavelmente é tarde demais.
Mas não me preocupo muito, pois sou feliz com o que passou.
E, enquanto sigo a vida, vou semeando, porém colhendo mais,
Bebendo do meu pires, pois minha xícara transbordou.
Não tenho muitas riquezas, e às vezes as coisas difíceis podem se tornar,
Mas eu tenho pessoas amorosas ao meu redor, e isso rico me deixou.
Agradeço a Deus por Suas bênçãos e misericórdias sem par,
Bebendo do meu pires, pois minha xícara transbordou.
Ó, lembre-se dos tempos em que as coisas deram errado, minha fé se esgotou
Mas de repente as nuvens escuras se desfizeram, e o Sol de novo brilhou.
Então, Senhor, ajude-me a não me queixar dos momentos difíceis
Bebendo do meu pires, pois minha xícara transbordou.
Quando o caminho se torna íngreme e áspero, Deus me dá força e coragem.
Eu não pedirei outras bênçãos porque eu já muito abençoado sou.
Que eu jamais esteja muito ocupado para ajudar os outros a suportar seus fardos,
Então continuarei bebendo do meu pires, pois minha xícara transbordou.

—Michael Combs

1.º de outubro

MEU DEUS, MEU DEUS,
por quê?

Peça-a, porém, com fé, sem duvidar, pois aquele que duvida é semelhante à onda do mar, levada e agitada pelo vento.
—TIAGO 1:6

Peter morreu recentemente, após quatro anos de declínio progressivo, devido a uma doença dos neurônios motores.

"Deus, eu te odeio! Por que, por que, por quê?", bradava sua esposa. "Qual é o propósito de orar?", perguntava meu amigo John, que era cristão e testemunhou a tragédia.

Eu acho que todos nós chegamos a esse ponto em algum momento ao longo da nossa jornada. "Vivemos em um mundo previsível de causa e efeito", continuou John, com sua formação científica, "Então, que diferença pode fazer a oração?". Levou-me uma noite de reflexão antes de eu estar em qualquer lugar perto de poder responder a essas perguntas.

"Sim, vivemos num mundo previsível de causa e efeito; caso contrário, o processo de diagnóstico e tratamento e muito menos o prognóstico seria inútil. Mas não é um mundo de "causa e efeito em um sistema fechado". No nível cotidiano, decisões humanas afetam os resultados de todos os tipos de situações. Se as nossas decisões podem afetar os resultados, quanto mais as decisões de Deus — e Ele escolhe agir em resposta à oração?

O livro de Tiago é uma composição belamente equilibrada, começando e terminando com um chamado à oração de fé. Ele também usa palavras com muito cuidado. "Peça-a, porém, com fé, sem duvidar". A expressão "sem duvidar" também poderia ser traduzida como "sem analisar". Não devemos analisar muito de perto como Deus responderá, mas devemos confiar que Ele responderá aos nossos pedidos, não importa como.

"E a oração feita com fé curará o doente; o Senhor o levantará. E se houver cometido pecados, ele será perdoado" (TG 5:15). Nesse versículo, é usada uma palavra incomum para "oração", expressando um compromisso sincero de toda a situação a Deus, confiando-lhe os resultados, seja através da vida ou da morte. A palavra para "doente" também é incomum, expressando particularmente o cansaço e o desespero que a doença pode trazer. Acreditar em oração pode mudar esse quadro, em seguida, quem sabe qual poderá ser o resultado?

Leitura complementar: João 16:23-24

Peter Pattison

2 de outubro

DISCURSO NEGATIVO
mata a esperança

Alegrem-se sempre. Orem continuamente.
Deem graças em todas as circunstâncias,
pois esta é a vontade de Deus para vocês em Cristo Jesus.
—1 TESSALONICENSES 5:16-18

Murmuração parece ser endêmico. As pessoas adoram reclamar, quase se tornam competitivas enquanto trocam histórias de aflição. Podemos citar aqui o exemplo dos internos em medicina, que sempre acham que estão trabalhando mais do que seus colegas; ou a classe de médicos sobrecarregados que sentem que são os únicos que devem conciliar responsabilidades clínicas e acadêmicas com a vida familiar. Pode ser a recepcionista que acha que foi tratada injustamente na entrevista, ou o R1 que estava sozinho no plantão da noite porque o R2 estava indisposto.

Acho que a maioria de nós já se sentiu assim em algum momento, e encontrou algum conforto ao falar sobre o ocorrido com alguém mais tarde. Isso não é necessariamente errado, mas ceder aos riscos da autocomiseração negligencia as grandes bênçãos à nossa frente — Os estudos, um trabalho, que mesmo desafiador e variado nos traz oportunidades únicas de demonstrar o amor, graça e compaixão de Cristo diariamente, uma boa renda, perspectivas de emprego mais seguras e muitas vezes a oportunidade de escolher nossa carreira, ao invés de simplesmente aceitar qualquer fonte de renda para a nossa sobrevivência e de nossas famílias.

Discursos negativos não trazem esperança, encorajamento ou cura, mas ao contrário faz a pessoa se concentrar nas dificuldades ao invés de prestar atenção em como "Deus é poderoso para fazer que toda a graça lhes seja acrescentada, para que em todas as coisas, em todo o tempo, tendo tudo o que é necessário, vocês transbordem em toda boa obra" (2CO 9:8).

Nunca nos foi prometido a tranquilidade e o conforto nesta vida, mas sim a segurança de que poderíamos suportar tudo "naquele que [nos] fortalece" (FP 4:13). Hoje, portanto, "lancem sobre ele toda a sua ansiedade, porque ele tem cuidado de vocês" (1PE 5:7).

Leitura complementar: Isaías 50:4-8

Oração: "Que as palavras da minha boca e a meditação do meu coração sejam agradáveis a ti, SENHOR, minha Rocha e meu Resgatador!" (SL 19:14).

Catriona Wait

3 de outubro

Indesculpáveis

Portanto, a ira de Deus é revelada do céu contra toda impiedade e injustiça dos homens que suprimem a verdade pela injustiça, pois o que de Deus se pode conhecer é manifesto entre eles, porque Deus lhes manifestou. Pois desde a criação do mundo os atributos invisíveis de Deus, seu eterno poder e sua natureza divina, têm sido vistos claramente, sendo compreendidos por meio das coisas criadas, de forma que tais homens são indesculpáveis.
—ROMANOS 1:18-20

Meu paciente foi pego em uma investigação policial por um crime on-line. Não havia como negar o delito. Mas ele tinha uma explicação médica incomum, que disse ter sido dada por seu psicólogo: "Minha depressão me obrigou a fazer isso".

Ele escrevera uma longa carta para sua esposa, culpando-a por não o ter impedido. "Você não viu que eu estava doente?" É duvidoso que um psicólogo diga a um paciente que ele é uma vítima sem responsabilidade moral. Mas, infelizmente, a negação e a autopiedade é algo que reconheço em meu próprio coração. E a visão reducionista de uma pessoa como nada além de química cerebral desequilibrada, ou trauma de infância, ou genes, pode nos encorajar a suprimir o que lá no fundo sabemos não ser verdade.

Perguntei como ele gostaria de ser tratado. Como um cérebro quimicamente desequilibrado? Antidepressivos estão disponíveis. Uma vítima de trauma? Aconselhamento está disponível. Ou como um ser humano, que faz escolhas reais, boas e más? A graça está disponível.

Reflexão: Existe algo que eu preciso admitir? Algo que eu tenho reprimido, mas que no fundo ofende a Deus? Louvemos a Deus pois, "agora já não há condenação para os que estão em Cristo Jesus" (RM 8:1).

Leitura complementar: Salmo 32:1-5; 1 João 1:5-10

Alex Bunn

4 de outubro

NENHUM DELES
se perdeu

...Nenhum deles se perdeu...
—JOÃO 17:12

Uma das passagens mais notáveis das Escrituras Sagradas é o capítulo 17 de João. Começamos a apreciar tanto a intimidade entre Jesus e Seu Pai quanto o profundo amor que Jesus nutria por Seus discípulos.

No versículo 12, Jesus afirma que nenhum dos doze que o Pai lhe deu estava perdido, exceto Judas. Ele fala de ter cuidado deles. Por três anos, Jesus andou, comeu e conversou com eles. Ele falou publicamente e ensinou em particular, por palavras, exemplos e ações. Agora, quando Ele estava deixando-os para retornar ao Seu Pai, Ele confessadamente afirma que ninguém estava perdido e então orou para que fossem protegidos e santificados depois que Ele os deixasse.

Ele não se limita aos Doze, mas ora: "Rogo também por aqueles que crerão em mim, por meio da mensagem deles" (v.20). Isso se refere a você, a mim e a todos seguidores de Cristo. A oração do divino Intercessor abrange os séculos, cobre o mundo inteiro e visita todo tipo de situações. Em sua vida física, Ele estava restrito; em Sua glória transcendental Ele é ilimitado. A imagem do Celestial Sumo Sacerdote orando por nós é tão bonita quanto impressionante. Como podemos então falhar, se este é o caso?

Ao vasculhar as Escrituras, temos a certeza do cuidado de Deus e, portanto, da nossa bem-aventurança eterna. No Salmo 23, o Bom Pastor nos guia para caminhos certos, nos mantém seguros diante da morte, nos justifica diante de nossos inimigos e nos conduz ao lar eterno de Deus. Em Sofonias 3:17, Deus é retratado como Aquele que "se regozijará [...] com brados de alegria"; em Isaías 66:13, Deus é como uma mãe consoladora, que jamais esquece-se de nós e em Romanos 8:37 "somos mais que vencedores".

Obrigado Jesus!

Reflexão: Leia João 17 e creia que Jesus está orando por você.

Abe Ninan

5 de outubro

De carros de boi
E CHAPÉU DE DESBRAVADOR

*Todos esses receberam bom testemunho por meio da fé;
no entanto, nenhum deles recebeu o que havia sido prometido.
Deus havia planejado algo melhor para nós,
para que conosco fossem eles aperfeiçoados.*
—HEBREUS 11:39-40

A paisagem indiana está cheia de hospitais e escolas fundadas por missionários pioneiros. A bravura consumada, a perseverança resiliente, o amor abnegado e a visão inabalável, mesmo diante de probabilidades desafiadoras, resultaram em um testemunho indelével e duradouro por Cristo.

Em um mundo de comunicação instantânea, é difícil acreditar que as cartas demorassem seis meses para atravessar da Europa até a Índia. Hoje, o advento das viagens aéreas significa a possibilidade de tomar café da manhã em Toronto, almoçar em Frankfurt e apreciar uma noite de descanso em Nova Deli antes de seguir em frente. Esse não era o caso no século 19. Os primeiros missionários viajaram por meses no alto mar e, depois, tomavam trens lentos puxados por máquinas a vapor. Por fim, a etapa final da jornada seguia a passos lentos enquanto os carros de boi avançavam estradas rurais em um território inexplorado.

Esses pioneiros resistiram ao calor insuportável com inovações como *punkahs* (ventiladores de teto). Depararam-se com cobras e escorpiões igualmente venenosos, isso sem falar de formigas, vespas e outros insetos. Enfrentaram malária, febre tifoide e outras doenças. Por vezes, enterraram alguns de seus filhos ainda em tenra idade, ou foram separados de outros, enviados para escolas em sua terra natal.

E, no entanto, eles — cheios de compaixão e habilidade — lidavam com os indigentes, tratando suas doenças tropicais, realizando cirurgias, atendendo traumas, acidentes, partos difíceis e outros desafios.

Muitas vezes, não viram o fruto de seus trabalhos. Eles trabalharam por fé sem ver qualquer recompensa aqui. Contudo, o seu legado permanece nas igrejas, escolas e hospitais que prosperam. Os desertos foram transformados em oásis.

A vida dos grandes homens nos lembra
Que podemos tornar nossa vida sublime
E, ao partir, deixar para trás
O rastro de pegadas nas areias do tempo.
—*Henry Wadsworth Longfellow*

Reflexão: Leia Hebreus 11 e medite agradecendo a Deus pelo exemplo de fé deixado por Seus "servos que dos seus trabalhos já repousam".

Abraham Ninan

6 de outubro

DE LAMENTOS
e murmurações

*A minha alma descansa somente em Deus;
dele vem a minha salvação.*
—SALMO 62:1

Jeremias, como a maioria dos profetas, era um homem solitário. Um mensageiro que não podia renunciar seu papel e que não podia recusar seu chamado. A maior parte de sua vida foi difícil, marcada por seus gritos de lamento.

Jó, Davi, Habacuque — todos tiveram seus lamentos. Eles clamaram por maior compreensão de Deus, e não conseguiram entender as aparentes contradições do caráter divino. Eles não buscavam necessariamente ter nada para si mesmos.

Por que um Deus amoroso faz as coisas do jeito como Ele faz? Ele realmente se importa? Eles pareciam dizer "Por favor, Senhor, fale comigo e me assegure que você é meu Deus!".

Este tipo de lamento é aceitável para Deus e é parte da manutenção da intimidade com Ele. Foi assim que Davi, em sua vida tumultuada, compreendeu o Senhor, e Deus por Sua vez, pôde declarar: "Encontrei Davi [...], homem segundo o meu coração..." (AT 13:22).

Esses lamentos foram endereçados primordialmente a Deus em íntima oração, e jamais significava a tentativa de obter apoio para um movimento anti-Deus.

Durante o êxodo, os israelitas deram vazão a seus sentimentos de outra maneira — murmurando. Eles queriam as coisas por si próprios e exigiam da maneira deles. Dessa forma, demonstravam pouca preocupação em ter um relacionamento com Deus. O que culminou também na criação de uma campanha contra Moisés e contra Deus, para que pudessem voltar para o Egito.

Existe uma diferença notável entre lamentar e murmurar. Cada uma tem sua origem a partir de um conjunto diferente de atitudes e tem consequências radicalmente diferentes.

É importante lamentarmos a Deus no secreto e deixá-lo conhecer as nossas angústias; somente dessa forma serão reveladas a razão e a posição sobre o assunto em seu coração. Um lamento termina em louvor, adoração e obediência.

Os amigos de Jó nunca souberam que ele lamentava por uma maior aproximação de seu Deus. Acreditavam que ele estava apenas murmurando. Deveriam entender que Deus procura um relacionamento lindo e acessível, onde as perguntas honestas são aceitáveis.

Será que podemos aprender a fazer essa importante distinção?

Reflexão: "Embora ele me mate, ainda assim esperarei nele; certo é que defenderei os meus caminhos diante dele" (JÓ 13:15).

Vinod Shad

7 de outubro

Nosso pão diário —
DEPENDÊNCIA NUM DIA DE ABUNDÂNCIA

Dá-nos hoje o nosso pão de cada dia.
—MATEUS 6:11

A maioria de nós tem necessidades humanas amplamente satisfeitas. Assim, pedir a Deus o pão diário parece desnecessário e hipócrita. Nossos contracheques de pagamento são adequados e até generosos, bem como o sistema social a que temos acesso garante que não morreremos de fome.

Então, por que orar pelo pão de cada dia? Não estaríamos apenas sendo redundantes por consideração a Cristo? Deveríamos excluir essa frase da oração do Pai Nosso?

Naturalmente, pedir a Deus o "pão de cada dia" infere mais do que simplesmente pedir a Deus o pão. O pedido reúne todas as nossas necessidades como seres humanos. Podemos não ter falta de comida, mas pode haver outras necessidades urgentes, como proteção ou trabalho.

Orar dessa maneira nos ensina um dos aspectos mais fundamentais do nosso relacionamento com Deus, isto é, nossa dependência dele. Apesar da arrogância que alguns aparentam, somos apenas mortais. Podemos cercar nossas vidas com esquemas de segurança, hábitos saudáveis, bens e até riquezas. No entanto, somos vulneráveis, frágeis e carnais. As catástrofes e calamidades externas causadas pelo homem podem mudar a nossa vida num piscar de olhos.

Mas mesmo que não estejamos sujeitos a circunstâncias exaustivas, a vontade de Deus é que dependamos dele para todas as coisas em nosso dia a dia, sejam grandes ou pequenas. Foi assim que Jesus viveu. Ele disse que não fazia nada por si próprio e que por Ele mesmo nada podia fazer. Ora, se com a segunda pessoa da Trindade é assim, quanto mais deve ser a nossa realidade? De fato, Jesus nos ordenou que fizéssemos o mesmo.

Sendo nosso Criador, Ele nos conhece e pode cuidar de nós. Sendo nosso Pai, Ele se deleita em suprir nossas necessidades. Não devemos ser autônomos, mas viver sob Seu amor cuidadoso. Também não devemos viver preocupados. Que privilégio viver dessa maneira!

Reflexão: Leia O poder de uma vida de oração — Como viver em comunhão com Deus em um mundo caótico (Ed. Vida Nova, 2010) de Paul Miller.

Abraham Ninan

8 de outubro

Aba, PAI NO CÉU

Pois vocês não receberam um espírito que os escravize para novamente temerem, mas receberam o Espírito que os torna filhos por adoção, por meio do qual clamamos: "Aba, Pai" [...] então somos herdeiros; herdeiros de Deus e co-herdeiros com Cristo...
—ROMANOS 8:15-17

A aparente redundância da oração do Pai Nosso esconde a natureza radical da frase de abertura. Jesus disse uma verdade que não tinha precedentes. Os israelitas nunca se dirigiram a Deus como "Pai". Eles o seguiam com temor. Tomavam o cuidado de não o chamar por Seu nome e usavam títulos elaborados ao orar a Ele.

A palavra *Aba*, transcrita a partir do aramaico, era uma das primeiras palavras proferidas por uma criança ao aprender a falar. Era natural que Jesus se dirigisse a Deus como *Aba*. Nós humanos, porém, somos muito conscientes da diferença entre nós e a divindade. À luz disto, o gracioso convite de Cristo para nos dirigirmos a Deus como *Aba* é, de fato, notável. Isso indica que podemos ter um relacionamento semelhante com Deus, embora sejamos diferentes.

Um dos aspectos maravilhosos de nossa salvação multiforme é a existência da adoção. Paulo ressalta isso ao dizer que, pelo Espírito de Deus, chamamos Deus: "*Aba, Pai*", e ainda mais, quando ele afirma que somos "herdeiros de Deus e co-herdeiros com Cristo". Apesar de mortais frágeis que somos nós podemos nos dirigir ao nosso Criador como Pai.

Embora possamos legitimamente desfrutar esse fato, não nos atrevemos a correr para a Sua presença. Nosso entusiasmo deve ser temperado pelo lembrete de que nosso *Aba* é o "Pai nosso, que [está] nos céus" (MT 6:9). Isso nos dá consciência de outra dimensão de *Aba* — Sua incrível santidade, infinita majestade, soberania absoluta e toda autoridade. Devemos, portanto, aprender a combinar o prazer e a confiança com admiração, reverência e adoração.

Entrar em oração é adentrar o lar do Pai celestial. Somos bem-vindos à intimidade da família divina onde Pai, Filho e Espírito Santo vivem em unidade e harmonia. A felicidade deste relacionamento dificilmente pode ser imaginada, e muito menos descrita. Devemos nos apegar a esta verdade e isso trará a paz e a alegria da bendita santa Trindade para dentro do nosso coração.

Reflexão: Você reconhece a Deus como seu Pai? Se não, o que impede de vivenciar isso?

Abraham Ninan

9 de outubro

PARCERIA em missão

...exortem-se e edifiquem-se uns aos outros...
—1 TESSALONICENSES 5:11

É possível se envolver em missões com uma atitude doentia e pelas razões erradas. Nossos parceiros em países com maior escassez de recursos, embora agradecidos pela divulgação genuína da missão, estão, no entanto, apreensivos com certas características e vícios desse esforço em si. Os "turistas missionários" que chegam, munidos de câmeras digitais, viajam pelo campo e se desviam do foco são os mais decepcionantes. Eles certamente fazem algum bem, mas logo retornam ao conforto de seus lares e exibem apresentações sobre sua viagem durante um café ou na hora da sobremesa. A história não passa disso.

Depois, há aqueles cuja principal contribuição é material, seja por meio de dinheiro ou equipamentos. Isso é, de fato, bem-vindo, mas o perigo é que tal generosidade possa ser distribuída imprudentemente. Os dons de fé das contribuições dos cristãos podem ser desperdiçados em bajuladores e charlatães. Além disso, pode gerar uma cultura de dependência, mesmo entre pessoas bem-intencionadas.

Muitas jornadas missionárias realmente ajudam um número significativo de necessitados. Equipadas com medicamentos, equipamentos, habilidade e conhecimento, realizam muitos procedimentos complexos, ajudando assim muitos que, de outra forma, continuariam sofrendo intensamente.

Embora não procurem minimizar o mérito de tais atos de misericórdia, podem falhar em um ponto específico. Na intenção de aumentar a eficiência, o grupo visitante pode agir sozinho sem interagir com o hospital local. Treinar a equipe local perpetuaria o legado dos esforços.

Missões são uma ideia de Deus. Saímos em obediência ao "Ide" de Cristo. Atuando como parte do corpo de Cristo, este empreendimento deve ser uma parceria entre iguais e não feito de forma a fomentar a dependência ou satisfazer curiosidades. A equipe da missão deve fornecer treinamento, conselhos e, talvez, recursos. Assim, os parceiros locais mantêm a sua dignidade e simpatia, a corrupção e o desapontamento são evitados. A missão é alcançada para a satisfação de todos e Deus é honrado.

Reflexão: Você alguma vez já se envolveu com missões? Se sim, o que teria tornado sua experiência mais proveitosa?

Abraham Ninan

10 de outubro

PERSEVERANÇA *paciente*

Vocês precisam perseverar...
—HEBREUS 10:36

Embora nossos pacientes adquiram muita experiência sobre paciência enquanto aguardam no Sistema Público de Saúde, nós médicos não somos particularmente bons nisso. Adoramos facilitar as coisas e geralmente nos sentimos frustrados, irritados ou ambos quando não podemos fazer nada para ajudar um paciente com seu problema. Afinal, passamos anos de treinamento para aprender a "consertar" as coisas, e é isso que fazemos. Há momentos, no entanto, quando simplesmente temos que aceitar que um problema é insolúvel e devemos encontrar a presença do Senhor no problema ao invés do Seu livramento dessa situação.

Atualmente, este é um dos meus aforismos favoritos: "Aparentemente, o mundo não é uma fábrica de realização de desejos". Eu o extraí do comovente romance de John Green, *A culpa é das estrelas* (Ed. Intrínseca, 2012), que narra a história de dois adolescentes que se encontram em um grupo de apoio a portadores de câncer. Não precisa de um aviso de "alerta *spoiler*" para dizer que as coisas não terminam bem nessa história.

A vida cristã também não acaba definitivamente bem, apesar das muitas promessas nas Escrituras de bênçãos e prosperidade para aqueles que procuram Deus. De fato, em qualquer ponto, desde o início, o desejo do nosso coração, é mesmo por algo verdadeiro, honrado e correto, desejo este que pode permanecer por cumprir por um longo tempo, às vezes por toda a vida.

É por isso que a Bíblia está cheia de encorajamento para suportarmos pacientemente. Há pouco tempo, em meio a uma situação complicada (que, no momento que escrevi esse devocional, ainda permanecia fundamentalmente inalterada há mais de 40 anos), essas três palavras: "Vocês precisam perseverar", me atingiram em cheio. Esta não foi uma solução para o meu problema, muito menos, a cura total; mas foi, no entanto, um comando com o propósito de me guiar a cumprir a vontade de Deus e depois permanecer pronto para receber a Sua promessa — que talvez não venha até a eternidade. Essas três palavras podem ser tudo o que Deus dirá em sua situação hoje — mas, com certeza, serão suficientes.

E se o problema que você pensa que Deus não responde suas orações nunca se resolver? Ele será menos "fiel" para você? Em caso afirmativo, como você pode experimentar Sua fidelidade mais plenamente em meio à dor?

Leitura complementar: Hebreus 10:35-39; Salmo 13; Habacuque 3:16-19

Trevor Stammers

11 de outubro

O PODER do toque

Um leproso, aproximando-se, adorou-o [...].
Jesus estendeu a mão, tocou nele...
—MATEUS 8:2-3

Ao sentar-me ao lado de uma mãe idosa, emocionalmente instável, com déficits cognitivos e limitações físicas, tive a tendência de observar mais do que eu teria em uma situação clínico-hospitalar. Em meio a todos os cuidados fornecidos pelos membros da família, há uma intervenção que parece ter um efeito especial sobre ela. Eu chamo isso de o poder do toque.

De onde ela estava sentada, ela repetidamente movia as mãos como se estivesse procurando outra mão para pegar. Para segurar, e "sentir a presença". Ela se acalmaria se tal mão estivesse disponível. Assim, muitas vezes me perguntei se havia uma maneira de mergulhar nas emoções de uma pessoa com déficits cognitivos.

Vez por outra, ela buscava por uma mão que a ajudasse a se levantar para tentar sair de sua limitante cadeira de rodas. Tocar e segurar, era o que dava um propósito a uma mente aparentemente sem propósito... Às vezes, quando ela estava de pé, por mais raro que fosse, ela não daria um passo à frente, a menos que houvesse uma mão para protegê-la. Porém, às vezes, esse toque também se tornaria restritivo!

Ora, se o toque é tão poderoso, por que esperei até que ela tivesse 84 anos e eu 54 para oferecer isso a ela? Ou ainda mais, por que essa ferramenta poderosa é usada tão poucas vezes?

Essa ilustração do "poder do toque" não seria também uma manifestação exterior de uma verdade interior? Ela manifesta o toque do Espírito em nossa alma, que não podemos ver, a não ser através dos olhos da fé! A presença reconfortante do Espírito Santo é força para o homem interior, embora o homem externo envelheça, e é também uma proteção, até que nossa alma seja recebida em nosso lar eterno.

Preciso aprender a usar essa ferramenta com mais frequência, e ver através da fé o invisível toque eterno, em meio às ferramentas temporais visíveis que já uso.

Oração: Ajuda-me, Senhor, a alcançar os outros do jeito que tu desejas que eu faça. Obrigado pelo Espírito Santo que caminha ao meu lado de maneira gentil e suave.

Santhosh Mathew Thomas

12 de outubro

ORAÇÃO É MAIS
do que pedidos

...Santificado seja o teu nome. Venha o teu Reino; seja feita a tua vontade [...]. Dá-nos hoje...
—MATEUS 6:9-11

Na ideia popular, a oração é igual a pedir. Nós chegamos a Deus com uma lista de necessidades. Dessa forma, tratamos Deus como o gênio da lâmpada de Aladim. Embora, Deus, de fato, deseje que lhe façamos pedidos por nossas necessidades, a oração, porém, é muito mais do que uma petição.

Crescemos numa cultura do consumismo, tão arraigada ao egoísmo, que nos seduz a pensar que a vida se resume principalmente em crescimento, aptidão física, aquisição de riquezas e ser bem-sucedido. Além disso, o culto à cobiça é espiritualizado pelo "evangelho da prosperidade" tão arduamente promovido na TV e por vários outros lugares.

O objetivo principal da nossa vida deve ser buscar a glória de Deus. Na oração do "Pai Nosso", começamos buscando a glória de Deus, Seu reino e Sua vontade. Só então, já neste contexto, é que apresentamos a Ele nossas necessidades. A petição não é uma atividade isolada, antes funciona como parte do todo que compõe uma oração genuína. Ao buscar promover a Sua glória, descobrimos que precisamos das estratégias pelas quais possam se estabelecer o Seu reino. Isso inclui necessidades materiais; portanto, oramos "Dá-nos hoje o nosso pão de cada dia". O pecado impede os propósitos de Deus, então, por isso pedimos perdão. E como o perdão é uma característica da família divina em que fomos adotados, nós gratuitamente perdoamos aqueles que nos feriram. Por fim, precisamos de fibras morais para vencer a maldade, e dessa forma oramos "livra-nos do mal" (v.13).

Essas petições não são por si só o objetivo. Não pedimos pão para enriquecer, ou apenas um perdão unilateral para nos sentirmos bem conosco, ou ainda, não pedimos pela vitória sobre o mal a fim de obter poder. Nós recebemos meios materiais, uma consciência limpa e com vitória sobre o mal, com a finalidade exclusiva de que a missão de Deus seja cumprida. Nós nos tornamos parceiros de Deus para lhe render glórias.

Reflexão: As três primeiras petições na oração do Pai Nosso são prioridades em sua vida?

Abraham Ninan

13 de outubro

ORANDO POR
Luz de Deus

Vocês são a luz do mundo...
—MATEUS 5:14

Quando consideramos Jesus como a Luz do mundo, alguns de nós podem pensar na pintura de Holman Hunt, em que Jesus está segurando uma lanterna enquanto bate à porta — uma porta com a maçaneta apenas de lado de dentro. Outros podem imaginar um quarto escuro. Nada pode ser visto, até que uma vela acesa surja com o poder de dissipar a escuridão. Em vez disso, nos deparamos com situações atuais muito difíceis, enquanto apenas oramos pela luz transformadora de Jesus.

As Escrituras frequentemente usam a metáfora da luz que brilha na escuridão para demonstrar o impacto da vida de Jesus. Isaías diz: "O povo que caminhava em trevas viu uma grande luz; sobre os que viviam na terra da sombra da morte raiou uma luz" (IS 9:2). Cristo declarou: "Eu sou a luz do mundo. Quem me segue, nunca andará em trevas, mas terá a luz da vida" (JO 8:12).

Mas qual é a nossa atitude ao ver e receber esta luz — a luz de Cristo — em nós? Nas Escrituras, Isaías orienta nossa resposta: "Levante-se, refulja! Porque chegou a sua luz, e a glória do SENHOR raia sobre você" (IS 60:1). Devemos nos levantar e deixar que a luz que surgiu em nossa vida brilhe — em nosso local de trabalho, em nossa casa e em nossa comunidade. Como registra Mateus: "Vocês são a luz do mundo. Não se pode esconder uma cidade construída sobre um monte. E, também, ninguém acende uma candeia e a coloca debaixo de uma vasilha. Ao contrário, coloca-a no lugar apropriado, e assim ilumina a todos os que estão na casa. Assim brilhe a luz de vocês diante dos homens, para que vejam as suas boas obras e glorifiquem ao Pai de vocês, que está nos céus" (MT 5:14-16).

Reflexão: Jesus afirmou: "Eu sou a luz do mundo" (Jo 8:12). Passe alguns instantes refletindo sobre como a luz de Jesus mudou sua vida e agradeça.

Leitura complementar: João 12:35-36; Isaías 9:2-7

Rhona Knight

14 de outubro

ORANDO em Fé

Peçam, e será dado...
—MATEUS 7:7

Eu tinha acabado de terminar meu treinamento e tinha sido alocado em um centro de saúde rural sem meios de transporte, exceto por um ônibus sucateado, lotado e ainda sem horários regulares. Tudo o que eu podia ter a mão era de minha bicicleta de confiança, que era boa para viagens curtas, mas nem tanto assim.

Sendo um pouco tímido, não fiz um pedido ao meu chefe, mas antes orei a respeito. Um dia, enquanto estava no escritório do diretor, ele me informou que uma motoneta tinha sido designada a mim para que eu realizasse as viagens às aldeias. Ele também autorizou o uso pessoal desde que eu custeasse o combustível. Fiquei contente, mas depois me esqueci disso. Semanas depois, em outra visita ao seu escritório, ele me perguntou por que eu não pegara o veículo. Então, caminhei até a garagem e tomei posse de uma *Lambretta* com bom funcionamento e pouco uso.

A lição que aprendi é que Deus está interessado mesmo nas pequenas coisas. Ainda mais, Ele nunca nos chama a fazer algo sem fornecer os meios para isso. E Deus responde à oração, até mesmo as aparentemente supérfluas. Ele levou meu pedido a sério enquanto eu o considerava superficial. Orei, mas por causa de uma visão bastante austera de Deus, não acreditei muito.

Alguns anos depois, encontrei-me numa situação semelhante. Desde que me mudei para a cidade, eu não via grandes dificuldades, mas Deus pensava o contrário. Dessa vez, um amigo me ofereceu uma motocicleta que ele não estava usando. Logo, eu estava andando com uma bela moto *Jawa* de cor grafite com minha esposa na garupa, e nosso bebê entre nós. Deus sabia das nossas necessidades básicas e foi além. Ele ainda cuidou de nós de uma forma especial, enquanto atravessávamos o trânsito indiano, tão caótico e, sem dúvidas, inseguro.

Reflexão: Que privilégio poder levar tudo a Deus em oração.

Abraham Ninan

15 de outubro

PRESCRIÇÕES PARA
uma boa saúde

A oração feita com fé curará o doente...
—TIAGO 5:15

"**...M**as será isso?" Com que frequência nos deparamos com as complexidades da doença e cura, da oração e fé, ou ainda com as interações entre o físico e o espiritual?

O apóstolo Tiago é extremamente cuidadoso em sua escolha de palavras. Não há nada no contexto dessa passagem que sugira que uma intervenção divina milagrosa seja o intuito neste seu pensamento (Seria estranho, por exemplo, citar Jó como em Tiago 5:11, se essa fosse a intenção). Neste versículo, Tiago emprega a incomum expressão grega *kamnonta* usada apenas em outra passagem — Hebreus 12:3 — ambas trazem a ideia de "cansado, desencorajado ou doente por excesso de trabalho".

Uma paráfrase dos versículos 13 a 16 poderia ser assim:

"Se você está com problemas, antes de tudo, ore você mesmo; Se Deus lhe dá alegria em suas dores, expresse-a com música. Se o seu problema é uma questão de doença (*aesthenei* — a palavra comum para doença ou fraqueza), compartilhe com os líderes da comunidade da sua igreja; peça-lhes que orem com você, buscando ao Senhor por Sua ajuda. Porém, se a sua doença é causada por excesso de trabalho ou desânimo (*kamnonta* — conforme Tg 5:15) ou está relacionada com seu estilo de vida, o conselho de seus líderes, e seu apoio através da oração, e da boa-fé, lhe salvarão de você mesmo. O Senhor o levantará e você será curado. Além de tudo isso, Deus trabalha de maneira misteriosa, como fez nos dias de Jó (conforme Tg 5:11) e de Elias (conforme Tg 5:17-18) — um homem exatamente como um de nós".

Talvez essa seja uma palavra para cada um de nós que vivemos sob a pressão da vida profissional, tanto quanto é uma palavra para nossos pacientes. Esta passagem junto ao que está em Tiago 1:5-6 formam os substratos da instrução de Tiago em sua sabedoria prática, sabedoria esta que encontra sua expressão mais clara em Tiago 3:17-18 — verdadeiramente uma *prescrição* para uma vida saudável.

Leitura complementar: Tiago 3:17-18, Tiago 5:7-19

Peter Pattison

16 de outubro

PROCLAMAÇÃO, BOAS OBRAS
e vida interior

*Ame o Senhor, o seu Deus
de todo o seu coração [...]. Ame o seu próximo...*
—MATEUS 22:37-39

Qual é, se é que tem alguma, relação entre evangelismo, boas obras e a vida interior? Para começar, devemos afirmar que o princípio central da nossa fé é que Jesus veio para nos salvar dos nossos pecados e nos reconciliar com Deus. A Igreja, então, deve ser testemunha desse fato. Daí evangelismo é de suma importância. "Pois, que adianta ao homem ganhar o mundo inteiro e perder a sua alma?" (MC 8:36). Não percamos isso de vista.

Também somos chamados a desempenhar boas obras e servir em várias áreas dentro da comunidade cristã. Tudo isso leva tempo e ninguém é capaz de fazer tudo. Há algumas almas talentosas que podem trabalhar em várias áreas e ter sucesso em todas elas. Outros são menos versáteis e se concentram em um ou outro aspecto do serviço cristão. O "corpo" é constituído de tal forma que cada um de nós tenha tarefas específicas e que contribuam para assim completar o todo. O chamado de Deus deve ser visto tanto de uma perspectiva individual quanto corporativa.

Assim, embora o evangelismo seja primordial, o cuidado com as necessidades dos outros não deve ser negligenciado. Além disso, somos chamados a termos vidas saudáveis, de fato, amores santos. Santidade e boas obras dão credibilidade ao evangelismo. Proclamação do evangelho sem cuidar das necessidades gritantes de nossos próximos são atos insensíveis. É contrário ao amor e o amor é a força-motriz do evangelismo. Além disso, o evangelho que por sua própria natureza implica mudanças de estilo de vida não podem coexistir com um estilo de vida mundano. Isso seria hipócrita e ineficaz.

As três ênfases devem andar juntas. Isso, na totalidade, é a nossa missão.

Reflexão: Como você contribui para a missão de Deus usando seus dons?

Abe Ninan

17 de outubro

Poda para COLHER FRUTOS

Todo ramo que, estando em mim, não dá fruto, ele corta; e todo que dá fruto ele poda, para que dê mais fruto ainda.
—JOÃO 15:2

O ensinamento de Jesus sobre dar frutos tem um tom convicto e positivo. Frutas serão produzidas. Deus, o Jardineiro, cuidará disso. Tudo que precisamos fazer é permanecer em Jesus. No entanto, há uma ressalva. Para dar mais frutos, o jardineiro tem que podar os ramos. Isso é doloroso. Apesar de nos irritamos com isso, não há outro caminho. "Pois o Senhor disciplina a quem ama..." (HB 12:6).

Jesus exemplificou isso em Sua própria vida. Enquanto Satanás e humanos conspiraram para fazer Jesus sofrer e morrer, em última análise, nada poderia acontecer se não fosse a vontade Deus. A tesoura de poda foi empunhada pelo Jardineiro divino e Jesus submeteu voluntariamente, até o ponto de Sua morte. Mas Seu sacrifício deu muitos frutos, pois inúmeros pecadores foram salvos.

Somos chamados a participar dos sofrimentos de Cristo. O Jardineiro utiliza sua tesoura de poda para nós também. Isso pode vir na forma de doença, decepção com pessoas, aborrecimentos no trabalho, mal-entendidos ou perdas de algum tipo. Não nos deixemos nos abalar por isso, mas aceitemos a obra do gentil Jardineiro que cuida de nossas almas e quer que tenhamos sucesso, ou melhor, sejamos frutíferos.

Lembre-se também que o ramo nunca está mais perto do jardineiro do que quando ele utiliza sua tesoura de poda nele. Somos mais propensos a ansiar por Deus e Seu consolo quando enfrentamos dificuldades e sofrimentos.

Finalmente, a dor que suportamos aqui não é para sempre. Aquele que nos criou conhece nossos limites. De fato, "o choro pode persistir uma noite, mas de manhã irrompe a alegria" (SL 30:5). A recompensa final é o paraíso onde não há mais dor, tristeza ou lágrimas e onde vamos colher os frutos de nossos trabalhos.

Reflexão: Leia João 15, observando particularmente a convicção com a qual Jesus fala. De que maneira a poda afetou você?

Abe Ninan

18 de outubro

DE MÃOS VAZIAS
diante de Deus

Bem-aventurados os pobres em espírito, pois deles é o Reino dos céus.
—MATEUS 5:3

Essas palavras dão início ao sermão mais conhecido já pregado, o Sermão do Monte. Jesus começa por nos contar que tipo de pessoas farão parte de Seu reino (MT 5:1-12). Essas pessoas serão abençoadas, bem-aventuradas ou "felizes". Elas herdarão a Terra, verão a Deus e serão chamadas filhas de Deus.

O que isso significa? Que elas sabem que não têm nada a oferecer a Deus que sirva como moeda de troca por Seu imenso amor. Elas vieram até o Senhor de mãos vazias, prontas e ávidas por receber Seu gratuito amor. Isso é a divina graça.

Eu tenho um bom amigo que é pastor. Ele ensinou, encorajou e cuidou de muitas pessoas ao longo de muitos anos. Mas ao levar tanta carga dos outros por muito tempo, ele esvaneceu. Ele tinha problemas com bebidas e foi convidado a abdicar do cargo de pastor. Eu, como seu amigo, sinto a dor de sua vergonha e fracasso. Mas, embora minhas falhas atuais possam ser menos visíveis do que as dele, permaneço exatamente na mesma categoria que ele diante de Deus: todos somos pecadores, quebrantados, "pobres em espírito". Somos as mesmas pessoas que herdarão o "Reino dos céus".

As palavras de Jesus são de ânimo e precaução. Uma promessa incrível e maravilhosa para aqueles que as conhecem e estão quebrantados e vazios. Suas palavras são de precaução para aqueles que se classificam como autossuficientes, que estimam prosseguir com sucesso sem precisar de Deus. O "Reino dos céus" não será destes. Se nossas mãos estão cheias de nós mesmos, não há espaço para recebermos algo de Deus. Que possamos ir até Ele de mãos vazias, prontos a sermos preenchidos com Sua graça.

Leitura complementar: Mateus 5:1-12; Lucas 18:9-14

Vicky Lavy

19 de outubro

CIRURGIA CARDÍACA
radical

E se a sua mão direita o fizer pecar, corte-a e lance-a fora. É melhor perder uma parte do seu corpo do que ir todo ele para o inferno.
—MATEUS 5:30

Foi uma carta incomum do departamento clínico de próteses. Um paciente da prisão onde eu trabalho tinha sido liberto e estava tão horrorizado com o crime que cometera que cortou a própria mão. Claramente, o que Jesus disse não tem significado literal, e não concordo com meu paciente que tinha em mente esta passagem quando se mutilou. Mas podemos, talvez, com esse fato, refletir sobre o intenso senso de arrependimento e o desejo de nos distanciarmos de algo que fizemos ou dissemos.

Os versículos anteriores nos mostram um relatório de patologia que informa que tais amputações não trarão a cura. A doença é metastática e dissemina-se em nossos pensamentos mais íntimos. É preciso impedir rapidamente esse retorno, antes mesmo de sair do coração. Mas e aí? Conseguiremos intervir diretamente no coração?

Jesus não está dirigindo-se a ala pré-operatória, mas aos pacientes ambulatoriais que sempre retornam às consultas de acompanhamento. Ele está se referindo àqueles que perceberam que a autocirurgia é inútil e felizmente desnecessária. Ele está se dirigindo aos curados, aqueles que realizaram a cirurgia cardíaca radical (EZ 36:26). Eles são renovados de dentro para fora, se tornam novas criaturas, e agora vivem usufruindo ao máximo a nova vida que lhes foi dada. Estes vivem de coração para o grande Médico dos médicos.

Lembro-me certa vez de cuidar de uma pessoa após ter se submetido a um transplante de fígado; a icterícia desapareceu, sua força revigorou e ele estava como um novo homem. Mas em poucos meses ele recaiu no alcoolismo e envenenou seu novo fígado transplantado com álcool. Que trágico e terrível desperdício!

Reflexão: O que teremos que abdicar ao conseguimos identificar aquilo que nos afasta de seguir a Jesus?

Leitura complementar: Colossenses 3:1-17; Romanos 6:11-14

Alex Bunn

20 de outubro

RADICAL OU *ortodoxo?*

Tomem sobre vocês o meu jugo e aprendam de mim...
—MATEUS 11:29

Diz-se que Winston Churchill observou que, se alguém não for um liberal enquanto é jovem, é porque não tem coração, e se não for um conservador quando ficar mais velho, é porque não tem cabeça. Isso talvez seja uma incontestável verdade e sujeito a debate. Os cristãos estão por toda parte do mapa quando se trata de ideologia.

Os adolescentes, conforme vão crescendo, são propensos a desafiar as convenções. A frase "jovens revoltados" e sua contrapartida entre as mulheres expressa uma tendência entre os jovens a questionar a tradição. Algumas tendências dependem do nosso temperamento, educação e cultura, e algumas pessoas são naturalmente mais conservadoras do que outras.

Mas o cristianismo, tanto na teoria como na prática, transcende às categorias como liberal, conservador ou progressista. Assim, é desonesto para movimentos ideológicos citar Jesus como seu exemplo, mentor ou figura de inspiração. De certa forma, Jesus era um radical. Ele desafiou o entendimento oficial em relação ao sábado, teve uma tendência para os pobres da periferia e se movia também pelas margens da sociedade mais nobre. Por outro lado, ele era ortodoxo em alguns assuntos. Ele franziu a testa mediante a permissividade sexual, proibiu o divórcio, ensinou a submissão à autoridade legítima e fielmente realizou cultos na sinagoga. Ele confrontou os fariseus de direita e os saduceus esquerdistas.

Para o cristão, então, a questão não é como ficam as escolhas políticas. A divisão radical-ortodoxa é artificial. A menos que um movimento seja nitidamente pecador ou prejudicial, importa pouco em que lado da divisão ideológica ele se encontra. O que importa para nós é, sermos semelhantes a Cristo. Pedro disse que devemos ser como Jesus neste mundo. O próprio Jesus nos chama para segui-lo de forma exclusiva e decisiva. Precisamos, portanto, estudar Sua vida, permanecer nele, ouvir o Espírito Santo, fazer o que Ele faria e agir como Ele nos orienta. Este é o segredo revelado por Jesus. Ele sempre obedeceu Seu Pai.

Jesus é o nosso modelo. Como médicos, fazemos parte de uma equipe médica. Precisamos ser o bom perfume de Cristo. E isso as pessoas ao redor percebem, muito mais do que nós mesmos.

Reflexão: Suas opiniões sobre a vida na esfera pública são guiadas pelo exemplo e ensino de Jesus?

Abraham Ninan

21 de outubro

REAÇÃO OU *resposta?*

Sejam bondosos e compassivos uns para com os outros...
—EFÉSIOS 4:32

"Você não sabe como eu me sinto, doutor!" O pai perturbado bateu na mesa enquanto falava, criando uma tensão súbita no consultório.
Era uma daquelas manhãs longas e seria fácil ter reagido irritado. No entanto, ao lado dele estava a criança, raiz do motivo de explosão, pelo bem-estar de quem ele tinha sentimentos tão fortes. Com uma oração SOS (de socorro) para se manter calmo, o médico se inclinou para trás, confiando que as palpitações internas diminuiriam, disse: "Eu tenho a sensação de que você está muito chateado".

Essa resposta afugentou toda tensão e esvaneceu as queixas, sobre as tentativas frustradas do homem de conseguir ajuda para a óbvia necessidade de educação especial de sua filhinha. Não poderia haver resolução instantânea, mas ele não se sentia mais ignorado sem ser ouvido de forma adequada.

Somos todos como estações de rádio, recebendo e transmitindo. Quando outras pessoas transmitem raiva, frustração ou culpa, podemos reagir de diferentes formas, aumentando o volume ou desligando. Seria melhor mudar as frequências, sintonizar-se no Espírito Santo e responder com o Seu amor. A oração recorrente de qualquer um que viva ou trabalhe sob constante tensão será para o Espírito transmitir, através deles a Sua paz, longanimidade e autocontrole. Cada circunstância estressante oferece a oportunidade de produzir esses frutos, sendo que qualquer elogio é retransmitido com gratidão a Deus.

Muitas orações emergenciais estão registradas na Bíblia. Reis oraram antes da batalha, Neemias procurou ajuda para mais que um difícil esclarecimento, e orações desesperadas foram feitas diretamente ao Grande Médico. Ele sempre respondeu graciosamente — e ainda responderá, até mesmo a um simples clamor por socorro!

Leitura complementar: 2 Crônicas 14:11-13; Lucas 20:35-42; Neemias 1–13

Janet Goodall

22 de outubro

LEITURA, MEDITAÇÃO
e muito mais

Jesus respondeu: "Vocês estão enganados porque não conhecem as Escrituras nem o poder de Deus!".
—MATEUS 22:29

Nós temos acesso a um imenso tesouro de sabedoria e conhecimento na Bíblia. A mente e vontade de Deus estão disponíveis através da página impressa e agora também em versões digitais e de áudio. Além disso, uma abundância de traduções, unindo um espectro variado que vai desde versões mais eruditas, até versões mais simples parafraseadas de fácil utilização. No entanto, uma das maiores deficiências do cristianismo moderno é o analfabetismo bíblico. Como resultado, há muitos errantes e atrofiados cristãos.

Para iniciantes, precisamos simplesmente ler a Bíblia. É notável que a mera leitura das páginas e palavras de um livro pode nos apresentar os pensamentos de Deus. Enquanto um trabalho de conhecimento de toda a Bíblia é obviamente benéfico, existem partes que merecem um exame mais minucioso.

A leitura deve ser complementada pela meditação. A opinião popular associa meditação com uma mente vazia — uma mente aberta ao que quer que aconteça. Isso nos dá tanto uma noção de vácuo como de perigo. A meditação cristã deve basear-se na Palavra de Deus. Assim, a mente não é contornada, mas ativamente engajada. Além disso, há conteúdo para a meditação, sendo o conteúdo nada mais do que as próprias palavras de Deus. Envolve ponderar sobre um versículo, trechos ou passagens. Memorização acompanhada de oração nos leva a viver um relacionamento com o próprio Deus. A memorização é uma ajuda adicional para "esconder" a Palavra em nosso coração, tornando-a nossa. Isso nos dá mais combustível para a meditação e, portanto, uma caminhada mais próxima com Deus.

Leitura, meditação, oração e memorização consideração cuidadosa, fervorosa e prolongada sobre a Palavra.

Leitura complementar: Leia cinco salmos e um capítulo de Provérbios todos os dias para completar a leitura dos dois livros em um mês.

Abe Ninan

Para ler toda a Bíblia em um ano
consulte o plano de leitura no final deste livro (p. 423).

23 de outubro

CONHECENDO BEM
os seus pacientes

Não se vendem dois pardais por uma moedinha? Contudo, nenhum deles cai no chão sem o consentimento do Pai de vocês. Até os cabelos da cabeça de vocês estão todos contados.
—MATEUS 10:29-30

O quanto você realmente conhece seus pacientes? Eu conheci recentemente a família de uma paciente, que acabara de falecer. Com seus 90 anos, tendo vivido os últimos dias em um lar de idosos, sua morte não foi um choque. Assim como muitos portadores de demência, ela raramente falava, e com isso eu pouco sabia sobre ela. Sua família me contou sobre sua carreira de enfermagem, sua juventude, energia e amor por caminhar e sobre seu serviço durante a guerra na Cruz Vermelha. Eu estava cuidando daquela fascinante mulher por alguns anos, mas para minha vergonha não sabia nada do que tinha sido importante para ela.

O conhecimento de Deus, claro, supera o nosso. Quando Jesus fala de pardais, Ele está ensinando Seus seguidores o quanto são valiosos para Deus, e quão bem Deus os conhece. João descreve Jesus fazendo uso de Seu conhecimento profundo do outro, ao falar com a mulher junto ao poço (JO 4:18).

Esforçar-se para descobrir um pouco do próximo e usar este conhecimento faz uma grande diferença. Alguns meses antes, falei com a filha de outro paciente que havia morrido. Ela me disse quão grata e consolada ela se sentia quando eu disse a ela que o pessoal do nosso serviço (sua mãe trabalhara muitos anos antes em nosso serviço) havia se lembrado de sua mãe e de seu trabalho. Um pouco de conhecimento de um paciente tinha feito uma grande diferença para a experiência de alguém.

Por que não colocar em seus planos de hoje um breve momento para uma pausa na rotina, com um ou dois pacientes, e descobrir um pouco mais sobre eles? Ore para que Deus revele a você como usar essa informação para consolá-los e mostrar-lhes algo dele.

Leitura complementar: Salmo 139:1-18

Abe Ninan

24 de outubro

COMPROMETIDO
com o Pastor

O Senhor é o meu pastor...
—SALMO 23:1

Meu primeiro trabalho, logo após o término dos meus estudos médicos, foi em um leprosário na região do Himalaia. Aquele trabalho envolvia uma extensa caminhada no alto das montanhas. Em uma ocasião, tivemos que empreender uma caminhada particularmente difícil para uma aldeia que estava a uma altura de 3.048 m acima do nível do mar. Depois de dois dias, ao chegar à aldeia, nos disseram que os homens dali estariam no alto das montanhas pastoreando suas ovelhas. No dia seguinte, subimos para 4.572 m. Homens e ovelhas viviam juntos em cavernas, durante seis meses do ano, quando estava quente demais para as ovelhas em níveis mais baixos. Nós tivemos que nos hospedar na mesma caverna com pastores, ovelhas, cães pastores, fedor e fumaça. Os pastores passam metade da vida deles com as ovelhas longe de suas próprias famílias. Parecia que eles apenas viviam para as ovelhas, estavam totalmente comprometidos com elas.

O Salmo 23 começa com a declaração: "O Senhor é o meu pastor...". Davi responde a Deus, que está comprometido incondicionalmente com o Seu povo. O compromisso do Senhor é mostrado no restante do salmo, pois é Ele que: "me faz repousar", "me conduz", "restaura-me", "guia-me", "[está comigo]", "me [protege]", "[Prepara] um banquete", "me [honra], ungindo minha cabeça" e me permite "[voltar] à casa do Senhor".

Nós nunca precisamos duvidar de Seu compromisso ou Seu amor por nós. Isso é algo com que Ele se comprometeu unilateralmente. Não depende da nossa fidelidade, amor ou caráter, nem de qualquer outra coisa que possamos dar a Ele. Somente quando estamos seguros na verdade do imutável, comprometidos com Deus, podemos sair com confiança e coragem para enfrentar o mundo.

> Pastor da minha alma, te dou pleno controle
> Por onde quer vás, te seguirei
> Fiz uma escolha de ouvir a Tua voz,
> Onde quer que vás, eu irei
> —*Marty Nystrom*

Leitura complementar: João 10:1-18

Varghese Philip

25 de outubro

DESCANSANDO
no Senhor

*Será inútil levantar cedo e dormir tarde,
trabalhando arduamente por alimento.
O SENHOR concede o sono àqueles a quem ele ama.*
—SALMO 127:2

No início da primavera, em meu segundo ano na faculdade, todos nós passamos por reavaliações. Eu tinha estabelecido uma meta de me abarrotar de estudos no feriado de Páscoa e que o inimigo do segundo ano seria a Farmacologia. Era mais provável que tirasse uma nota baixa, e por mais que eu tentasse, a média de 50% parecia um objetivo inatingível. Eu já havia me matado de estudar nas provas do primeiro ano para tentar evitar a ignomínia da reprovação em anatomia, o que não deu certo.

Eu me lembro bem daquelas poucas semanas na universidade onde perdia minhas horas de sono para estudar. Eu estudaria até depois das 23h e ainda estaria tentando dormir à meia-noite. Muitas vezes acordava por volta das 4 da manhã. Certo dia, finalmente fiz uma escolha deliberada de parar de me preocupar, dando atenção ao que disse Jesus: "Quem de vocês, por mais que se preocupe, pode acrescentar uma hora que seja à sua vida?" (MT 6:27).

Na verdade, fui ao extremo do meu compromisso ao chamado divino. "Senhor, se você quer que eu seja bem-sucedido na medicina, eu confio a ti meu árduo estudo, e que o Senhor me fará passar nesta prova de Farmacologia!" Dormi melhor naquela noite, e resolvi escutar os sábios conselhos de meu pai: "Melhor estar descansado do que preparado!" Aquilo me encorajou.

O dia dos resultados havia chegado! Com palpitação os alunos caminhavam pelo corredor da escola de Medicina, até os resultados serem publicados. Eu passei em Farmacologia, Fisiologia, Bioquímica e Imunologia. No entanto, peguei dependência em Anatomia mais uma vez. O diretor da graduação me garantiu que seria tranquilo a segunda prova — e aqui estou para contar a história.

Para muitos médicos, assim como para nossos pacientes, o sono reparador pode ser difícil de conseguir, mesmo quando estamos de folga. Eu oro este versículo com minha filha todas as noites: "Em paz me deito e logo adormeço, pois só tu, SENHOR, me fazes viver em segurança" (SL 4:8). Faça dessa simples declaração, o seu pedido.

Leitura complementar: Mateus 11:25-30; Filipenses 4:6-7

John Wenham

26 de outubro

Shabat – LUXO OU NECESSIDADE?

*Lembra-te do dia de sábado, para santificá-lo.
Trabalharás seis dias [...], mas o sétimo dia
é o sábado dedicado ao SENHOR, o teu Deus.
Nesse dia não farás trabalho algum...*
—ÊXODO 20:8-9

Para muitos de nós, guardar o sábado (*Shabat*) parece um luxo. Demandas profissionais, responsabilidades familiares e outras preocupações legítimas nos mantêm muito ocupados na maioria do tempo. No entanto, a consagração do *Shabat*, sendo um mandamento de Deus, não é uma opção.

O *Shabat* é ideia de Deus. O ritmo de trabalho e descanso começou quando Deus criou o mundo e Ele então descansou. Ele criou o homem e deu-lhe trabalho a fazer, mas depois disse-lhe que precisava descansar no *Shabat*. O trabalho é importante e necessário, mas deve ser intercalado por períodos de descanso.

Os fariseus, embora escrupulosos em sua observância do *Shabat*, perderam o ponto. Eles prescreveram tais minúcias, como a quantidade de passos que uma pessoa poderia dar no *Shabat*. Jesus, incisivamente os questiona, pois eles agiam como se o homem fosse criado para servir ao *Shabat* e não o contrário. Deus instituiu o *Shabat* para o nosso benefício e isso nos liberta do legalismo farisaico. O descanso é apenas isso — e implica certo grau de liberdade. O *Shabat* pode significar dar um passeio, desfrutar de uma refeição com amigos ou ler um bom livro. Se somos obrigados a trabalhar num domingo devemos escolher outro dia para descansar.

Acima de tudo, no *Shabat*, lembramo-nos de Deus. Nós o adoramos. A adoração não é uma tarefa porque a verdadeira adoração traz descanso. A adoração orienta nossas vidas de modo que ela esteja centrada em Deus. Isso coloca o restante da vida em perspectiva. Quando praticamos a guarda regular do *Shabat*, o descanso se torna parte de nossas vidas. Nós internalizamos o *Shabat*. Nós o levamos conosco para que nosso trabalho não seja mais penoso. A paz de Deus se torna parte de quem nós somos quando desfrutamos da companhia ininterrupta dele. Esse é o verdadeiro significado do *Shabat*.

Reflexão: Reflita sobre sua experiência no *Shabat*. Você o tem aproveitado?

Abe Ninan

27 de outubro

SACRIFÍCIO de louvor

Por meio de Jesus, portanto, ofereçamos continuamente a Deus um sacrifício de louvor...
—HEBREUS 13:15

Parece paradoxal falar sobre o sacrifício de louvor. Sacrifício implica dor, sofrimento e morte. Louvor, por outro lado, é associado à alegria, celebração e música. Um olhar mais atento ao conceito bíblico consagrado nessa frase, no entanto, produz duas perspectivas que nos ajudam a elucidar seu significado.

O conceito de sacrifício é desenvolvido e abraçado pelo Antigo Testamento. Nosso santo Deus não podia tolerar o pecado e, portanto, o homem, pecador, não podia entrar em Sua presença. Sacrifício era o meio de acesso e, assim, tornou-se parte integrante da adoração.

As coisas mudaram com a vinda de Jesus e Sua morte na cruz. Cristo se ofereceu de uma vez por todas como eterno e suficiente sacrifício, negando a necessidade de sacrifícios de animais. Esse é o ato que celebramos ao participarmos da Ceia do Senhor. Desfrutamos de acesso livre e destemido ao Santíssimo dos Santos por causa da morte de Cristo. Nós mesmos, e nossa expressão de louvor, somos aceitos por causa de Seu sacrifício.

Há momentos em nossa vida quando não sentimos vontade de adorar. Doenças, depressão e provações nos derrubam e nos tentam recuar para o silêncio soturno. No entanto, quando chegamos a perceber que as "tribulações" são apenas temporárias e que Deus em Sua graça nos prometeu vencer, a vitória e alegria eterna, podemos nos aproximar de Deus em fé e derramar nosso coração a Ele. O gracioso Espírito Santo nos move, e por isso somos capazes, às vezes de bom grado, às vezes em lágrimas, de oferecer sacrifícios de louvor.

Enquanto lutamos por nossa permanência aqui na Terra, o louvor às vezes é difícil, mas é nosso "dever e culto sagrado", portanto, é empreendido como disciplina em simples obediência a Deus.

Reflexão: Você já teve períodos em que não queria orar, quanto mais louvar a Deus? Experimente a disciplina envolvida no "sacrifício" de louvor.

Abe Ninan

28 de outubro

SADHU SUNDER SINGH
e o calor humano

...Ame o seu próximo como a si mesmo.
—LUCAS 10:27

Quando jovem, o missionário Sunder Singh não conseguia encontrar paz em si mesmo e considerou o suicídio. No entanto, em uma visão dramática, ele encontrou Jesus Cristo. Ele então percorreu todo o subcontinente pregando o Evangelho. Ele usava aquela túnica cor açafrão de um *sadhu* (homem indiano santo) e andou descalço ganhando o título, "apóstolo dos pés sangrentos".

Em uma de suas incursões frequentes ao Tibete, uma terra que ele amava, ele e um companheiro de viagem encontraram um homem que estava obviamente doente, deitado na beira da estrada e tremendo de frio. O companheiro de Sunder seguiu em frente, preocupado com as duras condições que eles estariam adentrando e compreensivelmente sentindo que parando para ajudar poderia comprometer sua própria vida. Sunder, por outro lado, escolheu ajudar o doente carente e o carregou nas costas, arrastando-se a um ritmo mais lento.

Algum tempo depois, ele encontrou seu companheiro de viagem deitado imóvel na neve. Ele estava morto.

Sunder e o homem que ele carregava nas costas sobreviveram ao frio por causa do calor humano que passaram de um para o outro.

Este é um conto dramático com pelo menos três lições. Primeiro, é um atestado gritante do ensinamento bíblico de que aquele que procura salvar sua própria vida pode realmente perdê-la. Segundo, é um exemplo de amar ao próximo mesmo a um custo pessoal para si mesmo. Este princípio foi o mais graficamente e comovente defendido por Jesus, quando sofreu e morreu na cruz por nós. E terceiro, nunca perdemos quando ajudamos outra pessoa. Fazendo isso, teremos apenas lucro.

Reflexão: Leia a história do bom samaritano, em Lucas 10:25-37. De que maneira você pode aplicar esse princípio em sua vida?

Abe Ninan

29 de outubro

Sandhya –
O TEMPO DO SACRIFÍCIO VESPERTINO

*Seja a minha oração como incenso diante de ti,
e o levantar das minhas mãos, como a oferta da tarde.*
—SALMO 141:2

Sandhya significa "crepúsculo" em Sânscrito. A palavra tem um simbolismo religioso, mas também evoca imagens pastoris — o pastor trazendo seu rebanho para casa, a dona de casa cozinhando o jantar ao fogo do carvão, crianças brincando ao relento. Existe uma névoa suave, a luz está desaparecendo, a labuta do dia acabou.

Sandhya como devoção tem raízes na antiga Índia. Também tem raízes bíblicas. No templo hebreu de adoração, o sacrifício da noite era agradando a Deus com orações como o aroma doce do incenso elevado ao trono divino.

Há alguns anos, fui apresentado a *Sandhya* como uma prática devocional. A última vez foi em uma capela ao ar livre no idílico sopé do Himalaia. Um púlpito ao redor de um lago plácido e simples bancos de pedra. Havia apenas cinco de nós e o Senhor. Nós lemos um salmo, paramos, lemos de novo, nos sentamos em silêncio, meditamos. Alguém gostou de um verso em particular, outro comentou sobre o salmo, alguém orou, cantamos uma canção e depois saímos.

A maioria de nós cresceu ouvindo falar de "tempo silencioso" pela manhã. Isso é bom. Mas a noite se tornou um tempo para a indulgência egoísta. Nós jantamos, jogamos, assistimos TV, lemos um livro e vamos dormir. Embora não deprecie a necessidade legítima de lazer, nossas noites podem ser enriquecidas se usadas como um tempo para lembrar de Deus. "Quando soprava a brisa do entardecer" (GN 3:8 NVT), Deus veio para falar com Adão e Eva no jardim, Ele santificou a hora do entardecer.

Aqueles que tiveram o prazer de participar de um *Evensong* (culto de orações noturnas, salmos e cânticos, realizado de acordo com a tradição anglicana, ao fim da tarde), puderam apreciar suas belas cadências. Com Maria, magnificamos ao Senhor, com a congregação confessamos nossos pecados e com Simeão, nos alegramos em nossa salvação. Com a oração para "iluminar nossas trevas" e bênção, partimos em paz à noite.

Que possamos resgatar as noites para Deus e desfrutar da comunhão com Ele.

Reflexão: "Oração Vespertina" do *Livro de Oração Comum* —
www.anglicananobrasil.com/on/loc-livro-de-oracao-comum/

Santosh Mathew Thomas

ASSENTADO NOS CÉUS
com Cristo

Deus nos ressuscitou com Cristo e com ele nos fez assentar nos lugares celestiais em Cristo Jesus.
—EFÉSIOS 2:6

Existem muitos pontos altos em Efésios. Um auge emocionante, atrás do outro, com uma incessante subida à glória. Um desses picos é Efésios 2:6. Esse versículo recapitula as muitas bênçãos descritas no capítulo 1. Paulo faz a incrível declaração que "ele nos fez assentar nos lugares celestiais em Cristo Jesus".

Agora sabemos que Cristo está assentado à destra do Pai (HB 1:3). Jesus disse aos Seus discípulos que eles também se assentariam com Ele no Céu. Paulo estende esse privilégio a todos os crentes.

É um lugar de honra e poder e, como tal, não merecemos e não ousamos aspirar. Só está disponível através da graça, que nos leva à fé em Cristo. Por isso, devemos remover de nós todos os pensamentos de orgulho, para que assim seja gerada não somente muita gratidão, mas também profunda humildade.

Este assento está no Céu. Para Deus não há demarcações espaciais, espirituais ou de outro tipo. De Sua perspectiva, Terra e Céu perdem seus limites. Eles se fundem um com o outro. A cruz de Cristo quebrou a barreira e abriu os portões celestiais para todos os cristãos.

Isso significa que, em termos práticos, podemos ver a vida de um ponto de vista diferente. Começamos a valorizar as coisas por uma perspectiva eterna. Enquanto vivemos a vida terrena, o fazemos com um conjunto de valores celestes. A ambição humana se desvanece à medida que buscamos a glória de Deus. Nós ainda comemos, trabalhamos e dormimos — mas fazemos para Deus. Nossas naturezas são transformadas; estamos nos tornando semelhantes a Cristo em Sua pureza, compaixão e devoção. Nosso pedaço de terra está tomado pela glória de Cristo e já não somos mais os mesmos.

Reflexão: De que maneira o fato de estar sentado com Cristo no Céu afeta sua vida diária?

Abe Ninan

31 de outubro

LÍDER servil

*Jesus [...] levantou-se da mesa, tirou sua capa
e colocou uma toalha em volta da cintura.
Depois disso, derramou água numa bacia e começou
a lavar os pés dos seus discípulos,
enxugando-os com a toalha que estava em sua cintura.*
—JOÃO 13:3-5

A expressão "liderança servidora" é a que melhor descreve o estilo de liderança de Jesus. Ele, cabeça suprema sobre todas as coisas, deixou de lado sua Glória celestial, assumiu a fragilidade do ser humano carnal e tornou-se um servo. Tanto por meio de exemplo, como por instrução, Ele quer que sigamos Seus passos. Ao descrever Sua missão, Jesus declarou: "Pois o próprio Filho do Homem não veio para ser servido, mas para servir" (MC 10:45 NAA). Isso contrasta vividamente com os convencionais pontos de vista da liderança, onde o poder, agressão, assertividade e ambição são promovidas como necessários e até mesmo indispensáveis.

A liderança servidora não vem facilmente para a maioria de nós; tem que ser aprendida. É adquirida por provas difíceis de humildade e desenvolvida na escola de dificuldades. As coisas devem ser superadas por muitos de nós antes de nos tornamos líderes confiáveis. Aquele que conduz deve saber o que é ser conduzido e servir.

O líder servil não busca vantagem pessoal e não é vingativo ou rancoroso. Ele não é arbitrário em suas decisões e não está sujeito a ataques de raiva. Ele não busca seus próprios interesses, mas os dos outros. Ele está disposto a se sacrificar pelo bem de outros. Ele é maduro, humilde, sábio, gentil, judicioso e gracioso. Ele, mesmo sob ordens, é liderado pelo Espírito Santo e relata a Cristo, um líder servil por excelência.

Qualquer outro tipo de liderança está aquém do padrão estabelecido por Jesus. A liderança no Reino, por definição, é a liderança servil por excelência.

Irmão, deixe-me ser seu servo.
Permita-me ser como Cristo para você.
Ore para que eu possa ter a graça
Para que você seja meu servo, também.

Reflexão: Leia Filipenses 2:1-11, e responda: a liderança servidora é viável?

Abe Ninan

Aprendizado DO MÊS

Florence NIGHTINGALE (1820-1910)

"A dama com a lâmpada"

Florence Nightingale nasceu em 1820, filha de pais ingleses ricos, William e Fanny Nightingale, que herdaram uma grande fortuna. Florence, e sua irmã, Parthenope, foram educadas em línguas, história e matemática pelo pai, e em etiqueta, sociedade e costumes pela mãe. Quando Florence tinha 12 anos, ela estava montando um pônei perto de sua propriedade familiar em Hampshire, quando encontrou um pastor cujo cão tinha quebrado a perna. O pastor disse a Florence que o cão deveria ter que ser sacrificado. Mas Florence não poderia ouvir isso. Ela imediatamente se encarregou da situação, atando a perna quebrada e cuidando as feridas do cão até o animal se recuperar.

Aos 17 anos, Florence escreveu em seu diário: "Deus falou comigo e me chamou para o serviço dele". Quando Florence contou aos pais que ela se sentia chamada para servir a Deus tornando-se uma enfermeira e cuidando dos doentes, William e Fanny ficaram mortificados. Naqueles dias, os hospitais eram estabelecimentos miseráveis, e os enfermeiros que trabalhavam neles eram tão desonestos quanto as instituições que serviam. William e Fanny tinham "coisas muito mais nobres" para Florence do que se tornar uma "mera enfermeira". Mas Florence não seria dissuadida de seguir seu chamado para a enfermagem. Em 1845, ela mesma começou a visitar os hospitais para estudar como eles operavam. Em 1851, ela convenceu seus pais a permitirem que ela se treinasse como enfermeira no instituto de diaconisas protestantes em Kaiserwerth, na Alemanha.

E, em 1853, ao regressar à Inglaterra, aceitou um cargo de superintendente da Instituição para Cuidados de Fidalgas Doentes, em Londres. Florence aproveitou a oportunidade que o emprego providenciou para transformar a Instituição para Cuidados de Fidalgas Doentes em um hospital modelo naqueles tempos, colocando sinos nas enfermarias para que os pacientes pudessem chamar os enfermeiros sempre que precisassem deles e treinando a equipe de enfermagem para oferecer cuidados de qualidade quando convocadas para fazê-lo.

Nesse meio tempo, estourou Guerra da Crimeia. As notícias dos bastidores da frente de guerra eram de que os feridos estavam sendo tratados de forma assustadora. Muitas vezes, deixados para morrer, em imundas camas improvisadas de palha, com disenteria. O Secretário de Guerra, Sydney Herbert, perguntou a Florence se ela poderia fazer algo sobre a situação. E, dois dias depois, Florence já se encontrava no caminho para o hospital principal em Scutari, Turquia, com 34 de suas enfermeiras. Florence estava decidida a fazer todo o possível para proporcionar o melhor cuidado que fosse possível. Mas quando chegou lá, Florence se viu bloqueada por todos os lados. Por um lado, havia os burocratas militares que não queriam levantar um dedo para ajudar as "mulheres interferentes". E, por outro lado, havia os médicos, que não queriam ser ofuscados por enfermeiras em "seu próprio hospital".

Mas Florence manteve-se intrépida com essas obstruções. Ela confrontou-as sem medo. "A própria essência da verdade parecia emanar dela", escreveu William Richmond, impressionado. Ela teve, ele afirmou, "um destemor perfeito ao dizer isso!". Florence ignorou os regulamentos do exército que a atrapalhou em conseguir o que ela precisava para os homens que estavam sob seus cuidados. Para qualquer um que tivesse a ousadia de tentar dizer-lhe que algo "não poderia ser feito", ela respondia, rapidamente, "mas isto deve ser feito!", "deve ser feito!".

Entretanto, Florence nunca exigiu dos outros mais do que exigia de si mesma. Ela estava "de plantão" 24 horas por dia. Ela acompanhava seus pacientes no centro cirúrgico e, como o clorofórmio ainda não havia sido inventado, ficava com eles durante a operação para aliviar suas dores. Ela costumava passar oito horas por dia de joelhos, limpando, cuidando e atando as feridas dos feridos. Então, antes de se aposentar, ela acendia uma lâmpada e passava caminhando pelas enfermarias, pelos quase 6,5 km de homens enfileirados nas camas, lado a lado, no hospital militar, apenas para se certificar de que estavam tão confortáveis quanto poderiam estar durante a noite. A lenda diz que os homens costumavam beijar sua sombra quando ela passava.

Embora esgotada e exausta, Florence se recusou a deixar Scutari até que todos os soldados fossem evacuados em julho de 1856. Quando ela voltou para casa, a "Dama da lâmpada" era uma heroína. Mas Florence desprezou a publicidade. Ela não fez nenhuma aparição pública, nem deu nenhuma entrevista à imprensa. Em vez disso, nos 16 anos seguintes, ela investiu seu tempo na formação de enfermeiras e trabalhou incansavelmente para uma verdadeira reforma da saúde.

Ao longo do tempo, sua própria saúde começou a falhar, e em 1896, Florence ficou completamente acamada. Por seus esforços heroicos na transformação da profissão de enfermagem, em 1907, Florence Nightingale, acamada, tornou-se a primeira mulher a receber a *British Order of Merit* (Ordem Britânica de Mérito). Florence foi citada dizendo: "Simplesmente fiz o trabalho do meu Mestre". E, assim tendo o feito, em 1910 ela morreu.

N.T.: Florence nasceu em Florença, e recebeu seu nome em homenagem à cidade em que nasceu, na Toscana italiana.

UM CORAÇÃO AQUIETADO

Quando o trabalho parece duro e agitado
Com vozes em discórdia,
Eu me retiro para o santuário de meu coração
E ouço meu Senhor
Em colinas e lugares calmos,
Distante de multidões ruidosas,
As preciosas palavras de Jesus
Ainda ecoam em meu coração
Quando perdido em trabalho frenético
O trabalho que deste mundo dá
Para discernir Seu sussurro,
Senhor, conceda um coração quieto.

—*Autor anônimo*

1.º de novembro

Servindo a Deus
AO SERVIR AOS OUTROS

> *Se houver algum israelita pobre em qualquer das cidades da terra que o SENHOR, o seu Deus, está dando a vocês, não endureçam o coração, nem fechem a mão para com o seu irmão pobre. Ao contrário, tenham mão aberta e emprestem-lhe liberalmente o que ele precisar.*
> —DEUTERONÔMIO 15:7-8

Cosette Conaway disse que um servo é "aquele que está fazendo a vontade de outro, com os recursos de outro, para o benefício de outro".

Como filhos de Deus, possuímos um "coração de serviço" inato. Muitas vezes, caminhamos pela vida com um claro desejo e, de fato, uma urgência para cumprir o que está em nosso coração: uma esperança de tocar alguém através do evangelho de Cristo. O evangelho é o fundamento em que fincamos nossos pés. Deus é amor e Deus é bom. Ele nos abençoou com um coração para o serviço. Ele nos equipou com os talentos e dons que temos para cumprirmos Sua missão. Ele de provisão adequada e abundante para os Seus filhos amados.

"Depois de muito considerar sobre a decisão que estava à minha frente de seguir uma carreira em odontologia, a resistência logo surgiu... aquelas questões de dúvidas, apresentadas na sequência, quanto à decisão de mudança de vida: 'Sou digno ou capaz? Será que conseguirei servir a Deus ao servir os outros através da minha profissão? Estou realmente seguindo o caminho de Deus e Sua vontade para a minha vida?'".

Deus deu a todos nós um propósito, um coração que tem uma dimensão de serviço a oferecer a Ele. Esse é o caminho repleto de luz que Ele colocou diante de nós para edificar o Seu povo e nos aproximar dele. Como profissionais de saúde em serviço, o chamado que Deus conferiu a nós é um serviço aos outros através da cura. A cura envolve a remoção de uma doença mental ou física que inibe nosso funcionamento diário. No entanto, Cristo nos esclarece, através de Seu evangelho, que a cura engloba a cura espiritual, proporcionando um senso de propósito, capacitação e bem-estar. Por meio da cura, somos capazes de tornar conhecidos os milagres do nosso Pai. Temos a honra de deixar a mão de Deus agir por intermédio do Seu povo. Na Sua perfeição e graça, elevamos, restauramos e abrimos uma passagem de vida eterna, por Jesus Cristo, nosso Salvador.

Reflexão: "Pai, eu te vi trabalhar por intermédio das pessoas e quero que tu trabalhes através de mim". Leia Romanos 12:1-8.

Shamiso Dingani

2 de novembro

COMPARTILHE O EVANGELHO

usando palavras

Portanto, vão e façam discípulos...
—MATEUS 28:19

Há uma frase perigosa que tem sido erroneamente atribuída a Francisco de Assis: "Pregue o evangelho em todos os momentos. Use as palavras, se necessário". Pesquisadores não encontraram evidências de que Francisco de Assis tenha feito uma declaração tão enganosa.

Essa frase sugere que demonstrar o evangelho pelo exemplo é melhor do que explicá-lo verbalmente, mas tal ideia é contrária às Escrituras. O próprio Francisco de Assis era um pregador apaixonado e vibrante. Muitas vezes, ele pregava cinco vezes por dia, de tão grande que era sua preocupação em proclamar a mensagem cristã. Jesus disse a Seus discípulos: "Portanto, vão e façam discípulos de todas as nações, batizando-os em nome do Pai e do Filho e do Espírito Santo, ensinando-os a obedecer a tudo o que eu lhes ordenei. E eu estarei sempre com vocês, até o fim dos tempos" (MT 28:19-20).

A proclamação e a prática do evangelho não podem ser separadas. Claramente, os cristãos devem viver de uma maneira condizente com Cristo. No entanto, não transmitir as boas-novas sobre Jesus significa que os outros não saberão quem Ele é e o que a Sua morte alcançou em favor deles. O evangelho não pode ser pregado sem palavras; ele é a história que conta sobre Jesus, a única pessoa histórica que era o próprio Deus. Paulo escreveu: "Como, pois, invocarão aquele em quem não creram? E como crerão naquele de quem não ouviram falar? E como ouvirão, se não houver quem pregue? [...] Como está escrito: 'Como são belos os pés dos que anunciam boas-novas!'" (RM 10:14-15).

Leitura complementar: Daniel 3

Bernard Palmer

3 de novembro

Sinalização
PARA PERSEVERAR

*...E eu estarei sempre com vocês,
até o fim dos tempos.*
—MATEUS 28:20

A Sra. "P" chegou em nosso pronto-socorro no meio da noite com a pressão arterial sistólica de 40 mmHg e alteração do nível de consciência. Era uma visão terrível; o bebê chorava nos braços dos parentes com a mãe deitada inconsciente ao lado. Ao examiná-la, ela estava sangrando profusamente e teve uma inversão uterina total, o que é uma complicação muito rara.

Ela tinha sido encaminhada de um centro de atenção primária de saúde para o hospital do distrito e, por sua vez, para o nosso hospital missionário. Com o agravamento do estado crítico da paciente, começamos a ressuscitá-la. O sangue deveria ser providenciado de um hospital distrital próximo, e mandamos a paciente para redução uterina sob anestesia geral. Ela recebeu medicação para a pressão arterial. Sua pressão estava persistentemente baixa e, durante a redução, ela desenvolveu uma parada cardíaca. Foi iniciada a reanimação cardiopulmonar (RCP), e a frequência cardíaca foi retomada depois disso. Em poucos minutos, ela teve uma segunda parada cardíaca, e a RCP foi feita por mais cinco minutos. Ela começou imediatamente com duas medicações para ajudar sua pressão arterial, e foi deslocada para a UTI, posteriormente com ventilação. Enquanto isso, a paciente recebeu uma transfusão de um litro de sangue. Sua pressão sanguínea lentamente começou a aumentar durante a noite. De manhã, ela recuperou a consciência. Em dois dias, ela teve uma recuperação notável e recebeu alta no sexto dia.

Ficamos maravilhados com a recuperação da paciente, que estava em uma situação tão grave, em um cenário com recursos limitados. O trabalho da equipe de terapia ocupacional e do médico mais novo foi louvável, realizando os cuidados críticos imediatos e corretos para a paciente. Foi uma grande alegria ver a jovem mãe alimentando o bebê com amor depois de toda a provação que ela experimentou. Sabíamos que Deus estava no controle da situação.

Milagres como esse servem como sinais suaves, mas poderosos, para seguir e perseverar na esperança dada por Deus e apenas descansar!

Reflexão: Como posso confiar em Deus e aceitá-lo em Sua Palavra, quando confrontado com situações difíceis em minha vida e naquelas que enfrento no trabalho?

Sam David & Augustine Sundar

4 de novembro

DORMINDO DURANTE
o avivamento

Clame a mim e eu responderei e direi a você coisas grandiosas e insondáveis que você não conhece.
—JEREMIAS 33:3

Muitos de nós haviam orado por avivamento e fomos surpreendidos. Aconteceu há vários anos. Nossa União Evangélica constituía um grupo na periferia no campus. Fomos considerados, de certa forma, estranhos. Nós evitamos atividades "mundanas" como cinema e passávamos o tempo no estudo da Bíblia e em oração. Éramos a contracultura da contracultura dos anos 1970. Olhando para trás, eu teria que concordar que parecia bastante peculiar!

Nós não fomos, de modo algum, baluartes de justiça. Éramos imperfeitos, inconsistentes, voltados para a justiça própria e para hipocrisia, enquanto lidávamos com nossas próprias neuroses, falhas e turbulências internas. Apesar dessas falhas, nos agarramos a uma causa maior que nós mesmos. Era mais do que uma causa — se referia à pessoa de Cristo e a Sua glória. Então oramos por um avivamento; oramos com frequência. Na noite de sábado, oramos até as primeiras horas da manhã. Nós nos unimos em louvor, cantamos, lemos as Escrituras e imploramos a Deus.

Então, formei-me e segui em frente. Aprendendo a profissão, ocupado 24 horas por dia, havia pouco tempo para mim mesmo ou para atividades espirituais. Um dia, por acaso, eu estava de volta ao campus da faculdade e vi muitos estudantes indo ouvir um missionário. Vários entregaram sua vida a Cristo, e alguns responderam ao chamado para missões. O sabor do campus havia mudado. Não era nada menos que um avivamento.

Dormir durante um avivamento é como dormir em meio a uma tempestade. Contudo, eu percebi que consegui a proeza de fazer exatamente isso, no exercício da minha profissão. Por isso, precisamos lembrar que Deus está sempre em movimento. Ele sempre ouve as orações de Seus filhos e graciosamente as responde.

Reflexão: Tenha Deus e Sua Palavra em sua vida. Junte-se aos outros em oração pela sua comunidade e veja o que Ele fará.

Abraham Ninan

5 de novembro

ATMOSFERA *espiritual*

*...Sem dúvida o SENHOR está neste lugar,
mas eu não sabia!*
—GÊNESIS 28:16

Na maioria das vezes, nossa vida no trabalho é muito corriqueira, cheia da pressa e agitação das clínicas, enfermarias e salas de aula. Em seguida, vamos para casa para o descanso. Normalmente, não temos consciência do mundo espiritual que nos rodeia, mas, ocasionalmente, somos abençoados por um senso muito real da presença de Deus. O contrário também pode acontecer quando nos damos conta de uma escuridão opressiva.

Duas noites sem dormir vêm à minha mente: uma numa cidade da Ásia e outra no ocidente. Havia uma atmosfera pesada e opressiva em ambos os lugares. Mais tarde, descobri que ambos eram conhecidos pela atividade demoníaca.

Somos, porém, mais frequentemente abençoados pela presença de Deus. Existem arredores, geralmente locais tranquilos no interior, onde uma doçura serena enche o espírito. O silêncio tem um jeito de abafar tanto o clamor da cidade quanto o barulho em nosso coração. Na comunhão dos santos, percebemos a própria fragrância de Cristo. Em alguns cultos religiosos, experimentamos a proximidade de Deus, normalmente não em ambientes grandiloquentes, mas em reuniões íntimas dos fiéis.

Se este é o mundo de Deus, essas visitas especiais deveriam, talvez, acontecer com mais frequência. Nós precisamos intencionalmente de um tempo com Deus. Nossos momentos de quietude, seja no intervalo do dia ou no frescor da noite, são ocasiões para que isso aconteça. Devemos esperá-lo na adoração com os santos, pois Ele "habita entre os louvores" do Seu povo (SL 22:3 ARC). Até o local de trabalho é consagrado quando nos relacionamos conscientemente com Deus, nos apropriando de momentos de quietude, usando orações direcionadas e fazendo uma pausa entre as tarefas. Assim, ao invés de ser um fenômeno raro, uma atmosfera espiritual torna-se nossa habitação constante.

Reflexão: Um amigo nos contou como ele separa dois minutos para fazer uma pausa, se aquietar e orar antes de ver seu próximo paciente. Isso lhe proporciona tempo para, em oração, desconectar-se do paciente anterior e entregar o próximo paciente ao Senhor, para Sua sabedoria e toque. Esse é um bom hábito para se cultivar.

Abraham Ninan

6 de novembro

A CURA PARA A CULPA
e a vergonha

Senhor, tu me sondas e me conheces.
—SALMO 139:1

Meu paciente estava preocupado com o fato de ele não conseguir a cirurgia do tornozelo antes de sair da prisão. Ele estava aguardando fazia muito tempo e, na soltura, teria que se juntar a uma nova lista de espera; isso significaria mais atrasos. Eu podia entender a irritação, mas ele estava desproporcionalmente irritado. Ele ficou agitado, até ameaçador, e bateu a porta ao sair. A enfermeira que estava comigo ficou igualmente perplexa. Deixamos passar alguma coisa? Verificamos seu histórico médico, nenhuma evidência de doença mental, nenhuma queixa por um atraso de diagnóstico. Mas o conflito é comum na prisão, e não procrastinamos.

Três dias depois, ele se enforcou. O que não podíamos imaginar era o poder da vergonha. Ele era um agressor sexual e não podia suportar a ideia de enfrentar a família de sua vítima quando fosse solto. O tornozelo era a menor de suas preocupações. Não tenho certeza do que eu teria dito a ele se eu soubesse com o que ele estava lutando, mas me pergunto quantos dos meus pacientes diagnostiquei errado. Enquanto eu olhava apenas o tornozelo, Jesus estava sondando o coração.

É improvável que a vergonha, a culpa e o arrependimento apareçam voluntariamente numa conversa em que não se estabeleceu uma confiança. Pessoas que carregavam terríveis estigmas e vergonha se dirigiram a Jesus e foram transformadas por Sua graça e verdade. Precisamos orar por sabedoria para ver como Deus vê e termos a prontidão de dizer aos outros o quanto somos profundamente amados por Jesus.

Antes de morrer, John Newton disse a um visitante: "Minha memória quase desapareceu, mas eu lembro de duas coisas: que eu sou um grande pecador e que Cristo é um grande Salvador".

Reflexão: O que Jesus vê em meu coração hoje? Como posso ser uma mensagem de cura para aqueles a quem Deus me enviou, que carregam culpa e vergonha?

Leitura complementar: Marcos 2:1-12; Lucas 5:27-31

Alex Bunn

7 de novembro

Sussurro

**Contudo, o SENHOR espera o momento
de ser bondoso com vocês...**
—ISAÍAS 30:18

Talvez o motivo pelo qual eu me lembre tão vividamente daqueles momentos em que ouvi o sussurro de Deus falando comigo, de forma clara e inconfundível, é porque não o escuto na maior parte do tempo, especialmente quando a vida está fluindo facilmente. Será que é na crise, talvez inconscientemente, que nos sintonizamos na mesma frequência que a dele?

Recentemente entrei numa disputa com um colega de trabalho, na minha função de professor titular em ética médica. Era principalmente por uma questão de princípios que eu senti que não poderia ceder sem comprometer minha consciência. No entanto, ao mesmo tempo, percebi que era de primordial importância manter uma boa relação de trabalho com meu colega. Senti que o meu caso era inequívoco, mas orava muito para que, se eu estivesse certo, o preço disso não fosse meses ou mesmo anos de ressentimento do meu colega, ou até sua demissão precipitada. Essas coisas acontecem.

Apesar das minhas orações e das de alguns amigos a quem também mencionei isso, quando entrei na sala de nosso chefe para ele decidir sobre o assunto, pensei comigo mesmo: "Não existe um jeito de ambos sairmos daqui com nossa relação de trabalho intacta". O chefe decidiu a meu favor e imediatamente meu colega fez um comentário pessoal. Naquele exato momento, eu ouvi o Senhor claramente sussurrar: "Conte-lhes sobre Ângela". Basta dizer que, enquanto relatei a referida história, vi a ira do meu colega se dissipar enquanto ele percebia que eu não o estava atacando, e não era uma questão pessoal, mas de princípios. Quão diferentes as coisas poderiam ter sido se eu não tivesse ouvido a orientação do Espírito e respondido com raiva?

Que mudanças em nossa vida precisam acontecer para ficarmos mais sintonizados a fim de ouvir o Espírito Santo sussurrar a nós?

Leitura complementar: Isaías 30:18-22; 1 Samuel 3:1-10; 1 Reis 19:8-13

Trevor Stammers

8 de novembro

SUBMISSÃO E CUMPRIMENTO
de nossas ambições

...eu [Jesus] estou entre vocês como quem serve.
—LUCAS 22:27

Os seres humanos, criados à imagem do Deus altíssimo, nascem para a excelência. O desejo de grandeza parece estar fortemente entranhado em nós. Em um mundo perfeito, isso seria bom; mas o nosso mundo não é perfeito. Adão era um grande empreendedor, mas, como seu treinador, Lúcifer, buscava realização fora da vontade de Deus.

Após a queda, a ambição, acompanhada por uma competição acirrada, não é mais uma busca inocente. O duro jogo da vida tem vencedores e perdedores. Os vencedores triunfam, e os perdedores enfraquecem ou morrem. Deus tinha dado a Adão uma liberdade e uma dignidade imensas. O homem falhou em ir além do limite simples que Deus estabeleceu. O limite era razoável, visto que Adão poderia fazer tudo, exceto alcançar a posição que apenas Deus pode ocupar.

Jesus veio para nos mostrar o caminho de volta. Ele demonstrou excelência em todas as áreas do esforço humano e realizou de maneira brilhante tudo o que Ele veio fazer. Ele defendeu a causa dos pobres, ensinou com sabedoria usando termos que ainda captam nossa imaginação, comemorou e apreciou a vida. Ele não tinha medo diante da morte. Onde Adão falhou, o segundo Adão nos mostrou como viver uma vida plena enquanto ainda se submetia às ordens do Pai.

Alguns de nós tememos que, se não nos forçarmos a avançar, a causa de Cristo falhará, mas ai da missão de Cristo, se fosse dependente de seres humanos falíveis e vãos! Nossa suprema necessidade como meros mortais é obedecer ao Senhor do Universo. Isso implica ocupar o assento mais humilde no banquete e tomar a toalha de serviço e a cruz de sacrifício. O caminho da cruz não é uma forma de perda. Nossa ambição suprema deve ser obedecer a Deus como Jesus fez. Na busca por humildade, encontraremos grandeza.

Reflexão: O que você vê como relação entre ambição e obediência?

Abraham Ninan

9 de novembro

Assumindo riscos
AO TESTEMUNHAR

Pois os olhos do SENHOR estão atentos
sobre toda a terra para fortalecer aqueles que
lhe dedicam totalmente o coração...
—2 CRÔNICAS 16:9

Levei mais de 20 anos para compreender uma verdade básica: que o testemunho cristão não é apenas para "profissionais", mas é parte do DNA de cada cristão. Horrorizado pela minha ignorância, as implicações pessoais eram claras: era hora de abrir a boca em favor de Deus. Consciente também de que nenhum de nós está onde está por acidente e que, como médicos, nossa principal esfera de influência deveria ser o local de trabalho, isso significava evangelismo na minha prática na cirurgia geral.

Nos últimos 15 anos, tive experiências maravilhosas, com aqueles em terríveis circunstâncias (viciados, ansiosos, deprimidos, irados e desabrigados) sendo transformados através do amor de Deus. Tudo bem, de fato, essas coisas me ajudavam a levantar de manhã, mas chegar ao trabalho atrai a atenção do inimigo das almas, que fará o melhor que pode para nos desanimar. As queixas são a tática favorita, seja do paciente, mais comumente um acompanhante ou parente (ausente), outros profissionais de saúde, ou mesmo colegas cristãos que não compartilham do seu entendimento. A papelada se acumula quando precisamos nos defender e é tentador desistir. Afinal, já não temos coisas suficientes para fazer?

Deus não desconhece as nossas circunstâncias. Ele está continuamente atento para aqueles que estão fazendo Sua vontade, para que Ele possa fornecer o que eles (e nós também) precisam. Mesmo fortalecidos e consolados, ainda somos propensos à fraqueza e ainda podemos preferir uma vida tranquila aos riscos que o testemunho pode representar profissionalmente. Mas, antes de fazermos isso, vamos considerar novamente a Grande Comissão. Jesus assegura-nos de que agimos expressamente dentro de Sua abrangente autoridade. À medida que as diretrizes profissionais se estreitam, podemos sentir o clima contra nós, mas uma coisa permanece verdadeira: um dia, todos somos chamados a prestar contas. Os pessimistas e até mesmo as autoridades médicas não possuem as chaves da vida eterna.

Leitura complementar: 1 Pedro 3:15-18

Richard Scott

10 de novembro

SAQUINHOS DE CHÁ
em água fervente

Mas eu disse: "Tenho me afadigado sem qualquer propósito; tenho gasto minha força em vão e para nada. Contudo, o que me é devido está na mão do Senhor, e a minha recompensa está com o meu Deus".
—ISAÍAS 49:4

Certa vez, um pregador foi ao púlpito com um jarro de água fervente. Ele primeiro pegou uma batata e perguntou à congregação o que aconteceria se ele a colocasse dentro do jarro. Eles responderam que ela cozinharia e ficaria macia, podendo, então, ser transformada em purê. Depois, ele mostrou um ovo, e eles responderam que se tornaria um ovo cozido. Então ele pegou um saquinho de chá e perguntou: "O que aconteceria com isto aqui?". Não houve resposta, e o pregador disse: "Um saquinho de chá pode ficar um pouco molhado e quente, mas o mais importante é que ele transforma o próprio jarro de água fervente em chá!". Ele então concluiu: "Não somos chamados para ser batatas e ovos, mas para ser saquinhos de chá na sociedade".

A ordem de Jesus aos discípulos foi: "Vão pelo mundo todo e [ensinem]..." (MC 16:15). Isso significa uma difusão exterior de valores e princípios do Reino. Mesmo em meio à faculdade de medicina, onde o aprendizado acadêmico é interno, estudantes que sejam discípulos devem "ensinar" e influenciar o mundo ao seu redor. Em vez disso, nos vemos mudados pelas pressões externas. Nós começamos a "aprender" com o mundo a nossa volta, e não a "ensinar" o mundo. Muitos sucumbem a isso, pois todos estão fazendo. Como a batata que amolece para se tornar purê ou como o ovo que endurece após ser cozido, nossas pressões nos flexibilizam ou nos enrijecem de forma a lidar com as situações e nos ajustarmos a compromissos.

Quando posicionadas em situações desafiadoras no cuidado à saúde, as pressões podem ser consideráveis, e as pessoas que nos observam como médicos cristãos esperam para ver: "O sistema o mudará ou ele mudará o sistema?". Nosso chamado é para sermos "agentes de transformação", como saquinhos de chá em água fervente; como Daniel na Babilônia e José no Egito, que foram sachês de chá em água fervente. Isso é possível quando você permite que Deus o ajude.

Oração: Pai, eu creio em ti quando dizes: "Tudo é possível àquele que crê", de acordo com Marcos 9:23. Com a Tua ajuda, continuarei a ser um agente de transformação.

James Zachariah

11 de novembro

O VENTO do Espírito

E eu pedirei ao Pai, e ele dará a vocês outro Conselheiro para estar com vocês para sempre, o Espírito da verdade. O mundo não pode recebê-lo...
—JOÃO 14:16-17

As três pessoas da Trindade estão envoltas em um mistério ardente. O Espírito Santo, em particular, é um enigma para muitos cristãos. Ele desempenha funções importantes e nos é dito para sermos cheios com Ele. Primeiro, Ele é nosso professor. Ele nos ensina toda a verdade e, mais importante, revela-nos Jesus.

O Espírito Santo é quem nos dota com ensino profético, misericórdia, línguas e muito mais. Ele se assegura que o Seu fruto — "amor, alegria, paz, paciência, amabilidade, bondade, fidelidade, mansidão e domínio próprio" (GL 5:22-23) — seja manifesto em nós e através de nós. Ele é nosso Conselheiro, aquele que nos sussurra: "Este é o caminho; siga-o" (IS 30:21). Ele fala suavemente ao nosso coração.

Talvez o motivo de o Espírito nos parecer enigmático é porque Sua principal função não é nos levar a conhecê-lo, e sim nos fazer conhecer a Jesus. Ele se mantém nos bastidores e aponta para Jesus. Seu *modus operandi* envolve a gentileza — Ele sussurra, cutuca e é sutil. Ele é como o vento: sentimos Seus efeitos, mas não o vemos. Ele também é sensível e, portanto, se afastará se não for desejado ou se for entristecido.

Nós o ignoramos, por nossa conta e risco. Cortês ou gentil como é, o Espírito Santo não nos obrigará nem nos conduzirá. Ele espera e, caso veja uma resposta à gentil "cutucada", Ele nos abençoa com mais conhecimento, maior habilidade e caráter cristão.

Espírito de Deus, venha sobre meu coração;
Desliga-o da Terra, através de todo seu pulsar;
Condescende com minha fraqueza, poderoso como és,
Faze-me amar-te como devo amar.
—*George Croly*

Reflexão: Pense nos momentos quando você sentiu a presença de Deus ou o ouviu falar. Quais foram as circunstâncias e como você se preparou para ouvi-lo?

Leitura complementar: João 14–16

Abe Ninan

12 de novembro

O ATO de exaltar

*Eu te exaltarei, meu Deus e meu rei;
bendirei o teu nome para todo o sempre!*
—SALMO 145:1

O próprio fato de que existe um Deus no Céu é motivo suficiente para que Suas criaturas o exaltem. Os atributos divinos de Sua soberania, onipotência, onisciência, imortalidade, infalibilidade, eternidade, suprema sabedoria, maravilhosa santidade, infinito amor e graça sem medida definem o Seu ser e evocam louvor.

Ele é muito diferente e infinitamente maior que seres humanos mortais, pecaminosos e terrenos. Há um abismo estabelecido entre o Criador e Sua criação. Assim, a abrangente obrigação e a resposta adequada é curvar-se em adoração. Isaías fez isso no Templo quando viu *Yahweh* (Senhor), assim como João, na ilha de Patmos, diante do glorioso Cristo.

Essa adoração pode começar com um total e respeitoso silêncio, mas evolui para exaltação verbal. Está incrustada em nossas músicas, tanto no rico hinário e majestosa liturgia de séculos passados quanto em coros de louvor contemporâneos com sua espontaneidade e intimidade. É realizada no culto congregacional e nos privados claustros do nosso coração. O louvor nunca deve estar ausente de nosso coração e deve estar constantemente em nossos lábios.

Mas o louvor é mais do que palavras e músicas. Ele é expresso em ações. Nehru, apesar de ser agnóstico, acertou em cheio quando disse, talvez sem querer, que "o trabalho é adoração". O amor por Deus, a adoração a Ele é estar relacionado ao próximo em amor. As duas coisas caminham juntas. Nossas tarefas diárias, dadas por Deus, e nossos atos de servir ao próximo com amor, especialmente aos pobres, são ambos parte do todo. Adoração sem serviço é retórica vazia; o trabalho sem exaltação é enfadonho, sem alegria. Os dois juntos, se adequadamente feitos, tornam-se uma oferta perfumada, aceitável a Deus.

> Ó, um coração para louvar meu Deus
> Um coração já liberto do pecado,
> Um coração que sente o Teu sangue, ó Deus,
> Tão livremente por mim derramado.
> —Charles Wesley

Reflexão: Você exalta Deus com o seu trabalho? Invista algum tempo em silêncio diante de Deus para exaltá-lo. Procure oportunidades para louvá-lo através de suas ações hoje.

Abe Ninan

13 de novembro

A MALDIÇÃO do cinismo

O amor [...] não maltrata, não procura seus interesses [...]
se alegra com a verdade [...] tudo crê...
—1 CORÍNTIOS 13:4-7

Um traço característico do nosso tempo é o cinismo. Um cínico acredita pouco e despreza muito. Ele zomba da verdade, não aceita nada "de olhos fechados", procura nos bastidores pelos motivos ocultos e reais interesses, acredita que pode ganhar qualquer argumento e aponta falhas em qualquer declaração. Ele tem a aparência de um sábio, mas tem pouca sabedoria verdadeira.

Essa doença comum é mais pronunciada entre os mais instruídos, profissionais e afortunados. Aflige um número menor entre os menos instruídos ou não sofisticados, embora até os pobres, golpeados pelo destino, vitimizados por outros e espancados pelo "sistema", podem ser acometidos por ela.

O cinismo está relacionado a outras atitudes negativas ou críticas, como ceticismo, pessimismo e niilismo. A ciência adota uma forma de ceticismo robusta, que auxilia no avanço do conhecimento. De fato, sem questionamento saudável, o conhecimento científico e o progresso humano seriam dificultados. No entanto, transpor o ceticismo para o campo dos relacionamentos, valores e vida é perigoso.

É difícil manter o ceticismo científico e os valores cristãos em compartimentos separados, e o primeiro pode facilmente se espalhar em nosso relacionamento com Deus e com os outros. Devemos ter cuidado com esse risco. O cristão não pode ser cínico. O cinismo não se mistura com o ágape cristão, a esperança e a fé.

É a antítese do que significa ser cristão. O amor ágape, de acordo com Paulo, "tudo crê [e] tudo suporta".

Jesus era a sabedoria encarnada. Ele desviou habilmente dos comentários cruéis e ataques lançados contra Ele por Seus inimigos e os confundiu com Suas brilhantes respostas. Ele também pôde discernir facilmente as motivações e intenções das pessoas. Sua inteligência aguçada não anulou Sua gentileza e compaixão. Como em todo o resto, devemos aprender com Ele.

Reflexão: Existe uma dissonância entre o ceticismo científico genuíno e a expressão da fé cristã? Como podemos reconciliar os dois?

Abe Ninan

14 de novembro

O chamado MISSIONÁRIO

*Ao ver as multidões, teve compaixão delas,
porque estavam [...] como ovelhas sem pastor.
Então, disse [...]: "A colheita é grande,
mas os trabalhadores são poucos. Peçam, pois, ao Senhor
da colheita que envie trabalhadores...".*
—MATEUS 9:36-38

Avaliando a envolvente tarefa de missão diante de nós, não podemos escapar de duas realidades opostas, mas complementares. A primeira é a magnitude das necessidades nos países do sul, e a segunda é a riqueza de recursos do ocidente. Apesar das melhorias em vários índices físicos e ganhos palpáveis na arena espiritual, existe uma lacuna substancial entre esses dois mundos. Uma ladainha parcial de dificuldades afligindo dois terços do mundo, incluindo doenças mortais, como a AIDS e a tuberculose, saneamento precário, escassez de água, analfabetismo, tráfico humano e desnutrição infantil.

O entusiasmo por missões está diminuindo na Igreja. Isso é lamentável, já que o ocidente é dotado de um "armazém" considerável de riqueza e informação. Precisamos ser mordomos das bênçãos que temos recebido. Não podemos desviar nosso olhar das necessidades escancaradas na tela da televisão e jornais. Nossos irmãos, feitos à imagem de Deus, acenam para nós. Jesus, nosso modelo a ser seguido, nos comanda e nos capacitará. Tiago nos adverte sobre o perigo de dar as costas aos necessitados. Compaixão pelo oprimido é nossa incumbência.

A colheita, é claro, pertence a Deus, e a boa notícia é que Deus está se movendo. Igrejas locais, missões indígenas, governos nacionais e agências internacionais estão trabalhando para a mudança. Contudo é preciso mais, e a Igreja tem uma distinta contribuição para fazer, uma que não pode ser replicada por outros agentes.

O chamado hoje para mulheres e homens, jovens e idosos é: "Venha para o leste, vá para o sul". O chamado macedônico de hoje é o chamado africano, o chamado para o oriente, para as areias do deserto, para a rota da seda e para as favelas.

Reflexão: Quais experiências você teve com missões? Como você pode responder ao chamado de Deus para ajudar os desamparados?

Abe Ninan

15 de novembro

A MENTE do cristão

Não se amoldem ao padrão deste mundo, mas transformem-se pela renovação da sua mente...
—ROMANOS 12:2

Harry Blamires, em seu famoso livro *A mente cristã — Como um cristão deve pensar?* (Ed. Shedd, 2006), lamenta que não exista mais uma mente cristã. Ele diz que a Igreja possui uma vida espiritual vibrante, mas ela parou de pensar de forma cristã. No entanto não foi sempre assim. Na antiguidade, bem como na Idade Média, alguns dos mais formidáveis pensadores públicos eram cristãos.

As coisas mudaram com o Iluminismo. O racionalismo científico e o naturalismo conseguiram afastar o pensamento cristão da praça pública, dos círculos acadêmicos e da vida profissional. O cristianismo foi privatizado. O ensejo que o pós-modernismo parece fornecer é ilusório por causa de sua tendência a relativizar tudo, incluindo o pensamento cristão. Anos de imersão no *ethos* ("o que se é por natureza") do Iluminismo nos incapacitou. Em nosso ensino, vida profissional e em qualquer empresa pública, as "regras do jogo" criadas por nossa cultura irreligiosa são forçadas a nós. Nós fomos inconscientemente comprados em um sistema que separa mente de espírito e fato de valor.

Para recuperar terreno perdido, o mais essencial para nós é afirmar que existe uma maneira distintamente cristã de pensar. O caminho para a recuperação começa com o estudo diligente das Escrituras. A Bíblia é um rico depósito da sabedoria e conhecimento de Deus. "O temor do SENHOR é o princípio da sabedoria" (PV 9:10). Ela revela a mente de Cristo. O Espírito de Deus, nosso divino Mestre, nos ensina esse pensamento. Assim equipados, podemos engajar inteligentemente no local de trabalho, interagir eficazmente com os outros e resgatar a praça pública. Foi feito no passado e ainda pode acontecer hoje.

Então, nos ajude Deus.
Que a mente de Cristo, meu Salvador,
Viva em mim dia a dia,
Por Seu amor e poder controlando
Tudo que faço e digo.
Que eu corra a corrida a minha frente,
Forte e corajoso para enfrentar o inimigo,
Olhando apenas para Jesus,
À medida que caminho em frente.

Leitura complementar: Livro *A mente cristã — Como um cristão deve pensar?* (Ed. Shedd, 2006) de Harry Blamires.

Abe Ninan

16 de novembro

Humildade –
O DISTINTO TRAÇO DA MENTE CRISTÃ

Os humildes, ele exalta...
—JÓ 5:11

O atributo da humildade foi desprezado no mundo antigo. Ainda hoje, os intelectuais sofisticados e mesmo as pessoas simples não veem bem os humildes. Isso é considerado como a sina do pobre, do oprimido e dos ignorantes. Nós não associamos humildade com inteligência. C. S. Lewis escreveu, em *Cristianismo Puro e Simples* (Ed. Martins Fontes, 2005): "Em Deus defrontamos com algo que é, em todos os aspectos, infinitamente superior a nós. Se você não sabe que Deus é assim — e que, portanto, você não é nada comparado a ele —, não sabe absolutamente nada sobre Deus. O homem orgulhoso sempre olha de cima para baixo para as outras pessoas e coisas: é claro que, fazendo assim, não pode enxergar o que está acima de si."

Um olhar atento sobre fé revela essa humildade; esse atributo tão ridicularizado é a característica principal, se não a marca registrada, da mente cristã. Não há vergonha nisso, uma vez que a humildade caracterizou o próprio Senhor Jesus, e somos chamados a ser como Ele.

Paulo desenvolve magistralmente esse conceito no livro de Filipenses. Ele começa afirmando que Jesus tem a mesma forma que o Pai e depois rapidamente argumenta que Ele não considerou isso como algo a que se apegar. Cristo voluntariamente "se esvaziou" e se tornou um escravo servil, a posição mais baixa da cadeia humana. Ele assumiu a forma humana; Deus tornou-se homem; o Criador tornou-se uma criatura. Ele estava sujeito a todas as fragilidades, privações, dores e sofrimentos do nosso estado enfraquecido. Ele se humilhou ainda mais quando morreu. Sua morte foi a pior conhecida pelo homem; foi cruel, vergonhosa e torturante.

Essa humildade de espírito, e nada menos que isso, é a atitude que devemos nutrir. Sem essa característica, é duvidoso dizermos possuir a mente de Cristo. Qualquer outra característica, por mais louvável que seja, não pode compensar. E Cristo, certamente, era a pessoa mais inteligente e instruída que nos agraciou com Sua presença nesta Terra. Aprenda com Ele.

Leitura complementar: Filipenses 2: 5-11; Mateus 11: 28-30

Abe Ninan

17 de novembro

O DIA DAS *coisas pequenas*

...desprezaram o dia das pequenas coisas...
—ZACARIAS 4:10

Roma não foi construída em um dia, as flores não florescem durante a noite e um bebê recém-nascido leva anos para tornar-se um adulto. Mas a nossa sociedade imediatista, com seu *fast-food*, transporte rápido e mensagens instantâneas, nos deixa inquietos e neuróticos. Somos viciados em pressa, poder e emoções. Um dos mitos da nossa cultura é: "Se você programa sua mente para isso, você pode fazer qualquer coisa". Os heróis desse mito são homens e mulheres empreendedores, aqueles que escalam do anonimato à fama através de pura força de vontade e determinação.

A subcultura evangélica é particularmente propensa a essa doença. Fomos seduzidos pelas perspectivas da salvação instantânea, santificação imediata e curas espetaculares. Quando há um atraso, ficamos desencorajados, entediados com a lenta caminhada para a santidade. Quando essas expectativas irreais nos frustram, ficamos desapontados e nos sentimos tentados a abandonar o barco. A Bíblia apresenta uma imagem muito diferente.

Deus não parece estar com pressa. Foram necessários dois milênios para a promessa a Abraão ser cumprida. Mais dois milênios depois, ainda estamos aguardando a segunda vinda de Cristo. A razão por que os cristãos são atraídos para resultados imediatos e espetaculares é um mistério.

O profeta nos advertiu a não desprezar o dia das coisas pequenas. Jesus nos disse que a semente deve cair no chão e morrer. A semente desaparece no solo. Está coberta, mas, com o tempo, torna-se uma muda e, então, uma árvore. Sem morte para si mesmo, sem remorso, sem singeleza e humildade, não existirá uma árvore duradoura e nenhum fruto duradouro. Algumas sementes podem brotar em solos pobres e sofrer uma rápida extinção. Mas a semente que é nutrida e encorajada e que aguarda seu tempo crescerá e se tornará uma árvore frutífera. Assim, sejamos nutridos pela água da Palavra de Deus, fertilizados pelo Espírito Santo, cuidados pelo Pai, vivendo harmoniosamente no viveiro fornecido pela igreja, e poderemos dessa forma ter certeza de bons frutos.

A questão mais importante na vida cristã não é o que fazemos por Ele, mas o que Ele faz por nós. —*Selwyn Hughes*

Reflexão: Você está com pressa? Considere João 12:24.
Quando confrontados com obstáculos esmagadores, por que somos tentados a confiar na força ou no poder humano?

Abe Ninan

18 de novembro

A DEMOCRACIA da Trindade

...escolhidos de acordo com o pré-conhecimento de Deus Pai, pela obra santificadora do Espírito, para a obediência a Jesus Cristo...
—1 PEDRO 1:2

Com relação ao governo humano, a maioria das pessoas argumentaria que a democracia é superior a outras opções imperfeitas. E quanto aos cristãos? Enquanto a Igreja do Senhor ao redor do mundo pode ser considerada como sendo uma teocracia sob o senhorio de Cristo, seria prejudicial nos apropriarmos de funções e prerrogativas do divino. É muito melhor para a igreja funcionar como uma democracia. Nisso podemos tomar como exemplo a Trindade.

Quando consideramos Deus, três características se destacam: unidade, harmonia e prazer. Essas propriedades são claramente vistas nas atividades conjuntas da Trindade. A criação é atribuída ao Pai, é efetuada pelo Filho e é trazida à existência pelo Espírito. A redenção foi concebida na mente do Pai e realizada na vida e ações do Filho. Jesus deixou de lado Sua glória, tornou-se ser humano e, com o golpe de mestre da cruz, assegurou a nossa salvação, e, no entanto, Ele fez isso no poder do Espírito.

O Pai deu a Igreja ao Filho, e o Espírito zela por seu funcionamento adequado. No discurso de despedida de Jesus, Ele fala sobre a vinda do Espírito Santo, que habitaria nos discípulos, e depois fala da permanência do Espírito em nós. Ele finalmente afirma que tanto Ele quanto o Pai fariam a Sua morada em nós.

A unidade e a harmonia da Trindade, descritas acima, estão impregnadas por uma sensação de prazer. É nessa família maravilhosa que somos inseridos e devemos refletir a imagem dela. Cabe-nos procurar a mesma forma de governança, a saber: uma democracia divina.

Santo! Santo! Santo! Deus onipotente!
Louvam nossas vozes, Teu nome com fervor!
Santo! Santo! Santo! Justo e compassivo!
És Deus triúno, Excelso Criador!
—*Reginald Heber* (HNC 11)

Reflexão: O ensino da Bíblia sobre relacionamentos e submissão é bastante meticuloso. Veja este exemplo: "Da mesma forma jovens, sujeitem-se aos mais velhos. Sejam todos humildes uns para com os outros..." (1PE 5:5).

Abe Ninan

19 de novembro

A SÍNDROME DO irmão mais velho

> *Enquanto isso, o filho mais velho [...] encheu-se de ira e não quis entrar. Então seu pai saiu e insistiu com ele [...]. Meu filho, você está sempre comigo, e tudo o que tenho é seu...*
> —LUCAS 15:25-31

Jesus geralmente era reconhecido como rabi genuíno. No entanto, os fariseus e os escribas enxergavam Sua associação com desamparados e meretrizes com considerável desconforto. Provavelmente, na parábola do filho pródigo, Jesus estava buscando apontar a falha em seus pensamentos usando o irmão mais velho como exemplo.

O irmão mais velho nos é mostrado como um indivíduo soberbo e hipócrita e, como tal, assemelhava-se aos fariseus. Ao contrário do irmão mais novo apóstata, ele havia ficado em casa para gerenciar a fazenda da família. Ele trabalhou desde o amanhecer ao anoitecer, nunca partiu ou fez exigências ao seu respeitável pai. Ele volta dos seus afazeres um dia e, que horror! Música, dança, banquete — tudo em homenagem a um filho rebelde ingrato e pródigo.

Ele não entendeu, não é? De alguma forma, apesar ou por causa de anos de trabalho árduo e cumprimento do dever, o irmão mais velho não conhecia realmente o pai, que era o próprio epítome de graça, perdão e alegria. Ele julgou seu pai por seus próprios padrões mesquinhos e legalistas. Sem dúvida, os fariseus identificaram-se com o irmão mais velho. A denúncia certeira de Jesus em relação àqueles homens foi, de fato, um apelo a eles aceitarem o amor acolhedor de Deus, o Pai.

Muitos cristãos hoje se encontram na posição de irmão mais velho. Ficamos tentados a agir de forma hipócrita. Sentimos que os incrédulos e os cristãos neófitos são notoriamente diferentes de nós, que atualmente ocupamos a fazenda. Nós esquecemos, como essa parábola ilustra vividamente que nosso Pai os ama tanto quanto a nós. Na verdade, foi para salvar os pecadores que Cristo veio ao mundo. Que Deus nos conceda o coração do Pai para amar os desamparados, para acolher o estrangeiro, cuidar pacientemente do neófito, percebendo o tempo todo que não somos mais do que pecadores "salvos pela graça" (EF 2:8).

Quantas vezes, quando nos encontramos com pacientes que têm doenças relacionadas ao estilo de vida, começamos a condená-los em nosso coração ou marginalizá-los em nossas interações?

Reflexão: De que maneiras os cristãos modernos se assemelham ao irmão mais velho?

Abe Ninan

20 de novembro

AS GENTIS CUTUCADAS

do Espírito Santo

> *Quer você se volte para a direita quer para a esquerda, uma voz nas suas costas dirá a você: "Este é o caminho; siga-o".*
> —ISAÍAS 30:21

Das três pessoas da Trindade, a mais enigmática é o Espírito Santo. Isto é proposital. Apesar de Ele ser Deus e, portanto, ter todos os atributos de Deus, Ele não promove a si mesmo, pois Sua função primária é revelar a Cristo.

No entanto, o Espírito Santo tem um papel crucial em nossa vida. Ele é o agente das bênçãos e revelações de Deus, Ele é nosso professor. Mas Ele não vem até nós sem ser convidado. Ele vem para o coração preparado — aquele que é atento à Palavra, comunga com o Pai através da oração e tem uma consciência limpa diante de Deus. Além disso Ele se afasta daqueles que deliberadamente pecam. Ele espera em segundo plano até nos arrependermos e sermos limpos.

Uma vez que nos voltamos a Ele e o buscamos, podemos recebê-lo pela fé. Conforme o escutamos e o obedecemos, Ele se torna nosso ajudador, consolador e conselheiro. Ele é gentil por natureza. Consequentemente, Ele nos fala com uma "voz mansa e suave". Podemos sentir falta dele. Mas, à medida que o ouvimos e lhe obedecemos, o conhecemos melhor. Seu discurso torna-se mais simples, a neblina se dissipa, e nós discernimos uma forma — não uma personalidade fantasmagórica ou um espírito assustador; vemos Jesus. É a pretensão do Espírito revelar Jesus.

Reflexão: Pratique a presença de Deus por meio da amizade com Seu Espírito. Assim, nosso conhecimento e experiência de Deus são aperfeiçoados.

Abe Ninan

21 de novembro

Ação social
E O CRISTÃO

A religião que Deus, o nosso Pai, aceita como pura e imaculada é esta: cuidar dos órfãos e das viúvas...
—TIAGO 1:27

Durante a vida na escola de medicina na Índia, na década de 1960, havia duas organizações estudantis cristãs; uma especializada em evangelismo, e a outra em ação social. Isso refletia a divisão modernista-fundamentalista dos tempos, um fenômeno que não é tão óbvio no século 21.

As Escrituras têm muito a dizer sobre questões sociais. A lei de Moisés insistiu na bondade para com o desconhecido. Os salmos defendiam os pobres, e os declaravam "abençoados". Os profetas censuraram as pessoas por sua falta de piedade, seu acúmulo egoísta de riqueza e sua hipocrisia ao separar misericórdia de religião. Jesus cuidou dos doentes, dos indigentes, das crianças pequenas, da viúva e do pária, bem como de outros à margem da elegante sociedade. Suas palavras mais duras de condenação eram reservadas para o fariseu. Sua denúncia cáustica contra aqueles que alegavam conhecer a Deus, mas demonstravam o vazio do que professavam negligenciando as boas obras, está documentada nos evangelhos. Embora reconheçamos que o evangelismo seja primordial, não podemos escapar das injunções das Escrituras, tipificadas na vida de Jesus, de fazer o bem a todas as pessoas.

Em um mundo de vastas necessidades, quer estejam à sua porta ou a meio mundo de distância (apesar de trazida visceralmente para perto pela televisão da sala), o seguidor de Jesus não pode deixar de se envolver. O clamor dos mais necessitados é autoevidente e dificilmente precisa de ênfase.

Enquanto continuamos a ser zelosos pela verdade, crescendo em santidade, mantendo-nos profundamente firmes ao evangelho da paz, que Deus nos encontre, também concedendo nem que seja um "copo de água fria" (MT 10:42) em Seu nome. Esses não são temas díspares, mas são partes do conjunto do que significa seguir a Cristo.

Reflexão: Leia Isaías 58 e responda: Isso é relevante para a nossa prática hoje?

Abe Ninan

22 de novembro

BÊNÇÃOS e *Graça*

***Mesmo antes de criar o mundo,
Deus nos amou e nos escolheu em Cristo...***
—EFÉSIOS 1:4 NVT

Efésios 1 apresenta um belíssimo louvor a Deus. O Senhor escolheu nos abençoar em Cristo Jesus. Paulo destaca a vontade soberana, a graça gloriosa, as bênçãos nos domínios celestiais e o derramamento do Seu Filho amado.

Isso é ainda mais memorável, dada a tola rejeição da humanidade ao Deus de amor. Numerosas passagens dos profetas atestam a nossa indiferença. Jesus chorou por Jerusalém lamentando a rejeição a Ele. Ele se desmanchou em lágrimas no túmulo de Lázaro; isso foi mais do que tristeza por um amigo. Ele se afligiu pela rebelião e pecado da humanidade, cujo resultado inevitável era a morte. Nossas inclinações nunca são em direção a Deus. Nós somos consumidos por nosso "eu" egoísta, nossos pequenos afazeres e notórios pecados.

É claro que não o escolhemos, mas Ele nos escolheu. Que transformação poderosa Ele efetuou nos trazendo da escura noite do inferno para a glória de sermos considerados como Seus próprios filhos! Ao vislumbrarmos o abismo entre a profundidade da nossa rebelião e a maravilha da Sua graça, prostremo-nos a Ele em louvor e adoração.

Da mesma forma que o enigma da Trindade e a suprema maravilha da cruz estão além da nossa compreensão, assim também é com o mistério da graciosa redenção de Deus. Podemos, no entanto, aceitar esses mistérios em humilde fé, sabendo que um dia teremos total clareza. Enquanto isso, podemos nos deleitar na Sua bondade, demonstrada na criação, realizada através da história, espetacularmente derramada de forma abundante sobre nós na cruz, o meio pelo qual Ele efetuou nossa redenção. Continuemos a servi-lo de bom grado todos os dias.

Reflexão: Leia Efésios 1.

Abe Ninan

23 de novembro

A hermenêutica
DO "AMOR"

*E agora, ó Israel, que é que o S<small>ENHOR</small> seu Deus pede de você,
senão que tema o S<small>ENHOR</small>, o seu Deus, que ande
em todos os seus caminhos, que o ame e que sirva ao S<small>ENHOR</small>,
ao seu Deus, de todo o seu coração e de toda a sua alma,
e que obedeça aos mandamentos e aos decretos do S<small>ENHOR</small>,
que hoje lhe dou para o seu próprio bem?*
—DEUTERONÔMIO 10:12-13

Não existe dúvida de que nossa posição principal em relação a Deus e a outros deve ser a de amar. Sendo isso verdade, existe um sentimento errado de que tudo é controlado pela hermenêutica do amor. Não importa a situação, não devemos julgar, e sim responder em amor. Nós devemos aceitar todos os tipos de comportamento como igualmente corretos. Nossa sociedade liberal tem, por exemplo, redefinido casamento e assim validado visões não bíblicas desse assunto sagrado. Direitos e amor superam tudo, inclusive a lei de Deus.

Uma abordagem como essa nos dá uma sensação imprecisa. Mas isso é certo? Deve tudo ser subordinado ao amor? Para responder, nós começamos dizendo que o amor não é absoluto; Deus é. O amor funciona apenas quando é visto dentro do contexto divino. Nós devemos amar a Deus, mas também somos chamados a temer, obedecer, adorar e nos submeter a Ele.

Viver sob a direção de Deus requer seguir o exemplo e liderança de Cristo, além de ser fiel à Sua revelação encontrada na Bíblia. A nós foram dados limites, exemplos, orientações e a Lei. Quando a ação e o comportamento vão de encontro à lei de Deus, apesar de Ele ainda nos amar, ficamos sob sua repreensão. Considerando que esse é o caso, como aqueles que temem e amam a Deus, nós não podemos ter ou concordar com comportamento que é contrário à Sua vontade.

Na verdade, o amor responsável requer que não apenas amemos, mas que respeitosamente indiquemos a condição para que as pessoas obedeçam aos mandamentos de Deus. O amor não exclui a obediência.

Reflexão: De que forma o temor a Deus, a obediência aos Seus mandamentos e o amor a Ele e aos homens relacionam-se entre si?

Abraham Ninan

24 de novembro

A ESPERANÇA do Céu

Não se perturbe o coração de vocês [...]. Na casa de meu Pai há muitos aposentos [...] vou preparar-lhes lugar [...] voltarei e os levarei para mim...
—JOÃO 14:1-3

O conceito de Céu é absurdo para muitas pessoas educadas que acreditam que a vida termina com a morte. Presumem que o Céu é incompatível com o pensamento científico. Como um cínico anônimo disse: "Você paga seus impostos e depois morre".

Então, qual é a realidade no que diz respeito a esse mistério? As Escrituras nos dão motivo para acreditar que, quando o crente passa desta vida mortal para a eternidade, ele será levado para o Céu. Embora não haja evidência clara de que se trata de uma entidade física, existe uma percepção de que ela está em algum lugar "lá em cima". No batismo de Jesus, Deus fala lá de cima — de forma inesperada. Jesus subiu ao Céu, e nos foi dito que, quando Ele voltar, o veremos vindo nas nuvens.

Nós temos, também, vislumbres da realidade celestial quando a cortina é um pouco aberta em Apocalipse. Deus está no trono de misericórdia com Jesus à Sua direita. Anjos e arcanjos e inúmeras pessoas de todas as nações circundam o trono de Deus. Nós gostamos dos sons de louvores celestiais, ouvimos trovões e ficamos deslumbrados com os relâmpagos.

Certamente existe um grau de ambiguidade e mistério relacionado à vida depois da morte e o conceito do Céu. Porém podemos ter certeza de que tanto a realidade do Céu quanto o fato da experiência a ser vivida serão literalmente algo "de outro mundo". Acima disso tudo, nós devemos ver o Senhor, a quem nossa alma ama. A cena é tão magnífica que é de tirar o fôlego. Ela leva alguém a cair de joelhos em admiração, amor e louvor.

Reflexão: Somos todos visitantes neste tempo, neste lugar. Estamos apenas de passagem. Nosso objetivo aqui é observar, aprender, crescer, amar e depois voltar para casa (Provérbio aborígene australiano).
Passe um tempo agradecendo e louvando a Deus pela esperança do Céu.

Abraham Ninan

25 de novembro

A humanidade
E A HUMILDADE DE CRISTO

*[Jesus] esvaziou-se a si mesmo,
vindo a ser servo [...] humilhou-se a si mesmo
e foi obediente até à morte...*
—FILIPENSES 2:7-8

A simples surpresa da encarnação é a de que Jesus nasceu como qualquer um de nós. Ele saiu do calor do ventre da Sua mãe para o ar noturno frio e úmido da nossa Terra. Foi amamentado por Sua mãe, aprendeu lições rudimentares como andar e falar. Ele passou pela acne e neuroses da adolescência e cresceu para ser um homem. Devido às circunstâncias especiais do Seu nascimento, Ele era, sem dúvida, alvo de escárnios cruéis. Trabalhando como um carpinteiro, Ele ganhou um pouco de dinheiro vivendo do suor do seu rosto.

Começando um ministério itinerante, Ele falou do fato de não ter casa, declarando: "As raposas têm suas tocas e as aves do céu têm seus ninhos, mas o Filho do homem não tem onde repousar a cabeça" (LC 9:58). Ele tinha fome, sede e ficava cansado. Ele foi verbalmente agredido e tido como louco. Seus inimigos examinavam minuciosamente Seus movimentos e analisavam Suas palavras.

Ele demonstrou coragem excepcional e muita sabedoria, ensinou de forma eloquente, expulsou demônios, alimentou milhares com dois peixes, caminhou por sobre as águas e curou os doentes. Ainda assim Ele não se vangloriava, mas falava apenas que estava ouvindo o Seu Pai, não fazendo nada por si mesmo.

Finalmente, abandonado por amigos e familiares, injustamente condenado à morte, sendo cuspido, escarnecido e espancado, Ele foi levado ao Calvário. Pregado em uma cruz, ridicularizado pelos que por ali passavam, Ele morreu. As Escrituras resumem Sua vida dizendo que "Embora sendo Filho, ele aprendeu a obedecer por meio daquilo que sofreu" (HB 5:8).

A humanidade palpável e humildade submissa de Jesus são incomparáveis a qualquer literatura e experiência humana.

Reflexão: Leia Isaías 53 e passe um tempo adorando ao Senhor Jesus Cristo e entendendo o resultado justificador (v.11) dessa entrega sacrificial suprema.

Abraham Ninan

26 de novembro

O EVANGELHO *impossível*

**Como escaparemos,
se negligenciarmos tão grande salvação?**
—HEBREUS 2:3

Por qualquer esforço da imaginação humana, sem nenhuma ajuda, o evangelho da redenção é impossível. Para acreditar que o Deus imutável mandaria Seu Filho para nascer de uma virgem em uma estrebaria é necessário ter muita fé. Como um adulto, Jesus enfrentou o diabo no deserto e depois embarcou em uma missão de três anos. Ele andou por sobre as águas, acalmou temporais terríveis, transformou água em vinho, limpou leprosos, curou todo tipo de doença e expulsou demônios. Isso deveria fornecer-lhe aprovação do povo, se não uma coroa.

A única coroa que Ele recebeu foi uma de espinhos, enquanto líderes invejosos, fariseus de mente fechada e um público volátil se voltaram contra Ele. Contra todas as formas de justiça, a partir da assinatura covarde de um oficial romano mesquinho, Ele foi sentenciado à morte. Espancamento e humilhação foram seguidos pela indescritível agonia da cruz. Então o impossível aconteceu, Ele ressurgiu.

Apesar daqueles que refutam e colocam a história como sendo um reino de mentiras e manipulação, ela é verdadeira e pode simplesmente ser negada como sendo uma lenda, fábula ou ficção. Outros amenizam o baque, diferenciando entre o Jesus da história e o Cristo da fé. É como dizer que a fé em uma mentira pudesse de alguma forma criar o movimento explosivo que se sucedeu!

Para completar a história, a explicação clássica dada para Sua morte e os benefícios que vêm dela desafiam a sabedoria contemporânea. Ele morreu para resgatar a humanidade da destruição certa e Sua ressurreição assegura o futuro celestial.

No plano humano, o evangelho da redenção é improvável. Somente quando o aceitamos como revelação divina é que as peças se encaixam. A convicção em sua autenticidade nasce da fé, e sua aceitação, por outro lado, gera ainda mais fé. Miraculosamente, nós mesmos somos atraídos por essa narrativa que nos transforma e depois nos confirma sua veracidade.

Reflexão: Passe um tempo louvando a Deus por Sua graça maravilhosa.

Abraham Ninan

27 de novembro

A entrevista

Os teus olhos viram o meu embrião;
todos os dias determinados para mim foram escritos
no teu livro antes de qualquer deles existir.
—SALMO 139:16

Eu lembro de quando entrei nos portais da sede depois da minha pós-graduação, para uma entrevista com o chefe da organização. Eu estava um pouco nervoso, nunca havia ido a uma entrevista antes. Fui levado ao escritório como uma pessoa muito importante. Ali estavam dois senhores com os quais deveria interagir. O secretário médico, com quem eu estivera em uma ocasião, e o diretor executivo, que eu já conhecia de longe.

Eles eram formais, precisos e fizeram perguntas pertinentes. O secretário me perguntou se eu queria café. Eu não lembro o que respondi, mas me lembro de vê-lo indo até a cafeteira, pegando café por conta própria e trazendo-o até mim. Fiquei um pouco surpreso.

A entrevista durou um pouco mais que 15 minutos. No final, o diretor executivo colocou a mão no seu bolso, tirou um chocolate e deu para mim. Eu peguei o chocolate e, com ele, uma convicção interna profunda de que eu estava me unindo a uma organização diferente.

Treze anos depois, minha convicção continua. Não foi o café ou o chocolate que me impressionaram, mas o sincero pensamento por trás do ato que foi feito de forma tão inconsciente. O Senhor Jesus durante Seu ministério terreno surpreendeu diferentes pessoas com atos aleatórios de infinita graça que transformaram vidas. Tenho eu pensado: *Quão frequentemente esse caráter do meu Mestre transborda da minha vida para tocar outros?* É esse o meu jeito de viver? Era assim com o Senhor Jesus. Então deve ser assim conosco, Seus discípulos.

Leitura complementar: João 2:1-10; Lucas 19:1-10

Chering Tenzing

28 de novembro

O JUSTO DEVE

viver pela fé

Pois vocês são salvos pela graça, por meio da fé, e isto não vem de vocês, é dom de Deus.
—EFÉSIOS 2:8

Aafirmação o "justo viverá pela fé" (HB 10:38) é muito libertadora. A salvação é totalmente pela graça de Deus e não tem nada a ver com nossa performance. O que é necessário da nossa parte é apenas a fé. Não precisamos mais viver aflitos considerando que, tendo errado o alvo, não existe mais esperança para nós. Qualquer que seja nossa conquista pessoal, potencial ou solução, sempre quereremos mais por causa da nossa natureza humana pecaminosa. Lutar para obter a aprovação de Deus é um exercício fútil.

A justificação pela fé confirma que não importa quão errados e pecaminosos possamos ser, somos declarados justos pela bondade da graça abundante de Deus — uma graça acessível pela fé e apenas pela fé. A justiça de Cristo, em toda sua perfeição, é concedida a nós. Ela cobre nossas feridas, nossas manchas e nossos pecados. O Deus santo não olha para as nossas falhas e rebeldia, mas para a beleza do Seu Filho.

Fé e graça andam juntas. A fé leva à renúncia de si mesmo a Deus e, humildemente, aceita o presente da graça. A fé aponta para a graça. A fé coloca o ônus na graça e em Deus. Isso liberta seres humanos e glorifica a Deus. Isso é também porque não podemos nos gloriar na fé, já que a fé não é uma conquista ou um trabalho. Ela envolve renúncia e entrega.

Na medida em que expressamos fé, Deus assume o controle. Por isso a fé é poderosa em um jeito sutil e secreto. Conforme nos comprometemos com Cristo e cremos nele, todo Céu e seus poderes são abertos a nós e Deus pode intervir para ver Sua vontade sendo feita em nossa vida. Gloriosamente, pela virtude da nossa fé, nós nos tornamos parceiros no trabalho de Deus.

Leitura complementar: Efésios 2:5-8

Abraham Ninan

29 de novembro

LIDERANÇA DADA POR DEUS
para considerar os demais

*E consideremos uns aos outros
para nos incentivarmos ao amor e às boas obras.*
—HEBREUS 10:24

Cada um de nós é chamado para liderar alguém ou algo, seja na família, instituição, projeto ou organização. Liderança para um cristão é um dever espiritual, uma responsabilidade dada por Deus para ser feita da forma dele, considerando os outros.

Uma humildade interior de espírito — a qual nos levará à dependência de Deus e interdependência com cada um da equipe para desenvolver os deveres que Deus nos deu. Não é a nossa força interior que nos capacitará.

Um luto interior — observando um quebrantamento em nós, ao nosso redor e dentro das nossas próprias comunidades, a partir do qual vem um desejo intenso de ver transformação. Para ser parte da resposta aos desafios e problemas que vemos ao nosso redor e não ser parte do problema.

Nós nos tornamos *mansos* — uma condição de mente e coração que demonstra gentileza, não em fraqueza, mas em poder. Um escritor explica que a mansidão é ficar chateado na hora certa, na medida certa, pela razão certa. É um equilíbrio nascido na força do caráter. Uma força gentil!

Uma profunda fome de ver a justiça de Deus em nossa vida e ao nosso redor — não o que é certo aos meus olhos, mas o que é justo através do olhar de Deus. Essas pessoas serão cheias de misericórdia definida como "tratamento compassivo, especialmente daqueles sob o poder de outra pessoa".

Sem segundas intenções — mas um coração puro a fim de ver sua própria vida e a de outras pessoas ao seu redor mudadas naquilo que Deus quer que cada um de nós seja. Uma unidade de propósito, e a partir disso, um trabalho em direção à paz e união na equipe, bem como visão e propósito em comum.

Se formos assim, os conflitos e desafios interpessoais pelos quais passaremos serão muito menos frequentes. Mas o dever é que cada um cresça nessas características internas.

Oração: Jesus, obrigado por ser meu Pastor e Guia. Ajuda-me a aprender de ti, seguindo o Teu exemplo em tudo o que eu faço.

Santhosh Mathew Thomas

30 de novembro

Quanto mais
EU VEJO...

...levamos cativo todo pensamento, para torná-lo obediente a Cristo.
—2 CORÍNTIOS 10:5

Enquanto trabalhava em um hospital missionário no sul da Índia, a enfermaria que estava sob minha responsabilidade tinha a foto de um chimpanzé, com a legenda "Quanto mais eu penso, mais fico confuso". Sendo jovem e "instruído", eu não prestei muita atenção a esse sábio ditado. Porém hoje, quando eu escuto sobre políticos e líderes de organizações que se dizem religiosos, mas que são hipócritas e servem a si mesmos, ao passo que deveriam ser diferentes, envolvidos em questões terrenas, de propriedades e de moral, não posso parar de ver, mas devo eu parar de pensar? É essa a forma de resolver?

Não é muito diferente nos contextos em que estamos também! Eu vejo líderes de instituições e programas que já foram hábeis, hoje, envelhecendo, perdendo funções cognitivas, força física e aos poucos definhando na frente dos nossos olhos. Até internamente existem problemas — pensamentos correndo sem controle quando vemos quebrantamento por fora, perto de nós ou dentro de nós!

"...levamos cativo todo pensamento, para torná-lo obediente a Cristo"; você vê e pensa, mas deve levar o pensamento cativo. É muito mais fácil falar do que fazer! Como você pode levar cativos pensamentos estranhos que estão correndo descontroladamente? Então a resposta pode não ser apenas "levar cativo", mas também fixar nossos olhos em Deus enquanto o fazemos.

"Por isso não desanimamos. Embora exteriormente estejamos a desgastar-nos, interiormente estamos sendo renovados dia após dia, pois os nossos sofrimentos leves e momentâneos estão produzindo para nós uma glória eterna que pesa mais do que todos eles. Assim, fixamos os olhos, não naquilo que se vê, mas no que não se vê, pois o que se vê é transitório, mas o que não se vê é eterno" (2CO 4:16-18)

Por isso, eu devo ver, mas ver de forma diferente. Se vejo de maneira diferente, então é dessa forma que vou pensar. Se eu pensar diferentemente, não vou ficar confuso, mas vou viver com clareza.

Oração: Ajuda-me a ver, Senhor, fixando o meu olhar em ti.

Santhosh Mathew Thomas

Aprendizado DO MÊS

Dietrich BONHOEFFER

O homem que ficou do lado de Deus

Em 1906, Dietrich Bonhoeffer nasceu em uma família muito respeitável em Breslau. Quando ele tinha 6 anos, seu pai foi designado diretor do setor de psiquiatria da Universidade de Berlim. Ou seja, Dietrich cresceu na capital da Alemanha. O bisavô de Dietrich era Karl von Hase, um famoso professor protestante de história em Jena. Dietrich foi educado como um luterano obediente. Sua família era provavelmente mais prussiana do que protestante, mas Dietrich desenvolveu uma paixão pela religião que transcendia a sua devoção à tradição.

Das oito crianças Bonhoeffer, Dietrich foi o único que decidiu estudar Teologia. E assim ele fez. Para começar, Dietrich frequentou a ilustre Universidade de Tübingen. Depois, foi para o célebre Seminário Teológico da União, em Nova Iorque.

Dietrich foi muito influenciado pelas ideias do renomado teólogo alemão protestante Karl Barth, de quem frequentou uma série de palestras como aluno. Dietrich foi um teólogo prodígio, com elogios do próprio Barth pelo seu brilhante trabalho acadêmico inicial. Portanto, não foi de se espantar que o teólogo tenha sido indicado como professor em Teologia na Universidade de Berlim ainda muito jovem.

De 1933 até 1935, Dietrich serviu como pastor em duas igrejas de língua alemã em Londres. Durante esse tempo, desenvolveu uma amizade próxima com o Bispo de Chichester [N.T.: George Kennedy Allen Bell]. Dietrich comentou dos seus medos em relação ao crescimento do partido nazista na Alemanha. Ele parecia particularmente preocupado com a ideia de que tantos cristãos apoiavam Hitler, como se ele fosse um tipo de figura messiânica que salvaria o cristianismo alemão. Dietrich já havia se unido à Igreja Confessante [N.T.: Movimento minoritário cristão, resistente ao partido nazista], que se opunha ao pensamento nazista, mas ele não sentia que a Igreja Confessante ia longe o suficiente. Ele começou a falar contra a perseguição aos judeus, todavia, por mais que tentasse, ele não conseguia que a Igreja Confessante apoiasse seus protestos.

O Bispo apoiou Bonhoeffer, e, como líder do movimento ecumênico, prometeu ao jovem ativista o sincero apoio de sua organização para a luta. Em 1935, Dietrich retornou à Alemanha para começar um seminário teológico sob os auspícios da Igreja

Confessante. Em 1937, o governo fechou o subversivo Seminário de Finkenwalde. Mas Dietrich continuou a ensinar seus alunos secretamente. Em 1939, Dietrich foi chamado para o serviço militar. Ele se recusou a fazer um juramento de lealdade ao *Fuhrer* [N.E.: Palavra alemã que significa "líder" ou "guia", mas ao tornar-se presidente do Partido Nazista, Hitler a vindicou como título para si.] e acabou em confronto direto com as autoridades.

Reinhold Niebuhr, o teólogo americano, convidou Dietrich para ir aos Estados Unidos a fim de dar uma série de palestras. Quando a guerra foi declarada, Dietrich se sentiu tentado a permanecer lá, mas se sentiu constrangido por Deus a encurtar a sua estadia nos Estados Unidos, retornar ao lar e enfrentar o futuro, na alegria ou na tristeza, com seu povo. Quando chegou em casa, seu cunhado, Hans von Dohnanyi, convidou Dietrich a se juntar ao movimento de resistência, que conspirava para derrubar o partido nazista e levar Hitler a julgamento.

Por anos ele trabalhou para *Abwehr* [N.T.: Inteligência militar alemã] contra a Gestapo. Ele passava informações para os Aliados pelo Bispo Bell, a quem encontrou na Suécia, e ajudou a "contrabandear" judeus para fora da Alemanha, até a Suíça. Em 1943, Dietrich foi preso, acusado de "subversão às forças armadas", por encorajar estudantes a não entrarem para o serviço militar.

Embora pacifista, Dietrich eventualmente chegou à conclusão de que a única forma de derrubar o partido nazista e acabar com aquela loucura era assassinando Hitler. Então, Dietrich se envolveu na famosa tentativa de von Stauffenberg de assassinar o *Fuhrer*, a qual fracassou, e Dietrich e os outros co-conspiradores foram sentenciados à morte. Em 9 de abril de 1945, Dietrich Bonhoeffer foi executado por enforcamento. Em sua agonia, "ele buscou ficar do lado de Deus".

Leitura indicada: se possível, leia o livro *Discipulado* (Ed. Mundo Cristão, 2018) de Dietrich Bonhoeffer.

Filme indicado: o filme *O agente da Graça*, de 1999, apresenta a vida de Bonhoeffer.

DESVIOS

A jornada da vida inclui desvios
Mudanças de planos, sonhos fracassados,
Andar na contramão, até ruas sem saída.
Às vezes nos sentimos abandonados,
Deixados vagando no deserto,
Derrotados, desencorajados e desesperados.
Mas, no Seu tempo, Deus chega
Para dar direção
Frequentemente nos irritamos quando somos forçados
A recuar ou ficar parados e esperar...
Queremos avançar.
Mas Deus sabe que precisamos de treinamento
E construção da fé
E lições em confiança...
Disciplina.
Nos esforçamos para conquistar, mas Deus diz: aprenda.
Nos forçamos para o fim, mas Deus diz: ande.
Lutamos para fazer, mas Deus diz: sejam...
E confiem em Mim
Quanto ao seu destino.

—B. J. Hoff, Faces in the crowd, *Warner Press*

1.º de dezembro

OS MUDOS *falam*

*Então os coxos saltarão como o cervo,
e a língua do mudo cantará de alegria. Águas irromperão
no ermo e riachos no deserto.*
—ISAÍAS 35:6

Poder restaurar a mudez com medicamentos não é algo que aconteça com frequência. Mas é isso que aconteceu. Nossa paciente tinha um tumor cerebral inoperável que a deixou incapaz de escrever com clareza. Ela tinha o poder de fala prejudicado pela disfasia e sabia que não tinha muito tempo. Ela estava desesperada para dizer adeus à sua família, a qual ela não tinha visto unida por bastante tempo.

Nós havíamos dado dexametazona antes, e com cada incremento de dose ela tinha alguns dias de discurso lúcido antes que o inchaço voltasse e ela ficasse muda novamente. Agora ela poderia ter apenas mais um aumento da dose, e sua família se uniu ao seu redor com grande ansiedade. O que ela falaria? O que ela esteve guardando durante todas essas semanas?

Se você tivesse apenas algumas palavras a serem ditas, o que você diria e a quem?

Reflexão: Obviamente nenhum de nós tem tempo e palavras ilimitados. Então quais são minhas prioridades hoje? Há alguém com quem devo me reconciliar? Alguém que precisa ouvir sobre a alegria de conhecer Jesus?

Leitura complementar: Romanos 10:12-15; Colossenses 4:5-6

Alex Bunn

2 de dezembro

A ÚNICA MANEIRA *para crescer*

Quem, pois, me confessar diante dos homens, eu também o confessarei diante do meu Pai que está nos céus. Mas aquele que me negar diante dos homens, eu também o negarei diante do meu Pai que está nos céus.
—MATEUS 10:32-33

É impressionante ver como um pequeno grupo de pessoas exaltadas pode mudar a sociedade. Foi um pequeno grupo que seguiu Vladimir Ilyich Lenin, o qual levou o comunismo à Rússia e dali para o mundo. Foi um pequeno grupo de ateus exaltados que levou o secularismo para a Inglaterra e o Ocidente, enquanto as igrejas dormiam.

Se os cristãos acordarem e voltarem a reconhecer o Senhor Jesus em tudo o que fizerem, não existe motivo pelo qual não poderão mudar o mundo como os cristãos primitivos fizeram. As palavras desafiadoras do Salvador (vv.32-33) devem nos incentivar para publicamente demonstrar nosso compromisso com o Senhor Jesus. É vital que todos os cristãos superem sua timidez e aprendam a falar com outros sobre o que Jesus fez e faz por nós.

Quando estagiei numa clínica de ginecologia como residente de medicina, eu achava muito constrangedor coletar o histórico médico das pacientes. Muitas vezes fiquei corado sem saber o que falar. Mas porque eu tinha que aprender a técnica, aos poucos superei os problemas, e assim já não sou mais tímido, e consequentemente acredito que meus pacientes também não sentem incômodo também. Ficar constrangido em fazer algo é uma coisa, ficar envergonhado de Jesus e da Bíblia é outra. Isso tem consequências eternas para nós.

Que tenhamos coragem para declarar o nosso amor pelo Senhor Jesus e, por Ele, a todos os que carecem da Suam misericórdia e bondade. Jesus disse: "Se alguém se envergonhar de mim e das minhas palavras, o Filho do homem se envergonhará dele, quando vier em sua glória..." (LC 9:26).

Leitura complementar: Salmo 138

Bernard Palmer

3 de dezembro

Orgulho –
O PERIGO PECULIAR DO PROFISSIONAL

*...Deus se opõe aos orgulhosos,
mas concede graça aos humildes.*
—TIAGO 4:6

Médicos, de longe, são uma classe privilegiada. Temos boa qualidade de vida. A sociedade nos favorece com respeito considerável. Temos o luxo de uma boa educação. Cientes das partes mais privadas dos corpos humano, e até mesmo das emoções e sentimentos mais íntimos das pessoas, nós temos quase que uma função sacerdotal. A nós foi dado o privilégio e a habilidade de remover a dor e trazer cura, conforto e esperança a muitos. Em meio a tudo isso, há um perigo à espreita, uma tentação sutil ao orgulho. Nós chegamos a isso honestamente, sem dúvida. Nós não buscamos isso, apenas acontece. O orgulho nos pega desprevenidos e, de repente, começamos a nos considerar como algo especial.

Alguém poderia imaginar que tornar-se um cristão poderia mudar tudo isso. Afinal, nós não somos os seguidores do Cordeiro de Deus, a encarnação da humildade? No entanto, paradoxalmente nossa aceitação com Deus e nossa posição como Seus filhos pode na verdade elevar nosso senso de orgulho. Não somos apenas médicos, mas agora somos também cristãos, os eleitos de Deus e chamados à Sua glória! Infelizmente, falhamos em entender que a salvação, ao invés de ser uma licença para o orgulho, é um catalisador para a humildade e gratidão.

Como podemos evitar essa armadilha? Precisamos nos acalmar, ter um momento de reflexão e leitura das sagradas Escrituras. Olhe para nosso modelo e mentor, o Médico dos médicos. Aprenda sobre Ele, descrito como um servo em Filipenses 2, e observe-o lavando os pés dos discípulos em João 13. "Olhando para Jesus, como Ele você deve ser". Ele praticava humildade e assim nós também devemos praticar.

Humildade e majestade, humanidade e divindade
Em perfeita harmonia o Homem que é Deus
Senhor da eternidade habita na humanidade
Ajoelha-se em humildade e lava nossos pés.
—*Graham Kendrick*

Reflexão: Leia Mateus 11:28-30. Como você se assemelha a Jesus, ao dizer que Ele veio para servir e não para ser servido?

Abe Ninan

4 de dezembro

OS POBRES SEMPRE
estarão por perto

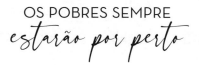

Pois os pobres vocês sempre terão com vocês e poderão ajudá-los sempre que o desejarem. Mas a mim vocês nem sempre terão.
—MARCOS 14:7

Jesus era mestre nas declarações enigmáticas. O que parece à primeira vista ser uma observação direta, após uma maior reflexão, percebe-se que há camadas de significados mais profundos.

Na passagem bíblica, uma mulher ungiu a cabeça de Jesus com perfume. À luz da cultura palestina do primeiro século, este ato mostrava uma ousadia considerável e um risco significativo de censura grave. Os discípulos desencorajaram, orgulhosamente declarando que o dinheiro perdido pelo perfume poderia ser mais bem usado para alimentar os pobres. A resposta inesperada de Jesus foi "os pobres vocês sempre terão com vocês". Jesus estava depreciando os pobres? Não mesmo. Ele declarou um fato — os pobres sempre estarão aí. Eles não apareceram subitamente. Jesus talvez tenha discernido uma insinuação de hipocrisia na súbita preocupação pelos pobres. Suas palavras serviram como gentil repreensão.

Mais à frente, Jesus afirmou a leal, talvez ingênua, devoção da mulher. Jesus observou, além do ato, a intenção, e expressou Seu reconhecimento. Ele apontou para um significado mais profundo o gesto dela era uma preparação para a Sua morte sacrificial. Realmente, já que a redenção é central nas intenções de Deus, tudo deve ser visto nessa ótica.

Em resposta à sugestão de que a declaração é insensível em relação aos pobres, nós devemos considerar o ministério implacável de Cristo em favor do indigente, registrado nos evangelhos. Ele era conhecido como amigo de pecadores e marginalizados.

A motivação central de nossa vida deve ser devoção Àquele que morreu na cruz. Porém, serviço a Jesus e preocupação com os pobres não são polos opostos. Verdadeira devoção requer que vivamos como Ele viveu, derramando nossa vida pelos mais desafortunados. Miqueias uniu essas duas situações, quando disse "o que o SENHOR exige [de nós]: pratique a justiça, ame a fidelidade e ande humildemente com o seu Deus" (MQ 6:8).

Reflexão: Considere as palavras de Miqueias 6:8 e Tiago 1:27.

Abe Ninan

5 de dezembro

O SERMÃO DO MONTE –
Isso é real?

***Portanto, quem ouve estas minhas palavras
e as pratica é como um homem prudente
que construiu a sua casa sobre a rocha.***
—MATEUS 7:24

Cristãos se diferenciam em sua abordagem no Sermão do Monte. Alguns veem essa mensagem como direcionada ao clero, mas alguns relegam ao reino do Milênio de Cristo. Alguns ignoram seus imperativos por entenderem que estes estão na tradição da lei, e então não conseguimos e nem precisamos viver por essas estipulações. Eles argumentam que sua função é mostrar nosso pecado e nossa inabilidade em manter a lei de Deus, e assim nos direcionar ao evangelho da graça. Todas essas abordagens cegam o fio cortante do Sermão, levando-o à irrelevância.

Essas são as palavras de Jesus e, portanto, não devemos ignorá-las. O sermão nos acena para um mundo de beleza inigualável, um estado de bênção onde nós teremos corações puros, seremos misericordiosos e justos, e abundantes em paz. É um mundo onde não há luxúria, ira, blasfêmia, mentira, inveja ou ganância. Quão maravilhoso será não ter pensamentos ansiosos, afastar-se do materialismo e ganância, e buscar o bem do próximo! Esse é o padrão-ouro. Como filhos de Deus, devemos sempre nos esforçar para viver tal realidade.

Precisamos da ajuda de Deus. Precisamos nos encher de Seu Santo Espírito. Nós então alimentamos a nova vida com uma rotina diária de morte do nosso "eu", sempre olhando para Jesus, nos arrependendo, implorando a Ele por ajuda, obedecendo-o e usando toda a ajuda que nos encorajará em nossa caminhada com Deus. Isso nos requer a contínua perseverança da fé. Nós assim seremos transformados.

Nós ignoramos o ensinamento de Cristo por nossa própria conta e risco, mas ao abraçarmos Seus ensinamentos, isso nos trará imensa alegria!

Leitura complementar: Leia os capítulos completos de Mateus 5 a 7, sem interrupção.

Abe Ninan

6 de dezembro

O VALOR da teologia

Toda a Escritura é inspirada por Deus e útil para o ensino, para a repreensão, para a repreensão e para a instrução na justiça, para que o homem de Deus seja apto e plenamente preparado para toda boa obra.
—2 TIMÓTEO 3:16-17

Com o passar dos anos, tem ocorrido uma queda constante do interesse pelo profundo estudo das coisas de Deus. Muitos cristãos recebem pouco ensino sistemático. A sã doutrina tem sido trocada por psicologia popular, histórias e experiências subjetivas. As mudanças na sociedade pós-moderna também fazem incursões no cristianismo. Isso resultou numa ênfase fraca em conhecimento objetivo, fatos e verdade. Assim o cristão pode seguir sua vida apenas com conhecimento rudimentar sobre Deus. As coisas mais profundas do Senhor são deixadas inexploradas.

Um cristianismo sólido engaja a mente. É preciso um estudo sério e sistemático das Escrituras. As doutrinas básicas da igreja cristã também devem ser aprendidas. Essas então precisam ser aplicadas aos desafios éticos, relacionais e morais que nós como médicos nos esbarramos diariamente.

Em qualquer campo do conhecimento existe um segmento deste, que indiscutivelmente deve ser dominado. Imagine que alguém diga que anatomia e fisiologia não são importantes para a educação de um estudante de medicina. Se isso é assim com disciplinas que têm a ver com nossos corpos, muito mais é relevante para o estudo daquilo que é de longe mais importante que tudo: o conhecimento de Deus! A admoestação de Jesus aos Fariseus, que eles erraram em não conhecer as Escrituras e o poder de Deus deve ser levada ao íntimo de nosso coração. Finalmente, ouçam o escritor do livro de Hebreus na forma como ele repreende seus leitores: "Quanto a isso, temos muito que dizer, coisas difíceis de explicar, porque vocês se tornaram lentos para aprender. Embora a esta altura já devessem ser mestres, precisam de alguém que ensine a vocês novamente os princípios elementares da palavra de Deus. Estão precisando de leite, e não de alimento sólido! Quem se alimenta de leite ainda é criança e não tem experiência no ensino da justiça" (HB 5:11-13).

Reflexão: O que consistiria como fundamento no currículo para a educação de um médico cristão?

Abe Ninan

7 de dezembro

A videira
E O RAMO NOVO

*Eu sou a videira verdadeira,
e meu Pai é o agricultor.*
—JOÃO 15:1

Em João 15, o relacionamento entre Jesus e Seus discípulos é pitorescamente descrito como videira e seus ramos.

No verso 2, Jesus descreve um ramo que é novo, mas não produz fruto. O verbo grego que descreve a resposta do jardineiro a esse ramo é *airo*. Essa palavra pode ser tanto traduzida por "cortar fora" ou "erguer". A tradução apropriada aqui é a última.

Seria um jardineiro excêntrico aquele que cortasse um ramo que ainda não teve a chance de frutificar. Esse tipo de ramo precisa de atenção extra, e um sábio e bondoso jardineiro providenciaria isso. Assim, um cristão imaturo que ainda está aprendendo sobre como caminhar da maneira que Cristo deseja, e por isso comete um erro ou outro, não será retirado da Videira, mas é erguido do chão para ser nutrido.

Tal abordagem é consistente com nosso entendimento da natureza de Deus, assim como podemos ver em outras passagens da Bíblia. Por exemplo, em João 10, Jesus é retratado como o Bom Pastor que ternamente cuida de Suas ovelhas.

Nós precisamos ter certeza de que permaneceremos unidos à Videira pela oração e alimentados por Cristo através de Sua Palavra.

Reflexão: Leia o Salmo 23 e reflita sobre a forma do cuidado de Jesus, o Bom Pastor.

Abe Ninan

8 de dezembro

TENDO GRANDES *pensamentos*

...mas o povo que conhece o seu Deus resistirá com firmeza.
—DANIEL 11:32

Você provavelmente já ouviu alguém dizendo que você consegue obter qualquer coisa quando sua mente se dispõe a isso. Trata-se provavelmente de uma hipérbole, considerando que temos limitações sobre aquilo que não temos controle. Nós somos restritos por nossas capacidades humanas, seja intelectual, física ou emocional. Além disso, sendo a vida tão imprevisível, não podemos saber quando a morte, doença ou deficiência tomará conta de nós. Então nossas circunstâncias também nos restringem.

No entanto, ao ler a Bíblia, tenho a impressão de que estou vivendo abaixo do meu potencial. Paulo fala do grande chamado de Deus. Jesus nos deu um divino "qualquer coisa". Ele disse que qualquer coisa que pedirmos em Seu nome nos "será concedido" (JO 15:7).

A história é repleta de exemplos do que pessoas visionárias puderam obter.

Paulo mudou o pensamento do mundo até então conhecido. A Reforma liberou forças que alteraram a civilização Ocidental. Wilberforce, contra todas as probabilidades, causou profundas mudanças sociais. Ida Scudder começou uma escola de medicina que influenciou toda a Índia e desde então tem sido uma bênção às nações. Esses foram gigantes espirituais com grandes visões — que foram geradas por Deus.

É Ele quem planta grandes sonhos em nossos corações e, se somos obedientes e seguimos pela fé, nós podemos alcançar tais sonhos. Porém nós não podemos, na verdade não devemos, fazer isso por nossas próprias forças e avançar em nossos egos. As Escrituras nos admoestam assim: "E então? Você deveria buscar coisas especiais para você? Não as busque..." (JR 45:5), mas "Busquem, pois, em primeiro lugar o Reino de Deus e a sua justiça..." (MT 6:33). A oração de nosso Senhor começa com uma visão grandiosa de Deus sendo glorificado, Sua vontade sendo feita e Seu Reino sendo estabelecido. Deus graciosamente nos inclui no esforço de realizar esta visão que sua oração cobre. À medida que percebemos que por Sua força podemos realizar grandes coisas, tais sonhos serão cumpridos.

Deus da minha vida, és a minha visão...
—Dallen Forgaill e Eleanor Hull

Reflexão: Deus deu a você um sonho/visão? O que o está impedindo de alcançá-lo?

Abe Ninan

9 de dezembro

CURAR COM FREQUÊNCIA,
ser bondoso sempre

> *Sejam bondosos e compassivos uns para com os outros, perdoando-se mutuamente, assim como Deus os perdoou em Cristo.*
> —EFÉSIOS 4:32

Tomas veio a mim no meio da noite com retenção urinária. Eu o tinha visto há uma semana com uma pedra passeando por sua bexiga. Eu sabia que iria causar-lhe problemas. Era pequena o bastante para passar pelo estreitamento da bexiga, mas grande o bastante para não passar pelo esfíncter externo. Eu tinha pedido a ele para retornar no próximo dia para retirá-la. Mas aqui ele estava nesse horário fora do esperado. Foi difícil de resistir a vontade de gritar com ele.

Ser bondoso é sempre um desafio. Mas nos ajuda quando sabemos a circunstância da outra pessoa. Tomas veio quando ele pôde, não porque ele era desobediente e descuidado, mas porque ele achou que não iria conseguir pagar o procedimento, então ele adiou a visita até o ponto de ficar insuportável.

Eu comumente não sou bem-sucedido em manter meu temperamento como foi neste caso. Quando o paciente é negligente, fica fácil colocá-lo como culpado. Quando alguém perde seus exames ou não segue as instruções do pós-operatório, tenho a tendência de dar uma bronca. Eu posso pensar em muitas razões do porquê eu faço isso. Uma delas é que me coloco numa posição acima do paciente quando a culpa é dele. A inconveniência que isso às vezes causa me deixa furioso. Qualquer que seja a razão, há sempre um espaço para o perdão. É mais fácil de perdoar quando entendemos a situação do paciente. Se estivéssemos no lugar deles provavelmente faríamos o mesmo. É mais fácil ser bondoso quando lembramos quão bondoso o Senhor tem sido conosco e o quanto Ele já nos perdoou. Não deveríamos fazer o mesmo?

Reflexão: Gaste tempo louvando a Deus pelo Seu trabalho em sua vida, e ore para que Ele derrame graça nas áreas em que você precisa melhorar.

Leitura complementar: Mateus 18:21-35

Oby Cherian

10 de dezembro

Decisões DIFÍCEIS

...ele [Davi] perguntou ao Senhor...
—1 SAMUEL 30:8

O jovem médico viu que a vítima do acidente teve graves fraturas nos membros inferiores, um pulso fraco, e uma pressão arterial sistólica em 70 mmHg. Enquanto ele discava para o cirurgião-missionário sênior, pensou consigo mesmo: "esse está numa condição crítica, melhor levá-lo ao hospital da cidade". O médico chegou em minutos e agiu elevando os membros inferiores da vítima, pediu por um acesso intravenoso e parecia preparado para começar os cuidados necessários. O jovem médico então não conseguiu conter sua apreensão: "Senhor", ele perguntou, "não acha que devemos transferi-lo?".

"Vai demorar duas horas e meia para chegar à cidade; ele não tem esse tempo. Nós teremos que arriscar e estabilizá-lo com sangue", respondeu o homem mais velho calmamente. Durante a próxima hora o jovem médico observava maravilhado enquanto o cirurgião andava ao redor pedindo aos funcionários para doar seu sangue. Ao entardecer o paciente estava estabilizado e pôde ser transferido seguramente à cidade.

Naquela noite, o cirurgião-missionário não apenas salvou uma vida, mas demonstrou ao seu jovem colega como tomar uma sábia decisão.

Às vezes nos deparamos com esses dilemas, especialmente se trabalhamos em pequenos hospitais. Comumente quando não temos a experiência, pode ser mais sábio referenciar o paciente, do que ficarmos orgulhosos ou pensar nos gastos hospitalares. Quando a decisão é difícil, talvez devêssemos nos recolher e investir alguns minutos em oração, pedindo ao Senhor para nos guiar. Por mais desesperado que pareça, Davi sempre investia um tempo para pedir conselho ao Senhor, como lemos em 2 Samuel 5:23.

Com Deus e uma clara consciência ao nosso lado, nós podemos calmamente enfrentar as consequências de nossas decisões, quaisquer que sejam.

Leitura complementar: Provérbios 3:5-7

Oby Cherian

11 de dezembro

O QUE É sabedoria?

Mas a sabedoria que vem do alto é antes de tudo pura; depois, pacífica, amável, compreensiva, cheia de misericórdia e de bons frutos, imparcial e sincera.
—TIAGO 3:17

Sabedoria é uma virtude rara em nossos dias. Na era digital, conhecimento e inteligência substituíram sabedoria. Com a predominância do racionalismo científico, cinismo e ceticismo a usurparam. A revelação bíblica coloca um alto valor na sabedoria, mas qual seu significado?

Sabedoria incorpora conhecimento e se apoia nele, mas não é um sinônimo. Da mesma forma, inteligência e sabedoria são complementares, mas nem todas as pessoas inteligentes são sábias. Sabedoria esclarece fatos e discerne entre verdade e mentira, certo e errado. Sabedoria é rápida em detectar a verdade, porque é verdadeira. Sabedoria é reflexiva. Sabedoria ouve. Sabedoria não tira conclusões precipitadas, nem descarta a opinião dos outros. Com sabedoria vem a discrição e o discernimento.

Sabedoria não é uma faculdade natural, mas uma virtude moral. Os acompanhantes da sabedoria são a verdade, a beleza, a bondade, a paz, a alegria, a paciência, o perdão, o equilíbrio, o domínio próprio, a compaixão, o desinteresse próprio, o sacrifício e o serviço. A virtude-mãe da sabedoria é a humildade. Ao contrário do cinismo, a sabedoria não é rude, argumentativa ou ignorante.

Sabedoria não é autônoma. Salomão disse: "...não há nada novo debaixo do sol" (EC 1:9). O cientista que faz um descobrimento, somente é possível pela mão de Deus; a fonte final é Deus. Sabedoria começa com "o temor do SENHOR" (PV 9:10). Sabedoria é obtida no sentar aos pés de Jesus, ouvindo Sua voz e estudando as Escrituras. Sabedoria cresce na companhia de outros, especialmente da igreja. O Santo Espírito é o espírito de sabedoria e revelação. Ele fala de Jesus que é a Sabedoria encarnada. Enquanto continuamos no temor do Senhor, a sabedoria aumenta. Seus ramos se espalham até que gera todos os frutos do Espírito (maravilhosos de se obter): "É como árvore plantada à beira de águas correntes: Dá fruto no tempo certo e suas folhas não murcham. Tudo o que ele faz prospera!" (SL 1:3).

Leitura complementar: Livro *A mente cristã — Como um cristão deve pensar?* (Ed. Shedd, 2006) de Harry Blamires.

Oby Cherian

12 de dezembro

O QUE o motiva?

Nada façam por ambição egoísta ou por vaidade, mas humildemente considerem os outros superiores a vocês mesmos. Cada um cuide, não somente dos seus interesses, mas também dos interesses dos outros.
—FILIPENSES 2:3-4

Qual a sua maior motivação? Você busca a excelência em tudo o que faz porque quer honrar a Deus, ou por que quer ser uma boa referência para os outros? Você busca ser promovido porque vai poder servir a Deus de forma mais eficaz, ou por que você gosta de ter melhor remuneração e maior reputação que o cargo lhe trará? Você já parou para pensar quais são seus verdadeiros motivos? E isso por acaso importa?

Por causa do sucesso acadêmico, tenho sido acusada de fazer minha carreira o meu ídolo; eu rebateria dizendo que Deus me deu dons nessa área que necessitam ser usados para Sua glória. Eu já conheci outros cristãos que quase hesitaram em buscar excelência por razões semelhantes. Creio que devemos ser muito cautelosos; é perfeitamente possível começar com uma boa motivação, e com o tempo ser atraído para o outro lado. As funções que os médicos cristãos podem ter para servir a Deus da melhor maneira são diversas e numerosas, mas hoje eu quero que você pense sobre liderança.

Deus pode ser glorificado por ter Seus discípulos em altas posições — médicos cristãos podem ser usados grandemente em gestão, educação, liderança acadêmica e clínica etc. Nós devemos orar por nossos médicos cristãos mais experientes, para que eles não caiam em tentação, particularmente em orgulho ou idolatria, mas para que sejam dotados de humildade para servir a Deus em suas posições. Como médicos recém-formados, nós não devemos ter medo de despontar, de alcançar a excelência, e de sermos diferentes e alcançarmos posições de liderança. E ao mesmo tempo, nós devemos guardar nossos corações, sempre em oração.

Leitura complementar: Salmo 37

Oração: "Sonda-me, ó Deus, e conhece o meu coração; prova-me e conhece as minhas inquietações. Vê se em minha conduta algo te ofende, e dirige-me pelo caminho eterno" (SL 139:23-24).

Catriona Wait

13 de dezembro

QUANDO AS COISAS
ficam difíceis

Bem-aventurados os perseguidos por causa da justiça, pois deles é o Reino dos céus.
—MATEUS 5:10

Quando eu estava no início do semestre de ginecologia e obstetrícia, trabalhei com uma tutora bastante difícil. Ela tinha prazer em encontrar alguma coisa para me criticar, seja pela minha falta de conhecimento ou para eu pedir um conselho a ela quando não tinha certeza do que ela preferia que eu fizesse. Ao início do estágio, expliquei sobre minha posição ao diretor clínico em relação ao aborto, e que eu preferiria não fazer parte de um procedimento desse.

Em um sábado pela manhã, perderam uma prescrição para uma droga de indução ao aborto, e a enfermeira me pediu para prescrevê-la novamente. Eu educadamente rejeitei, mas busquei a opinião da escriturária. Ela defendeu minha posição de objeção consciente e pediu para que eu entrasse em contato com a tal tutora. Ela não escondeu seu desconforto pela situação, achando que eu estava colocando a paciente numa demora desnecessária. No entanto, ela escreveu a prescrição mesmo assim.

A perseguição por causa do Evangelho toma diversas formas. Se nos colocamos a favor de Jesus e de Seus caminhos, então é esperado que recebamos reação negativa de certos grupos. Às vezes isso é feito de uma forma bem clara; outras vezes de uma forma sutil. A passagem acima, do Sermão do Monte, deve servir como uma poderosa lembrança de que, mesmo em meio à perseguição, nós podemos regozijar. Primeiramente, é um reconhecimento que estamos do Seu lado; em segundo lugar, estamos sendo abençoados por Deus através destas experiências; e por último, nós podemos esperar pelo nosso lugar em Seu reino quando tudo isso acabar.

Finalmente, se você está achando a vida cristã muito fácil, talvez você devesse, em oração, buscar a sabedoria de Deus para caminhar e testemunhar dele. Estabeleça se você pode ser mais proativo em determinadas áreas, e busque Sua ajuda também.

Leitura complementar: Mateus 5:1-10; Romanos 8:31-39

John Wenham

14 de dezembro

QUANDO caímos

É melhor ter companhia do que estar sozinho...
—ECLESIASTES 4:9

Todos nós precisamos estar abertos às novas direções de Deus em nossas vidas. Conversando com outros colegas da mesma época que eu (da década de 50), a pergunta "como fica o futuro profissional?" aparecia regularmente. É um tema que tem estado em meu coração por algum tempo. Aberto à possibilidade de mudança cinco anos atrás, fiz uma oração perigosa: "Senhor, faça-me mais significativo nessa nação".

Eu jamais teria noção do quanto o Senhor responderia a esse pedido do jeito dele. Ele primeiramente me permitiu cair na fúria do Conselho Médico Britânico por ter compartilhado minha fé com um paciente, e depois para sofrer a indignidade de desenvolver um câncer retal. Nem um pouco o que eu estava esperando quando me coloquei de joelhos. Mas ambas as situações permitiram que Seu nome pudesse ser glorificado, primeiramente através de um debate público sobre o papel da fé no trabalho, e depois por publicar estatísticas provando que a fé melhora os resultados na saúde em geral. No entanto, estes últimos anos têm sido bastante difíceis, e não menos para minha esposa.

Em ambos os momentos eu tinha uma decisão para tomar: Eu me resignaria em manter minha aparente situação pessoal desastrosa para mim e poucos amigos, ou eu compartilharia com mais abrangência? Ao escolher a última opção, busquei um maior suporte de oração. Fiquei maravilhado ao receber a oração de uma pessoa com deficiência intelectual na igreja. Eu também fui levado à humildade devido a um grande volume de cartas e e-mails recebidos. Muitos destes vieram de desconhecidos, que me dizem pessoalmente quando os encontro em algum evento: "Sim, estou orando por você".

Como médicos, somos o protótipo de cuidadores. Mas nós também podemos cair, e necessitamos de um amigo para nos levantar. Com o mundo ficando cada vez mais "encolhido", "amigos" se estendem para toda a comunidade cristã global. Não sejamos orgulhosos de não pedir a ajuda destes.

Leitura complementar: Eclesiastes 4:9-10; Tiago 5:14-16

Richard Scott

15 de dezembro

CURA *completa*

**Enquanto conversavam e discutiam,
o próprio Jesus se aproximou e começou a caminhar com eles.**
—LUCAS 24:15

Uma senhora de meia-idade veio à minha clínica reclamando de dores por todo o corpo. Após tê-la examinado minuciosamente, eu não pude encontrar nenhuma causa específica que poderia explicar os seus sintomas. Após solicitar alguns exames, me senti compelido a perguntar um pouco sobre sua vida e sua família.

Ela irrompeu em lágrimas e contou sua história. Seu marido era alcoólatra e sempre voltava bêbado para casa, e abusava dela e do filho. Seu filho mais velho recentemente cometeu suicídio e o mais novo tinha deficiência intelectual. Olhei em seus olhos e vi toda a dor que ela carregava. Eu refleti se ao menos parte de seus sintomas estavam relacionados a isso.

Como médicos, nós frequentemente focamos apenas nos problemas físicos. Nossa educação médica também é reducionista, e não nos prepara para lidarmos com as desordens emocionais, mentais e espirituais que nossos pacientes sofrem. Eles vêm a nós primariamente por uma questão física, e nós devemos dar nosso melhor para lidar com isso. No entanto, problemas físicos estão comumente interligados com outras áreas, então a cura é incompleta se não olharmos para essas áreas.

Jesus sempre abordava estas questões em Sua interação com as pessoas. Para a mulher samaritana no poço, que queria água, Ele perguntou sobre sua família, portanto tocando em uma área bem profunda de sua vida. Para a mulher pega em adultério, Ele disse: "Agora vá e abandone sua vida de pecado" (JO 8:11). Para o homem paralítico que Ele curou, disse: "os seus pecados estão perdoados" (MT 9:2).

Como profissionais da saúde que tivemos a experiência de cura interior, e vida por meio de Cristo, é nossa responsabilidade buscarmos cura em todos os aspectos da vida de nossos pacientes.

Com "sensibilidade, permissão e respeito", nós devemos abordar isso e desejar que eles "tenham vida e a tenham plenamente" (JO 10:10). É para isso que Jesus veio, e a promete a todos que vêm a Ele.

Nós temos muitas oportunidades na prática médica, que possamos estar disponíveis para ser o canal de Sua bênção a muitas vidas que estão machucadas neste mundo corrompido.

Oração: Senhor, muito obrigado por te aproximares quando ouvimos, ministra àqueles que carregam fardos, quando perplexos, pois quando te ouvimos tu estás ao nosso lado.

Manob Jacob

16 de dezembro

Sabedoria
E MORALIDADE

Quem é sábio e tem entendimento entre vocês? Que o demonstre por seu bom procedimento, mediante obras praticadas com a humildade que provém da sabedoria.
—TIAGO 3:13

Numa passagem que soa estranha para ouvidos modernos, Tiago une sabedoria com moralidade. Nós normalmente não combinamos sabedoria, inteligência e esperteza com moralidade. Inteligência é geralmente associada ao orgulho, afabilidade e *status*. Pessoas espertas usam outros. Elas buscam elogios. Moralidade, nessa visão, raramente pode ser associada com sabedoria.

A sabedoria da qual Tiago fala tem origem especial, pois provém do Céu, não deste mundo. Paulo falou sobre isso diversas vezes, contrastando a sabedoria deste mundo com aquela de Cristo. Enquanto pode até haver alguma correspondência entre a sabedoria terrena e a espiritual, existem traços distintos que caracterizam esta última que não podem ser copiados pela primeira.

A referência à sabedoria em Tiago está contrastada em uma passagem que lida com ciúmes, ambição e maldade. Estes traços são uma maldição para a sabedoria celestial, enquanto a sabedoria humana não diferencia entre bom e mal, certo e errado.

A sabedoria é gentil e bondosa. Tiago lista algumas características da sabedoria — todas relacionadas à moralidade e em fazer o bem. A sabedoria celestial é humilde, pacificadora, boa e atenciosa. Está livre de parcialidade e hipocrisia. A sabedoria promove ações que são boas e misericordiosas e cria uma sociedade marcada por paz e justiça. Estas características não são considerações primárias no jeito humano de se pensar. Sabedoria terrestre é neutra quando chega a tais virtudes; é indiferente nas questões de moralidade. Bondade, por exemplo, não está nessa lista.

Nosso desafio é substituir os pensamentos carnais pela a sabedoria que vem do alto.

Reflexão: Leia Tiago 3:13-18. Como você pode aplicar essas reflexões em sua vida profissional

Abe Ninan

17 de dezembro

BALANÇO DA
vida profissional

***Pois desci dos céus, não para fazer a minha vontade,
mas para fazer a vontade daquele que me enviou.***
—JOÃO 6:38

Não é errado dizer que o médico é um alguém ocupado. Parece estar sempre correndo atrás do tempo. Não quer dizer que estamos querendo aumentar nossa carga de trabalho. Tarefas são encarregadas a nós. Escassez de recursos e de pessoal nos impele a fazer mais.

Os danos da overdose de trabalho são muitos. Nós não conseguimos finalizar nossos afazeres. Nossa performance é superficial. A família é negligenciada. Intensos trabalhadores podem perder seus cônjuges e machucar seus filhos. Há um custo pessoal também ao nos depararmos com esgotamento que resulta num completo colapso. Terrivelmente, alguns são levados ao abuso de substâncias psicoativas para conseguir manter o ritmo.

Por força da personalidade, pela virtude da cultura que abraçamos na medicina, e pelos hábitos adquiridos na prática de nossa profissão, há uma tentação que se adiciona em nossos fardos. Nós inconscientemente assumimos mais do que o tempo ou a habilidade nos permite. Portanto, é importante que periodicamente reflitamos sobre nossa vida e atividades, reconhecendo eventuais limitações e impondo restrições.

Fronteiras devem ser criadas. Enquanto reflexões e restrições são importantes, nós também precisamos de uma orientação diferente para a vida e o trabalho. Para cultivar isso, nós precisamos desenvolver o hábito de uma hora silenciosa quando lemos a Palavra de Deus, oramos, ouvimos Sua voz e planejamos nosso dia de acordo com Sua vontade. Isso estabelece o tom para o resto do dia. Enquanto praticamos essa disciplina, aprendemos a descansar nele. Esse era o segredo de Jesus. Ele descansava na vontade do Pai e fazia apenas o que lhe era dito para fazer. Isso permitia que o Senhor vivesse de forma serena, e assim conseguiu cumprir o propósito para o qual Ele fora enviado.

Reflexão: Você investe em um tempo para ouvir a Deus? Como você pode tornar esse tempo mais significativo?

Abe Ninan

18 de dezembro

LUZES brilhando

Assim brilhe a luz de vocês diante dos homens, para que vejam as suas boas obras e glorifiquem ao Pai de vocês, que está nos céus.
—MATEUS 5:16

Anos atrás, quando eu era clínico geral em Vellore, Índia, nós fizemos uma festa de despedida a um médico mais velho em nosso departamento. Nós tínhamos apenas dado a ele o presente de despedida, quando ele me chamou em um canto e perguntou: "Foi você que embrulhou isso?" Nós ficamos todos surpresos. Eu percebi mais tarde que se pode identificar o trabalhador apenas olhando para o seu trabalho.

Jesus disse: "Mas, se as realizo, mesmo que não creiam em mim, creiam nas obras..." (JO 10:38). A natureza de Deus é evidente a partir de Sua obra. Sua grandeza, esplendor, poder, intelecto, estética, são vistos em Sua vasta criação. O que é 'visto' é uma evidência para Suas qualidades "invisíveis". Os milagres e as obras que Jesus fez não foram apenas para emocionar as pessoas, mas para expressar Sua mensagem de compaixão e mostrar a natureza de Deus. Assim exortou Seus seguidores: "Assim brilhe a luz de vocês diante dos homens, para que vejam as suas boas obras e glorifiquem ao Pai de vocês, que está nos céus" (MT 5:16).

Quando atendemos aos doentes e aos feridos, o trabalho tem precedência sobre a pregação. O trabalho, embora seja um poderoso canal de expressão, tem sido negligenciado ou mal utilizado. Mesmo o simples ato de atar uma ferida pode falar muito. Um curativo mal feito, uma atadura apertada e doída, ou até mesmo muito frouxa, envia uma mensagem que anula qualquer coisa que talvez eu tenha dito sobre o Evangelho. Quando aplico perfeitamente a atadura correta, com o cuidado de não ferir o paciente, ele apreciará tanto o meu conhecimento quanto o tipo de pessoa que sou. Isto poderá aumentar o valor para o que eu digo a respeito da minha fé em Deus.

Ao mesmo tempo, não devemos "nos exibir". Nossa vanglória torna-se reprovável quando reivindicamos o crédito quando alguém está curado. Toda cura realmente vem de Deus sozinho. Jesus disse que, quando vejam suas boas obras, devem glorificar a Pai do Céu e não o trabalhador da Terra.

Leitura complementar: Mateus 5:13-16

James Zachariah

19 de dezembro

CHAMADO a liderar

O senhor respondeu: "Muito bem, servo bom e fiel!
Você foi fiel no pouco; eu o porei sobre o muito.
Venha e participe da alegria do seu senhor!".
—MATEUS 25:21

Moisés, quando jovem, tinha certeza de que fora chamado a trabalhar a fim de inspirar o seu povo, os hebreus. Ele decidiu seguir com os hebreus que estavam sendo agredidos pelos egípcios. Quarenta anos mais tarde, quando Deus o chamou para liderar os israelitas para fora do Egito, ele já não tinha tanta certeza. A competência que pensou ter antes, a certeza de que ele deveria ser um salvador, eram todas velhas histórias. Mesmo Deus aparecendo diretamente, compartilhando sobre o clamor de Seu povo, a apresentação detalhada das necessidades, e a demonstração do poder divina não foram capazes de convencê-lo. Moisés era um líder relutante, que não tinha muita certeza sobre o seu chamado e competência, e parecia ser mais confortável continuar a ser um cuidador de ovelhas.

Quando as circunstâncias na instituição ou situação de trabalho nos levam a assumir funções de liderança, muitas vezes, poderia ser mais fácil se houvesse uma sarça ardente e Deus aparecesse para falar conosco! Na maioria das vezes, temos as instituições requerendo de nós, a necessidade é colocada diante de nós, e nos é esperado que tenhamos uma saída e venhamos a assumir a responsabilidade. A luta entre as carreiras que queremos prosseguir, a falta de competência que sentimos pelo papel que somos chamados para assumir, e a falta de garantia do "chamado", são desafios reais que eu tenho passado. Alguns assumem o papel com confiança, e então, são levados a um ponto de sentimento de incompetência e se sentem forçados.

Moisés nos ajuda a reconhecer que não temos garantia ou competência para a nossa função, e então, devemos solicitar o apoio de outros e a constante dependência de Deus, que projetou as circunstâncias para nos colocar onde estamos. Para desenhar força e direção vindas dele, para nos construir no que Ele quer que sejamos, nos transformar à Sua semelhança e, por meio desse processo, fazer-nos parte na construção do Seu Reino.

Seja fiel!

Reflexão: Peça a ajuda de Deus para ser fiel em suas funções, sejam elas grandes ou pequenas.

Santosh Mathew Thomas

20 de dezembro

EM SUA presença

O Senhor falava com Moisés face a face, como quem fala com seu amigo. Depois Moisés voltava ao acampamento; mas Josué, filho de Num, que lhe servia como auxiliar, não se afastava da tenda.
—ÊXODO 33:11

A diferença de idade entre os dois é considerável. Um venerável ainda humilde líder, o qual o Senhor costumava falar face a face como a um amigo. Fico imaginando como seriam as conversas deles...

E Josué, jovem e corajoso que aprendeu cedo a lição de estar em Sua presença. Ele permaneceu, sabendo que o Senhor estava lá. Ele provavelmente não ouviu nada, mas escolheu esperar. E Moisés nunca se sentiu ameaçado por isso, ele sabia que seu auxiliar estava atrás, por isso se sentiu confortável para entregar o manto de liderança para ele, a oferta de Deus. Aqui estava um homem que sabia quem estava no controle: o Senhor, a quem ele escolheu servir com sua família (JS 24:15).

As pessoas também viram. Eles poderiam facilmente aceitá-lo como líder porque viram que o Senhor estava com ele.

Permanecer na presença de Deus nos faz entender que o ser é mais importante do que ter, e que valemos mais do que o resultado de nossos esforços. Nós saberíamos que nossa vida não é uma posse a ser defendida, mas um presente a ser compartilhado. Nós gostaríamos de reconhecer que as palavras de cura que falamos não são apenas nossas, mas concedidas a nós, que o amor que expressamos faz parte do Amor muito maior.

Reflexão: Um homem que dá a Deus o Seu lugar e glória... concede ao Senhor espaço para trabalhar. Quando Deus encontra esse homem, Ele se deleita em manifestar a si mesmo através dele.
Sou capaz de dar a Deus espaço para que Ele trabalhe em minha vida?

Sarah David

21 de dezembro

O ESPERADO *Jesus*

Então disse Maria: "Minha alma engrandece ao Senhor".
—LUCAS 1:46

Era Natal e uma jovem menina entrou cambaleante em nossa emergência, assolada por uma dor abdominal. Será que foi a comida? Poderia ser apendicite? Dentro de algumas horas, ela deu à luz a um vigoroso menino. Após uma demora de cerca de 24 horas (em que os atordoados avós se recuperavam do choque), o bebê foi recebido com entusiasmo na família. Uma gravidez oculta é sempre um enigma. Ela estava em negação? Ela estava com medo? Ou ela realmente não sabia?

Longe de ser um segredo, o advento do bebê de Maria foi muito esperado. Anunciado desde os primórdios dos tempos (GN 3:15), o Messias nasceria em Belém (MQ 5:2) e seria milagrosamente concebido: "Por isso o Senhor mesmo lhes dará um sinal: a virgem ficará grávida e dará à luz um filho, e o chamará Emanuel" (IS 7:14).

Maria provavelmente era uma adolescente quando o anjo Gabriel a visitou. É difícil não admirar seu espírito de submissão e amor, ao ler sua canção de louvor (LC 1:46-55).

Os acontecimentos às vezes nos chocam ou nos surpreendem — podemos ficar atônitos com um falecimento, deprimidos com um fracasso num exame, sofrer por oposição ou dificuldades no trabalho. Podemos até ter experimentado uma gravidez não planejada. Como reagimos?

Os profissionais de saúde estão tão acostumados a "restabelecer" para outras pessoas que às vezes tentamos restabelecer a nós mesmos. Nós deixamos Deus fora do cenário. O cântico de Maria lembra a fidelidade e soberania de Deus. Ele conhece o fim desde o início; Ele é nosso Salvador; Ele tem os melhores interesses de Seu povo no coração, mesmo em circunstâncias desconcertantes. Ele cumpre Suas promessas.

Leitura complementar: Lucas 1:26-38; Lucas 1:46-55

Oração: Ajuda-me, Senhor, a ser corajoso em circunstâncias inesperadas, para magnificar o Teu nome e me alegrar com o meu Salvador, hoje e para sempre. Amém.

Ruth Eardley

22 de dezembro

DEUS PARA
o resgate

E ela deu à luz o seu primogênito...
—LUCAS 2:7

Teste seu conhecimento bíblico: quem eram Sifrá e Puá? (ÊX 1:15). Muito bem se você reconheceu os nomes das parteiras, escolhidas por Deus, que desobedeceram ao Faraó e salvaram a vida dos meninos hebreus recém-nascidos (ÊX 1:16-20). As parteiras são uma profissão antiga e foi um papel estabelecido em Israel. As peças de Natal tendem a retratar José e Maria sozinhos no estábulo, banidos de todos os cuidados e conforto, mas é inteiramente possível que, quando a mãe de Cristo entrou em trabalho de parto, um grito subiu em Belém: "Chame a parteira!".

Maria e José vieram a Belém para o recenseamento. Eles poderiam estar cercados por familiares, e seus parentes, Zacarias e Elizabete, não viviam longe (LC 1:39-40). As mulheres grávidas são nutridas em todo o mundo, especialmente se o nascimento se torna iminente e alguém, em algum lugar, os deu abrigo.

A Bíblia não menciona um estábulo — isto é inferido pela manjedoura. Jesus pode ter muito bem nascido em uma simples casa de camponeses, onde pessoas viviam em proximidade com os animais. Talvez os animais estivessem em um anexo ou fossem colocados para dentro da casa à noite. Pode ser que sempre tinha um cocho de alimentação. Poderiam os pastores voltar "glorificando e louvando a Deus por tudo o que tinham visto e ouvido, como lhes fora dito" (LC 2:20) se Maria fosse indiferente e negligenciada?

No inglês antigo, "parteira" significa literalmente "com a mulher". Então assim como a parteira vem para ajudar quando a mulher está vulnerável e com dor, assim Emanuel é Deus conosco, veio para resgatar-nos quando estivermos indefesos e perdidos, alienados de nosso Deus e Pai.

Reflexão: Louve a Deus pelas parteiras e pelo bom cuidado obstetrício. Lembre-se daqueles em países em desenvolvimento onde dar à luz ainda envolve muita periculosidade.

Leitura complementar: Êxodo 1:8-20

Ruth Eardley

23 de dezembro

POBREZAS
e riquezas

"Pois vocês conhecem a graça de nosso Senhor Jesus Cristo que, sendo rico, se fez pobre por amor de vocês, para que por meio de sua pobreza vocês se tornassem ricos."
—2 CORÍNTIOS 8:9

Antes da vinda de Jesus ao mundo em Belém, Ele desfrutava todo o esplendor do Céu. O livro do Apocalipse o descreve com imagens extravagantes de pedras preciosas, coroas de ouro e seres angelicais (AP 4:1-11). Mas é claro que são apenas ilustrações: na realidade, o Céu será mais maravilhoso do que podemos imaginar ou sonhar. Ainda mais importante, antes de vir ao nosso mundo, Jesus estava em constante e completa comunhão com Deus — o Filho amado compartilhando a glória e poder do Seu Pai.

Quando Jesus veio como ser humano à Palestina do primeiro século, Ele colocou tudo isso de lado. Trocou as riquezas do céu pela poeira de uma carpintaria, e trocou comunhão com Seu Pai pela agonia da separação na cruz. Ele abandonou Suas riquezas para que pudéssemos tê-las. Nós podemos nos tornar filhos amados de Deus; nós podemos olhar para uma eternidade no esplendor do Céu. Ele se tornou pobre para nos fazer ricos: GRAÇA pode ser definida como "riquezas de Deus ao custo de Cristo".

Nós não podemos comprar esse presente; nós podemos apenas pedir e receber. A "Pequena vila de Belém" é uma das minhas canções de Natal favoritas, pois descreve como o milagre do Natal acontece ano após ano, dia após dia, não mais em Belém, mas em nosso coração:

Quão silenciosamente, quão silenciosamente o maravilhoso presente é dado
Então, Deus confere as bênçãos do céu aos corações humanos.
Nenhum ouvido pode ouvir a Sua vinda, mas neste mundo de pecado
Onde almas humildes o receberão, assim o querido Cristo se adentra-nos.
—*Tradução livre*

Esse é o passo que tomamos quando nos voltamos a Cristo, mas nós precisamos ouvir Sua mensagem de novo e de novo. Assim que nosso coração se torna frio e ocupado, precisamos convidar Cristo novamente, dia após dia, ano após ano.

Leitura complementar: Efésios 2:4-10

Vicky Lavy

24 de dezembro

Emanuel:
DEUS CONOSCO

*A virgem ficará grávida e dará à luz um filho,
e o chamarão Emanuel, que significa "Deus conosco".*
—MATEUS 1:23

Desde quando Adão e Eva foram banidos do Éden, a Bíblia descreve a missão de Deus de trazer-nos de volta a Ele. Ele sempre desejou o restabelecimento de comunhão entre Ele e aqueles feitos a Sua imagem.

Os esforços de Deus começaram com o chamado de Abraão e continuaram com a libertação do Egito. Ele os acompanhou através do deserto e os estabeleceu como nação na Terra Prometida. O templo de Jerusalém se tornou o foco da presença de Deus entre o povo.

Mas com o nascimento de Jesus, tanto a estrutura como a função do templo físico se tornaram redundantes. Em Jesus, o Verbo eterno "tornou-se carne e viveu entre nós" (JO 1:14). Jesus é Emanuel — Deus conosco. Pedro criou a metáfora do templo se referindo às pessoas de Deus como pedras "vivas" que, juntas, constroem o local de habitação de Deus. Finalmente, no Pentecostes, nos movemos do mundo de figuras de linguagem para a realidade palpável, enquanto o Deus Trino estabelece Sua morada em nós.

Os primeiros discípulos perguntaram a Jesus: "'Onde estás hospedado?' Respondeu Ele: 'Venham e verão'" (JO 1:38-39). O Evangelho é um convite para vir a Jesus e permanecer nele. Pelo exercício da fé, a habitação de Deus em nós se torna real. A consumação disto, é claro, não irá ocorrer até o Céu, "quando a habitação de Deus será com o homem". Mas mesmo hoje, nós podemos saber, mesmo que nebulosamente, a realidade dessa experiência, pois nós estamos assentados com Ele "nas regiões celestiais" (EF 2:6).

Oração: Maranata — Vem Senhor Jesus, em meu coração e em minha casa, e assim, Senhor Jesus, leva-me para estar contigo para sempre.

Vicky Lavy

25 de dezembro

Emanuel:
DEUS CONOSCO, DEUS UM DE NÓS

[Jesus] embora sendo Deus, não considerou que o ser igual a Deus era algo a que devia apegar-se; mas esvaziou-se a si mesmo, vindo a ser servo, tornando-se semelhante aos homens.
—FILIPENSES 2:6-7

"Doutora, por favor, ajude, tem um bebê chegando!" Esse não era um chamado da sala de parto, mas um chamado urgente da minha porta da cozinha, numa tarde em Malawi. Isso nunca tinha acontecido antes; nós vivíamos na cidade e as mulheres geralmente davam à luz no hospital. Eu estava um tanto amedrontada enquanto pegava luvas, alguns fios, um par de tesouras, e corria rua abaixo — Eu estava trabalhando com cuidados paliativos, e já fazia um bom tempo que eu não trabalhava com obstetrícia. Eu encontrei a mulher num quarto pequeno, com nenhuma cama e nenhuma água corrente. O bebê tinha acabado de nascer, então nós o secamos e o envolvemos num pedaço de pano. Eu cortei o cordão umbilical e retirei a placenta sem problema algum, o que me deixou bastante agradecida.

Eu sempre me lembro daquele dia de Natal. Quem deu assistência ao parto de Jesus? Foi José? Ou eles correram para o hóspede ou algum vizinho? Nós não sabemos, mas sabemos que foi um início bastante humilde, não muito diferente do que vi em Malawi, e assim como o nascimento de milhares de bebês todos os dias nos países pelo mundo.

Quão maravilhoso e misterioso que o Criador e Sustentador do Universo "esvaziou-se a si mesmo, vindo a ser servo". Após a explosão de luz e som que deixou os pastores aterrorizados, e o movimento misterioso dos planetas que trouxe os homens sábios do oriente, o que eles encontraram? Um bebê na manjedoura, nascido na pobreza. Jesus veio não apenas para cuidar dos pobres, Ele na verdade se tornou um deles. Emanuel: Deus conosco, Deus um de nós. Que presente magnífico, que maravilhoso Salvador!

TENHA UM MARAVILHOSO E ABENÇOADO NATAL!

Leitura complementar: Filipenses 2:5-11; Mateus 25:31-46

Vicky Lavy

26 de dezembro

O *elevado* CUSTO

*Ele será grande e será chamado Filho do Altíssimo.
O Senhor Deus lhe dará o trono
de seu pai Davi, e ele reinará para sempre sobre
o povo de Jacó; seu Reino jamais terá fim.*
—LUCAS 1:32-33

Herodes, o Grande, era o rei subordinado a Roma na Judeia. Foi durante o seu reinado que a proclamação do nascimento de Jesus veio... do anjo para Maria, para os pastores.

Para os homens sábios no Oriente, houve o sinal da estrela, e para qualquer lugar que viessem questionando e buscando em sua sabedoria, mas escolheram Herodes. Eles tiraram seus olhos da estrela que os tinham guiado até então.

Então novamente, a pergunta é: Por que quando Herodes, o rei, convocou os escribas e sumo sacerdotes perguntando-os sobre o local de nascimento do Messias, estes responderam tão prontamente: Belém?

Os sumo-sacerdotes sabiam quem o rei era; ele era conhecido como "homem louco, que matou sua própria família e muitos rabinos", "O gênio do mal da nação Judeia" e "o homem preparado para cometer qualquer crime no intuito de gratificar sua irrestrita ambição".

Os sumo-sacerdotes sabiam que Herodes, o rei, foi eleito por Roma para ser o "rei dos judeus"; eles sabiam que o nascimento de Jesus, o verdadeiro "Rei dos judeus", daria a Herodes a impressão de que um usurpador do trono tinha nascido, e isso o deixaria paranoico e assassino.

Por que então eles não hesitaram em instruir Herodes? E se eles tivessem que contá-lo, eles não poderiam dizê-lo que Cristo, o Messias, não era um usurpador de tronos humanos, mas que viria para destruir Satanás, o verdadeiro usurpador?

Os sumo-sacerdotes não utilizaram seus conhecimentos responsavelmente; custou Belém e Ramá, e a vida de todas as crianças abaixo de 2 anos. Eles amavam serem consultados por pessoas poderosas.

Os médicos que possuem muito conhecimento, têm a obrigação de ser responsáveis no modo como dispensam isso. Eles devem ser cuidadosos acerca de emprestar dinheiro, as escolhas que eles fazem, e as posições que eles tomam. O custo de ações indevidas pode ser muito caro.

Oração: Senhor, ajuda-me a negar a mim mesmo e considerar as situações em minha volta.

Vinod Shah

27 de dezembro

FAZENDO USO da toalha

*Eu dei o exemplo,
para que vocês façam como lhes fiz.*
—JOÃO 13:15

Sabendo que Sua morte era iminente, e consciente tanto de Sua origem divina quanto do Seu destino glorioso, Jesus fez algo extraordinário. João 13 descreve uma parábola poderosa, encenada pelo próprio Cristo. Ao invés de ficar lamentando ou murmurando acerca de Sua inevitável morte, Ele tirou Sua capa, amarrou uma toalha na cintura, pegou uma bacia de água, e seguiu limpando e secando os pés sujos de Seus discípulos. O ato é descrito em detalhes vívidos, como que se houvesse a intenção de deixá-lo bem impresso em nossas mentes e corações.

Pedro exclamou: "Senhor, vais lavar os meus pés?" (JO 13:6), seguido de sua contundente expressão: "Não; nunca..." (v.8) foi sem dúvida sentida por todos os discípulos. Tal ato, em suas visões, era o trabalho de um mero escravo, geralmente um gentio. Nas suas loucas imaginações, eles não podiam conceber que o Senhor do Universo, o mestre supremo, aclamado por ser o Filho de Deus, realizaria uma função tão inferior.

Jesus pacientemente satisfaz a objeção de Pedro e, após lavar seus pés, continuou ensinando Seus discípulos. Jesus conectou Seu ato à redenção e à necessidade de uma limpeza contínua. Mas há mais. Ele continuou dizendo-os que Ele estava dando a eles um exemplo. Se Ele, o Senhor deles poderia fazer isso, quão mais eles deveriam lavar os pés de seus irmãos?

Lavar os pés não significa podologia ou cerimônia ritual e, talvez, faça pouco sentido em um contexto moderno. O ponto do ensinamento de Jesus é que devemos mostrar o mesmo serviço amoroso a outros. Essa não é apenas uma história bonita para nos fazer sentir-nos bem, mas é algo que devemos colocar em prática em nosso dia a dia. De fato, se nós negarmos a obedecê-lo aqui, nosso clamor de que Jesus é nosso Senhor e Mestre está invalidado.

Reflexão: O que significa "lavar os pés" hoje? Pense em meios práticos de fazer isso. Leia João 13.

Abe Ninan

28 de dezembro

TRIUNFANTEMENTE
vitorioso

Mas em todas essas coisas somos mais que vencedores, por meio daquele que nos amou.
—ROMANOS 8:37

Cristãos são comumente criticados por usarem linguagem triunfalista. A crítica é válida se estamos engajados numa competição com outras religiões ou empreendimentos; mas, é claro, nossos sofrimentos não são assim. Nossa principal necessidade é melhorar nosso ser interior, isto é, poder lidar com nossas fraquezas, falhas e pecados. Então nós precisamos de vitórias decisivas sobre o mal e o maligno.

É nesse contexto que somos assegurados de uma vitória triunfante. Paulo deixou claro que "nossa luta não é contra seres humanos" (EF 6:12). Nós lutamos contra as forças espirituais das trevas. Lemos que nossas "armas" não são aquelas feitas por mãos humanas ou de especulação, indicando, novamente, que nossas lutas não são de uma natureza terrestre.

Já que a vitória sobre a escuridão foi assegurada pelo nosso Senhor, e já que nós estamos incluídos em Seu triunfo, não precisamos temer. Seja por doença, carência, ameaças externas, forças espirituais ou agitações internas, nós iremos prevalecer. Qualquer que seja a situação, nós teremos vitória.

Paulo explica por que é assim. A batalha cósmica foi vencida, de uma vez por todas, por Cristo na cruz. Pela Sua morte eficaz, e ressurreição gloriosa, nós passamos da morte para a vida. Transportado da arena humana, nós somos contados entre aqueles que, compartilhando a vida ressurreta de Cristo, já estamos assentados com Deus nos Céus.

Nós precisamos assumir este conceito, transferir os afetos do nosso ego e do mundo para Deus, exercitar a fé, e constantemente "permanecer" em Cristo. Isso requer obediência e fé. O pecado, a ansiedade e tirar nossos olhos de Jesus, tudo isso nos rouba dessa certeza.

Nossa vitória não é individual. Não se trata de algo para nos vangloriar. A vitória que desfrutamos só é possível por causa de Cristo. Nós participamos em Seu triunfo. A Ele somente é a glória.

Reflexão: Como que uma ardente espera pela Sua glória nos ajuda a administrar nossos problemas e sofrimentos presentes?
Leia Romanos 8:31-39.

Abe Ninan

29 de dezembro

ENTENDENDO
o não julgar

Não julguem e vocês não serão julgados. Não condenem e não serão condenados. Perdoem e serão perdoados.
—LUCAS 6:37

Nós comumente ouvimos pessoas dizendo: "Sim, ele cometeu adultério, mas quem sou eu para dizer que adultério é errado? Pode ser certo para ele. Eu não quero julgá-lo".

Julgamento não significa ignorar as fronteiras entre o que é certo e o que é errado. O que é então?

Ser julgador fala sobre um desejo secreto de encontrar uma falta, apontar um erro, questionar uma reputação e de se sentir moralmente superior. Tem mais a ver com uma atitude do coração do que qualquer ação em particular. Tem muito mais a ver com nosso coração do que com a nossa doutrina.

Não ser julgador versa sobre "aceitar", crendo que, apesar de um erro, a pessoa pode mudar e se tornar santa. Versa sobre ver o potencial para o bem.

No exemplo da mulher pega em adultério em João 8:1-11, nós vemos que ela foi inteiramente amada e perdoada, mas suas ações não foram aceitas como corretas. A mulher pega em adultério foi inteiramente amada e aceita, mas suas ações foram vistas como erradas, pois Jesus disse: "Agora vá e abandone sua vida de pecado" (JO 8:11).

Não podemos desistir das pessoas ou crer que elas são incapazes de mudar ou que são piores do que nós. Devemos sempre amar, aceitar e ajudar pessoas. Deus faz o mesmo por nós. Ele nos aceita, apesar de nossos inúmeros erros. No entanto, Ele jamais será conivente. Ele sempre dirá: "Agora vá e abandone sua vida de pecado".

Reflexão e oração: Senhor Jesus, ajuda-me a ver os outros mais claramente, como tu os vês, e a crer no melhor sobre eles.

Vinod Shah

30 de dezembro

O QUE EU PRECISO...
não o que eu quero

Dá-nos hoje o nosso pão de cada dia.
—MATEUS 6:11

Aqui está uma sábia advertência sobre as tentações que surgem quando eu recebo mais ou menos do que preciso: "Mantém longe de mim a falsidade e a mentira; não me dês nem pobreza nem riqueza; dá-me apenas o alimento necessário. Se não, tendo demais, eu te negaria e te deixaria, e diria: 'Quem é o SENHOR?' Se eu ficasse pobre, poderia vir a roubar, desonrando assim o nome do meu Deus" (PV 30:8-9).

Jesus usa a oração do Pai Nosso de maneira incrível. Ele a transforma de pessoal para coletiva. Assim Ele substitui as palavras "mim" e "meu" por "nós" (dá-nos) e "nosso" o problema da pobreza e riqueza desaparecem. Se eu tiver mais do que preciso, saberei o que fazer para responder minha oração hoje. Se eu não tiver o suficiente, saberei que outros estão preocupados em suprir essa necessidade hoje e já têm orado por isso.

O que está sendo pedido é o que precisamos, e não o que queremos. Quantas vezes eu reclamei porque meus pacientes estavam me procurando por todo o tipo de tratamento que não precisam, mas simplesmente querem. Da mesma forma, quantas vezes esperei que Deus me desse aquilo que eu queria, em vez daquilo que eu precisava? E ainda, quão facilmente eu presumi que a riqueza proveniente da prática médica é mérito só meu. Você também tem mais do que precisa? Ó, como deve ser radical a mudança em minha vida se eu quiser passar pela porta estreita! Eu terei que fazer isso em companhia! Terei que considerar as necessidades dos outros diariamente. Uma completa reorientação para "nós" e "nosso". "Meu pai, perdoa-me?" — Não, Pai nosso, perdoa nossas transgressões, pelo amor de Cristo.

Leitura complementar: Êxodo 16:4-12; Deuteronômio 8:1-4; Joao 6:35-40

GM

31 de dezembro

LEMBRANDO DE NOSSA
origem e destino

Jesus sabia que o Pai havia colocado todas as coisas debaixo do seu poder, e que viera de Deus e estava voltando para Deus; assim, levantou-se da mesa, tirou sua capa e colocou uma toalha em volta da cintura. Depois disso, derramou água numa bacia e começou a lavar os pés dos seus discípulos, enxugando-os com a toalha que estava em sua cintura.
—JOÃO 13:3-5

Como Jesus na passagem acima em João 13, nós devemos saber nossa origem e destino, se nós continuaremos a lavar os pés de nossos próximos. Parafraseando Sócrates: "Conhecer a si mesmo é a chave para uma identidade segura".

Sobre nossas origens, temos que lembrar de ao menos três coisas:

Fomos criados à imagem e semelhança de Deus, o que significa que estamos acima de qualquer criatura (GN 1:26). Enquanto ele dizia "bom" sobre tudo o que Ele criou, Ele disse "muito bom" após criar o ser humano. Também significa que, como Deus, somos criaturas morais, e criados de tal forma que não podemos estar de acordo com o mal.

Fomos os escolhidos por Deus como "vice-regentes" sobre a criação, e isso significa que somos "governadores" ou líderes administrando a Sua criação (GN 1:28).

Fomos criados para a "comunidade" — visto que Deus declarou: "Não é bom que o homem esteja só" (GN 2:18).

Sobre nosso destino, precisamos lembrar:

Deus habitará na comunidade com o homem: "Agora o tabernáculo de Deus está com os homens, com os quais ele viverá. Eles serão os seus povos; o próprio Deus estará com eles e será o seu Deus" (AP 21:3).

Não haverá mais dor ou sofrimento: "Ele enxugará dos seus olhos toda lágrima. Não haverá mais morte, nem tristeza, nem choro, nem dor" (AP 21:4).

Não mais haverá exploração do homem sobre o homem, ou do homem sobre a criação: "O lobo e o cordeiro comerão juntos [...]. Ninguém fará nem mal nem destruição em todo o meu santo monte, diz o SENHOR" (IS 65:25).

Reflexão: Lembre-se de suas sublimes origens e do seu destino fantástico, sinta-se seguro no Senhor, para que você possa servir outros "lavando os seus pés".

Vinod Shah

Aprendizado DO MÊS

ASSOCIAÇÃO CRISTÃ MÉDICA E ODONTOLÓGICA INTERNACIONAL

(International Christian Medical and Dental Association — ICMDA)

Sociedades ou reuniões de Profissionais de saúde cristãos têm existido em alguns países há mais de cem anos. Contatos pessoais levaram ao primeiro Congresso Internacional de Médicos Cristãos (ICCP) em 1963. A ICMDA, a partir desses primórdios, tem buscado desenvolver e fortalecer laços entre médicos, dentistas e estudantes cristãos em todo o mundo. É composta por associações autônomas médicas e odontológicas cristãs nacionais e ajuda esses movimentos nacionais na execução de seus objetivos.

Visão: Ser um testemunho cristão através de médicos e dentistas, em todas as comunidades, em todas as nações.

Missão: A ICMDA existe para iniciar e fortalecer movimentos cristãos médicos e odontológicos nacionais com as seguintes ações:

- **CHAMANDO** — Permitir que os movimentos nacionais dialoguem com as questões relevantes de seus contextos seculares ou outros contextos de fé através de fundamentos éticos e bíblicos.
- **EQUIPANDO** — Treinando e construindo as perspectivas cristãs que compreendem o testemunho de médicos, dentistas e estudantes para liderança.
- **COMUNHÃO** — Reunindo membros em comunhão a nível regional, internacional e outros, para apoiar uns aos outros através do encorajamento mútuo, oração e aprendizado.
- **SERVIÇO** — Iniciando e fortalecendo missões em comunidades, especialmente as mais vulneráveis, por meio de parcerias entre os movimentos nacionais.

ÍNDEX autores

A. & H. Curry (UK) — Jan. dia 26; Fev. dia 18
Abe Ninan (CA) — Jan. dias 7, 22; Jul. dias 7, 8, 9, 11, 13, 17, 18, 19, 21, 22, 24, 26, 28, 30, 31; Ago. dias 3, 4, 10, 13, 14, 15, 16, 17, 20, 21, 25, 26, 29, 31; Set. dias 12, 14, 16, 17, 18, 19, 21, 27, 28, 29; Out. dias 4, 16, 17, 22, 23, 26, 27, 28, 30, 31; Nov. dias 11, 12, 13, 14, 15, 16, 17, 18, 19, 20, 21, 22; Dez. dias 3, 4, 5, 6, 7, 8, 16, 17, 27, 28
Alan Gijsbers (AU) — Jan. dias 2, 3, 4, 5; Fev. dias 4, 5; Mar. dia 20; Abr. dia 5, Mai. dias 5, 6; Jul. dia 5; Ago. dia 22, 28
Alan Vogt (UK) — Jan. dia 21; Fev. dia 20; Set. dia 18
Alex Bunn (UK) — Jan. dia 10; Set. dia 13; Out. dias 3, 19; Nov. dia 6; Dez. dia 1
Andi Eicher (IN) — Fev. dia 29; Set. dia 26
Andrea Gardiner (UK) — Fev. dia 7
Andrew (UK) — Fev. dia 15, 16
Andrew Potter (UK) — Jan. dia 10; Fev. dia 24
Antony Enimil (GH) — Jun. dia 13
Appeadu Mensah (GH) — Fev. dia 21
Asemota Osemwen (NG) — Mai. dia 7
Augustine Sundar (IN) — Nov. dia 3
Augustin A. Lutakwa (ZA) — Jan. dia 24
Balmugesh (IN) — Abr. dia 30
Bernard Palmer (UK) — Jul. dia 23; Ago. dia 7; Nov. dia 2; Dez. dia 2
Beth Lewis (UK) — Mar. dia 26; Abr. dia 4
Bina Isaac (IN) — Jun. dia 19
Carolyn Reid (UK) — Fev. dia 25; Mar. dia 6
Catherine Morris (UK) — Jan. dia 27
Catriona Wait (UK) — Jan. dias 8, 9; Fev. dias 1, 2, 9, 26; Mar. dias 7, 13, 23, 31; Abr. dia 12; Mai. dia 29; Jun. dia 22; Ago. dias 8, 9, 30; Set. dia 30; Out. dia 2; Dez. dia 12

Chering Tenzing (IN) — Nov. dia 27
CMAI Bible studies (IN) — Mar. dias 1, 2, 3; Jun. dia 29
D. J. Christopher (IN) — Jan. dia 31;
Daniel Ojuka (KE) — Jan. dia 11
Deepak Abraham (IN) — Jun. dia 21
Ellen Kappel (DK) — Abr. dia 10
Frank Garlick (AU) — Jan. dias 28, 29
Gene Rudd (US) — Jan. dias 13, 14, 15; Fev. dia 27; Abr. dias 1, 29; Mai. dia 4; Jun. dia 1
Giles Cattermole (UK) — Set. dias 11, 25
Gladwin (IN) — Abr. dias 2, 21
Iren Drenyovszky (HU) — Abr. dia 3
James Zachariah (AE) — Jul. dia 27; Nov. dia 10; Dez. dia 18
Jane Bates (MW) — Fev. dia 3; Jul. dia 29
Janet Goodall (UK) — Fev. dia 8; Mar. dia 12; Abr. dia 27; Mai. dia 15, 22; Set. dia 23; Out. dia 21
Jean Kagia (KE) — Mar. dias 8, 11
Jo Flemming (IN) — Fev. dia 22
John Martin (UK) — Jul. dia 2; Ago. dia 27
John Wenham (AU) — Out. dia 25; Dez. dia 13
Jonathan Imbody (US) — Fev. dia 28; Jun. dia 5
Jorge Cruz (PT) — Mar. dia 22; Jun. dia 18; Ago. dia 2
Jorge Patpatian (UY) — Jan. dia 12; Ago. dia 24
Joyce Ponnaiya (IN) — Jan. dia 1; Abr. dia 23; Jun. dia 26
Julian Churcher (UK) — Set. dia 15
Kevin Vaughan (UK) — Jan. dias 23, 30; Mar. dia 10; Mai. dia 3, 21
Lisle Whitman (US) — Mar. dia 5
Loy Tung Tak Tony (HK) — Mai. dias 1, 2
Luke Devapriam R. (IN) — Mar. dias 14, 24, 25; Abr. dias 14, 19; Jun. dias 6, 14, 15
Manob Jacob (IN) — Dez. dia 15

Mary Mathews (AE) — Jan. dia 6
Mary Ojo (ZA) — Mai. dia 8; Jun. dia 30
Mary Wren (UK) — Fev. dia 13;
Abr. dias 15, 24; Mai. dias 9, 16, 17;
Jul. dias 1, 3, 4
Neil Kennedy (MW) — Fev. dia 12
Oby Cherian (IN) — Jul. dia 25;
Set. dia 24; Dez. dias 9, 10, 11
Paksi Pazvakavambwa (NA) — Fev. dia 6
Patrick Masokwane (BW) — Abr. dia 7
Peter Pattison (UK) — Abr. dias 16, 17;
Jul. dia 12; Set. dia 10; Out. dias 1, 15
Peter Si Woo Park (AU) — Abr. dia 6
Philip Pattermore (NZ) — Mar. dias 4, 28, 29, 30
Pradeep Ninan (IN) — Fev. dia 10
Rabin Chacko (IN) — Jun. dia 25
Raymond Givan (UK) — Fev. dia 11; Abr. dia 20
Reji Thomas (IN) — Mar. dia 17
Rhona Knight (UK) — Jan. dia 20; Out. dia 13
Ricardo Zandrino (AR) — Jan. dias 18, 19; Jun. dia 7
Richard Scott (UK) — Nov. dia 9; Dez. dia 14
Richard E. Johnson (US) — Jun. dia 8
Robert D. Orr (US) — Jun. dia 9
Robin Fisher (UK) — Mar. dia 15
Robina Coker (UK) — Jul. dia 16; Ago. dia 11
Ronald Carey (?) — Jun. dia 20
Rory Wilson (UK) — Mar. dia 16; Abr. dia 22
Ruth Eardley (UK) — Fev. dia 14; Mai. dias 10, 18, 23, 24; Set. dia 22; Dez. dias 21, 22
Sam David (IN) — Nov. dia 3
Sandy Tigchelaar (CA) — Jun. dia 27
Santosh Mathew Thomas (IN) — Mar. dia 9; Abr. dia 8; Out. dia 29; Dez. dia 19
Sarah David (IN) — Jul. dia 14; Dez. dia 20
Sarah Maidment (UK) — Jul. dia 20; Ago. dias 5, 19
Shari Falkenheimer (US) — Mar. dia 19; Jun. dia 16
Shamiso Dingani (AU) — Nov. dia 1
Sherry Ann Brown (US) — Mai. dias 27, 28; Jun. dias 3, 10, 11, 12, 17
Shibu (IN) — Jan. dia 16

Sitt Hung Edward (HK) — Mai. dias 25, 26, 30, 31; Jun. dia 2
Simon Stock (UK) — Abr. dia 25
Sophia Lamb (IE) — Fev. dia 17
Steve Fouch (UK) — Fev. dia 19; Jul. dia 6
Stephen Green (CG) — Abr. dia 28; Mai. dia 12
Sudha Kiran Das (IN) — Fev. dia 23; Mar. dia 18
Sunil Chandy (IN) — Jan. dia 1
Tan Soo Inn (SG) — Abr. dia 11
Themba Nyirenda (MW) — Jan. dia 17
Tim Tigchelaar (?) — Ago. dias 6, 12
Trevor Stammers (UK) — Abr. dia 26; Mai. dias 13, 20; Out. dia 10; Nov. dia 7
Varghese Philip (IN) — Out. dia 24
Vicky Lavy (UK) — Out. dia 18; Dez. dias 23, 24, 25
Vinod Shah (IN) — Jan. dia 25; Mar. dia 27; Ago. dia 18; Dez. dias 26, 29, 31

ÍNDEX *tradutores*

Ana Berquó Peleja Eller (BR) — Nov. dias 10, 11, 12, 13, 14, 15, 16, 17, 18, 19, 20, 21, 22
Andreia Silva (PT) — Fev. dias 6, 7, 8, 9, 10, 11, 12, 13, 14, 15, 16, 17
Bruna M. S. Proença (BR) — Abr. dias 24, 25, 26, 27, 28, 29, 30; Mai. dia 1
Bruno de Souza Cardoso (BR) — Abr. dias 18, 19, 20, 21, 22, 23
Cassandra Queiroz (BR) — Out. dias 18, 19, 20, 21
Celso Belo (MZ) — Fev. 18, 19, 20, 21, 22, 23, 24, 25, 26, 27, 28, 29
Cibele Mendes Carrera (BR) — Abr. dias 12, 13, 14, 15, 16, 17
Cláudia e Filipe Silva (PT) — Jan. dias 14, 15, 16, 17, 18, 19, 20, 21, 22, 23, 24, 25, 26
Daniela Lerback Jacobsen (BR) — Ago. dias 6, 7, 8, 9, 10, 11, 12, 13, 14, 15, 16, 17, 18
Daniella Paula Coelho (BR) — Mar. dias 1, 2, 3, 4, 5, 6, 7, 8, 9
Glaucia de Azevedo Alves (BR) — Set. dias 24, 25, 26, 27
Gustavo Souza (BR) — Mai. dias 2, 3, 4, 5, 6, 7, 8, 9, 10, 11, 12, 13
Haniel Passos Eller (BR) — Jan. dias 1, 2, 3, 4, 5, 6, 7, 8, 9, 10, 11, 12, 13; Mai. dias 27, 28, 29, 30, 31; Jun. dias 1, 2, 3, 4, 5; Jul. dias 22, 23, 24, 25, 26; Ago. dias 1, 2, 3, 4, 5; Out. dias 1, 2, 3, 4, 16, 17, 22, 23, 24, 25, 26, 27, 28, 30
Hélio Angotti (BR) — Ago. dias 19, 20, 21, 22
Iruama Heringer (BR) — Mar. dias 10, 11, 12, 13, 14, 15, 16, 17, 18, 19, 20, 21
Jeane de Sousa Irineu (BR) — Mai. dias 14, 15, 16, 17, 18, 19, 20, 21, 22, 23, 24, 25, 26

Jorge Cruz (PT) — Jan. dias 27, 28, 29, 30, 31; Fev. dias 1, 2, 3, 4, 5; Mar. dia 22; Ago. dia 2
Josimar Barbosa da Silva (BR) — Out. dias 5, 6, 7, 8, 9, 10, 11, 12, 13, 14, 15
Juliana Oliveira (BR) — Out. dia 31; Nov. dias 1, 2, 3, 4, 5, 6, 7, 8, 9
Lidia Bulascoschi Cagnoni (BR) — Dez. dias 18, 19, 20, 21, 22,
Lorena A. Zambrano Velho (BR) — Jun. dias 19, 20, 21, 22, 23, 24, 25, 26, 27, 28, 29, 30
Marcos Davi (BR) — Jun. dias 6, 7, 8, 9, 10, 11, 12, 13, 14, 15, 16, 17, 18
Maria da Conceição Antônio (BR) — Jul. dias 1, 2, 3, 4, 5, 6, 7, 8, 9, 10, 11, 12, 13
Mariana Mendes de Sá (BR) — Nov. dias 23, 24, 25, 26, 27, 28, 29, 30; Dez. dias 1, 2
Mireille Gomes (BR) — Jul. dias 16, 17, 18, 19, 20, 21, 27, 28, 29, 30, 31; Ago. dias 26, 27, 28, 29, 30, 31; Set. dias 28, 29, 30
Nicholas Green (CA) e Soraya Cássia F. Dias (BR) — Abr. dias 1, 2, 3, 4, 5, 6, 7, 8, 10, 11
Priscila Lemos Gonçalves (BR) — Ago. dias 23, 24, 25
Rafael R. Silveira Amaral (BR) — Dez. dias 3, 4, 5, 6, 7, 8, 9, 10, 11, 12, 13, 14, 15, 16, 17, 23, 24, 25, 26, 27, 28, 29, 31
Renato de Jesus Manzoni (BR) — Ago. dia 26
Samarah Paula (BR) — Mar. dias 22, 23, 24, 25, 26, 27, 28, 29, 30, 31
Samuel Rosa Silveira (BR) — Dez. dia 30
Soraya Cássia F. Dias (BR) — Abr. dia 9
Talitha Formagio Telles (BR) — Jul. dias 14, 15
Victor Hugo de Castro e Silva (BR) — Set. dias 1, 2, 3, 4, 5, 6, 7, 8, 9, 10

A BÍBLIA EM um ano

JANEIRO

- [ ] 1   Gn. 1–3; Mt. 1
- [ ] 2   Gn. 4–6; Mt. 2
- [ ] 3   Gn. 7–9; Mt. 3
- [ ] 4   Gn. 10–12; Mt. 4
- [ ] 5   Gn. 13–15; Mt. 5:1-26
- [ ] 6   Gn. 16–17; Mt. 5:27-48
- [ ] 7   Gn. 18–19; Mt. 6:1-18
- [ ] 8   Gn. 20–22; Mt. 6:19-34
- [ ] 9   Gn. 23–24; Mt. 7
- [ ] 10   Gn. 25–26; Mt. 8:1-17
- [ ] 11   Gn. 27–28; Mt. 8:18-34
- [ ] 12   Gn. 29–30; Mt. 9:1-17
- [ ] 13   Gn. 31–32; Mt. 9:18-38
- [ ] 14   Gn. 33–35; Mt. 10:1-20
- [ ] 15   Gn. 36–38; Mt. 10:21-42
- [ ] 16   Gn. 39–40; Mt. 11
- [ ] 17   Gn. 41–42; Mt. 12:1-23
- [ ] 18   Gn. 43–45; Mt. 12:24-50
- [ ] 19   Gn. 46–48; Mt. 13:1-30
- [ ] 20   Gn. 49–50; Mt. 13:31-58
- [ ] 21   Êx. 1–3; Mt. 14:1-21
- [ ] 22   Êx. 4–6; Mt. 14:22-36
- [ ] 23   Êx. 7–8; Mt. 15:1-20
- [ ] 24   Êx. 9–11; Mt. 15:21-39
- [ ] 25   Êx. 12–13; Mt. 16
- [ ] 26   Êx. 14–15; Mt. 17
- [ ] 27   Êx. 16–18; Mt. 18:1-20
- [ ] 28   Êx. 19–20; Mt. 18:21-35
- [ ] 29   Êx. 21–22; Mt. 19
- [ ] 30   Êx. 23–24; Mt. 20:1-16
- [ ] 31   Êx. 25–26; Mt. 20:17-34

FEVEREIRO

- [ ] 1   Êx. 27–28; Mt. 21:1-22
- [ ] 2   Êx. 29–30; Mt. 21:23-46
- [ ] 3   Êx. 31–33; Mt. 22:1-22
- [ ] 4   Êx. 34–35; Mt. 22:23-46
- [ ] 5   Êx. 36–38; Mt. 23:1-22
- [ ] 6   Êx. 39–40; Mt. 23:23-39
- [ ] 7   Lv. 1–3; Mt. 24:1-28
- [ ] 8   Lv. 4–5; Mt. 24:29-51
- [ ] 9   Lv. 6–7; Mt. 25:1-30
- [ ] 10   Lv. 8–10; Mt. 25:31-46
- [ ] 11   Lv. 11–12; Mt. 26:1-25
- [ ] 12   Lv. 13; Mt. 26:26-50
- [ ] 13   Lv. 14; Mt. 26:51-75
- [ ] 14   Lv. 15–16; Mt. 27:1-26
- [ ] 15   Lv. 17–18; Mt. 27:27-50
- [ ] 16   Lv. 19–20; Mt. 27:51-66
- [ ] 17   Lv. 21–22; Mt. 28
- [ ] 18   Lv. 23–24; Mc. 1:1-22
- [ ] 19   Lv. 25; Mc. 1:23-45
- [ ] 20   Lv. 26–27; Mc. 2
- [ ] 21   Nm. 1–3; Mc. 3
- [ ] 22   Nm. 4–6; Mc. 4:1-20
- [ ] 23   Nm. 7–8; Mc. 4:21-41
- [ ] 24   Nm. 9–11; Mc. 5:1-20
- [ ] 25   Nm. 12–14; Mc. 5:21-43
- [ ] 26   Nm. 15–16; Mc. 6:1-29
- [ ] 27   Nm. 17–19; Mc. 6:30-56
- [ ] 28   Nm. 20–22; Mc. 7:1-23

MARÇO

- [ ] 1   Nm. 23–25; Mc. 7:24-37
- [ ] 2   Nm. 26–27; Mc. 8:1-21
- [ ] 3   Nm. 28–30; Mc. 8:22-38
- [ ] 4   Nm. 31–33; Mc. 9:1-29
- [ ] 5   Nm. 34–36; Mc. 9:30-50
- [ ] 6   Dt. 1–2; Mc. 10:1-31
- [ ] 7   Dt. 3–4; Mc. 10:32-52
- [ ] 8   Dt. 5–7; Mc. 11:1-18
- [ ] 9   Dt. 8–10; Mc. 11:19-33
- [ ] 10   Dt. 11–13; Mc. 12:1-27
- [ ] 11   Dt. 14–16; Mc. 12:28-44
- [ ] 12   Dt. 17–19; Mc. 13:1-20
- [ ] 13   Dt. 20–22; Mc. 13:21-37
- [ ] 14   Dt. 23–25; Mc. 14:1-26
- [ ] 15   Dt. 26–27; Mc. 14:27-53
- [ ] 16   Dt. 28–29; Mc. 14:54-72
- [ ] 17   Dt. 30–31; Mc. 15:1-25
- [ ] 18   Dt. 32–34; Mc. 15:26-47
- [ ] 19   Js. 1–3; Mc. 16
- [ ] 20   Js. 4–6; Lc. 1:1-20

- ☐ 21 Js. 7–9; Lc. 1:21-38
- ☐ 22 Js. 10–12; Lc. 1:39-56
- ☐ 23 Js. 13–15; Lc. 1:57-80
- ☐ 24 Js. 16–18; Lc. 2:1-24
- ☐ 25 Js. 19–21; Lc. 2:25-52
- ☐ 26 Js. 22–24; Lc. 3
- ☐ 27 Jz. 1–3; Lc. 4:1-30
- ☐ 28 Jz. 4–6; Lc. 4:31-44
- ☐ 29 Jz. 7–8; Lc. 5:1-16
- ☐ 30 Jz. 9–10; Lc. 5:17-39
- ☐ 31 Jz. 11–12; Lc. 6:1-26

ABRIL

- ☐ 1   Jz. 13–15; Lc. 6:27-49
- ☐ 2   Jz. 16–18; Lc. 7:1-30
- ☐ 3   Jz. 19–21; Lc. 7:31-50
- ☐ 4   Rt 1–4; Lc. 8:1-25
- ☐ 5   1 Sm. 1–3; Lc. 8:26-56
- ☐ 6   1 Sm. 4–6; Lc. 9:1-17
- ☐ 7   1 Sm. 7–9; Lc. 9:18-36
- ☐ 8   1 Sm. 10–12; Lc. 9:37-62
- ☐ 9   1 Sm. 13–14; Lc. 10:1-24
- ☐ 10 1 Sm. 15–16; Lc. 10:25-42
- ☐ 11 1 Sm. 17–18; Lc. 11:1-28
- ☐ 12 1 Sm. 19–21; Lc. 11:29-54
- ☐ 13 1 Sm. 22–24; Lc. 12:1-31
- ☐ 14 1 Sm. 25–26; Lc. 12:32–59
- ☐ 15 1 Sm. 27–29; Lc. 13:1-22
- ☐ 16 1 Sm. 30–31; Lc. 13:23-35
- ☐ 17 2 Sm. 1–2; Lc. 14:1-24
- ☐ 18 2 Sm. 3–5; Lc. 14:25-35
- ☐ 19 2 Sm. 6–8; Lc. 15:1-10
- ☐ 20 2 Sm. 9–11; Lc. 15:11-32
- ☐ 21 2 Sm. 12–13; Lc. 16
- ☐ 22 2 Sm. 14–15; Lc. 17:1-19
- ☐ 23 2 Sm. 16–18; Lc. 17:20-37
- ☐ 24 2 Sm. 19–20; Lc. 18:1-23
- ☐ 25 2 Sm. 21–22; Lc. 18:24-43
- ☐ 26 2 Sm. 23–24; Lc. 19:1-27
- ☐ 27 1 Rs. 1–2; Lc. 19:28-48
- ☐ 28 1 Rs. 3–5; Lc. 20:1-26
- ☐ 29 1 Rs. 6–7; Lc. 20:27-47
- ☐ 30 1 Rs. 8–9; Lc. 21:1-19

MAIO

- ☐ 1   1 Rs. 10–11; Lc. 21:20-38
- ☐ 2   1 Rs. 12–13; Lc. 22:1-20
- ☐ 3   1 Rs. 14–15; Lc. 22:21-46
- ☐ 4   1 Rs. 16–18; Lc. 22:47-71
- ☐ 5   1 Rs. 19–20; Lc. 23:1-25
- ☐ 6   1 Rs. 21–22; Lc. 23:26-56
- ☐ 7   2 Rs. 1–3; Lc. 24:1-35
- ☐ 8   2 Rs. 4–6; Lc. 24:36-53
- ☐ 9   2 Rs. 7–9; Jo. 1:1-28
- ☐ 10 2 Rs. 10–12; Jo. 1:29-51
- ☐ 11 2 Rs. 13–14; Jo. 2
- ☐ 12 2 Rs. 15–16; Jo. 3:1-18
- ☐ 13 2 Rs. 17–18; Jo. 3:19-36
- ☐ 14 2 Rs. 19–21; Jo. 4:1-30
- ☐ 15 2 Rs. 22–23; Jo. 4:31-54
- ☐ 16 2 Rs. 24–25; Jo. 5:1-24
- ☐ 17 1 Cr. 1–3; Jo. 5:25-47
- ☐ 18 1 Cr. 4–6; Jo. 6:1-21
- ☐ 19 1 Cr. 7–9; Jo. 6:22-44
- ☐ 20 1 Cr. 10–12; Jo. 6:45-71
- ☐ 21 1 Cr. 13–15; Jo. 7:1-27
- ☐ 22 1 Cr. 16–18; Jo. 7:28-53
- ☐ 23 1 Cr. 19–21; Jo. 8:1-27
- ☐ 24 1 Cr. 22–24; Jo. 8:28-59
- ☐ 25 1 Cr. 25–27; Jo. 9:1-23
- ☐ 26 1 Cr. 28–29; Jo. 9:24-41
- ☐ 27 2 Cr. 1–3; Jo. 10:1-23
- ☐ 28 2 Cr. 4–6; Jo. 10:24-42
- ☐ 29 2 Cr. 7–9; Jo. 11:1-29
- ☐ 30 2 Cr. 10–12; Jo. 11:30-57
- ☐ 31 2 Cr. 13–14; Jo. 12:1-26

JUNHO

- ☐ 1   2 Cr. 15–16; Jo. 12:27-50
- ☐ 2   2 Cr. 17–18; Jo. 13:1-20
- ☐ 3   2 Cr. 19–20; Jo. 13:21-38
- ☐ 4   2 Cr. 21–22; Jo. 14
- ☐ 5   2 Cr. 23–24; Jo. 15
- ☐ 6   2 Cr. 25–27; Jo. 16
- ☐ 7   2 Cr. 28–29; Jo. 17
- ☐ 8   2 Cr. 30–31; Jo. 18:1-18
- ☐ 9   2 Cr. 32–33; Jo. 18:19-40
- ☐ 10 2 Cr. 34–36; Jo. 19:1-22
- ☐ 11 Ed 1–2; Jo. 19:23-42
- ☐ 12 Ed 3–5; Jo. 20
- ☐ 13 Ed 6–8; Jo. 21
- ☐ 14 Ed 9–10; At 1
- ☐ 15 Ne. 1–3; At 2:1-21
- ☐ 16 Ne. 4–6; At 2:22-47
- ☐ 17 Ne. 7–9; At 3
- ☐ 18 Ne. 10–11; At 4:1-22
- ☐ 19 Ne. 12–13; At 4:23-37
- ☐ 20 Et. 1–2; At 5:1-21
- ☐ 21 Et. 3–5; At 5:22-42
- ☐ 22 Et. 6–8; At 6
- ☐ 23 Et. 9–10; At 7:1-21
- ☐ 24 Jó 1–2; At 7:22-43

- [ ] 25 Jó 3–4; At 7:44-60
- [ ] 26 Jó 5–7; At 8:1-25
- [ ] 27 Jó 8–10; At 8:26-40
- [ ] 28 Jó 11–13; At 9:1-21
- [ ] 29 Jó 14–16; At 9:22-43
- [ ] 30 Jó 17–19; At 10:1-23

JULHO

- [ ] 1   Jó 20–21; At 10:24-48
- [ ] 2   Jó 22–24; At 11
- [ ] 3   Jó 25–27; At 12
- [ ] 4   Jó 28–29; At 13:1-25
- [ ] 5   Jó 30–31; At 13:26-52
- [ ] 6   Jó 32–33; At 14
- [ ] 7   Jó 34–35; At 15:1-21
- [ ] 8   Jó 36–37; At 15:22-41
- [ ] 9   Jó 38–40; At 16:1-21
- [ ] 10 Jó 41–42; At 16:22-40
- [ ] 11 Sl 1–3; At 17:1-15
- [ ] 12 Sl 4–6; At 17:16-34
- [ ] 13 Sl 7–9; At 18
- [ ] 14 Sl 10–12; At 19:1-20
- [ ] 15 Sl 13–15; At 19:21-41
- [ ] 16 Sl 16–17; At 20:1-16
- [ ] 17 Sl 18–19; At 20:17-38
- [ ] 18 Sl 20–22; At 21:1-17
- [ ] 19 Sl 23–25; At 21:18-40
- [ ] 20 Sl 26–28; At 22
- [ ] 21 Sl 29–30; At 23:1-15
- [ ] 22 Sl 31–32; At 23:16-35
- [ ] 23 Sl 33–34; At 24
- [ ] 24 Sl 35–36; At 25
- [ ] 25 Sl 37–39; At 26
- [ ] 26 Sl 40–42; At 27:1-26
- [ ] 27 Sl 43–45; At 27:27-44
- [ ] 28 Sl 46–48; At 28
- [ ] 29 Sl 49–50; Rm. 1
- [ ] 30 Sl 51–53; Rm. 2
- [ ] 31 Sl 54–56; Rm. 3

AGOSTO

- [ ] 1   Sl 57–59; Rm. 4
- [ ] 2   Sl 60–62; Rm. 5
- [ ] 3   Sl 63–65; Rm. 6
- [ ] 4   Sl 66–67; Rm. 7
- [ ] 5   Sl 68–69; Rm. 8:1-21
- [ ] 6   Sl 70–71; Rm. 8:22-39
- [ ] 7   Sl 72–73; Rm. 9:1-15
- [ ] 8   Sl 74–76; Rm. 9:16-33
- [ ] 9   Sl 77–78; Rm. 10
- [ ] 10 Sl 79–80; Rm. 11:1-18
- [ ] 11 Sl 81–83; Rm. 11:19-36
- [ ] 12 Sl 84–86; Rm. 12
- [ ] 13 Sl 87–88; Rm. 13
- [ ] 14 Sl 89–90; Rm. 14
- [ ] 15 Sl 91–93; Rm. 15:1-13
- [ ] 16 Sl 94–96; Rm. 15:14-33
- [ ] 17 Sl 97–99; Rm. 16
- [ ] 18 Sl 100–102; 1 Co. 1
- [ ] 19 Sl 103–104; 1 Co. 2
- [ ] 20 Sl 105–106; 1 Co. 3
- [ ] 21 Sl 107–109; 1 Co. 4
- [ ] 22 Sl 110–112; 1 Co. 5
- [ ] 23 Sl 113–115; 1 Co. 6
- [ ] 24 Sl 116–118; 1 Co. 7:1-19
- [ ] 25 Sl 119:1-88; 1 Co. 7:20-40
- [ ] 26 Sl 119:89-176; 1 Co. 8
- [ ] 27 Sl 120–122; 1 Co. 9
- [ ] 28 Sl 123–125; 1 Co. 10:1-18
- [ ] 29 Sl 126–128; 1 Co. 10:19-33
- [ ] 30 Sl 129–131; 1 Co. 11:1-16
- [ ] 31 Sl 132–134; 1 Co. 11:17-34

SETEMBRO

- [ ] 1   Sl 135–136; 1 Co. 12
- [ ] 2   Sl 137–139; 1 Co. 13
- [ ] 3   Sl 140–142; 1 Co. 14:1-20
- [ ] 4   Sl 143–145; 1 Co. 14:21-40
- [ ] 5   Sl 146–147; 1 Co. 15:1-28
- [ ] 6   Sl 148–150; 1 Co. 15:29-58
- [ ] 7   Pv. 1–2; 1 Co. 16
- [ ] 8   Pv. 3–5; 2 Co. 1
- [ ] 9   Pv. 6–7; 2 Co. 2
- [ ] 10 Pv. 8–9; 2 Co. 3
- [ ] 11 Pv. 10–12; 2 Co. 4
- [ ] 12 Pv. 13–15; 2 Co. 5
- [ ] 13 Pv. 16–18; 2 Co. 6
- [ ] 14 Pv. 19–21; 2 Co. 7
- [ ] 15 Pv. 22–24; 2 Co. 8
- [ ] 16 Pv. 25–26; 2 Co. 9
- [ ] 17 Pv. 27–29; 2 Co. 10
- [ ] 18 Pv. 30–31; 2 Co. 11:1-15
- [ ] 19 Ec. 1–3; 2 Co. 11:16-33
- [ ] 20 Ec. 4–6; 2 Co. 12
- [ ] 21 Ec. 7–9; 2 Co. 13
- [ ] 22 Ec. 10–12; Gl. 1
- [ ] 23 Ct 1–3; Gl. 2
- [ ] 24 Ct 4–5; Gl. 3
- [ ] 25 Ct 6–8; Gl. 4
- [ ] 26 Is. 1–2; Gl. 5
- [ ] 27 Is. 3–4; Gl. 6
- [ ] 28 Is. 5–6; Ef. 1

- ☐ 29 Is. 7–8; Ef. 2
- ☐ 30 Is. 9–10; Ef. 3

OUTUBRO

- ☐ 1 Is. 11–13; Ef. 4
- ☐ 2 Is. 14–16; Ef. 5:1-16
- ☐ 3 Is. 17–19; Ef. 5:17-33
- ☐ 4 Is. 20–22; Ef. 6
- ☐ 5 Is. 23–25; Fp. 1
- ☐ 6 Is. 26–27; Fp. 2
- ☐ 7 Is. 28–29; Fp. 3
- ☐ 8 Is. 30–31; Fp 4
- ☐ 9 Is. 32–33; Cl. 1
- ☐ 10 Is. 34–36; Cl. 2
- ☐ 11 Is. 37–38; Cl. 3
- ☐ 12 Is. 39–40; Cl. 4
- ☐ 13 Is. 41–42; 1 Ts. 1
- ☐ 14 Is. 43–44; 1 Ts. 2
- ☐ 15 Is. 45–46; 1 Ts. 3
- ☐ 16 Is. 47–49; 1 Ts. 4
- ☐ 17 Is. 50–52; 1 Ts. 5
- ☐ 18 Is. 53–55; 2 Ts. 1
- ☐ 19 Is. 56–58; 2 Ts. 2
- ☐ 20 Is. 59–61; 2 Ts. 3
- ☐ 21 Is. 62–64; 1 Tm. 1
- ☐ 22 Is. 65–66; 1 Tm. 2
- ☐ 23 Jr. 1–2; 1 Tm. 3
- ☐ 24 Jr. 3–5; 1 Tm. 4
- ☐ 25 Jr. 6–8; 1 Tm. 5
- ☐ 26 Jr. 9–11; 1 Tm. 6
- ☐ 27 Jr. 12–14; 2 Tm. 1
- ☐ 28 Jr. 15–17; 2 Tm. 2
- ☐ 29 Jr. 18–19; 2 Tm. 3
- ☐ 30 Jr. 20–21; 2 Tm. 4
- ☐ 31 Jr. 22–23; Tt. 1

NOVEMBRO

- ☐ 1 Jr. 24–26; Tt. 2
- ☐ 2 Jr. 27–29; Tt. 3
- ☐ 3 Jr. 30–31; Fm
- ☐ 4 Jr. 32–33; Hb. 1
- ☐ 5 Jr. 34–36; Hb. 2
- ☐ 6 Jr. 37–39; Hb. 3
- ☐ 7 Jr. 40–42; Hb. 4
- ☐ 8 Jr. 43–45; Hb. 5
- ☐ 9 Jr. 46–47; Hb. 6
- ☐ 10 Jr. 48–49; Hb. 7
- ☐ 11 Jr. 50; Hb. 8
- ☐ 12 Jr. 51–52; Hb. 9
- ☐ 13 Lm. 1–2; Hb. 10:1-18
- ☐ 14 Lm. 3–5; Hb. 10:19-39
- ☐ 15 Ez. 1–2; Hb. 11:1-19
- ☐ 16 Ez. 3–4; Hb. 11:20-40
- ☐ 17 Ez. 5–7; Hb. 12
- ☐ 18 Ez. 8–10; Hb. 13
- ☐ 19 Ez. 11–13; Tg. 1
- ☐ 20 Ez. 14–15; Tg. 2
- ☐ 21 Ez. 16–17; Tg. 3
- ☐ 22 Ez. 18–19; Tg. 4
- ☐ 23 Ez. 20–21; Tg. 5
- ☐ 24 Ez. 22–23; 1 Pe. 1
- ☐ 25 Ez. 24–26; 1 Pe. 2
- ☐ 26 Ez. 27–29; 1 Pe. 3
- ☐ 27 Ez. 30–32; 1 Pe. 4
- ☐ 28 Ez. 33–34; 1 Pe. 5
- ☐ 29 Ez. 35–36; 2 Pe. 1
- ☐ 30 Ez. 37–39; 2 Pe. 2

DEZEMBRO

- ☐ 1 Ez. 40–41; 2 Pe. 3
- ☐ 2 Ez. 42–44; 1 Jo. 1
- ☐ 3 Ez. 45–46; 1 Jo. 2
- ☐ 4 Ez. 47–48; 1 Jo. 3
- ☐ 5 Dn. 1–2; 1 Jo. 4
- ☐ 6 Dn. 3–4; 1 Jo. 5
- ☐ 7 Dn. 5–7; 2 Jo
- ☐ 8 Dn. 8–10; 3 Jo
- ☐ 9 Dn. 11–12; Jd
- ☐ 10 Os. 1–4; Ap. 1
- ☐ 11 Os. 5–8; Ap. 2
- ☐ 12 Os. 9–11; Ap. 3
- ☐ 13 Os. 12–14; Ap. 4
- ☐ 14 Jl 1–3; Ap. 5
- ☐ 15 Am 1–3; Ap. 6
- ☐ 16 Am 4–6; Ap. 7
- ☐ 17 Am 7–9; Ap. 8
- ☐ 18 Ob; Ap. 9
- ☐ 19 Jn1–4; Ap. 10
- ☐ 20 Mq. 1–3; Ap. 11
- ☐ 21 Mq. 4–5; Ap. 12
- ☐ 22 Mq. 6–7; Ap. 13
- ☐ 23 Na 1–3; Ap. 14
- ☐ 24 Hc 1–3; Ap. 15
- ☐ 25 Sf 1–3; Ap. 16
- ☐ 26 Ag 1–2; Ap. 17
- ☐ 27 Zc. 1–4; Ap. 18
- ☐ 28 Zc. 5–8; Ap. 19
- ☐ 29 Zc. 9–12; Ap. 20
- ☐ 30 Zc. 13–14; Ap. 21
- ☐ 31 Ml 1–4; Ap. 22

Notas

Notas